普通高等教育“十三五”规划教材

社会心理学

Social Psychology

主　编　曹鸣岐
副主编　卢晓蕊　刘　源

河南科学技术出版社
·郑州·

图书在版编目（CIP）数据

社会心理学/曹鸣岐主编．—郑州：河南科学技术出版社，2016.8（2024.6 重印）
普通高等教育“十三五”规划教材
ISBN 978-7-5349-8362-7

Ⅰ.①社… Ⅱ.①曹… Ⅲ.①社会心理学-高等学校-教材 Ⅳ.①C912.6-0

中国版本图书馆 CIP 数据核字（2016）第 207491 号

出版发行：河南科学技术出版社
地址：郑州市郑东新区祥盛街 27 号　　邮编：450016
电话：（0371）65788641　65788859
网址：www.hnstp.cn
策划编辑：马国宝
责任编辑：马国宝　张　坤
责任校对：柯　姣
封面设计：张　伟
版式设计：栾亚平
责任印制：张艳芳
印　　刷：三河市腾飞印务有限公司
经　　销：全国新华书店
开　　本：787 mm×1 092 mm　1/16　　印张：18　　字数：410 千字
版　　次：2016 年 8 月第 1 版　　2024 年 6 月第 4 次印刷
定　　价：88.00 元

普通高等教育“十三五”规划教材

《社会心理学》编写人员名单

主　编　曹鸣岐

副主编　卢晓蕊　刘　源

编　委　（以姓氏笔画排序）

马荣华　卢晓蕊　刘　源

曹鸣岐　常　洁

前　　言

诚如著名心理学史家墨菲（G. Murphy，1972）所言：社会心理学一只脚站在实验科学的基础上，而另一只脚则处于社会变革的波涛起伏之中。社会心理学的根本任务就是根据现实社会生活建构知识体系，运用这些概念和理论很好地理解、预测和控制个体的社会行为，同时将研究成果应用于现实生活的各个方面，为社会的进步和发展提供咨询和服务。近些年来，社会心理学的一个显著发展态势就是人们对其应用的兴趣日益增强。虽然只是一门独立的新兴边缘学科，但是社会心理学在政治、经济、文化、军事、法律、新闻、教育、医疗和环境等领域的作用却日益凸显，正成为推动社会进步与经济发展的间接“生产力”。因此，学习社会心理学的知识、理论、方法具有十分重要的现实意义。它是人类认识自己、理解他人和群体，融入社会和生活的“教科书”。

编者多年来从事高校社会心理学的教学工作，编写一本兼具科学性和实用性的社会心理学教材供广大学生学习，是多年来的夙愿。本书既探讨了社会心理学的对象与方法、社会化、社会认知、社会动机、社会态度、社会感情、社会影响、群体心理、群体决策等社会心理学的主要理论、经典研究、最新成果，又考虑大学生面临的学业、生活中的需要，增加了人格培育、人际关系、心理健康等章节。目的是培养学生运用社会心理学理论指导自己的生活，掌握解决生活中各种问题的方法和途径，提高其管理自己、发展自己的能力，以及分析问题、解决问题的能力。本书不仅适合作为高等学校相关专业的教材使用，也可供广大社会心理学爱好者学习参考。

本书由曹鸣岐教授任主编并负责全书统稿、审稿和定稿，卢晓蕊、刘源任副主编。具体编写分工是：第一章、第八章，曹鸣岐 ；第三章、第九章，卢晓蕊；第六章、第七章、第十一章，刘源；第二章、第四章、第十二章，马荣华；第五章、第十章，常洁。

在本书的写作过程中，参考了大量国内外社会心理学研究者的相关资料，引用了他们的许多研究成果，本书的出版得到了河南科学技术出版社编辑的大力支持，在此我要向他们表示衷心的感谢。虽然本书的作者们都努力将这本书最好地展现出来，但由于时间紧迫，水平有限，书中可能有不足及疏漏之处，敬请广大读者和专家学者批评指正。

曹鸣岐

2016 年 7 月

目　录

第一章　社会心理学概论

对于每一个心理学初学者，心理学以及社会心理学是一个神奇的领域，它不仅包含着人类社会行为的奥秘及人类对自身社会行为的好奇，也包含着无数社会心理学家的希望、梦想和探索。不但如此，社会心理学更与我们的现实生活息息相关。在这一章里，我们将通过对社会心理学的研究对象、发展历史、主要理论及研究方法等内容加以分析与阐述，与读者一起领略社会心理学的神奇。

第一节　社会心理学的研究对象

一、社会心理学的概念

什么是社会心理学？翻开任何一本社会心理学的教科书，都有许多关于社会心理学的定义和解释。美国社会心理学家阿伦森（E. Aronson）曾说："社会心理学的定义之多，几乎同社会心理学家的人数一样多。"由于社会心理学研究对象的复杂性、多样性，社会心理学家在什么是社会心理学的问题上难以取得一致的意见。

美国社会心理学家格尔登·奥尔波特（G. Allport）做出了最为经典的回答。他认为，社会心理学"要了解和说明一个个体的思想、情感和行为如何受他人实际的、想象的，或者是默认的存在的影响"。这是社会心理学获得共识最多的定义。

我国著名社会心理学家吴江霖教授和沙莲香教授等强调社会心理为社会心理学研究对象。吴江霖教授提出："社会心理学是研究个体或若干个体在特定社会生活条件下心理活动的变化发展的科学。"沙莲香教授认为，社会心理学就是"研究社会心理的基本过程及其变化发展的条件和规律的具体科学"。

具有行为主义思想背景的学者通常强调社会心理学研究的对象是社会心理和社会行为，如美国实验社会心理学创始人弗罗德·奥尔波特（F. Allport）认为"社会心理学研究个人的社会行为与社会意识"。我国社会心理学家孙晔、李沂等人指出："社会心理学是研究个体和群体的社会心理和社会行为规律的一门科学。"

具有社会学传统的社会心理学家强调社会互动及社会环境对社会心理与行为的影响。艾尔伍德（C. A. Ellwood）认为"社会心理学是关于社会互动的研究"，它所关心的是"人类群体行为的心理学解释"。尹恩·罗伯逊（Y. Roberson）认为"社会心理学的研究有助于理解社会环境对人类行为的影响"，"人类行为主要取决于人们所属的群体间的互动及影响”。戴维·迈尔斯（David G. Myers）获得广泛影响的《社会心理学》（第8版）认为：“社会心理学是一门关于环境的科学，它是研究人们如何看待彼此，如何互相影响，互相联系的科学。它关注的核心问题是：我们如何构建社会世界，我们的社会直觉如何指引我们，而有时候又如何误导我们的，以及我们的社会行为如何受他人、我们自己的态度和生物性的影响。它揭示社会环境如何影响个人。”

由于社会心理学对象的复杂性和多面性，不同的定义强调了不同社会心理学对象的不同方面。综合上述社会心理学的定义，我们认为，社会心理学是研究特定社会情境中的个体和群体的社会心理、社会行为以及个体与个体、个体与社会、个体与群体、群体与社会之间的社会互动的一门学科。社会心理学的研究对象主要包括三个方面：社会心理、社会行为与社会互动。

（一）社会心理与社会行为

社会心理与社会行为是人在社会情境中受到种种社会因素影响所产生的心理与行为。社会心理包括我们在社会情境影响下的各种认知与评价、态度与情感、倾向与决策等心理活动。例如，一位刚参加工作的新职员，当面对一位具有一定业绩的同事时，他总会试图了解和评价对方，并产生相应的情感与态度，同时也会通过与对方的比较重新调整对自己的认识和评价。他也许会认为对方高傲、有成就感，因而有可能自己瞧不起自己，不愿意与对方交往，或认为对方通过不正当手段取得业绩而心生厌恶，自觉清高。这位新职员的内心活动就属于社会心理的范畴，主要与社会认知和社会态度有关。

人们不仅在内心会对社会中的各种人或事产生认知、评价与情感体验，而且也会通过自己的外部活动对这些人或事施加一定的影响，后者就是社会行为。例如，在一场交通事故中，有的人可能会提供积极的帮助，积极救助伤者；有的人可能会袖手旁观，甚至个别人会趁火打劫。这些人的助人、旁观或偷窃行为都属于社会行为。在社会情境的影响下，人们产生种种社会心理活动，而这些社会心理活动往往又会引发某种社会行为，社会行为反过来会导致社会情境的某种变化，由此产生从社会情境经社会心理到社会行为相互作用的过程。

（二）个体与群体的社会心理与社会行为

不管是社会心理还是社会行为，都是以人为主体的。离开了人这个主体，也就没有社会心理与社会行为，因此，社会心理学研究社会心理与社会行为时，要以人为中心。产生社会心理与社会行为的人可以是个体的人，也可以是群体的人。我们知道，在社会情境下，个体有社会认知、情感、态度、价值取向、行为决策以及助人、损人、成就等社会心理与社会行为。同样，由许多个体组成的群体也会有种种社会心理与社会行为。由于群体中存在各种复杂的社会关系与社会互动，产生了种种与个体社会心理与社会行为不同的特殊现象，例如群体气氛、团队士气、凝聚力、社会促进、社会惰化、群体极化、合作与竞争、协调与冲突等。这些现象在个体单独活动时往往不会出现，只有在群体之中才会发生并被个体所体验。例如，在一个班集体中，如果班主任与科任老师认真负责、教书育人，学生干部积极主动、各司其职，全班同学努力学习、相互合作，就会形成团结合作、奋发向上的良好班风。相反，教师或学生一方有严重的失误，就可能破坏班集体的团结，难以形成良好的群体气氛。

个体与群体的社会心理和社会行为虽然有区别，但又相互联系，不可分割。没有个体，就没有群体，同样，没有个体心理与行为，就没有群体的心理与行为。在现实生活中，没有完全脱离群体而存在的个体。因此，事实上，个体的心理与行为活动同样也要受群体的心理与行为的制约。

（三）社会互动

社会心理学不仅要研究个体与群体的心理与行为，而且要研究个体与个体之间、个体与群体之间、群体与群体之间的社会互动。在社会生活中，人们要沟通交往，要建立各种社会关系，同时人与人之间会产生相互影响、相互作用，这就是所谓的社会互动。社会互动的形式有很多种，主要的或基本的形式有合作、竞争、冲突、调适、模仿、暗示等。合作与竞争是社会生活中最为常见的现象，它们之间是对立的，但往往又相互联系、密不可分。人与人之间不仅有竞争，也会有冲突。他们可能为了某种目标或价值观念而相互争斗、压制、破坏甚至想消灭对方，有时，他们之间又不得不相互调适，如通过和解、妥协与容忍等来解决冲突。

二、社会心理学的学科性质

1908 年，英国心理学家威廉·麦独孤（W. McDougall）和美国社会学家爱德华·罗斯（E. Ross）分别发表著作《社会心理学导论》和《社会心理学》，标志着社会心理学作为一门学科正式诞生。学科性质决定学科发展方向。社会心理学的学科性质，是相对于其他学科尤其是邻近学科而言的。从起源上，社会心理学脱胎于心理学与社会学的母体，在研究中一直存在着心理学和社会学两种研究取向，加之社会心理学研究对象的复杂性与多样性，所以社会心理学的学科性质一直是一个具有很大争议的议题。

（一）社会心理学是心理学的分支

这种观点以心理学家为代表。许多社会心理学家认为，社会心理学与心理学的关系是局部与整体的关系。美国社会心理学家 F·奥尔波特认为，“社会心理学不应当被看作与个体心理学截然不同的学科，它是个体心理学的一部分……”。苏联社会心理学家安德列耶娃（Andreeva）认为，“社会心理学是心理学的一个分支”。我国著名社会心理学家吴江霖教授认为，社会心理学是心理学的一大支柱，社会心理学研究个体的心理活动，其特点在于它所研究的个体是在社会中的个体，既研究个体的心理如何在社会影响下发生、发展与变化，也研究个体的心理互动是如何对社会团体及其他人发生影响的。把心理学中研究人的心理活动的社会基础这一侧面独立出来，加以更加详细、深入的研究是十分必要的，把社会心理学作为心理学的一大支柱是十分合理的。

（二）社会心理学是社会学的分支

在社会心理学形成与早期发展的过程中，许多社会学家起了重要作用，他们对社会心理学的理论与实验的发展做出了很大贡献。在早期社会心理学发展中有重要影响的人物是法国社会学家埃米尔·迪尔凯姆（E. DurKhein），他认为相互作用的情境能产生自然出现的规范，这些规范具有“外化特性和强制力”，从而制约着尔后的行为。

1908 年，美国社会学家罗斯出版了《社会心理学》教科书，从社会学角度，集诸学者之大成，对社会心理学作了系统的阐述。

社会心理学与社会学无论是在理论上，还是在研究方法上有许多内在的相通之处。在理论方面，它们都非常重视从社会环境与个人相互作用的关系上来分析其研究对象，都非常重视对人的社会关系和社会行为的研究。它们都互相倚重对方的研究成果，社会学借助社会心理学的研究成果，完成了人——社会系统中的心理分析，而社会心理学借助于社会学的研究成果，成功地把人的心理活动置于社会分析的基础之上。在研究方法方面，它们都采用实验、测验、问卷、谈话等方法，但社会心理学更多地运用前几种方法。

（三）社会心理学是一门具有边缘性质的独立学科

现在越来越被人们接受的观点是，社会心理学是一门具有边缘性质的独立学科。从社会心理学研究的对象来看，人的社会心理、社会行为及交互作用不仅与人的自然特性，包括大脑神经结构与功能、遗传倾向及生物进化等有关，而且与各种社会组织、社会情境、上层建筑与意识形态等社会因素的影响有关。社会心理学更多地考察人的生物学特性、各种社会因素对人的社会心理与社会行为的影响，着重把人的生物变量、社会变量与社会心理与行为变量关联起来进行研究。因此，我们倾向于认同社会心理学是介于心理学与社会学之间的独立的边缘学科。

从学科的起源来看，社会心理学起源于心理学与社会学，同时也受到文化人类学与生物科学的重要影响。社会心理学在吸收了这些母体学科的理论观点、研究方法和研究成果的基础上，进行创造性的综合，从而形成一门具有全新性质与特点的学科。社会心理学既不是其某一母体学科的附属品，也不是其母体学科的简单的相加或拼合。因此，社会心理学应该是一门具有边缘性质的独立学科。

三、社会心理学的学科体系

社会心理学是对社会中的个体、群体的社会心理现象的研究，现在已形成比较完整的体系。为了较全面和深入地了解社会心理学的学科体系，从研究对象的角度可以将社会心理学的学科体系划分为个体社会心理学、群体社会心理学和应用社会心理学。

（一）个体社会心理学

这一层面研究的着眼点主要放在特定社会情境中的个体上，包括以下几个领域：

1. 人的社会化

人出生之时，只是一个自然人，要想成为社会的一员，就必须进行社会化。人的一生其实都在进行各种各样的社会化，社会通过社会化将本社会的风俗、习惯、道德、文化传授给个体，从而使其可以融入社会，成为其中一员。社会化可以将“自然人”变为“社会人”，形成个体的自我意识，培养其社会技能，完成世代交替。

2. 人的社会认知和归因理论

社会心理学注重研究自我认知与自我意识、社会知觉、社会印象与社会判断、印象整饰、社会认知偏差等。社会心理学还研究归因问题，即研究人是怎样寻找自己或他人行为的原因的。

3. 人的态度与态度的改变

人们对各种社会事物和人的总体形成一些自己的态度，这是社会心理学研究的一个重要内容。它要研究人的态度是如何形成的，如何测量态度，态度可否改变，有何条件，人们对事物和他人的偏见是如何形成的，如何防止。这些内容在日常生活当中都有很大的实用价值。

4. 人类的攻击性和利他行为

社会心理学探讨社会冲突与攻击性行为、合作与利他行为。人类为何既有攻击性，同时又有利他行为？如何减少攻击行为，增加利他行为？社会情境下的利他行为有何改变？这些都是社会心理学要研究的内容。

5. 人际吸引与人际交往

这一内容研究的是在社会情境中一个个体与另一个个体或多个个体的关系，探讨人际沟通、人际影响、人际吸引与亲密关系等有关问题。这些研究对于日常生活中人们如何与他人发展人际关系具有重要的指导作用。

（二）群体社会心理学

这一层面的研究对象主要是群体成员、群体与个体之间、群体与群体之间的相互作用。这时，每个个体都不再是特别的存在，而仅是作为团体成员的角色被研究。社会心理学对群体的研究，主要是从群体心理的角度研究群体的类型、结构和功能，群体内的压力和规范，群体凝聚力的形成，群体决策及执行的过程，群体的社会影响和群体的从众、去个性化以及集群行为等。

（三）应用社会心理学

从整体上来说，社会心理学本身就是一门应用性很强的学科。它的各个领域中的研究成果均可以应用于社会生活的各个方面。但是，社会心理学仍有必要在某个社会生活方面进行应用性的研究。例如，健康社会心理学研究某些身体疾患和各种心理疾患与社会因素之间的关系，以及如何应用心理学治疗人的身心疾患；犯罪社会心理学研究犯罪心理的形成和犯罪行为发生的规律，研究如何应用心理学知识及时侦破案件，研究证人证言的可靠性，研究社会体系中不同角色之间的关系及相互影响作用，研究预测、预防犯罪的有效措施等；教育社会心理学研究学生与学校集体之间的关系，即班集体的特点及其对学生个性发展的影响，学校和班级的社会氛围对学生学习动机和学业的影响，教师的特点对学生的影响；等等。应用社会心理学研究的范围十分广泛，内容众多，由于篇幅所限，本书主要讨论社会心理学的一部分内容。

第二节　社会心理学的发展历史

社会心理学是从社会学与心理学两门学科中分化出来的一门新的学科，社会学与心理学都只有一百多年的历史，作为这两门学科的交叉学科，社会心理学的历史更为短暂。我国社会心理学界倾向于把社会心理学的发展历史划分为孕育时期、形成时期和确立时期。

一、社会心理学的孕育时期

这是社会心理学形成前的准备时期，即霍兰德所说的社会哲学时期，其时间可以从古希腊时代一直到19世纪上半叶，这阶段主要依据权威思辨和猜测来阐明人们的社会行为。社会心理学的许多问题，最早是由哲学家提出来的，所以很难把纯社会心理学观点划分出来，但这一时期理论的系统化和条理化直接为后来社会心理学的各理论流派的形成提供了理论基础，其中关于“人性”的争论可称得上最有社会心理学特征的研究。对现在西方社会心理学的各理论起主要作用的是古希腊的哲学思想，可以分为两条理论线索：其一是苏格拉底（Socrates）和柏拉图（Plato），他们从人的生物学基础上理解社会心理学。他们认为，人性虽然不能完全摆脱生物性遗传的控制，但却可以受到环境和教育的深刻影响。从这一观点来看，人性及人的行为是由社会决定的。柏拉图的理想主义观点被后来的社会哲学家康德（Kant）、歌德（Goethe）和卢梭（Jean Jacques Rousseau）等人的学说继承，并得到了进一步的发展。他们相信，人是具有潜在的善性的，使人趋向邪恶的是邪恶的社会，因此，改变人性的前提在于改变社会。其二是亚里士多德（Aristotle），他认为人是社会性的动物，人的社会行为源于人的本性，人的社会等级是由人内在的心理气质决定的。亚里士多德的许多著作为当代社会心理学直接开辟了诸多研究领域：他提出的“宣泄说”孕育了弗洛伊德的“心理动力说”，并进而影响到当代社会心理学对人类侵犯行为的研究；他的人类行为的交换论观点可称为现代交换论的滥觞；关于社会和人性的学说则是经奥古斯丁和托马斯·阿奎纳，再由马基雅维里和霍布斯发扬光大。所以，美国早期社会心理学家F·奥尔波特认为亚里士多德是在哲学知识内部建立了社会心理学的主体思想的创始人。

二、社会心理学的形成时期

19世纪下半叶到20世纪初，社会学、心理学、文化人类学都逐步建立起来。社会心理学的形成既来自社会的需要，也来自社会学、心理学等学科本身的发展需要。随着社会的不断发展，心理学家发现要研究个体行为必须注意到他人存在的影响，而社会学家在研究个体与群体间的互动时也不能不注意到其中的心理现象，于是心理学开始与社会学出现彼此接近的运动，最终形成了一门新的学科——社会心理学。

1859年，德国人拉扎勒斯（M. Lazarus）和施坦达尔（H. Steinthal）创办《民族心理学和语言学》杂志，有人将此视为描述性社会心理学的诞生之年。1875年，德国学者舍夫勒（A. Scheffler）首先在现代意义上使用了“社会心理学”一词。1908年，英国心理学家威廉·麦独孤和美国社会学家爱德华·罗斯分别从心理学和社会学的角度写了社会心理学同名教科书，标志着社会心理学终于从母体心理学和社会学中分化出来，成为一门独立的学科。

在这一时期，社会心理学的形成有三大理论来源，即德国的民族心理学、法国的群众心理学和英国的本能心理学。

（一）德国的民族心理学

这种理论19世纪中叶在德国形成，其代表人物是拉扎勒斯、施坦达尔和冯特

（W. Wundt）。拉扎勒斯和施坦达尔提出历史的主要力量是民族或“整体精神”，这种精神通过艺术、宗教、语言、风俗习惯和神话表现出来。民族心理学的任务是从心理方面认识民族心理的本质，揭示民族精神活动的规律。民族心理学的思想在冯特那里得到了充分的发展。他认为，心理学由生理心理学和民族心理学两部分组成，研究高级心理过程应由民族心理学来完成。民族心理学即是对民族文化——语言、神话、风俗习惯、艺术等进行研究。民族心理学指出在个体意识之外，还存在着表征群体心理性质的某些东西，个体意识在某种程度上是由这种东西决定的。

（二）法国的群众心理学

这种理论产生于19世纪后期的法国，其代表人物是法国社会学家加布里尔·塔尔德（G. Tarde）、埃米尔·迪尔凯姆和古斯塔夫·勒庞（G. LeBon）。他们以群众的心理作为研究对象，对群众和公众的时尚、风俗、舆论、传说等社会现象所表现出来的共同行为进行研究。他们认为，社会生活中人们共同的心理现象是暗示与模仿的结果，他们试图用暗示和模仿来解释人们的一切社会行为和心理特征。塔尔德认为，个体的模仿不但是犯罪的根本规律，而且可以用来解释一切现象。而迪尔凯姆的理论从集体的方面论及人的行为，诸如集体中的自杀问题、宗教问题和公德问题等。他认为集体意识绝不是个体意识的相加之和，集体意识大于个体意识并决定个体意识。黎朋是注重集群心理研究的社会学者，他认为，人的任何聚集都是“群众”，人在群众中的行为特点是失掉个性，热情的作用大大超过理智的作用，失掉了个体责任感。由此黎朋得出结论，群众按其本性来说是没有秩序的、混乱的，因此需要有“领袖”，而“优秀分子”可以履行这种职责。群众心理学中的“暗示和模仿”理论对以后的社会心理学理论影响巨大，在解释特定情境下的大众心理现象如骚乱、恐慌、传染等极有参考价值。但群众心理学只是进行了一些现象的描述，缺少对其深层的心理机制的解释，它还具有明显的阶级色彩，而且这种理论把特定情境下的群众行为视为所有群体行为的特点也是片面的。

（三）英国的本能心理学

其代表人物是英国心理学家麦独孤。他从遗传因素入手，研究社会心理与社会行为，其理论的核心概念是“本能”，把社会心理学体系完全建立在本能的假设上，认为人的本能会影响个人对社会的认识、兴趣、情操、行为等，本能可以组成一连串的社会心理特征，并认为人的本能是其行为和思想的动力，在其著作《社会心理学导论》（*An Introduction to Social Psychology*，1908）中，麦独孤写道“先天或遗传的倾向，是一切思想和行动（不论是个体的还是集体的）的基本源泉或动力”。他在书中列举了12种本能，每种本能都联系着先天的情感。麦独孤认为，正是从这类潜伏在行为背后的本能中衍生出了全部社会生活和社会现象，个体生下来具有许多本能，后来这些本能在社会影响下得以发展。因此，他认为，要了解人的个性发展与变化，必须先了解其本能。麦独孤的著作出版之后，他的观点为许多社会心理学家所接受，但也遭到另一些心理学家的反对。

三、社会心理学的确立时期

从20世纪20年代起，随着各种实证手段的运用，社会心理学完成了在其整个历史上最具革命意义的转折，走向科学，进入确立时期。这一阶段的主要特征是从描述转变为实证，从定性研究转变为定量研究，从理论转变为应用，从大群体分析转变为小群体研究。从此之后，社会心理学获得了稳步的发展。

（一）奥尔波特与心理学取向的实验研究

F. 奥尔波特于1924年出版的《社会心理学》一书被人们公认为实验社会心理学诞生的标志，实验社会心理学成为美国社会心理学的一个重要组成部分，社会心理学中实验方法的产生具有划时代的意义。此后，实验方法和小群体研究就成了社会心理学发展的主导趋势。其中，M. 谢里夫（1935）所做的有关社会规范形成的研究，K. 勒温（1939）所做的有关社会气氛的研究，瑟斯顿（1928）和李凯尔特（1932）对态度的测量等都成为经典性的研究。所有这些方法都极大地推动了社会心理学的发展。

在应用方面，社会心理学也有不少的分支，如这一时期，心理学开始将社会学习理论应用到教育实践中；临床心理学家的训练计划也大量运用社会心理学的研究成果；至于管理心理学、政治心理学、旅游心理学、商业心理学等，更是社会心理学的广泛应用。另外，这一时期还产生了几个心理学角度的社会心理学派，有行为主义的社会学习理论、精神分析理论，还有群体动力学理论、社会认知理论。但总的来说，美国的社会心理学在这段时期不重视理论，而是重视实验，强调应用，迷恋小群体研究，但由于极为丰富而又复杂的社会情境在实验室中无法模拟，大量的社会心理现象研究不可能在实验室中进行，于是，这就造成了美国社会心理学的片面发展，最终导致了20世纪70年代社会心理学面临的危机。

（二）乔治·米德与社会学取向的社会心理学研究

20世纪20年代后，社会心理学通过一系列实验研究向前蓬勃发展之时，社会学家从以下两方面为社会心理学的繁荣做出了卓越的贡献。首先是理论建设，以G. 米德为代表的美国社会学家所从事的理论研究，将原先社会学家对社会的宏观研究缩小到微观研究，即将社会行为看成是两个个体或两个以上个体的社会互动，这一思想为后来的“符号互动论”奠定了理论基础。在具体研究方面，社会学家也有一些可以和心理学家的实验室研究相媲美的社会心理学经验研究，如20世纪20年代和30年代梅耶等人进行的“霍桑实验”、20世纪三四十年代进行的有关社区心理和社会流动的调查等。这一时期，社会学角度的各种社会心理学理论也正大部分形成，如米德、布鲁默和库利的符号互动理论将社会心理学由理论引向了应用。

（三）文化人类学取向的社会心理学研究

从20世纪20年代到40年代，文化人类学家对人格与社会行为进行了大量的跨文化比较研究，并凭此对当时年轻的社会心理学产生了猛烈的冲击与严峻的挑战。文化人类学家完成的社会心理学研究主要有：①马林诺夫斯基进行的有关新几内亚特罗布里恩德群岛土著居民的心理研究，批驳了弗洛伊德关于“俄狄浦斯情结”在人类心理发展中具有普遍性的观点。②1928年和1932年，美国文化人类学家M. 米德在她对南太平洋萨摩亚群岛和新几内亚的现场研究的基础上，分别出版了《萨摩亚人的成年》和《三个原始部落的性别与气质》两书。前者指出，青春期危机并不是伴随着生理成熟而必然出现的心理反应；后者认为，男性和女性的心理特征并不依赖生物学的性差异，它们是特定文化条件的反应。③1934 年，美国文化人类学家本尼迪克特在《文化模式》一书中，探讨了个人的心理与行为特征同其所处的文化之间的关系，由此揭开了科学国民性研究的帷幕。

文化人类学家的上述研究对社会心理学的发展影响甚大，在一定程度上帮助社会心理学家克服了在早期阶段将西方人的行为视为人类一般行为模式的倾向。

四、我国社会心理学发展简况

社会心理学在中国走过了一条曲折的道路，其发展大致可以划分为三个阶段：第一阶段是 1949 年之前的初步发展阶段，第二阶段是 1949 ~ 1981 年的停滞和空白阶段，第三阶段是 1981 年后到现在的新的起步和发展阶段。

第一阶段，我国的社会心理学研究状况非常落后，主要是翻译介绍西方的有关著作，最有影响的是 1931 年由赵演翻译的 F. 奥尔波特的《社会心理学》。此外，中国曾出版过几本社会心理学专著，如心理学家陆志韦 1924 年发表的《社会心理学新论》，社会学家孙本文 1946 年出版的《社会心理学》是我国最早系统地论述社会心理学理论与应用的大学教材。

第二阶段，我国学术界在道德教育心理学、发展心理学以及在政治思想工作、领导方法、干群关系、群众路线等理论中也涉及许多社会心理学问题，但由于种种原因，我们取消了社会心理学学科，导致了持续 30 年之久的社会心理学研究上的空白和停滞。

第三阶段，从 1981 年起，中国大陆的社会心理学研究进入了第三阶段，即新的起步和发展阶段。1981 年夏天，北京市心理学会举办了首次“社会心理学学术座谈会”，这是我国社会心理学重建的重要标志。1982 年 4 月，中国社会心理学研究会成立，著名哲学家陈元晖教授任会长，著名社会心理学家吴江霖教授任常务副会长，这标志着社会心理学在中国大陆的正式确立。此后，社会心理学研究在中国迅速发展。20 世纪 80 年代中期后，中国内地学者开始关注如何建立中国特色的社会心理学体系问题，并对社会心理学中国化研究的方法、路径、研究对象进行了具体探讨。进入 20 世纪 90 年代，中国内地的社会心理学发展更加迅速。新的研究、教学机构不断建立，研究队伍不断扩大，专著、教科书、研究报告等研究成果丰硕，研究领域向生活的方方面面扩展。

第三节　社会心理学的主要理论

一百多年来，随着社会心理学的不断发展，逐渐形成了众多应用于某一范围的社会心理学理论和学说，构成了社会心理学的理论大厦，这些理论是从社会学、心理学、文化人类学三种研究取向进行研究的成果。

一、社会学角度的社会心理学理论

社会学的研究取向重点在于对群体及群体内部的互动研究，代表性的理论成果是

G. 霍曼斯、彼得·布劳（Peter Michael Blau）的社会交换理论和乔治·米德的符号互动理论。

（一）社会交换理论

社会交换理论主要是指人们在社会交换过程中出现的基本心理过程及其与交换行为之间关系的理论。社会交换理论的思想来源是18、19世纪的一些古典经济学家斯密（A. Smith）、李嘉图（D. Ricardo）等的思想和行为主义心理学家斯金纳（B. F. Skinner）的思想。古典经济学认为人们在市场上与其他人进行交易时是追求最大物质利益的理性的经济人和关于人性自私的基本假设，斯金纳根据动物实验得出了一系列心理学命题，这些理论被社会交换理论吸收和改造，并由此演绎出社会交换理论各个层次的定理和命题。

霍曼斯是社会交换理论的创始人。社会交换理论借用了经济学讲报酬、利润、成本的术语，认为人们的行为都是为了追求最大利润，但与经济学不同的是，社会交换理论认为人的行为并不是完全追求物质方面的利润。当有两个或多个选择物时，人们总是要进行价值比较并选择自己认为价值高的那一个。一旦选定，一个就成了报酬，另一个就成了成本，报酬和成本是随时可变的。正是因为人们的主观价值判断不同，人们才有了各种不同的行为，如有的人舍生取义，有的人却卖国求荣。

霍曼斯建构起一组解释社会行为的基本命题：

1. 成功命题

如果个体的某个行动越是经常受到报酬和奖励，那么他就越有可能有经常类似的行动。个人行动的频率往往取决于得到报酬和奖励的频率以及获得报酬与奖励的方式。霍曼斯进一步指出，频率的有规律性所获得的报酬和奖励要低于没有规律所得到的奖励和报酬。这是因为没有规律的报酬或奖励更具有意外性与刺激性。

2. 刺激命题

在过去的某个时间里，如果某一特定的刺激或者一组刺激的出现会给某人的行动带来某种报酬或奖励，那么现在的刺激与过去的刺激越相似，个体就越有可能进行类似的行动。

3. 价值命题

如果某种行动所产生的结果对一个人来说越有价值，那么他就越有可能采取同样的行动。反之，如果某种行动产生的结果使得此人受到惩罚，那么他就有可能采取措施避免类似行动的发生。

4. 剥夺—满足命题

也就是获得的报酬和奖励遵循经济学上的边际效用递减规律。这就是说，一个人在最近越是经常地得到某种报酬，那么随着报酬的增加，此人所获得此报酬的满足感和价值感就会减少。

5. 攻击—赞同命题

当某人的行动没有得到他期望的报酬或者他得到了料想不及的惩罚时，他将被激怒并越有可能采取攻击性行为，而这种行为可以发泄他的不满情绪，因而对他来说有价值；当某人的行动获得了他所期望的报酬，特别是报酬比预期的还要多，或者他的错误行动没有受到预想中的惩罚，他都会非常高兴，继续做得到报酬的行动或者避免错误行为的再度发生。

6. 理性命题

一个人在选择采取何种行动时，不仅会考虑到价值的大小，还考虑行动成功的可能性，也就是说人们在进行选择时总会选择那些随着获利可能性增大其总价值也能够增大的行为。用数学公式表示就是：行动发生的可能性 = 价值 × 概率。

社会交换理论的另一代表人物布劳使社会交换理论得到了进一步完善。他将这种对微观的社会结构——人与人面对面互动过程的分析同宏观的社会结构的分析结合起来。一方面，他发展了霍曼斯的报酬的概念，将其划分为内在报酬和外在报酬两部分，并区分了经济交换和社会交换的不同，还按价值的依次递增将日常社会中常见的酬赏分为四种类型：金钱、社会赞同、尊重和服从；另一方面，他认为交换只是小群体的取向原则，在大的社会组织中进行的活动是不能被还原到这种心理的水平而进行分析的。

（二）符号互动理论

符号互动理论是美国土生土长的理论，米德是符号互动论的奠基者。米德系统阐述了符号互动理论的基本思想，形成了符号互动理论体系。所谓符号是指人们在相互沟通过程中用来代表任何东西的客体。米德认为，人的独特之处就在于人具有运用和理解符号的能力，通过这种能力，人们可以在自己的心理世界中将各种客观事物与自己的思想、情感和愿望符号化，以此决定或调整自己的行为，并与他人沟通和交流。例如，人们常常通过手势、姿态、表情等符号来表达自己的意思，进行交流。米德认为，人的言语和非言语（身体姿势）行为不仅是自我意识的表现，而且是人际沟通的重要手段，这就是所谓的“相互作用”或“互动”。社会与个体是通过符号相互作用来互相影响、互相制约的。一方面，社会通过符号的相互作用来“塑造”个体、影响个体的自我发展；另一方面，个体又通过符号相互作用来维持和改造社会。

米德的后继者赫伯特·布鲁姆成为这一理论的代表人物。符号互动论强调人的主观作用，强调对刺激的解释过程，认为“在非符号的相互作用中，人们彼此直接对姿势或动作起反应，在符号的相互作用中，他们解释彼此的姿态，并根据交互作用过程中所获得的意义进行活动”。

（三）社会角色理论

受到米德符号互动理论的直接影响，社会心理学又发展出了角色理论。社会角色理论的代表人物有林顿（R. Linton）、戈夫曼（Erving Goffman）等人。社会角色理论将角色概念引入社会心理学，认为角色其实是个体在社会中的地位，它包括两个方面，即在人际互动中，社会对处于一定地位的个体的期望系统与具有一定社会地位的个体对自身的期望系统，对不同的社会角色，就会有不同的客观期望；对同一角色，不同的人就会有不同的主观表演。在人际互动中，每个人都处于一定的社会位置，社会对他们产生了与其社会地位相应的种种期望，这些期望对人们的行为加以限制、规定与引导，从而产生与某种社会地位相应的社会行为。由此可见，社会通过角色为人类的社会行为提供了一定的规范和模式，同时，人类在角色扮演的互动中形成一定的社会关系。社会角色理论正是从主观和客观两个方面来研究人的角色行为的。

（四）参照群体理论

参照群体理论的代表有赫伯特·海曼（Herbert Hyman）、哈罗德·凯利（Harold Harding Kelley）与谢里夫（M. Sherif）等人，他们认为个体对其社会地位的评估取决于他所选择的用来比较的社会客体，即参照群体。人的行为和态度往往不是受所隶属群体的影响和制约，而是受其参照群体的影响，在这种与自我或他人的比较过程中，个体能够确定自己的价值、社会地位，获得一定的满足感，或者产生一定的"相对剥夺"的感受。例如，在大学生中，有的同学交际能力强，而有的同学交际能力弱。交际能力强的同学，在比较中会有强烈的满足感，这种相对满足现象揭示了参照群体对个体的态度和行为的影响作用。参照理论也能说明一个人态度的形成与改变，例如美国社会心理学家纽卡姆对大学女生参照群体与政治态度的关系调查表明，大学一、二年级学生的政治态度倾向于接近比较守旧的父母，而到了三四年级后，逐渐变得开放自由。纽卡姆认为这种政治态度的变化应归因于女大学生的参照群体从父母转为大学同学的变化。

（五）社会标签理论

以埃德温·勒默特（E. M. Lemert）为代表的社会标签理论，着重探讨社会互动过程中的越轨行为及其形成。这种理论认为，越轨行为既不是与生俱来的，也非后天教化的产物，而是社会反应、他人定义或贴标签的结果。勒默特在其《社会病理学》中说明了正常人如何向越轨者转变，或如何被贴上"越轨"标签的过程。一个人如果因一时心理困扰而行为失常，或出于贪玩打坏了别人的东西，或因好奇尝了一下大麻的滋味，这类行为若不被别人看见，当事人就不会认为自己是越轨。如果这类行为碰巧被某些重要人物看见，并公布于众，情况就会变得严重起来。这时，过失者往往受到训斥和惩罚，并被他人贴上各种越轨者的标签，如变态、流氓、小偷与吸毒者等。周围的人开始根据这种标签来对他做出反应，久而久之，过失者就会有意无意地接受这种标签，形成新的自我认同，并开始经常做出与标签相应的越轨行为。可见，越轨行为是行为人与贴标签者社会互动的产物。

二、心理学角度的社会心理学理论

心理学家注重从个体的角度透过微观的心理现象去反映、理解宏观的社会心理现象，心理学角度的社会心理学理论将重点放在他人或群体对个人行为的影响方面，这方面的主要理论有精神分析理论、行为学习理论、认知理论与团体动力学理论等。

（一）精神分析理论

西格蒙德·弗洛伊德（S. Freud）创立的精神分析理论对心理学的影响是不可估量的，所以有些心理学家认为，如果没有弗洛伊德思想的渗入，西方心理学理论的建立与发展就不可想象。

在心理学范围内，弗洛伊德的贡献主要包括潜意识理论和本我、自我、超我三位一体的人格结构理论。精神分析重视对人精神世界潜意识领域的分析，主张潜意识中人的本能对人的社会心理与行为活动有决定性的作用。

弗洛伊德将人的精神世界主要划分为三个层次，即意识、前意识和潜意识。意识是人可以直接觉察到的心理部分，是精神领域中的一个很小的部分。前意识由意识没有觉察到的某些后天经验所组成，它与意识相通，并共同起排查、压抑引起人焦虑的潜意识本能与创伤性经验的作用。潜意识是包含了人的原始冲动、本能以及个体被压抑的种种后天经验，其内部以性驱力为动力源。在弗洛伊德看来，人的一切心理与行为活动归根结底是由潜意识中的本能或“力比多”（libido）决定的。

弗洛伊德的人格结构论提出了本我（id）、自我（ego）和超我（superego）的三部人格说。本我是人格构造中最基础的一个层面，是以生物的本能的合流为驱动力，是最原始、最难接近的成分，包括了我们人类本性中原始的冲动和被压抑的习惯倾向，如性欲的冲动、贪生怕死的冲动、贪图享受的冲动等。这些本能冲动，我们可以在动物的身上形象地看到。本我的活动只受“快乐原则”的支配，力图发泄自己的本能欲望而获得快乐。自我则是从本我中发展出来的，其目的是为了适应或协调本我的需要和现实环境之间的关系。它使人能在现实生活中理性地、正常地生活。它遵循“现实原则”，力求避免痛苦、追求满足。自我除了在技能上包括知觉、记忆、情绪、动作、思维等精神活动外，最重要的是可以区分自己与他人、主观与客观、现实与理想的差别，能与现实世界相适应，并进行交流和沟通。因而在弗洛伊德的理论中，自我所代表的理性，与本我的情欲形成鲜明的对照。超我是人格结构中最有道德和理想的成分，处在人格结构中的最上层，奉行的是“道德原则”，主要关注行为的好坏与是非。超我的功能是对本我与自我进行约束，压制本我的冲动，怂恿自我以道德目标来替代现实目标，力求达到完美的境界。本我、自我、超我必须和谐发展。本我的主要功能是力求保护自己；超我的作用是在社会规范的原则下，控制与监督自己的行为；自我一方面要正确处理本我的欲望，另一方面又要符合超我的标准，充当本我与超我两者的协调者。当本我或超我任何一方占优势，而对另一方进行统治时，人很可能就会出现异常行为或心身疾病，一旦对本我失去控制，就会导致精神疾病。

弗洛伊德十分重视性本能的作用。在弗洛伊德看来，性不是人们通常理解的性交活动，而是泛指发泄性欲望和满足性快感的一切直接或间接的活动，包括性交、亲吻、抚摸和拥抱等活动。由于性本能（力比多）发泄的区域或动欲区的不同，个体从出生到成人的人格发展经历了口腔期、肛门期、性蕾期、潜伏期与生殖期五个阶段。

1. 口腔期（oral stage）

从出生到满周岁这段时期。在这个阶段，婴儿力比多发泄的主要动欲区是口腔，通过口腔活动的吮吸、吞咽、咀嚼等，不仅满足了婴儿饥饿时的需要，而且这些活动本身也提高了性快感。在口腔期，婴儿通过与食物和食物提供者的协调活动，逐步产生了亲密感，开始把自己与现实环境区别开来。这种现实感的获得，标志着婴儿自我的诞生。儿童的人格不再是单一的、混沌的本我。现实原则逐步取代快乐原则，成为儿童获得满足的主要途径。自我的形成是口腔期最重要的成就。

2. 肛门期（anal stage）

大约从出生后第二年起到 3 岁末。在肛门期，幼儿的主要动欲区从口腔转移到肛门，肛门的排泄活动成为力比多发泄的主要途径。力比多的主要目标是通过肛门排泄粪便解除内包压力以获得快感体验。除排泄粪便解除紧张所产生的快感外，成人对儿童排泄活动的过分注意也增加了儿童对排泄本身的兴趣。儿童保留粪便，以便在排泄时得到更大的快感。

3. 性蕾期（phallic stage）

从3岁到6岁。在这个阶段，儿童的动欲区转移到了生殖器，儿童通过抚摸、显露生殖器获得力比多的满足。这一时期内儿童不仅对自己的性器官发生兴趣，有手淫行为，而且他们的行为开始有了性别之分。在这个阶段，对人格的发展最为重要的事件是在儿童心中产生了有关父母的情绪冲突，即男孩心中的俄狄浦斯情结（Oedipus Complex）和女孩心中的厄勒克拉特情结（Electra Complex）。男孩在与父亲争夺母亲的过程中，感到自己的力量有限，无法战胜对手，并且还产生了“阉割恐惧”，即害怕强大的父亲割掉自己的性器官。这种“阉割恐惧”迫使男孩抑制恋母倾向及对父亲的憎恨，由此本我和自我之间会激烈地冲突。为了解决这种冲突，男孩开始尽量以父亲为榜样，模仿父亲，并认同父亲。通过认同（identification）来获得对母亲性冲动的间接满足，同时认同本身也促使儿童习得男性行为，形成男子性格。同时，女孩也要通过认同来解决与父母之间复杂的情感纠葛。弗洛伊德特别重视儿童如何解决自己内心的俄狄浦斯情结或厄勒克拉特情结，认为若解决不好这些情结，就会导致各种性变态和心理失常。

4. 潜伏期（latency stage）

从6岁延续到12岁。当儿童解决了俄狄浦斯情结或厄勒克拉特情结后，他们的力比多冲动就处于暂时的潜伏状态，性兴趣被其他兴趣，如探索自然环境、知识学习、文艺体育活动和与同伴交往等所取代。在这段时间里，由于儿童生活范围的扩大和在学校吸取了系统知识，儿童人格中的自我和超我部分获得了更大的发展。

5. 生殖期（genital stage）

进入青春期后，由于性器官的成熟，儿童的性冲动再次萌发，他们开始对异性发生兴趣，喜欢参加由两性组成的集体活动。这时，儿童的心理发生了根本的转折，从“自恋”转变为“异性恋”。异性恋倾向一旦形成，就持续人的一生，以后再不会发生根本的变化。弗洛伊德把性心理发展的最后阶段称为“生殖期”。从这个时期起，人类个体就开始摆脱对父母的依赖，成为社会中的一个独立的成员。他们寻找职业，选择婚姻对象，开始异性恋的生活，生育和抚养后代。

弗洛伊德的后继者荣格、阿德勒、霍妮和弗洛姆等新精神分析学派的代表人物都为精神分析理论在社会心理学研究中的作用做出了重要贡献。荣格提出了集体无意识的概念，进一步深化了心理学研究的领域，扩大了心理学的范围；阿德勒则认为，人的行为不是由生物学的本能力量决定的，而是由社会力量决定的；弗洛姆则将精神分析理论关注的重点从本能和行为的关系转移到了社会与人的关系上，从而建立了人本主义学派。他们所提出的社会潜意识、社会自恋和社会性格等概念，已经成为现代社会心理学中的流行概念。

（二）社会学习理论

社会学习理论是社会心理学理论中的重要流派之一，社会学习理论在以赫尔

(E. Hull)和斯金纳为代表的新行为主义学派的影响下开始形成，是当传统行为主义陷入危机之后，作为对危机的反应而形成的多种学习理论体系的统称。早期行为主义最著名的代表人物是巴甫洛夫和华生，后来赫尔和斯金纳、多拉德（J. Dollard）和米勒等人把学习的原则运用到社会行为上，又经班杜拉（A. Bandura）扩大成为一种理论方法，社会学习理论因此形成。

社会学习理论发展地对传统行为主义进行了批判和继承，不同的理论流派虽然都或多或少地继承了行为主义的传统，但他们在体系上和基本观点上又都各不相同。下面介绍米勒、多拉德的模仿理论和班杜拉的社会学习理论。

米勒（N. Miller）与多拉德的学习理论实质上是将赫尔的逻辑行为主义理论延伸到人格、冲突、社会行为等领域。他们的理论之所以能够被称为“社会学习”，是因为他们注意并考察了社会文化因素对人类学习行为的影响。米勒和多拉德运用赫尔的学习理论来研究这样一种重要的社会现象——模仿。米勒和多拉德认为，在任何学习过程中都包括驱力、线索、反应和奖赏四种因素。其基本模式为

线索⟶（内部反应⟶驱力）⟶外部反应⟶奖赏

在社会学习的情境中，他人的反应是一种重要的线索性刺激。不同的行为方式会引起不同的反应。在模仿过程中，示范者的行为给观察者提供了许多线索。这些线索如果与随后的奖赏相互联系，观察者就会把它们作为特定模仿行为的线索。米勒和多拉德还认为，在社会环境中，模仿者通过观察示范者的行为反应，能减少“尝试—错误”的次数，习得恰当的反应。

班杜拉从一开始就反对行为主义者将动物研究成果推广至人类社会，同时也认识到了米勒和多拉德研究的局限性。班杜拉主张以“交互作用论”来解释人的社会行为，并强调观察学习在行为习得中的作用。其基本含义是：人主要通过观察别人的行为和行为结果而进行学习、习得行为。班杜拉认为，观察学习是一个认知过程，观察学习有四个过程：一为注意过程，没有对榜样的注意就没有后来的模仿；二为保持过程，没有这个过程，就不可能产生与榜样活动一致的模仿；三为运动再现过程，个体通过这个过程把保持在头脑中的榜样信息转化为适当的行为；四为动机或诱因过程，指的是个体具有再现榜样行为的能力后是否把行为公开表现出来，而这取决于诱因。从社会学习理论出发，班杜拉等人还对若干重要的人类行为，如侵犯、利他和性别角色行为进行了大量的实证研究。

（三）社会认知理论

社会认知理论其实并不是一种具体的学说，它没有统一的理论体系，它只表现了社会心理学家的一种研究倾向，内容涉及态度、动机、知觉、偏见、归因等。从理论渊源来看，社会认知理论的最初产生受到了格式塔心理学和勒温（Kurt Lewin）场理论的直接影响，在发展过程中又得到了现代认知心理学的有力推动。社会认知理论从社会认知观点入手，研究社会心理现象。首先，强调对个体认知过程的研究，主张认知过程支配行为过程，认知是主要的心理活动；其次，强调认知和行为的一致，肯定人具有认知外部世界并根据认知成果进行决断的能力，人能够利用过去的经验和现在的认知结构主动地反映外部世界，调整自己的社会行为而与社会达到和谐一致，这些主

张无疑张扬了人类的理性光辉。

社会认知理论包括社会认知的一致性理论和社会认知的归因理论。社会认知的一致性理论模式主要有海德（F. Heider）的认知平衡理论、纽卡姆（T. N. Newcomb）的认知均衡理论以及利昂·费斯廷格（L. Festinger）的认知协调理论。社会认知的归因理论主要有琼斯（E. A. Jones）和戴维斯（K. E. Davis）对应推断理论和凯利（H. Kelley）的三度归因理论。此外，近些年来，内隐社会认知研究日渐成为社会心理学当前的一个热门领域。"内隐社会认知"的概念是由格林沃德（A. G. Greenwald）等人于1995年提出的。在人的行为成分中，尚有许多因素是无法用"逻辑"或"理性"解释清楚的，这是因为在认知过程中，个体过去的经验潜在地对个体的行为和判断产生了影响，这是一种深层次的复杂的社会认知活动，是认知主体不需要努力的无意识的操作过程。经过近些年的研究推进，内隐社会认知的研究范畴几乎扩展到了社会认知的各个方面，最主要的如内隐自尊、内隐刻板印象和内隐态度。

当然，不可否认的是，社会认知取向的理论也存在着这样或那样的缺陷，如基本概念模糊不清，研究脱离个体的实践而只抽象地研究人的认知过程等。但对于认知理论流派的未来，西方的很多心理学家都持乐观态度，认为它的发展前景要比其他派别更为广阔。

（四）团体动力学理论

团体动力学理论是勒温创立的，该理论将人的行为环境视为一个场，个体的心理活动是一种所谓的"心理动力场"。心理动力场主要由个体的需要和他的心理环境相互作用的关系所组成。场的整体性使在场内并存的事物相互依存、相互作用。基于"场论"，勒温在研究社会群体的过程中，提出了群体动力学的理论体系。勒温认为，一个团体便是一个单位，须把它作为一个整体来分析，它并不是由个体简单形成的集合，社会团体作为一个"社会场"，将对个体产生很大的影响。个体的行为受他从属的社会团体的影响和制约。

勒温的学生恰普曼（Chapman）和福尔克曼（Voikman）进行的"抱负水平的一个社会决定因素"的实验表明，个人的抱负水平总是参照别人的成就而设定，它总是高于比自己水平低的人，低于比自己水平高的人，接近与自己同水平的人。马罗的实验也发现，在工厂里，如果没有团体做参照，工人的生产效率会大大降低。

三、文化人类学角度的社会心理学

文化人类学家重视社会文化因素对人们心理的影响作用，该理论从文化的角度出发，对人格及受人格影响的人的社会行为的发生、发展做出了独特的解释。其代表人物有英国的马林诺夫斯基（Malinowski）和美国的弗兰兹·波亚士（Frans Boas）及其弟子本尼迪克特（Ruth Benedict）和M. 米德等人。早期理论是人格的文化决定论，后来发展为文化与人格的互动论。

马林诺夫斯基是一位对心理学深具影响的人类学家。他把文化看作是一个服务于人类需要的习惯集合系统，并在冯特那里找到了心理学根据。弗洛伊德的精神分析理论也对马氏产生了很大的影响，经过研究，他认为弗洛伊德所认定的决定亲子关系进而决定整个家庭内部矛盾的俄狄浦斯情结仅适用于父权制社会，并不适用于美拉尼西亚人那种母系社会。他指出，儿童对其管教者怀有敌意的情绪可能是普遍存在的，影响亲子关系及儿童人格发展的不是“性”这样的本能因素，而是文化中的家庭制度、家庭组织以及教养方式。这种思想启发人们重视文化对人格及社会行为的作用，推动了社会心理学理论与研究的发展。

波亚士把人类学的研究划分为体质、语言和文化三种研究，重新组建了人类学的理论体系，揭示了文化特质的扩散性，而不仅仅是文化进化。在《原始人的心灵》中，波亚士提出，心理因素会受到文化的塑造，比如，人们的风俗习惯便是由文化决定的。人的心理特征受到文化条件变化的塑造，个性特质只有在理解了个体对文化环境做出反应的基础上才具有意义。波亚士对社会心理学的影响不仅仅限于他的理论观点，更重要的是通过他的两位学生本尼迪克特和 M. 米德对社会心理学的发展产生了十分深远的影响。

本尼迪克特在北美研究美国印第安的民俗和宗教，米德则在萨摩亚群岛进行自己的研究。这两位学者都强调文化对人格的决定性作用，比如，在某些社会中，竞争、侵犯和统治可能被认为是正常的行为，而在另一些文化中却会被认为是不正常的行为。文化同时还为男女两性规定了适当的行为和个性，所以男性所扮演的角色、行为和个性特质与女性有着明显的差异。两人都认为不能仅仅从心理学，还必须从历史的角度去理解文化类型和习惯行为，环境因素和社会因素对个性和行为的形成具有十分重要的潜在影响。

目前，社会心理学在综合化方面已经取得了一定的进展，学者们在研究社会心理课题时，往往不会局限于某种研究取向，而是从多个角度，采用多种方法进行研究，不同研究取向的结果可以相互印证，互为补充。由于社会行为具有复杂多面性、多因素与多层次性，我们没有必要强求研究取向统一，社会心理学内部的不同取向可以为我们理解人类行为的本质与规律提供多种可能的途径。

第四节　社会心理学的研究方法

一门真正的科学和一个富有成效的研究都有其科学的方法论基础。随着科学的发展，科学方法论也在不断地变化和发展，其发展趋势是朝着更完善、更正确和更科学的方向前进。作为一门较年轻的独立学科，与其他研究人类社会行为的学科相比，社会心理学的一个主要特征就是其科学的方法论，即基于定量之上的定性分析。正是凭借科学的方法论体系和多种多样的具体研究方法，社会心理学的研究者才能够推动这门学科不断向前发展。下面介绍一些具体的研究方法。

一、观察法

观察法是指借助人的感官和各种仪器，直接对研究对象进行有目的、有组织的观察，并将结果记录下来，从而了解人们的社会心理的方法。一些经典的社会心理学研究成果，都是通过观察法取得的。在当代的观察法或观察研究中，不但吸收了信息论和系统论等有关学科的现代科学思想，而且采用了录音、录像和电脑分析等现代科学技术，这使得观察的方法和技术都得到了提高，观察研究的范围更为广泛，研究结果更加可靠和有效。观察法按照是否参与被观察者的活动可以分为参与观察和非参与观察。

（一）参与观察

参与观察就是进入被观察者所处的社会环境或社会关系中，成为其中的一员，在自然的状态下观察被研究者的活动和表现。这种方法最早为人类学家、民族心理学家所采用。如马林诺夫斯基、M. 米德等曾亲身体验过一些原始部落的生活，后来这一方法在社会心理学研究中得到应用。比如威廉·怀特（W. White）对于“团体规范”（1934）的研究。由于参与其中，观察者可以与被观察者建立比较密切的关系，因此，可以了解到被观察群体特殊的文化模式，了解到他们的隐私机密。所以，这是观察法中最深入、最全面的一种。但观察者也会由于涉入过深而带有感情色彩，失去客观立场。

（二）非参与观察

非参与观察就是观察者完全处于旁观的立场，不参与被观察者的任何活动。在这种观察中，观察者可以做到客观冷静，得到比较真实的材料，但隐秘的东西一般很难观察到，这会导致观察不深入、不全面，而且观察者以旁观者的身份出现很可能会影响被观察者，从而导致观察结果失真。

二、实验法

所谓实验法，就是在控制不相关变量的情况下，系统地操纵一个或多个变量（自变量），并观察这种操纵对其他变量（因变量）的影响，从而发现因果关系的一种方法。操纵与控制是实验法的两大特点。主试应该在控制不相关变量的同时操纵自变量，以观察因变量的反应。理想的情况是，实验应该有实验组和对照组，这两组成员的特点应该是一致的；在实验中进行控制与操纵，然后将实验前后测得的数值与对照组比较，就可以大致显示出因果变量的效应。

（一）实验室实施法

实验室实施法是指研究者在严格地控制较多的外部变量的情况下，通过操纵自变量以观察因变量，从而确定因果关系的方法。由于实验室实施法可以最大限度地突出重要因素，故能确定自变量对因变量的影响作用。实验室实施法的优点在于，实验者能够控制实验变量，消除无关变量的影响，从而可以进行精确的测量。这种方法统计信度高，可重复验证，曾被认为是过硬的研究方法。但后来人们逐渐感到它的严重缺陷，在实验室条件下得到的结果缺乏概括力，即在外效度较低；实验室条件与现实生活条件相去甚远；在实验室环境中难以消除被试的反应倾向性和实验者对被试的影响。

（二）自然实验法

自然实验法是一种介于观察法和实验室实验法之间的方法。它是在日常情境中观察两个以上对立情况对人的心理及行为的影响。其中对立情况为自变量，人的心理及行为是因变量，因果关系比较明显，因此有实验法的特点。由于这种实验法所研究的变量不是实验者操纵的，而是环境操纵的，实验者只是利用现成条件进行研究，故可大大减少人为性，从而获得真实的材料，同时结论又有较高的效度。但由于实验控制不严，因此难免有其他因素掺杂进来。

（三）现场实验法

现场实验法是实验者把现场当作实验室从事实验研究，由实验者操纵自变量，尽可能地控制额外变量，观察因变量的情况。这种方法与自然实验法的不同之处在于，它要对环境施加一定的控制。现场实验法的优点在于，由于被试不知道自己当了被试，所以不会产生反应偏向；又由于控制了自变量，所以可以得出变量间的因果关系。但由于在现实环境中进行，因此很难控制额外变量的影响，另外也难以保护被试的权利与安全。

三、调查法

调查法是通过访谈、问卷等手段，系统地、直接地收集资料，并在此基础上加以分析概括，从而获得科学结论的一种方法。

（一）典型调查

典型调查是在研究对象的总体中选取某些具有代表性的典型进行深入系统的调查，借以认识事物和现象的总体情况。典型调查成功的关键是选择有代表性的典型，只有选择是真正的典型，才可以保证将调查结果推广到一般状态下的正确性。典型调查可以节省人力、时间、经费，而且调查方法可以灵活多样，取得丰富、全面的资料，从而获得对研究对象深入的了解。

（二）个案调查

个案调查指的是对一个或几个研究对象进行较长时间的调查研究，收集关于这些特定对象的客观情况，包括对家庭情况、社会地位、教育影响、职业经历等资料加以分析，以阐明其社会行为的本质及规律。个案调查可以获得感性认识丰富的资料，从而把调查对象放到社会、文化背景中去考察，以便对调查对象进行多层次、综合性的分析。这些分析可以加深对总体类型的认识。因此，个案调查更适宜做定性的研究。

（三）抽样调查

抽样调查就是从全体调查对象中随机地选取一部分对象作为代表进行调查分析，并因此而推断全体调查对象状况的方法。其实，典型调查和个案调查也是从总体中选取某些对象进行调查，抽样调查与它们的区别主要在于调查对象是随机抽取的，而不是主观选取的，从而保证将调查结果推广到总体的科学性。抽样调查因其准确性，对误差的可控制性等特点，在社会心理学的研究中得到广泛的应用。

四、跨文化研究法

所谓跨文化研究法，就是通过对两种或两种以上的文化进行比较、分析，从而获得研究结论的方法。跨文化研究法是文化人类学的基本方法，文化人类学家利用这一方法，比较和分析了许多不同民族部落和文化群体，考察它们特殊的生活方式以及不同的人格特征形成的原因和规律。这些研究成果对社会心理学有着极其重要的意义，它丰富和深化了社会心理学对人的社会行为的理解，由此而建立的文化与人格理论已成为社会心理学的重要内容，同时也为社会心理学的研究开辟了新途径。

（一）现场考察

对不同地区、不同民族、不同文化部落的现场考察是跨文化研究的基本方法，也是文化人类学家获得信息资料和经验的重要来源。在跨文化研究的现场考察中应用到许多前面讲过的具体技术，如观察、抽样调查等。但对文化人类学家来说，现场考察还意味着一种深刻的经验。由于考察要深入，所以这种方法只能进行小群体的研究，将小群体作为整体的一个缩影，通过深入的调查分析，以达到对这一文化模式的彻底理解。

（二）心理测验

这种方法是对不同民族和地区中的人们进行一些必要的心理测验，以确定文化与人格以及文化与行为之间的关系。所用的心理测验的具体方法主要有罗夏墨迹测验、主题统觉测验。使用心理测验可以比较简便地获得某些资料，但我们必须谨慎地使用它们。

（三）民俗、艺术和神话传说的分析

民俗、艺术和神话传说是一个社会中最重要的文化内容。不同的社会往往有不同的民俗、艺术和神话传说，它们往往与该社会的政治、经济、科技密切相关。更重要的是一个社会的民俗、艺术和神话传说常常成为这个社会特定的象征和符号，还代表了一个社会中典型的社会心理状态。所以，对民俗、艺术和神话传说的分析，无论对人类学，还是对社会心理学都具有极其重要的意义。研究证明，一个社会普遍的价值观和态度，就蕴含在这个社会的民俗之中。分析一个族群的民俗，是了解他们的人格倾向、行为特征及价值观和态度的重要途径。另外，一个族群的艺术和神话传说是该族群的生活和劳动的真实反映。因此，通过一个社会的艺术和神话传说，同样也可以洞悉他们的人格倾向和行为特征。所以在跨文化研究中，研究者往往非常关心被调查民族的民俗、艺术和神话传说的特点，以探索人类行为活动的规律。

五、大数据研究法

目前，大数据研究开始应用于社会心理学领域。大数据给社会心理学带来研究方法上的变革。以往的社会心理学通常基于问卷、数据统计、抽样调查和实验室研究分析心理数据，而在大数据时代，真实、准确、及时的大数据样本将为社会心理学研究方法的变革带来崭新的机遇，大数据拓宽和加深了社会心理学研究的深度和广度。大数据时代，一切事物都被数据化，受此影响，社会心理学的研究视角和研究领域不断地更新和扩展，很多传统的社会心理学问题，如社会心态、个体行为偏好、集群行为、社会态度与公众情绪、动态人际互动与人际关系等，都可能借助大数据得到更为准确的、可视化的测量和呈现。大数据宣告社会心理学预测时代的到来。社会心理学有四项基本功能，即描述、阐释、预测和控制，传统社会心理学多关注描述和阐释两项功能，对于预测和控制则显得有些捉襟见肘。大数据时代，这种状况将获得很大的改观。

由于大数据时代的社会心理学研究不再过多地依赖随机采样，而是通过处理和分析相关数据获取结论，这有助于预测能力的提升。如我国南开大学乐国安教授团队基于微博与股票的大数据研究发现，微博网民情绪的起伏不仅与中国社会发生的重要事件存在着明显的对应关系，还在一定程度上能够预测我国证券综合指数及其每天交易量的变化。

但是，大数据可能给社会心理学研究带来风险。风险之一在于网络用户隐私权和安全感风险。以 Facebook 为例，其瞬时可以生成详尽的用户心理数据，如包括种族、性格、智商、幸福感、政治观点、宗教信仰等在内的人口特征资料，一旦掌握了这些数据，便可以自动建立起模型。这提示我们，网络数据的使用应注意透明度是否合理，以及合理界定网络控制权的外延和边界。风险之二是研究方法问题。社会心理学面向的是个人、群体和社会，但大数据所带来的研究方法的改变却使得社会心理学研究者可能更多地关注数据，这或许会使某些研究者误入“数据万能论”的误区。

因此，大数据的研究方法并不能完全取代以往的研究方法，大数据的网络实验室也不能完全取代实体实验室，只有关注“人”，只有坚持研究方法上的兼容并包，社会心理学才能在大数据时代获得长足的发展。

思考题

1. 社会心理学有哪些重要的研究角度?
2. 社会心理学有哪些有影响的理论?
3. 社会心理学是如何发展起来的?
4. 社会心理学有哪些具体的研究方法?
5. 请通过研究对象，探讨社会心理学的学科性质及社会作用。

第二章　社 会 化

人类具有生物性和社会性双重属性，生物性是与生俱来的，而社会性则需要在后天生活中习得。社会性是人类的本质属性，任何人都必须通过学习和文化的熏染，习得语言、规范、社会行为等，参与社会生活，适应社会文化，才能成为一个符合要求的社会成员。这个从自然人转变为社会人的过程就是社会化。

第一节　社会化概述

社会化是社会心理学领域的一个中心课题，也是社会学、人类学共同关注的问题。在社会化的研究中不同学科有着不同的角度，社会学主要从社会结构角度研究社会化，即如何培养合格的社会角色；人类学偏重于文化角度，研究社会向个体输入文化的过程；而社会心理学则从人格形成与发展的角度探讨社会化。尽管每个学科所探讨的角度不同，但如罗森伯格（M. Roseberg）和特纳（R. Turner）所言："社会化所起的作用都被看作是社会的维持和个体的福利的一座基石。"

一、社会化的概念

对于社会化，社会心理学家曾从不同的角度进行了界定。有的学者从个体适应社会的角度进行界定，如赖兹蒙（L. S. Wrightsman，1977）认为，"从婴儿出生的时候起，他或她就被各式各样的人物和事件包围，而这些人和事会塑造他或她对世界的知觉。个体认识到他或她所属的社会的各种价值并把它们吸收的过程，一般就称为社会化过程"。我国社会心理学家时蓉华（1989）认为，"在特定的社会与文化环境中，个体形成适应于该社会与文化的人格、掌握该社会所公认的行为方式，叫作社会化"。有的学者从人与社会双向互动的角度进行界定，如苏联社会心理学家安德烈耶娃（1984）认为，社会化是一个两方面的过程，一方面是个体通过加入社会环境、社会关系系统的途径掌握社会经验的过程，另一方面是个体对社会关系系统的积极再现的过程。我国社会心理学家俞国良（2015）认为，"是个体在特定的社会文化环境中，学习和掌握知识、技能、语言、规范、价值观等社会行为方式和人格特征，适应社会并积极作用于社会、创造新文化的过程"。

社会化涉及社会和个体两方面，是人与社会一个双向互动的过程。一方面，个体接受社会的影响，接受社会群体的信仰与价值观，学习生活、生产技能和行为规范，适应社会环境；另一方面，个体作用于社会，用自己的信仰、价值观和人格特征去影响他人、社会，改造旧文化，创造出适应时代需要的新文化。社会心理学家凯利(1983)用简单的模型表示了这一过程，如图2－1所示。

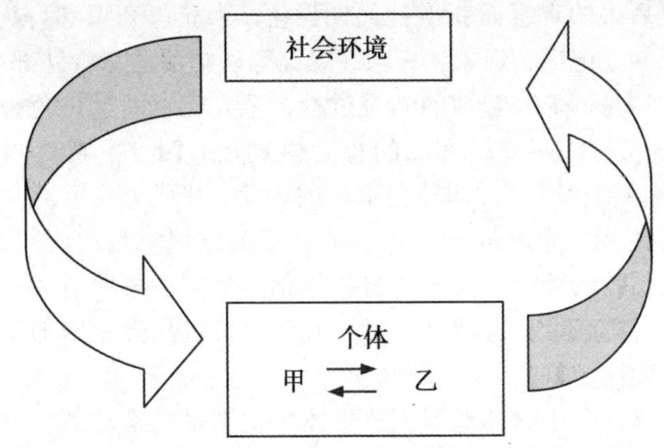

图2－1　人与社会的双向互动过程

通过以上的分析，我们认为应从人和社会双向运动的观点给社会化下定义。社会化是个体通过与社会的交互作用，适应、吸收着社会文化，同时积极反作用于社会、创造新文化，将自己整合到社会中，形成适合于该社会与文化的人格和行为方式，成为一个合格的社会成员的过程。

二、社会化的途径

个体社会化的途径有两条：一是社会教化，另一是个体内化。社会教化是从社会环境因素入手分析社会化，个体内化则是从个体能动性着眼探讨社会化。二者相辅相成，共同实现个体的社会化。

（一）社会教化

社会教化是指社会通过社会化的执行者实施社会化的过程。但在个体成长的不同阶段，遇到贯彻社会教化的执行者是不同的，所受到的影响也不一样。概括起来，进行社会教化的执行者主要有家庭、学校、社会团体、社会组织、大众传播媒介以及法庭、监狱和劳动教养所等社会化的机构的组织者及其成员。社会教化可以分为两大类：一是系统正规的教育。如各级各类学校，它们担负着传授社会知识、灌输行为规范、培养职业技能和人生价值观念等任务。二是非系统、非正规的教育。如社会风俗、群体亚文化、传播媒介对人的影响，这类教化往往是在无形之中发生作用的。因此，它对个人的成长、心理的成熟与变化以及行为方式的选择，往往起着潜移默化的影响。

（二）个体内化

个体内化是指社会化的主体经过一定方式的社会学习，接受社会教化，将社会目标、价值观、道德规范和行为方式等转化为自身稳定的行为反应模式和人格特质的过程。它是个体的内部心理结构同外部社会文化环境的相互作用，并对后者主动加以选择和适应的过程。

个体内化是在个体的活动中实现的，充分体现了个体社会化的主动性。社会心理学家从不同方面研究过实现个体内化的社会心理机制，其中主要包括：第一，观察学习。这是班杜拉等社会学习论者解释人的社会行为内化的主要概念，它说明个体可以通过对他人行为及其后果的观察而获得替代性强化，来获得知识和行为。第二，认知加工。即个体通过感知、记忆、想象、表象、思维等认知活动，将外部世界的信念内化。第三，角色扮演。这是一个综合性的学习过程，个人能够通过角色扮演了解社会对该角色的期望，并形成与此期望相一致的行为模式。第四，主观认同。主观认同又称“自居作用”，弗洛伊德曾以此说明社会道德的内化，并认为儿童对“超我”的内化对其行为具有强制性作用；它既属于意识，又属于无意识。儿童认同谁，或以谁自居，就会以他作为自己仿效的榜样。第五，自我强化。个体在某项活动中达到了自己的目标，便会得到精神上的满足，这就是一种自我强化。自我强化增加了个体在日后依此行为模式行事的可能性。

社会教化是个体社会化的外部动因，个体内化则是内部动因，外因必须通过内因才能起作用。这几种机制并不是相互孤立、彼此平行的，而是互相关联、互相作用，共同实现个体的社会化。

第二节　社会化理论

在社会化的理论构建中，社会学家和社会心理学家都做出了很大的贡献。不同学派对社会化的认知角度和倾向都有所不同，因此形成了不同的社会化理论。就社会心理学的领域来讲，主要包含精神分析理论、认知发展理论、社会学习理论、符号互动理论、正常成熟理论、群体社会化理论等。

一、精神分析理论

（一）弗洛伊德的观点

弗洛伊德是精神分析的创始人，他强调个体与社会之间的冲突，强调生理基础与情感在个体社会化过程中的作用。总体上说，弗洛伊德关于社会化的理论仍离不开他的人格理论。弗洛伊德认为人格是由本我（id）、自我（ego）、超我（superego）三个部分组成的整体，人的社会化过程就是这三个部分的交互作用所决定的。弗洛伊德的人格结构理论已在第一章做了详细介绍，在此不再赘述。

弗洛伊德认为，如果一个人要保持心理健康，人格的这三个部分必须是和谐的，而社会化的过程就是促使人格的三个部分平衡发展。他认为，婴幼儿时期的生活经验是构成个体人格的主要因素，也是社会化最重要的阶段。童年期的社会化奠定了个人一生发展的基础。

（二）埃里克森的观点

埃里克森（E. H. Erikson）深受弗洛伊德的影响，但是他修正和发展了弗洛伊德的理论。他不同意弗洛伊德的泛性生物学理论，认为精神分析既要考虑生物学影响，又要注意社会文化的影响，尤其要注意家庭、学校、文化对儿童社会化的影响。埃里克森批评弗洛伊德忽略了社会文化因素的作用，而且强调了自我的作用。

埃里克森认为自我的发展持续了人的一生，可分为八个阶段，每个阶段都有其特殊的目标、任务和冲突。各个阶段相互依存，后一阶段发展任务的完成依赖于早期冲突的解决。危机是划分每个阶段的特征，埃里克森认为每一阶段的发展中，个体均面临一个发展危机，每一个危机都涉及一个积极的选择与一个潜在的消极选择之间的冲突。个体解决每一个危机的方式对个体的自我概念以及社会观有着深远的影响。早期阶段中问题的不良解决所造成的损失，可能会在后期的阶段中得到修正，但往往会对个体一生的发展造成间接而深远的影响。

（1）婴儿期（0～1.5岁）：基本信任和不信任的冲突。此阶段，婴儿开始探索周围的世界是否可靠。此时要是认为婴儿是一个不懂事的小动物，只要吃饱不哭就行，就大错特错了。此时是基本信任和不信任的心理冲突期，因为这期间孩子开始认识人了，当孩子哭或饿时，父母是否出现则是建立信任感的重要问题。婴儿的需要如果得到充分的满足，就会产生信任，即产生世界是安全的感觉。但是如果对婴儿的照料不稳定或不充分，或者婴儿感到被拒绝，就孕育了一种基本的不信任，而这将在以后的人生发展阶段中起作用。

（2）儿童期（1.5～3岁）：自主与害羞和怀疑的冲突。此阶段儿童逐渐掌握了大量的技能，如爬、走、说话等，也开始表现出自我控制的需要与倾向。自主意识是儿童运动技能和大脑智能发展的结果。一方面，如果父母认识到他们的孩子需要做自己力所能及的事而让孩子去做，这样孩子就会感到他们能够控制自己的肌肉、冲动，他们的自我和周围的环境；另一方面，儿童有时会感到怀疑甚至羞怯，当父母没有耐心而代替儿童去做那些他们自己能做的事情的时候，儿童就会强化这种怀疑意识，并且影响到他们在青春期与成人期的自主意识的获得。本阶段体会到过多怀疑和羞怯的个体，可能会导致其一生对自己的能力缺乏信心。

（3）学龄初期（3～6岁）：主动与内疚的冲突。此阶段的儿童开始对发展其想象力与自由地参加活动感兴趣。儿童在这个时期能否发展主动首创性，克服内疚感，在很大程度上取决于他的父母对其首创性做出什么反应。如果父母对儿童提出的问题耐心听取并做出回答，对他的建议给予适当的鼓励和妥善处理，儿童的首创性就可得到加强。反之，如果父母对儿童提出的问题感到厌烦，或是禁止、讽刺，儿童则会发展拘谨被动或内疚的人格。

（4）学龄期（6～12岁）：勤奋与自卑的冲突。此阶段儿童开始进入学校学习，形成一种压力，产生勤奋感。完成学习课程和从事集体活动的成功经验，助长了儿童的胜任感。其中的困难和挫折则导致了自卑感。在这个时期，儿童追求各种活动带来的成就感以及由此得到的认可与赞扬。如果成年人对儿童的努力给予鼓励，儿童也从教师那里学会学习的技巧，并经常获得成功，受到赞扬、鼓励，则有助于培养儿童进取与奋发的人格。反之，如果父母把孩子努力做的事情看作是“捣乱”，或是教师要求孩子遵守像成年人那样的严格规则，就会使儿童产生自卑感。

（5）青春期（12～18岁）：自我同一性和角色混乱的冲突。此阶段大体相当于少年期和青春初期。如何形成统一的自我，克服自我角色的混乱是这一时期所面临的任务。个体进入青春期以后，他们在生理上有了很大变化，性特征更加明显。他们看待世界和思考问题有了新的方法。他们的角色类型增加，这些新角色必须平缓地与原来的角色结合成新的角色集，以促进强烈的自我认同。但在这一时期，他们还缺乏对世界的实际了解和自立能力，思想、情感处于一种冲突和混乱之中。如果学校和家庭给予正确的诱导，提供适当的工作或锻炼的机会，将有助于他们建立稳定的角色。反之，如果诱导不当，锻炼不够，提供活动的内容和形式不当，则导致个体的自我混淆。

（6）青年时期（18～30岁）：友爱亲密与孤独的冲突。此阶段是成年早期的发展阶段。这个时期的主要任务是与人结成友谊和伙伴关系，追求爱的感觉。埃里克森指出，亲密是指个体在无须顾虑自我认同丧失的情况下去爱另一个人和关心另一个人的能力。如果一个人不能与他人亲近，他就会生活在孤独之中。这种达到亲密程度的能力很大程度上取决于一个人的自我认同能力。亲密感的发展对是否能满意地进入社会有着重要作用。

（7）中年期（30～60岁）：繁殖与停滞的冲突。这里指的是广义上的繁殖，不仅包括人的繁衍后代，而且包括人的生产能力和创造能力等基本能力或特征。本阶段个体面临抚养下一代的任务，并把下一代看作自己能力的延伸。发展顺利的个体表现为家庭美满，富有创造力。反之则陷入自我专注的状态，只关心自己的需要与舒适，对他人及后代感情冷漠以至于颓废消极。

（8）老年期（60岁以后）：自我完美与悲观失望的冲突。埃里克森把这个阶段称为"成熟阶段"。只有成功解决了前面7个阶段的危机之后，人才真正地成熟起来。到了这个阶段，人的主要生命活动已经接近尾声，老人们将把更多的时间用来思考和回顾过去的生活。完美的感觉来自一个人对他一生的满足；而另一个极端是认为自己的过去失去了一系列机会或走错了路，就会陷入一种悲观失望感中，甚至感到绝望。

在弗洛伊德理论的基础上，埃里克森的理论主要有如下发展：第一，他认为人格的发展持续于人的一生，而不是弗洛伊德所认为的童年期的经验就决定了人的一生。第二，他注意了主体的自我作用对社会文化的影响。第三，他对人格发展的每一个阶段都提出了一个具体的社会心理问题，对学校教育中人格的培养，对精神病的预防与治疗都有很大的现实意义。

然而，埃里克森的理论过分强调本能，相对忽视人的意志、理智等高级心理过程。埃里克森的发展模型建立在对中产阶级研究的基础上，研究了人格的一般发展，没有去考虑社会阶级、种族群体或可能性机会的影响。而且，其立论多从经验观察而得，缺乏客观的科学实验根据，因而他的模型很难进行实验研究。

二、认知发展理论

认知发展理论主要从认知的角度研究人的社会化，详细论述了个体出生后在适应环境的活动中认知及思维能力发展的不同阶段。该理论是由瑞士心理学家皮亚杰（J. Piaget）提出的，之后美国心理学家科尔伯格（L. Kohlerg）进一步继承和发展了皮亚杰的理论。

（一）皮亚杰的道德发展理论

皮亚杰对人的社会化过程的主要贡献是他描述了儿童在不同发展阶段是如何思考的。皮亚杰强调个体在认知过程中具有一定的认知结构，在认知活动中表现出同化和顺应两种功能。同化是把环境因素加以过滤和改变而纳入现有的认知结构之中；顺应是在现有认知结构不能同化客体时，改变或调整原有的结构而去吸收、掌握新的经验。这样，认知的发展就表现为主体和环境积极互动的过程。因此，社会不能被理解为规范和价值从上一代向下一代简单地传递，个体本身也是他所在社会的道德法则的积极加工者。皮亚杰特别强调儿童的道德发展。他认为儿童的道德发展和他的认识水平是平行的，即儿童的道德判断能力随着他认知结构的变化和认识水平的提高而提高。

皮亚杰把人的认识水平的发展分为四个阶段。

（1）感知运动阶段（1.5～2岁）。在这个阶段，孩子对世界的了解是完全通过他们的感觉器官的，主要是视觉、听觉、触觉等感觉与手的动作，与此同时，会在大脑中建构和再构客体。在这个阶段最初，对婴儿来说，“视线之外”的东西，就意味着“存在之外”。例如，如果把一个新生儿注视的物体从其视线中移走，婴儿的眼睛是不会跟着物体走的。但在感知运动阶段的末期，儿童就能在大脑中获得对客体的影像。稍长及至1岁左右的婴儿，对滚入床下而看不见的皮球，他会继续寻找。

（2）前操作阶段（2～7岁）。在这个阶段，孩子学会使用和理解符号，学会说话，并且第一次有了描摹客体的企图。这个阶段的孩子具有知觉集中倾向。所谓知觉集中倾向，是指前操作阶段的儿童在面对问题情境时，只凭知觉所及，集中注意于事物的单一向度或层面，忽略事物的其他向度或层面。顾此失彼的结果，难免导致对问题的错误解释。因为在这个阶段，儿童还未能理解宽、深、高度、数量和因果之类的抽象概念。这个阶段的孩子是高度的自我中心主义者，他们几乎完全是从自己的角度来看待世界的，因而也就不能领悟他人的角色并从他人的角色来看待世界。

（3）具体操作阶段（7～11岁）。在这个阶段，儿童懂得如何去构想一个具体的客体，或者以不止一种方式来认识客体的类属。他们能够形成关于事物之间联系的概念，也开始发展起从他人的位置来想象自我的能力。

（4）形式操作阶段（12～15岁）。在这个阶段，青少年开始发展起高度的抽象思考的能力。他们可以对现实的可能性进行思考，建构理想，以及对未来进行实际的推理。这种能力也使青少年能够逻辑地推敲与事实相反的陈述。

在认知发展水平研究的基础上，皮亚杰认为儿童的道德判断要经历三个发展阶段，即无律道德阶段、他律道德阶段、自律道德阶段，并认为道德判断的发展也就是从他律到自律的转化过程。皮亚杰的儿童道德判断发展阶段和认知发展阶段是平行的，在发展的连续过程中也表现出自己的阶段性特点。无律道德阶段出现在儿童4～5岁以前。这个阶段的儿童思维是自我为中心的，其行为直接受行为结果的支配。自我中心时期的儿童反映在道德要求上，有时采取毫无异议的顺从，有时决绝甚至反对。这个时期儿童的行为也称“前道德期”，儿童的行为不涉及道德意识或道德判断。自律道德阶段出现在4～9之前，以学龄前儿童居多。这个时期儿童道德生活的特征是几乎绝对地服从权威，这里的权威指父母、教师等成人。此阶段儿童对道德的看法是遵守规范，只重视行为的后果，而不考虑行为的动机。自律道德阶段始于9~10岁以后，此阶段儿童不再盲目地服从权威，而是考虑了行为的动机。到了这一时期，儿童的道德意识与行为逐渐成熟，以前视为理所当然的规则或命令，则要追问其所以然。儿童已不再刻板地按照某种准则做出道德判断，能够根据具体情况做出道德判断。这时期的儿童形成了自己的道德观念，它从内部对儿童的道德判断起着决定性的作用。

（二）科尔伯格的道德发展理论

科尔伯格继承并发展了皮亚杰的道德发展理论和研究路线，运用“道德两难故事法”，让被试在自己的反应中“投射”内心的观念，反映出个体的道德发展水平。

科尔伯格共设计了九个两难故事，这些故事都包含两种尖锐对立的不同价值选择，所代表的冲突是青少年关注的，引发的问题对个体在较高的发展水平上具有意义。在这些两难故事中，最为典型的就是“海因茨偷药”故事：欧洲有一位妇女患了癌症，生命危在旦夕。医生告诉她的丈夫海因茨，只有本城一个药剂师最近发明的一种药可以救他的妻子，但该药价格十分昂贵，要卖到成本价的10倍。海因茨四处求人，尽全力也只借到了购药所需钱数的一半。万般无奈之下，海因茨只得请求药剂师便宜一点儿卖给他，或允许他赊账。但药剂师坚决不答应他的请求，并说他发明这种药就是为了赚钱。海因茨在走投无路的情况下，为了挽救妻子的生命，在夜间闯入药店偷了药，治好了妻子的病，但海因茨因此被警察抓了起来。科尔伯格围绕这个故事提出了一系列问题，让被试参加讨论，如：海因茨该不该偷药？为什么该？为什么不该？海因茨犯了法，从道义上看，这种行为好不好？为什么？

通过大量的研究，科尔伯格把人的道德发展分为前习俗水平、习俗水平、后习俗水平，每种水平各有两个阶段，共六个阶段。

（1）前习俗水平（0~9岁）。处在这一水平的儿童，已具备关于是非善恶的社会准则和道德水平，但基本是以自我为中心，根据行为的直接后果和自身的利害关系判断好坏是非。这一水平包括两个阶段：

第一阶段：惩罚与服从定向阶段。在这一阶段，儿童根据行为的后果来判断行为是好是坏及其严重程度，他们服从规则只是为了避免惩罚，认为受赞扬的行为就是好的，受惩罚的行为就是坏的。他们还没有真正的道德概念。处在这一阶段的儿童对海因茨偷药的故事可能会做出这样两种不同的反应：赞成者认为，他可以偷药，因为他先提出请求，又不偷大的东西，不该受罚；反对者则会说，偷药该受到惩罚。

第二阶段：相对功利定向阶段。这一阶段的儿童道德价值来自对自己需要的满足，他们不再把规则看成是绝对的、固定不变的，评定行为的好坏主要看是否符合自己的利益。如他们对海因茨偷药的故事可能会有这样的说法：赞成者会说，他的妻子需要这种药，他需要同他的妻子共同生活；反对者则会说，他的妻子在他出狱前可能会死，因而对他没有好处。科尔伯格认为，大多数9岁以下的儿童和许多犯罪的青少年在道德认识上都处于前习俗水平。

（2）习俗水平（9~15岁）。处在这一水平的儿童，能够着眼于社会的希望与要求，并以社会成员的角度思考道德问题，已经开始意识到个体的行为必须符合社会的准则，能够了解社会规范，并遵守和执行社会规范。习俗水平包括两个阶段：

第三阶段：寻求认可定向阶段，也称“好孩子”定向阶段。处在该阶段的儿童，个体的道德价值以人际关系的和谐为导向，顺从传统的要求，符合大家的意见，谋求大家的赞赏和认可。总是考虑到他人和社会对“好孩子”的要求，并总是尽量按这种要求去思考。他们认为好的行为是使人喜欢或被人赞赏的行为。这一阶段的儿童听了海因茨偷药的故事，赞成者会说，他做的是好丈夫应做的事；反对者则说，他这样做会给家庭带来苦恼和丧失名誉。

第四阶段：遵守法规和秩序定向阶段。处于该阶段的儿童，其道德价值以服从为导向。他们服从社会规范，遵守公共秩序，尊重法律，以法制观念判断是非，知法懂法。认为准则和法律是维护社会秩序的。因此，应当遵循有关规则去行动。该阶段的儿童听了海因茨偷药的故事，赞成者会说，不这么做，他要为妻子的死负责；反对者会说，他要救妻子的命是应该的，但偷东西犯法。科尔伯格认为大多数青少年和成人的道德认识处于习俗水平。

（3）后习俗水平（15 岁以后）。又称原则水平，达到这一道德水平的人，能发展出一套独立的、超越社会群体的、自己持有的道德标准，并以此来判断是非。后习俗水平包括两个阶段：

第五阶段：社会契约定向阶段。处于这一水平阶段的人认为法律和规范是大家商定的，是一种社会契约。他们看重法律的效力，认为法律可以帮助人维持公正。但同时认为契约和法律的规定并不是绝对的，可以应大多数人的要求而改变。在强调按契约和法律的规定享受权利的同时，认识到个人应尽义务和责任的重要性。对于海因茨偷药的故事，赞成者认为，法律没有考虑到这种情况；反对者认为，不论情况多么危险，总不能采用偷的手段。

第六阶段：原则或良心定向阶段。这是进行道德判断的最高阶段，表现为能以公正、平等、尊严这些最一般的原则为标准进行思考。在根据自己选择的原则进行某些活动时，认为只要动机是好的，行为就是正确的。在这个阶段，他们认为人类普遍的道义高于一切。对于海因茨偷药的故事，赞成者认为，尊重生命、保存生命的原则高于一切；反对者认为，别人说不定也像他妻子一样急需这药，要考虑所有人生命的价值。

科尔伯格指出，这六个阶段依照次序发展，不能超越，但也并不是所有人都能达到最高水平。他认为道德判断能力的发展除成熟因素外，还依赖于智力的发展和社会经验的获得。后来有人重复了科尔伯格的研究，发现各个阶段之间的先后顺序不是必然的，在前三个阶段是按顺序的，但后面三个阶段可能是平行的。科尔伯格也同意这种可能性。

三、社会学习理论

社会学习理论是由美国心理学家班杜拉于 1952 年提出的。它着眼于观察学习和自我调节在引发人的行为中的作用，重视人的行为和环境的相互作用。在社会化的研究中，社会学习理论者的主要观点是将社会化的过程看作是有机体和环境的交互作用的过程。社会学习理论把“模仿”引入社会化研究，强调强化和惩罚对儿童实际操作再现某种模仿行为的影响，而不是对儿童学习某种行为的影响。

班杜拉的观察学习理论能用来解释社会化过程中的很多现象。班杜拉认为观察学习包括四个部分：（1）注意过程。如果没有对榜样行为的注意，就不可能去模仿他们的行为。能够引起人们注意的榜样常常是因为他们具有一定的优势，如更有权力、更成功等。（2）保持过程。人们往往是在观察榜样的行为一段时间后，才模仿它们。要想在榜样不再示范时能够重复他们的行为，就必须将榜样的行为记住。因此需要将榜样的行为以符号表征的形式储存在记忆中。（3）动作再生过程。观察者只有将榜样的行为从头脑中的符号形式转换成动作以后，才表示已模仿行为。要准确地模仿榜样的行为，还需要必要的动作技能，有些复杂的行为，个体如不具备必要的技能是难以模仿的。（4）强化和动机过程。能够再现示范行为之后，观察学习者（或模仿者）是否能够经常表现出示范行为要受行为结果因素的影响。班杜拉认为有三方面的因素影响着学习者再现示范行为：他人对示范行为的评价；学习者本人对自己再现行为能力的评估；他人对示范者的评价。班杜拉把这三种对行为结果的评价分别称之为外部强化、自我强化和替代性强化，把这三种强化作用看成是学习者再现示范行为的动机力量。

四、符号互动理论

符号互动理论是一种主张从人们互动着的个体的日常自然环境去研究人类群体生活的社会心理学理论，由美国社会学家米德创立，并由他的学生布鲁默于1937年正式提出。米德主要是通过“角色扮演”（role taking）的概念分析个体自我概念的发展，并进而来论述个体的社会化过程。

继米德之后，科赛洛（W. A. Corasro）运用符号互动理论来说明个体的社会化过程，提出了解释理论（interpretation theory）。科赛洛的解释理论着眼于互动本身，认为儿童的任务就是发现社会群体的共同意义。这一发现过程需要与父母、其他成人和儿童进行交流，尤其重要的是让儿童参与到社会文化常规中去。因为这些文化常规是反复发生并且可以预测的，是日常社会生活的基础，如问候的礼节、用餐的礼仪等。这些社会日常惯例是我们生活的细枝末节，但又必不可少，它们为个体提供了安全保障以及团体归属感。

根据解释理论，个体的社会化或发展是一个再生的过程，儿童不仅仅学习文化，而且还在日常互动中使用着他们学习或发现的语言和解释技巧。当他们更熟练地进行交流并且对家庭等社会群体的共同意义理解得更多以后，他们就更深入地了解文化了。儿童就是通过互动来获得和再生文化的。因为当儿童在学校或游戏时与他人交流，他们不仅仅模仿习得的文化，并且运用已有的知识创造属于他们自己的独特的同辈群体文化。例如：儿童在学校玩传统的捉迷藏游戏，但他们会根据自己的需要改变游戏的规则。因此，从早期开始，儿童就不仅模仿文化，也能创造文化。

五、正常成熟理论

正常成熟理论是由美国心理学家格塞尔（B. Gessell）等提出的，他们认为人的社会化并不单纯是由社会规范、社会压力等外部力量塑造的，而是一个相对独立的自然成熟过程。所谓成熟指由基因引起并指导器官形成与动作模式有序扩展的过程。人的生命从单个的极小的细胞开始，细胞集中起来形成有机体的不同部分，它们遵循一种规则有秩序地发展。例如，心脏总是第一个发展和发生机能的器官，随后是中枢神经系统——脑和脊髓，脑和头的发展在臂和腿之前。

格塞尔不排除环境对儿童发展的影响。他提出儿童需要一个好的环境以保证其天赋的顺利实现。不过，他认为环境可能暂时影响儿童发展的速度，但是并不能产生基本的发展形式和个体发展顺序的变化。环境因素对儿童的发展起支持、影响及特定化作用，只有当结构与行为相适应的时候，学习才可能发生；在结构得以发展之前，特殊的训练及学习收效甚微，环境的作用仅此而已。在他看来，发展的速度最终还是由生物因素决定的。

正常成熟理论因过分推崇遗传因素而受到人们的批评。提出的批评主要集中于格塞尔提出的年龄常模的方式，认为他的常模包含太多的一致性，人们无法知道在任何特定年龄到底可以期待有多少差异。他的常模又是根据美国中产阶级儿童为基础的，不能适应于其他文化背景。

六、群体社会化理论

在儿童社会性发展研究领域中，人们一向认为，家庭是影响儿童社会性发展的第一个，也是最重要的环境。但是，20 世纪 80 年代初，美国心理学者麦考比(E. E. Maccoby)和马丁（J. Martin）以翔实的研究资料为依据，提出“父母对孩子的影响是微乎其微的”，但他们的观点当时并未引起人们的注意。1995 年，美国心理学者哈里斯（J. R. Harris）在美国颇具影响的杂志《心理学评论》（*Psychological Review*）上发表了长篇综述，再次强调了这一观点，并首次提出了一个“群体社会化发展理论”，否定家庭环境影响的重要性，而主要描述家庭外的社会化过程。

哈里斯提出的群体社会化理论受行为遗传的影响很大，甚至可以说是自然天性论的代表。正如大部分心理学家一样，哈里斯也认为影响个体发展的因素可以简化为遗传加环境，只不过这里的遗传因素可以解释成人格差异 50% 左右的原因，剩下的环境因素不是人们通常观念上的家庭环境，而是家庭外的社会环境——儿童期与青春期的同辈群体。

群体社会化理论强调，儿童与青少年强烈地认同他们的同辈群体。比起家庭内部获得而言，孩子更倾向于偏爱家庭外的行为体系。哈里斯将此归结于人类长期群居的进化史，孩子可能从生理上就倾向于抛弃生命早期习得的东西。儿童之间结成联盟、同辈之间彼此相似是一种对自然选择的适应。

群体社会化理论的一个中心假设是：社会化是一种高度依赖背景的学习形式，儿童分别学习如何在家庭内和家庭外的行为表现。对于这一点，必须在两种不同文化中学习风俗与语言的双文化儿童为特殊背景的社会化提供了最有力的说明。家庭外社会化主要是一种群体过程，它发生于儿童期与青春期的同辈群体中。群体内的同化作用传递了文化规范，使孩子与他们的同辈更加相似；同时，群体内的分化作用又使得个体间的差异增大。根据群体社会化理论模型，不仅孩子之间相互影响，成人之间也互相影响，文化传递的模式不是个人对个人，而是群体对群体——从父母的群体到孩子的群体。

哈里斯提出的群体社会化理论无疑为人类的认知与社会发展提供了一种崭新的审视角度。然而，由于其理论在很大程度上与后天教育理论针锋相对，且尚处于被证实之中，因而受到了各方的批驳。

第三节　社会化的影响因素

长期以来，在研究人类行为的制约或影响因素时，一直存在着是本能论起决定作用还是环境论起决定作用的争论。这场争论至今尚未有定论，但人们已经开始意识到，支配和影响个体行为发展的因素很多，生物遗传因素和社会文化与社会环境因素都是必不可少的。个体社会化的过程有赖于生物学因素和社会因素的交互作用，人格或个性发展也会受到基因模式和特定的社会生活环境的相互影响。

一、遗传因素

个体的社会化是以生物遗传因素为基础的。具备人的遗传素质、人的生理结构、人的神经系统尤其是人脑，这是人之所以为人的基本条件。离开了人的遗传因素，个体的社会化就会成为无源之水、无本之木。所以，社会化为人类所独有，动物谈不上社会化。

遗传是指父母的生理、心理特征传递给子女的一种生理变化的过程。遗传因素决定了新个体的生理特征以及行为的生物学倾向。在生理方面，遗传决定个体的身高、体型、肤色、血型等；在心理方面，遗传的决定作用不如生理方面那样明显，但一般认为个体的智力、知觉、动作等行为特征均与遗传有密切关系。人格中也具有伴随个体终身的遗传部分，有研究表明，成人人格特征有40% ~50%的差异可归结于共享基因。遗传还决定人的性别，是单胎还是多胎等。但是，遗传并非是注定而不可改变的，即使是基因，仍然可以被环境和教养的效应改变。

遗传因素是人的社会化的潜在基础和自然前提。从生物学的意义上讲，正是由于有一种由上代为下代提供的有利于人类从事社会活动的特殊遗传素质，才为人的社会化奠定了生物学基础。但是，只有这种生物学基础，人是不能完成社会化的。例如，1920年，印度的辛格博士（J. A. L. Singh）在加尔各答东北山地的狼窝里发现了同狼崽生活在一起的两个小女孩。小的约一岁半，大的约八岁，后来她们被送到米德纳波尔的孤儿院，并被取名为阿玛拉（Amala）和卡玛拉（Kamala）。经过近10年的教养，卡玛拉才学会用手拿东西吃，用杯子喝水，到17岁死去那年她还不会说话，智力水平相当于三四岁的孩子。

此外，相对于动物而言，人类有较强的语言能力、思维能力、学习能力，这些也是人社会化的重要条件和影响因素。人类借助语言参与社会生活，学习社会文化，了解他人的经验，积累生活知识，指导自己的行为，处理社会关系，创造社会财富；人类具有高度发达的大脑，复杂的神经系统活动，产生了人类思维，使个体能够有目的、有意识地认识世界和改造世界，成为自然的主人；人类具有学习和积累知识的能力，而且能够通过社会生活实践，使知识内化，转变成为自己的观念、需要、动机，形成独特的见解，认识事物的本质。此外，人类还有较长的生活依赖期。人有一个较长的生理上无法自理，智力上未趋成熟，生活上不能独立的童年时期，因而必须依赖父母或其他养育者的关怀和照顾。这些因素是人能够进行广泛而深入的社会化的重要条件，也是个体与他人和社会总体建立终生的社会和情感联系的重要时期。正是这种生活依赖性，决定了一个人生下来就必须生活在社会中，而要在社会中生活，就不得不接受广泛的、多重的社会影响。

二、社会环境因素

除了生物学遗传因素外，社会文化环境对个体社会化的影响是毋庸置疑的。所谓社会环境，是指影响社会和作用于个体的全部社会因素，主要包括社会文化、家庭、学校、同辈群体、工作单位和大众传播媒介等。

（一）社会文化

在社会心理学中，我们所说的文化是一个广义的概念，它指的是人们在长期的社会生活中凝聚起来的生活方式和行为方式的总和。它不仅包括文学、艺术、教育、科学等精神财富，而且包括社会的政治、经济、宗教、风俗、习惯、传统及生产力水平等。

各个社会的文化是社会整体性的产物，具有普遍性和共享性。它一经产生，就陶冶着每一位社会成员，渗透在人们的日常生活中，成为社会环境背后的一种深层力量，深刻地影响着该文化模式中的个人和群体，使人们的思想、观念、心理、行为与生活实践自然地符合它的要求与准则。文化是后天习得的。一个人生长在群体里，并在其中学习自己群体的文化。

文化对人的社会化是一个重要的影响因素。文化常常通过某种方式和途径进入民族成员的心理结构中，这就是文化的内化。一个人通过文化传承，了解前人的生活经验，向个人传递本团体或民族的行为价值准则，使个人能够顺利地与他人及团体建立社会联系。

（二）家庭

家庭是个体社会化的起点，也是个体社会化的主要场所，是一个极为重要的社会化的影响因素。因为在个体生活的微观环境中，家庭背景反映了个体的基本物质条件和社会生活条件，这些背景因素通过父母与子女的互动影响个体早期的社会化进程。人的儿童期是人一生社会化的关键期。童年时期的智力水平、个性特征、社会品质的形成和发展对后来的社会化有着举足轻重的影响。童年时期，儿童在生理上和心理上对家庭的依赖是一生中最强烈的时期。父母是孩子的第一任老师，他们对儿童有着足够的权威和支配作用。此外，家庭是社会结构中的一个基本单位，各种社会关系通过家庭这个中介反射到儿童身上。家庭是一个小的初级群体，其成员之间有大量的面对面的接触机会，父母的生活态度、行为方式及其他与家庭相关的社会关系都会在潜移默化中传授给孩子，构成孩子社会化内容的一部分，而且会对孩子日后的社会化产生重要的影响。

家庭中影响个体社会化的因素有很多，其中父母的教养方式和家庭气氛尤为重要。所谓教养方式是指父母在抚养子女时所采用的教育、训练、哺育等一整套手段和方法。它包括教养态度和教养行为。教养态度是指父母在教育、哺育子女方面所持的知识、信念、情绪及行为倾向。教养行为是指父母在教育、哺育子女时所采取的实际行动。有学者就家长的四种教养方式对儿童的人格、行为发展的影响进行了探讨。此部分内容将在第七章中进行探讨。

家庭气氛因素则包括父母的文化水平、精神状态、家庭婚姻状况等。气氛宁静和谐的家庭，其成员之间互敬互爱、和睦相处，会使孩子感到安全愉快、生活乐观、信心十足、情绪安宁、待人和善。这是儿童顺利实现社会化的最好条件。而气氛紧张的家庭，则使孩子经常在激烈的冲突、无休止的争吵中生活，长期处于提心吊胆、极度不安的状态，容易形成忧郁、不信任感和情绪不安的个性特征。其中破裂家庭对儿童社会化的影响也很大。破裂家庭的构成有两种情况：一为父母（或其中一人）死亡，一为父母离婚。无论何种情况，对子女的影响均是不良的。据研究发现，父或母去世时间的早晚对子女的人格发展有不同程度的影响。婴幼儿时丧母者对以后人格发展比丧父者的影响要大，但在儿童期丧父者比丧母者的影响要大。

虽然家庭在个体最初社会化过程中占据着主导地位，然而并不是所有的家庭都是有效的社会化载体。由于现代社会中的专业社会化机构，例如学校、幼儿园迅速发展，很多孩子很早就部分脱离家庭，进入专门机构进行社会化，加上现代社会的父母工作繁忙，与孩子之间面对面的接触大为减少等，这些因素导致在现实社会中，家庭在早期社会化中的作用有所下降。

（三）学校

学校是有计划、有组织、有目的地向社会成员传授知识、技能、价值标准、社会规范的专门机构。当儿童进入学龄期后，学校的影响和教师的作用逐渐上升，成为社会化最重要的社会环境因素。首先，学校的首要作用是在较长的时间内对学生进行系统的教育。学校通过各种教材、教师威信与人格、教育方式、考试与考核、各种学生社团和兴趣小组以及学校文化等对学生的社会化产生影响，其中，教师的作用尤为重要。通过正规教育，儿童获得其在该社会和文化传统中生活所需要的技能和态度。其次，学校的重要作用还表现在它具有独特的、完整的结构。步入学校后，儿童才真正初步接触社会。因为每个学校实际上是一个社会的雏形，有其独立的地位、亚文化、价值标准、规范等。儿童在学校中学习的社会角色比在家庭中所学的更面向社会。儿童在这里进入了“社会结构”，接受学校纪律的约束，学习各种规范，参加学习上的竞争，扮演着学生、同学、朋友等社会角色。所有这些都为他们将来进入成人世界奠定基础。

此外，学校还有大量的“隐形课程”。学校不仅评定学生的学习成绩，而且也会反映学生在课堂学习、集体生活中的进展情况。它反映了这样一些标准，如“遵守规章制度”“表现出自我控制”“与他人友好相处”等。这种教育的非学业维度被称为隐形课程。而且，学生在课堂上及学校生活中，会受到各种形式的评价，如老师的评分评语、自己的判断、同学的评价等。这些都对儿童的自我发展以及社会行为模式的塑造起着潜移默化的作用。

（四）同辈群体

同辈群体是指年龄、地位、兴趣、爱好、价值观等相似的人结合成的关系亲密的非正式群体。同辈群体在中小学校、大学、工作单位普遍存在。同辈群体是个体社会化的重要因素，尤其是在个体进入青春期后，它的影响力日趋重要，在某些方面甚至远远超过父母和家庭其他成员及教师的影响。

同辈群体对个体社会化具有重要作用，究其原因：第一，青少年同辈群体是在自愿选择、自由结合的基础上形成的自发群体，这样往往容易使其成员产生较高的心理认同感。第二，同辈群体有一套自己的行为规范、价值准则，群体成员有自己心目中的英雄、榜样，自己的语言、交往方式、消费方式，甚至在发型、服装上都有一致或相近的要求，构成了独特的亚文化群体。第三，同辈群体的社会化极少带有强制的性质。同辈群体成员之间在年龄、兴趣、爱好上相近，成员间的地位平等，他们可以相互倾吐不愿向成年人暴露的思想，有共同的语言，并根据自己的意愿来安排活动内容。同时，每个成员在群体中都可自由充分地表现自己，这些都使个人在心理上得到极大的满足。

个体进入青春期后，在身体和心理上都会发生急剧的变化。首先，他们的自我意识不断增强，有了想独立行事和摆脱成年人控制和支配的强烈愿望，但是他们又缺乏对社会人生的实际及深入的了解，缺少良好的自我评价能力。其次，他们的情感日益丰富，渴求友谊和理解。青春期自我意识的发展，使他们羞于向父母撒娇耍赖和向家长吐露心声，他们不会再像幼年时期那样对父母完全表露自己的感情，他们的内心有了封闭性。同时，他们有强烈的自尊心，却又害怕遭到外界的拒绝与伤害。他们渴望向他人倾诉，却欲言又止。这些复杂矛盾的情绪使得他们常常感到莫名的孤独、忧伤，甚至多愁善感。再次，他们的性意识萌发，却又缺乏必要的心理准备。现代社会中，人们性成熟的年龄普遍提前，而人们就业却需要更长时间的学习和训练，只有通过就业获得经济独立才可承担家庭的责任。加之这一个时期个体身心的急剧变化，致使他们处在各种冲突之中。他们渴望与异性交往，得到异性的关注，但是又无法理智地面对和承担感情，也无法处理感情和学业的矛盾。

通过上述分析，我们看到同辈群体的特征与个体青春期身心发展特点的契合，这种契合决定了同辈群体在社会化中的特殊影响。同辈群体对个体社会化产生什么样的影响，主要取决于团体内的价值取向。如果同辈群体的价值取向是上进的、积极的、乐观的，这对个体的社会化将产生积极影响。相反，如果一些同辈群体的价值取向是消极的、反主流文化的，成员染有不良习气的，这将对个体社会化带来极大的负面影响。

（五）工作单位

工作单位是以工作和行业为纽带形成的社会组织，是现代社会的基础。工作单位是家庭之外的主要活动场所和社会背景，是其自我发展、表现个人能力及获得成就感的一个重要场所，也是身份的一个源泉。因此，工作单位是影响个体社会化的一个重要因素。工作单位的社会化以劳动和工作为基础展开，一般是围绕具体工作的不同而具有各自所需的方式和特点。同时，员工对于工作单位的社会化是有选择性的，因为他们自身已经形成了具有一定完备程度的人格和价值观体系。

工作单位对个体社会化有独特的影响。首先，工作单位的社会化主要关注于使个体符合职业的要求，以劳动生产技术和工作能力为基础展开，补充学校教育的不足，重视理论与实践的结合。个体需要将自己学过的知识转化为实际的工作能力和技能，尽快熟悉和了解该职业的工作程序和行为规范。其次，工作单位的社会关系要远远复杂于个体过去的社会化场所，如家庭和学校。这其中包括与领导及同事的关系，又有工作关系和私人关系等。能否处理好这些社会关系，则会影响到个体能否很好地融入职场。再次，工作单位的性质和工作环境对员工的观念和行为方式具有一定的影响。许多学者研究发现，在人们的工作条件、工作经验和他们所持的态度及价值观之间存在着某种函数关系，如果在工作中体验到的自由度越大、工作越复杂和越具挑战性，工作人员越可能给予个人自由和高度评价；反之，则越可能重视遵从性。当然，工作者的个性特征也可能影响他们对工作的选择。但在工作环境中，个体的行为方式会渐渐受到定向的调整，这也是工作单位在社会化过程中起的作用。

（六）大众传播媒介

在现代信息化社会中，大众传播媒介在个体社会化过程中发挥了越来越重要的作用。大众传播媒介是现代社会传递社会信息的主要载体，具体包括报纸、广播、电视、网络、杂志、图书、电影等。大众传播媒介具有速度快、范围广、影响大等特点，可以同时、迅速地向人们提供有关社会事件和社会变革的信息，提供各种不同的社会角色模式和流行的价值观，促使人们接受社会所公认的价值观和行为方式，对个体社会化起着潜移默化的作用。

大众传播媒介在现代社会生活及人的社会化中起到日益重要的作用，其中影响力最大的传播工具要算电视和互联网了。电视与互联网的普及，大大地拓展了人们的视野和生活的空间，迅速改变着人们的交往方式，对人的社会化产生了重要影响。

电视对儿童的社会化有着积极作用。电视对受众的文化水平要求不高，直观易懂，易于被儿童接受。从儿童期到整个青少年时期，个体对电视节目的理解能力都在迅速增长。它能使个体有效地了解社会，开阔视野，增长知识，丰富了个体的想象力；丰富多彩的电视节目向儿童灌输了各种道德观念，提高了儿童辨别是非的能力；电视已成为儿童的“第二学校”，可以向儿童传授各种知识，促进儿童智力的发展，是一种十分重要的教育途径。

但是，电视对于儿童社会化也有着消极作用。大多数研究者发现电视暴力直接影响到儿童的侵犯行为和侵犯倾向，对于成年人同样具有不良影响。例如，有的孩子在看了有暴力情节的动画片后，在生活中也用同样的暴力方式对待小伙伴；很多孩子在看了描写黑社会的影片后，就把自己的理想定为“长大后要做黑帮老大”；某些犯罪纪实类的电视节目和影片播出以后，一些青少年就模仿影片中的情节进行犯罪活动。

网络作为一种特殊的大众传媒，对个体社会化的方向和内容产生了深远影响。网络技术的发展，从空间和时间上根本改变了传统的社会信息交流方式、社会群体结构和人的社会互动方式，影响着人们的行为和思维乃至价值观。

网络对于个体社会化带来很多积极的影响。首先，网络通过传播现代科学文化知识和生活经验等信息帮助社会成员掌握社会生活的本领，顺利实现自身的社会化。其次，网络群体带来了交往方式的改变，有助于社会成员建立新型的社会关系。网络技术通过全方位、多层次的信息传输为社会成员提供了更方便且范围更大的社会交往机会，使人的社会性得到空前的延伸和发展。网络空间为个人的社会化提供了更加平等的“虚拟社会”环境，有助于人们在比较轻松的状态下学习社会交往，解决人际冲突，建立新型的社会关系。再次，网络虚拟社会的环境有助于培养能胜任多种社会角色的社会成员。人所具有的多重社会属性和社会关系决定了他所扮演的角色也具有多重性。网络虚拟社会的环境为人们提供了角色实践的绝好场所，有助于其对不同角色的感悟和理解。

但是，网络同样是一把双刃剑，也给个体的社会化带来很多挑战。首先，网络上的不同文化差异影响个人社会中的价值观念和行为规范的形成，一定程度上冲击了人们在早期社会化过程中所形成的价值观念和行为规范，造成人们心理上的不适应和行为上的障碍，有时甚至造成个体价值观、人生观的改变。其次，网络交往影响个人人际交往的异化。网络交往的虚拟性、间接性会使个体忽视现实的、直接的人际接触，长此以往，会造成与现实社会的隔离，与真实的人际关系的断裂。再次，网络中他律的弱化会造成社会化的偏差。网络的匿名性导致现实的道德规范难以在网络中运用，面对新的网络领域，社会一时没有形成新的道德规范。大量网上行为处于不受既有道德规范约束，又无章可依的状态，日常生活中被压抑的人性中恶的一面，就会在这种无约束或低约束的状态下得到宣泄，这在客观上导致了人的道德感的弱化，这种弱化会诱发人们的违规意识，甚至出现反社会行为。

第四节 社会化的内容与历程

社会化包含的内容相当广泛，包括社会生活所必需的基本知识、技能、行为方式、生活习惯乃至于各种思想观念。这些内容涉及人类生活的方方面面，个体要在社会中生存和发展，就需要通过社会化获得各种相应的技能。根据社会化的内容，可以将社会化分为政治社会化、道德社会化、法律社会化和性别角色社会化等。个体社会化是一个持续终生的过程，根据人的生命周期和各个发展阶段的特点，把社会化分为基本社会化、继续社会化和再社会化三个阶段。

一、社会化的内容

（一）政治社会化

政治社会化是指个体逐步接受与获取被现有政治制度所肯定和实行的政治信念和规范，形成特定的政治态度和政治行为的过程。政治社会化是使自然人变成政治人的过程，其目的是将个体培养和训练成遵守政府规定，服从国家法律，行使正当权利，承担相应的义务，促进政治稳定的合格公民。而个体在政治社会化的同时，经过自己的主观能动作用，整合社会的各种政治观点，分析各种政治关系，形成自己独特的政治态度和政治行为并反作用于社会政治。

政治社会化是一般社会化的核心，因为在一切社会关系中，经济关系是基本的关系，而政治是经济的集中体现。政治社会化了的个人，总是赞成或反对某一种政治制度。政治社会化直接关系到一个国家及政治制度的稳定、巩固与发展，关系到公民政治参与能力的高低。可以说，任何一个国家都十分重视其成员政治社会化的程度，这关系到社会或政府的稳定、巩固与发展。

国家意识或爱国情操的培养也是公民的政治态度与政治意识发展的重要部分。心理学家赫斯（R. D. Herss）与托尼（J. V. Torney）曾对1.2万名美国小学生进行调查研究，发现国家意识按照三个连续阶段逐渐发展。

第一阶段：国家象征期。早期儿童以国旗、国歌或国家领袖为具体的国家象征。升国旗、唱国歌与悬挂领袖肖像是培养儿童国家意识的途径。

第二阶段：抽象国家观念期。中期儿童以有关国家、政治群体的抽象观念作为爱国的根据。通过他们自己或家庭所享有的公民权利、履行的社会责任、参加的各种社会活动来培养儿童的国家意识。

第三阶段：国际组织系统期。随着年龄增长，儿童逐渐知道世界由许多国家组成，他们所在的国家是国际社会中的一员。其爱国观念扩展到自己所在国家在国际上所承担的职责中，不再局限于自己所在的国家了。

对于个人来说，政治社会化是其学习政治知识和技能、认识政治现象、形成政治价值和政治态度的过程，也是其政治心理产生、发展和成熟的过程。这个过程贯穿人的一生。由于人在一生中不同年龄阶段的认识能力和知识积累程度不同，因此在不同年龄段，政治社会化具有不同的特征。

（1）儿童时期的政治社会化。儿童时期的政治社会化一般以政治认同、政治归附、政治忠诚、政治服从等带有情感性色彩的政治认知和感情培养为主要内容，以直观的、感性的、形象的政治事务和政治行为作为学习对象，以服从和直接模仿为学习方式。儿童政治社会化的主要途径是家庭和学校，家庭成员和教师是儿童政治社会化的启蒙老师。

（2）青年时期的政治社会化。青年时期的政治社会化是个人一生中政治观和政治人格形成的关键阶段。青年时期的政治学习以政治思想、理念和行为规范为主要内容，政治社会化的主要功能在于形成个人的政治思想和政治价值观念。青年时期政治社会化的任务主要由学校和社会来承担。由于青年时期人开始更多地参与社会生活，所以，参与社会政治实践也成为获得政治知识和经验的重要途径。

（3）成年时期的政治社会化。在成年阶段，政治社会化过程与他们实际参与的社会政治活动密切联系在一起。一般来说，在成年阶段，一个人的价值观念和政治态度基本成型，政治社会化主要通过日常社会生活、大众传媒、政治活动和政治实践来实现。政治社会化的内容主要是为个人进一步提供政治知识和技能，完善其政治人格。

此时，个人已经不再是单纯、消极、被动的社会化对象，而是成为以自身的政治观念和行为影响他人的政治社会化的主体。

当然，政治社会化的过程不是单向的，而是双向的。个体在政治社会化的过程中会通过自己的主观能动作用，整合社会的各种政治观点，接受社会的政治改造，同时反作用于社会政治，这也是政治社会化的实质所在。

（二）道德社会化

道德社会化是指个体接受道德教育和社会影响，将社会道德规范逐步内化为个人道德品质的过程。

道德社会化的内容具体包括三个方面：认同道德规范、明晰道德关系、形成道德人格。首先，每一个社会个体都必须认同和接受该社会的道德规范的框定和约束。道德规范为人们有效参与社会生活提供了所必需的知识、态度、价值观和相应的行为标准。它借助于人们的传统习俗、社会舆论和内心信念来维系，表现在人们的视听言行、行为品格和习性之中，并通过人们的义务感和良心感，构成人们自我调节、自我约束和自我评价，从而发挥自己特有的社会作用，成为人类社会生活的一种特殊的规范调解方式。其次，每一个社会个体要明晰个人与个人之间、个人与群体之间的道德关系。不仅要明晰，更要融入和处理好既定的社会关系，在复杂的社会关系体系中确定自己的角色、地位，明晰自己的义务和责任，并妥善处理好各种道德关系，这样才能够更好地实现人生价值，获得自由全面的发展。最后，使每个个体形成道德人格。道德人格强调的是个体人格的道德规定性，是一个人做人的尊严、价值和品格的总和。道德社会化的最终目的就是使社会成员成为一个有道德的人。其实就是强调人所特有的道德规定性，它构成了一个人比较稳定的内在精神结构，并由此产生出前后相继、首尾一贯的行为倾向和生活态度，在面对好与坏、善与恶、高尚与卑下的情境时，能够做出合理的道德选择，体现出稳定的立场和态度。

道德社会化实现的途径主要有两个方面：一是社会的道德教育，二是个体的道德修养。社会道德教育的方式多种多样，家庭、学校、工作单位无疑是一个人一生中最重要的几个生活场景，也是最重要的社会化的主体，这三个生活场景无疑也提供了道德社会化的最主要的社会组织方式。除此外，大众传播媒介即报纸、杂志、广播、电视、图书、网络等，由于传播速度快、覆盖面广，也是一条不容忽视的社会道德教育的途径。个体的道德修养主要是指人们在道德品质、道德情感、道德意志、道德习惯等方面进行的自觉的自我改造、自我陶冶、自我锻炼和自我培养功夫。可见道德修养更多地表现为一种动态的自我检查、反省、锤炼和改造的过程，在这个过程中不断克服自己的情感、意志和行为习惯等方面的弱点，尽可能与道德要求相符合。关于道德修养的具体途径和方法，我国伦理思想史上留下了诸多宝贵的遗产，比如“居敬”“穷理”“内省”“慎独”“省察克治”“积善成德”等，至今仍具有积极的意义。

（三）法律社会化

法律社会化是整体社会化进程中个体与社会之间围绕法律而展开的经由教化与自化机制、策略而实现的法律共性与个性的成长过程。对个体而言，法律社会化是法律角色学习、法律文化传承、法律人格养成的实现过程。

法律社会化的内容包括法律规范、价值、技能、文化等全面统一的内容。这些内容既体现为一国、一社会的静态法律体系，也包括诸如立法、执法、司法、守法等动态的法律实践内容。法律社会化的功能在于为社会培养合格的法律角色、守法公民，使法律秩序与社会结构得以生成、延续；使个体能够获得法律方面的人格、个性与自我，掌握法律判断与选择、主张权利履行义务、处理冲突解决纠纷等方面的技能。

20 世纪 60 年代末，美国心理学家塔普（J. Tapp）最先提出了“法律社会化”这一术语，开始较为独立地开展法律社会化研究。在现当代社会，法律社会化随着法律日益增长的地位和日益扩大的影响力逐渐成为社会化的重点。从 20 世纪 70 年代初期开始，他提出一组关于规则本质的开放式问题，对儿童和青少年的法律推理发展做了大量的研究，并得出了法律社会化包含三个等级的结论。

第一个等级：前习俗遵守法律水平。在该阶段，人们关注的是外在后果（制裁）和权力。

第二个等级：习俗维持法律水平。这与人们的法律遵从、角色期待及其实现有关。

第三个等级：后习俗创制法律水平。该阶段人们在正义性和道德正当性方面对规则和法律做出评价。

法律推理在法律社会化的三个发展水平上呈现出不同的特点，处于第一等级的主要是些年幼的孩子和那些认知能力较弱，思维方式更为具象的人，他们遵守规则很大程度上是为了避免惩罚。第二等级习俗水平是最为常见的推理类型，就是说，大多数人大多数时间的推理处于该水平。相对而言，后习俗水平的法律推理较少有人能够达到，甚至达到的少数人也并非在所有法律情境下一贯应用它。

近年来，有关法律社会化的研究主要关注儿童和青少年发展中的差异对其后法律行为的影响。研究者用法律社会化的发展来解释儿童违反法律的频率和原因，以及儿童和执法者的互动方式。

（四）性别角色社会化

众所周知，男女两性的差异不仅表现为不同的生理特征，还表现为不同的社会特征。在不同的社会和文化背景中，人们对不同性别的人有着不同的角色期待。性别角色社会化是指个体意识到自己的性别，并获得社会期望的、符合其相应性别的动机、价值、心理特征与行为模式的过程，包括性别角色观、性别角色定型、性别行为模式等方面。

性别角色的发展主要包括三个方面的内容：

（1）性别概念的发展。儿童的性别概念主要包括三个成分：性别认同、性别稳定性和性别恒常性。性别认同是指儿童对自己和他人性别的正确标定，出现在 2 ~ 3 岁。两岁半的儿童已经能正确回答自己的性别，还能区分他人的性别。性别认同是指儿童对自己和他人性别的正确标定。3 ~ 4 岁的儿童已经认识到，人的性别不随其年龄、情境等的变化而改变。性别恒常性是指对人的性别不因为其外表和活动的改变而改变的认识。近期研究认为，大部分儿童 6 ~ 7 岁时就能够达到性别恒常性的水平。

（2）性别角色观的发展。性别角色观是指儿童对不同性别心理特征与行为模式的认识和理解。儿童的性别角色观有个发展变化的过程。随着年龄的增长、对抽象概念的进一步认识、思维灵活性的发展，儿童对性别角色的理解也逐渐脱离表面性而趋向深刻化，不像年幼儿童那样刻板。他们认识到可以把所谓属于男性的和属于女性的行为结合起来，也比较容易接受对传统性别角色的背离。例如，一名7岁的儿童可能会说工程师是男性的职业，不适合女性；而11～13岁的儿童则可能认为，只要这个女性愿意，她也可以选择从事工程师这种“男性化的职业”。

（3）性别行为模式的发展。性别行为模式是指男女两性获得社会期望的、与其性别特征相符的行为模式过程。儿童很早就表现出了性别化的行为。研究表明，2岁时，儿童就会选择适合自己性别的玩具和游戏。男孩更喜欢汽车、手枪等玩具，女孩则更喜欢洋娃娃、毛绒玩具；男孩更喜欢竞赛、打仗等游戏，而女孩则更喜欢过家家等游戏。

男女儿童在性别角色化的过程中具有发展上的差异。例如，男女儿童对同性同伴的偏好出现的时间不同，女孩一般在2岁，男孩一般在3岁。但是，儿童喜欢与同性伙伴玩耍的特点一直持续到儿童中期，并具有跨文化的一致性。还有研究发现，女孩在遵从与性别相适应的行为上没有男孩那么严格。大多数文化以男性价值为主导取向，男性角色比女性角色定义得更清楚，因而男孩在遵从与性别相适的行为上受到的社会压力更大。父母往往能够接受具有男孩气质的女孩，却不能容忍女子气的男孩。

二、社会化的历程

个体社会化并不会在某个特定的年龄结束，它会在人的一生中进行。根据人的生命周期和各个发展阶段的特点，可以把这一历程分为基本社会化、继续社会化和再社会化三个阶段。

（一）基本社会化

基本社会化是指一个人在儿童、青少年时期的社会化，是一个人社会化的初级阶段，也是社会化的最主要内容。从个体的诞生开始到个体作为一名社会成员参与到社会活动中为止，是个人从自然人转变为社会人的本质体现过程。主要是让个体学习生活知识、语言，培养其他认识能力，掌握行为规范，建立感情联系，确立道德及价值判断的标准等。早期社会化主要是通过家庭、邻里、幼儿园及学校来进行。

（二）继续社会化

继续社会化是指成年人经过基本社会化之后，为了适应社会文化环境，继续学习社会文化知识、价值观念、行为规范的过程。继续社会化之所以成为人社会化必需的过程，一是因为早期社会化的内容较为简单，且个体的生活经历较少，而一进入成年期，生活和社会关系等都复杂化了，社会赋予个体许多新的角色、责任和义务，个体必须通过学习、实践，才能熟悉、胜任自己的角色。二是社会的急剧变迁，包括科学技术的发展、社会制度的变革、生产条件的改变、居住环境的变迁等，使早期社会化的许多知识、技能、观念变得陈旧、过时，不适应社会发展的要求。因此，继续社会化对个体和社会来说，都是非常必要的。继续社会化可以帮助成年人包括老年人适应社会的发展变化，并对减少变革时期的社会震荡、维护社会正常秩序具有重要意义。继续社会化主要通过成人教育、职业培训、业余学习、专业进修等途径获得。

（三）再社会化

再社会化是个体在成年期后一种较为特殊的社会化形式。它是指改变原已习得的价值标准和行为规范，建立新的价值标准和行为规范，确定新的生活目标的过程。当社会文化生活、个体的生活环境或所担任的社会角色发生急剧的变化时，为了适应这种新的情况，需要对生活习惯、行为准则、价值观念等做出重大调整。

再社会化有两种不同的性质和基本形式：一是主动的再社会化或非强制性的再社会化，即个体自觉主动地适应新的生活环境，如移居他乡、新兵入伍、出家为僧等。另一种是指特殊的、强制性的再社会化，是为了基本改造一个人的人格、价值观和自我认同，如监狱中对罪犯的全面改造。

思考题

1. 什么是社会化？联系实际生活谈谈你对社会化概念的理解。
2. 简述社会化的基本内容和影响因素。
3. 社会化的过程和机制主要有哪些理论？它们的主要观点是什么？
4. 谈谈社会化的发生发展过程，以及再社会化的两种基本形式。

第三章　社会认知

人是社会的人，都不可避免地要与他人交往。当你第一次遇到某人，他向你问到“你是谁”的时候，你将如何回答呢？你可能会说出自己的名字，或者职业、职位等。但是，当我们自己向自己提出“我是谁”这一问题的时候，答案就显得更为复杂。人们如何感知与判断自己的性格、能力，如何形成对他人或群体的印象？如何推断自己与他人的行动及某些事件发生的原因？人的心理世界和外部世界是如何联系的？哪些因素影响了我们认识他人和世界的准确性呢？本章内容将带领大家去找寻这些问题的答案。

第一节　社会认知概述

社会认知观点从人的认知信息加工过程来解释人的社会行为，特别是个体与他人、群体、社会、事件的关系，凸显了人作为主体的主观性和能动性。本节将从社会认知的基本概念出发，阐述和分析社会认知领域的基本观点，构筑学习和研究的理论框架。

一、社会认知的概念

社会认知（social cognition）是指个体在社会环境中对自我、他人和群体的心理特征、行为动机和意向进行感知、判断、评价、推断和解释的过程。社会认知也被称为社会知觉（social perception）。社会认知的过程，是依据认知者的过去经验及对有关线索的分析而进行，它是认知者、被认知者和情境等因素交互作用的复杂过程，是个体对社会刺激加以综合的过程，是人们社会行为的基础。然而，由于人们对他人的社会行为进行推测与判断时，往往根据自身的经验与体会来认识他人当时潜在的心理状态，因此，这种推测与判断往往会发生偏差，造成错误与偏见。

对社会认知的概念做进一步的理解，涉及以下三个方面的内容：

（1）社会认知不局限于或不等同于某一单一过程，而是将这些过程相互有机地结合起来，构成了完整的社会认知活动。

（2）社会认知是对人的认知，而不同于对物的认知。吴江霖、戴健林等认为两者的主要差别在于：第一，对物的知觉是单向的，而对人的知觉是双向的，知觉者与被知觉者互为主体和对象，故知觉者和被知觉者可以互动，影响整个知觉过程。第二，对物的知觉的对象是自然属性的，较稳定；而对人的知觉的对象具有社会属性，较易变。第三，对物的知觉较少受个人偏好的影响，但对人的知觉却常常受个人偏好的影响。

（3）社会认知的研究目的是为了理解人们在社会生活中如何了解他人和自己，并依据这种了解做出恰当的反应。人类的社会行为受其内在的认知过程的支配，因此，要理解和预测人类行为，就必须深入到这种内在的认知体系中去。在这个意义上，社会认知与其说是一个研究领域，不如说是一种研究人类行为的思路和取向，正是这个原因使社会认知成为社会心理学的主要研究内容之一。

二、社会认知的内容

对社会的认知包括对人的表情、眼神、姿势、言语以及人与人的关系的认知，这种认知对于个人具有非常重要的意义。此外，在认知过程中，由于社会心理规律的作用，人们会对某种特定刺激产生特殊的反应。

（一）对自我的认知

自我认知就是自己对自己的认识，它是个体对自己的心理及行为的认知。个体既是认知的主体，又是认知的客体。因此，自我认知既带有主观性，又具有客观性。在个体自我认知的过程中，个体的知识经验、情绪、人格、认知风格等心理因素制约着自我认知，并反映在自尊、自我概念和自我意识等自我认知的结果中。所以，自我认知相对其他类型的社会认知带有更浓厚的主观色彩。同时，个体在认识自我的时候，也常常从他人对自己的态度和评价中检视自己、反省自己；在活动中通过与他人比较，进一步剖析自己，从而较正确地认识自己的优缺点。从这个角度看，自我认知又带有客观性。个体在逐步逼近正确的自我认知过程中，不断根据主客观情况对自己的心理状态、情绪情感、行为意识等进行自我体验、自我评价和自我调节。正确而稳定的自我认知，是个体有效自我调适、适应社会行为、形成健康心理素质的基础。

（二）对他人的认知

1. 对他人情感、情绪的认知

他人的情感、心理状态如何？他是快乐还是忧伤，是兴奋还是激动？这都有赖于认知者根据被认知者的种种表现做出判断。这些表现包括表情、目光接触、姿势等方面。

（1）表情：人是一种富有表情的社会人，表情是反映其心理状态的客观指标。在社会生活中，认知者往往根据被认知者的表情来判断其情感与情绪。

人的面部表情是一种重要的社会刺激。表情动作最初是为了适应机体生存而产生的，以后逐渐变成为一种先天的、固定的行为模式，如“喜气洋洋”“气势汹汹”“愁眉苦脸”“眉开眼笑”等标志着人们的喜怒哀乐的心理状态。因此，我们可以通过表情来认知他人。

心理学家 P. 埃克曼等人在 1969 年进行了面部表情的比较文化研究，这一研究以巴西、美国、阿根廷、智利和日本受过高等教育者作为被试，拿一些分别表现喜悦、厌恶、惊异、悲哀、愤怒、恐惧等六种情绪的照片给他们看，让他们判断照片中人物的情绪，结果发现他们的反映有较高的一致性（表 3－1）。

表 3－1 对面部表情判断的正确性

被试所属国家	人数（人）	对照片各种表情判断正确的比例（%）					
		恐惧	愤怒	悲哀	惊异	厌恶	喜悦
巴 西	40	67	90	59	87	97	95
美 国	99	85	67	40	95	92	97
智 利	169	68	94	88	93	92	95
阿根廷	168	54	90	78	95	92	98
日 本	29	66	90	62	100	90	100

1971 年，埃克曼等人又在新几内亚土人中进行了重复研究。这些被试从未看过电影，也不懂任何外国语言，基本上没有见过西方人表达情绪、情感的面部表情。研究者先给土人听一段描写某种情绪的故事，然后给土人一张描写那种情绪的照片和不描写那种情绪的其他两张照片，让他们选择符合故事中描述的情绪的照片。结果表明，有 80% 以上的土人做了正确的描述。这说明了人类面部表情的共同性特征。

人们的表情具有后天习得的成分。J. S. 富克选择了一批 5～20 岁的先天性盲人和视觉正常人进行面部表情的后天习得研究。结果发现，年幼的盲童与视觉正常的儿童无论在面部表情的动作数量上还是在表达表情的适当性方面都没有明显差别。但是，视觉正常儿童在表情动作的数量上和表达表情的逼真性方面都随着年龄的增长而有进步，而盲童却恰恰相反。因为有视觉的儿童可以模仿他人在日常生活中各种表情的细微差别，而盲童却无法模仿，只会茫然地露出一种下意识的表情——盲相。

（2）目光接触：目光接触是非言语交流的一种形式，它也传递着各种信息，可以视为判断人的情绪、情感的线索之一。

目光接触可以表示人们各种心情状态，如关心、恐惧、爱情等。此外，目光接触还可以用来吓唬人。心理实验发现，被人盯着走过大街的人要比没人盯着走过大街的人走得快。实验者盯着开汽车的司机，车很快就开过街口。正是通过目光所传达的种种信息，人们得以对他人的心理状态加以判断。

（3）姿势：身体姿势也表达着各种信息，认知者由此对被认知者做出种种推测。许多姿势都有明确的情绪含义，如点头往往表示赞同、许可，摇头往往表示否定、反对。有一些姿势则是了解他人感情的真实线索。当有人说谎时，他可能不住地眨眼或做出其他动作。当然，这也可能存在着失误。因此，在现实生活中，人们的身体语言只能作为判断他们情绪的线索之一，而不能作为唯一的根据。

2. 对他人人格的认知

对他人人格的准确认知，必须建立在对他人较深了解的基础上，但在特定的情况下，也有可能在短期内认识、了解他人的人格，如说话的强弱与快慢，可能反映某人脾气的急缓，从某件小事上推断他人的品质。中国有关这方面的一个典型例子就是关于教室中的垃圾实验。实验者在教室门口堆放一些脏物，旁边还有一把扫把。结果发现，学生们进入教室时都尽力避开那些脏物，没人主动用扫把将脏物扫掉。这一实验虽然不是纯粹的社会心理学的专业研究，却同样反映了对人的人格认知的一个方面。

了解一个人过去的生活经历，有助于加强对其人格的认识。从小生活在逆境中的人，不顺心的事多，遭受的挫折也多，更有可能形成内向、孤僻的人格，也有可能形成软弱顺从的性格；而生活在顺境中的人，则更可能具有较强的自信心；生活在备受宠爱、以自我为中心的家庭里的孩子，有可能形成自私自利、好逸恶劳的性格。可以说，认知者对被认知者相关的信息掌握得越多，越有可能对其人格做出正确的认识。

（三）对人际关系的认知

对人际关系的认知，包括对自己与他人及他人与他人之间的关系的认知。

在社会生活中，认知者往往根据他人的意见、态度、表情来推测人与人之间的关系。当然，在这种认知中，认知者本人的主观感情也会参与其中，个体在认知人际关系时，总是带有各种情绪色彩。例如，当被认知者间的关系是建立在正当的相互帮助、严格要求的基础上时，认知者的认知往往带有崇敬的情绪色彩；当被认知者间的关系是建立在不正当的相互勾结的基础上时，认知者对这种关系的判断将会是否定的。

对这种人际关系的研究，可采用莫雷诺（Jacob Levin Moreno）的“社会关系测量法”、苏联的“参照测量法”、塔其乌里（B. Tagiuri）的适用于小团体的“关系分析法”等方法。

塔其乌里于1953年做了一个实验，被试对象是由10个互不相识的人组成的一个小组。他先让他们在小组内自由交往，自由谈论，以增进彼此间的了解，然后向被试提出一些问题：①这个小组里你最喜欢谁？②你认为这个小组里谁最喜欢你？如果他们所选出来的人是同一对象（例如，甲提出“自己喜欢乙”，而且也认为“乙会最喜欢自己”，而乙也提出“自己喜欢甲”，认为“甲最喜欢自己”），就说明甲乙两人认识自己与对方的关系是正确的。如果双方提出的人选不一致，那就表示双方对于相互关系的认识不正确。③如果选小组长，你会选谁？④你估计谁会当选？被哪些人选？若选出来的人与他的估计是一致的，说明他对人与人之间的关系的认识是正确的。如甲提出“要选乙”，甲认为其他人都会选乙，而事实也确实如此的话，就说明甲对人与人之间的关系的认识是正确的。

对人际关系的认知这个问题，学校或团体的领导人应该更多地加以关注。人与人之间的关系融洽与否，对人们的学习与工作有很大影响。人与人之间关系亲密，就会产生一种和谐的心理氛围；否则，就会出现紧张的心理氛围。在前一种心理氛围下，人与人之间会互相帮助、支持与鼓励；在后一种心理氛围下，则会相互排斥，相互对立。所以，领导者应该通过各种途径来了解人与人之间的关系，以充分调动每个人的积极性。

三、社会认知的影响因素

就目前社会心理学家对有关研究所达成的共识，影响社会认知的因素可分为认知者因素、认知对象因素和认知情境因素三个方面。

（一）认知者因素

认知者即社会认知的主体。认知者本人的知识和经验、世界观和价值取向、人格或个性特征等都会影响其对他人的认知。

1. 价值观念

当认知者在对他人形成印象或者是对人际关系进行感知的时候，常会受到其内在世界观的影响。比如，在传统文化以及现实生活中，存在着性善论、性恶论、利己论、利他论等主要的人性观点。如果一个人持有利己论的观点，相信“人不为己，天诛地灭”，认为人生来就是自私的，那么，他在与其他人的交往中就会处处防范；即使是别人做出一些利他的行为，也往往会被他解释为别有用心。奥尔波特等人做过一个实验，目的是检测各个背景不同的被试对于理论、经济、艺术、宗教、社会和政治的兴趣。实验者将与这些部门有关的词汇呈现于被试面前，让他们识别。测验结果发现，不同的被试对这些词汇做出反应的敏感程度也不同；背景不同的被试由于对词汇价值的看法不同，识别能力表现出了很大的差异。

2. 原有经验

个体原有的知识经验对认知过程产生着特殊的影响。个体在一定的经验基础上，形成了某些概括对象特征的概念、判断和认识，以后在遇到类似的特征时认识就会更加简单、明了。心理学家巴克拜（J. W. Bagby）曾做过这样一个实验：他以一些墨西哥人和美国人作为被试，对被试的年龄、性别和受教育程度等做了相应的控制。实验中，让被试看双眼视觉的幻灯片，其中一张幻灯片为墨西哥人所熟悉的斗牛场面，另一张为美国人所熟悉的打棒球的场面。实验者把两张幻灯片同时放在两眼视觉仪器上，让被试一时看到打棒球，一时看到斗牛，两张图片交叉出现。若是按照通常的理解，被试应该同时看到两种场面，但研究的结果却出人意料，74%的墨西哥人只看到斗牛的场面，84%的美国人只看到打棒球的场面。

由于认知者经验、观点或角度不同，即使是面对同样的社会刺激，也会有不同的认知印象。例如，假如要对某一个人进行认知评价，艺术家将会侧重于其长相、身材、姿势等，考察该人的艺术品质；伦理学家则会侧重于观察该人的行为举止及道德品性；而心理学家则可能侧重于他的智商、个性等。

3. 情绪状态

认知者的情绪状态也会在某种程度上影响其认知活动，并直接影响着认知活动的积极性。墨雷证实，处于恐惧状态下的人，对恐惧更为敏感。在一次实验中，他先让一些女孩做一种很吓人的游戏，再让她们和其他女孩一起判断一些面部照片。结果做过游戏的女孩比没做过游戏的女孩把面部照片判定得更为可怕。日常生活中的许多现象也表明，一个人在心烦意乱、情绪低落时，往往把周围的一切也看得相对灰暗和杂乱，好像人人都在跟他过不去；而在兴高采烈、情绪高涨时，则可能会把周围的事物都看得明朗和清新。同时，认知者的兴趣、爱好、需要、动机、个性等诸多心理因素也都会影响其社会认知。以个性因素而言，自信心强的人和自信心差的人在认知同一对象时，前者会有相对的独立性，后者则往往会由于服从权威、迷信别人而使其认知活动易受暗示的影响，缺乏独立性，变得人云亦云，等等。

（二）被认知者因素

被认知者的许多特点都会影响人们对他的认知和评价，影响人们的印象判断。

1. 魅力

构成个体魅力的因素既有外表特征和行为反应方面，又有内在的性格特点方面。在交往中，如果认知对象是一个陌生人，其外表特征是决定其魅力的主要因素；如果认知对象是一个较熟悉的人，那么，外在特点的影响就小了，这时内在的特点如品德、智慧、修养就成了最具影响力的因素。

假如你走进一个会议室，里面已经有了一些人，那么，其中哪些人会给你留下比较深刻的印象？通常应该是那些身材较高或较矮的人，较胖或较瘦的人，衣着华丽特殊或者说话声音洪亮的人，等等。为什么会这样呢？根据知觉中“主体—背景”心理效应原则，我们会将注意力集中于知觉范围中较为突出的对象上。根据格式塔心理学的物体知觉原则，强度、运动、对比都是较为重要的条件。比如，群体中个别穿着鲜红色运动衫的人，在多人穿着普通的教室里会显得突出。

在日常生活中，美貌通常最快被人认知，且直接形成人的魅力。人们绝大多数都乐于和相貌俊美的人学习、工作、生活在一起。对相貌美的人，人们一般也认为他的其他品质，如聪明程度、职业能力、品德等都是很高的，这是人们一种追求完美的内心倾向。除了美貌之外，人们的言谈举止、穿着打扮也是形成魅力的因素。同时，一个人的态度是否平易近人也决定了其魅力的大小，人们一般都喜欢爱自己的人而讨厌恨自己的人。

2. 知名度

一个人知名度的大小也影响着别人对他的认知，在一个人有了一定知名度的情况下，人们通过某种传播媒介或小道消息实际上已经开始了对他的认知。这时，人们所依据的都是间接材料，受他人暗示的成分很大。无论相不相信这些材料，都已形成了一定的判断。而且，对名人，好多人都有一种极端认知。

3. 自我表演

在多数情况下，认知对象并不是认知活动中完全被动的一方，而有其内在的主动性。每个人在生活中都像舞台上的演员一样在进行自我表演，即强调自己许多属性中的某些属性而隐瞒其他的属性，试图控制别人对自己的认知。这种表演有时很成功，使不同的认知者得出不同的印象，或者使同一认知者在不同的时间和场合下对同一个人得出不一致的看法。比如，有的人认为某人心地善良、热情大方，而有的人则认为他自私、沉静；有时他使人感到深不可测，有时又让人觉得他诚挚、坦率。在这里，认知对象的自我表演对认知者的影响作用是不可否认的。

（三）认知情境因素

任何社会的认知活动，包括认知者和被认知者，都是在一定的情境中进行的，这种社会认知的情境，可以提供被认知者的一些线索。

1. 空间距离

人们在交往时，往往会不自觉地保持一定的距离。由于社会文化背景的不同以及当事人所处的情境不同，这种距离往往是不同的，在实际的人际交往中，人与人之间所保持的空间距离也会不一样，同时它也构成了影响社会认知活动的一种客观线索。一般说来，太近的距离会使人受窘不适，太远的距离则又给人以冷淡、清高、不热情的印象，所以，合适的交往距离对人们的交往是很重要的。通过对这种空间距离的观察，也可以形成对某人的认识。比如，我们希望陌生人不要过于接近自己，如果他莫名其妙地一步步向你靠近，你就会感到紧张不安，同时也会认为这个人缺乏教养、不懂礼貌或有攻击性。在认识他人之间的关系时，空间距离往往成为一种判断依据。比如，看到两人距离很近，并在低声交谈，我们可推断他们关系密切，所说的事不愿让人知道，等等。

2. 背景参考

在认知活动中，对象所处的场合背景也常常成为判断的参考，人们往往以为，出现于特定环境背景下的人必然是从事某种行为的，他的个性特征也可以通过环境加以认定。比如，如果你经常在舞会上遇见某位同学，那么便可推知他大概是一个文娱活动的积极分子，其性格大概外向、开朗；如果你经常在图书馆遇见某位同学，那么便可推测或断定他是一个热衷于读书和求知的人。这种推测一般情况下是正确的，但有时也会出现错误。然而没有对背景的认识，我们往往难以准确判断事物。比如，我们看到一个人流出了眼泪，如果不知道背景，我们就很难判断他到底是伤心痛哭还是喜极而泣。

3. 交往次数

交往次数往往对深入地认识一个人起到极其重要的作用。俗话说："路遥知马力，日久见人心。"如只有仅仅几次的交往，我们就可能被认知对象的自我表演所蒙蔽，但如果交往次数增多，交往场合变换，这种蒙蔽的可能性就越来越小，认知对象总会暴露出他的真面目。如果他在这些交往中前后一致，说明我们以前的认识是正确的，否则就需对其重新认识了。

四、社会认知的研究范式

社会认知研究是发端于20世纪40年代，并在20世纪七八十年代兴起的研究领域。该研究领域在20世纪90年代得到了迅猛发展，进入21世纪以来，社会认知研究已成为社会心理学中一个非常重要且相当活跃的研究领域，而且研究成果凸显。然而，在社会认知研究中，并未形成统一的理论，实际上它也不依赖于任何一种统一的理论。确切地说，社会认知是研究社会心理现象的一种思路或模式，即用认知心理学的概念与方法研究社会性刺激与社会性信息，探讨个体如何加工、组织、提取与利用这些信息，形成对人、事、物的知觉，解释社会行为和社会事件。

到目前为止，社会认知的研究范式经历了三个阶段，即社会认知研究中的三个隐喻：

第一个阶段，20世纪70年代以前："朴素的科学家"。在社会认知的过程中，每一个人都像科学家一样，寻找、确定事件产生的原因，以达到预测和控制的目的。在此基础上，社会心理学家提出了一些认知理论和模型，例如海德的朴素归因理论和凯利的三度归因理论。

第二个阶段，20世纪70年代以后："认知吝啬者"。社会心理学家越来越多地发现，人们在社会认知的过程中，面临的信息往往是不确定的、不完全的、复杂的，在对它们进行加工的过程中，达到最满意的合理性是困难的。人的认知资源是有限的，人在社会认知的过程中常常偏爱策略性捷径，而不是采用精细的统计学的分析，以尽量节省时间和加工资源。人偏爱用最小限度的观察去产生社会判断的策略加工，从而产生了认知偏差。

第三个阶段，20 世纪 90 年代以后："目标明确的策略家"。这种研究范式对于社会心理学研究产生了重要影响，使社会认知的研究由"冷取向"转向"暖取向"。这种研究范式认为，人有多种信息加工策略可供选择，能够在目标、动机、需要和环境力量的基础上对策略进行选择，而且人能够实用地选取适当的信息加工策略，以应对当前的情境需要，并努力使事情完成。因此，在必要的时候人会更多地注意复杂的信息，进行系统、费力的加工。当目标不存在这种必要性时，人会依赖于认知捷径、简单策略和先前的知识结构进行决策。总之，人能够灵活地调节自己的认知过程以适应环境的需要。

第二节　对自我的认知

自我以及自我所涉及的问题，是我们所有社会行为和社会生活的真正核心。心理学家认为，我们是通过社会活动和社会交往来获得我们的自我认同，以及我们的自我概念的。自我及其获得是社会心理学中非常重要的研究课题。在这里，我们将从社会认知的角度来考察当前有关自我的知识。

一、自我概念

"我是怎样的一个人?""将来如何对自己进行社会定位?""我在别人心目中的形象究竟怎样?"……相信大家都曾有过这样的体会，思考过类似的问题。其实，这些都与"自我意识"有关。可以说，人的一生始终都在努力认识自己，超越自己，完善自己，所有这些问题都涉及自我的问题。

（一）自我的本质

自我（self）的核心就是对自我的认知，在这个意义上说，自我是由关于自己的信念和认识构成的，或者说，自我就是关于自己的人格品质、社会角色、过去经验以及未来目标的心理表征，我们把它叫作"自我概念"（self-concept）。受认知心理学的影响，从 20 世纪 90 年代以来，社会心理学家试图用"自我图式"（self-schema）的理论说明自我概念的问题。

按照马库斯（H. Markus，1977）的说法，自我图式就是指个体对自己所有特征的认识的集合，它包括个体对自己的社会角色、性格、能力、身体等方面的认识。因而，我们每个人都会有自己的自我图式，而这种自我图式也就是我们关于自我认识和自我知识的集合，是一种引导我们如何看待自我的特殊认知结构。但并不是个体生活的所有方面都能成为自我图式的一部分，只有那些对个体非常重要的方面才会有此地位。例如，你我都打篮球和作诗，但也许打篮球是我的自我图式的重要部分，写诗却不是，而你可能正好相反。因此，自我图式因人而异，一旦形成将对个体行为产生举足轻重的影响。

“自我图式”理论在研究方法上具有积极的意义，它克服了行为论者不研究自我的倾向，也克服了只能对自我进行思辨论述的局限，明确地把“自我”或“自我概念”纳入了实验研究的范围，使人们对自我的本质开始有了较为清晰的了解。例如，马库斯在关于自我图式的实验中，先依据表现将被试分为独立性强的、依赖性强的和中间型的。三四周后，让这些被试参加一个测试，屏幕上每次显现一个形容词，被试的任务是按键（有两个键，标着“是我”或“不是我”）判断这些形容词是否为对自己的描述。15 个形容词与独立性关联，另 15 个形容词与依赖性关联。结果发现，独立性强的被试在与独立性相关的形容词上按键反应很快，在与依赖性相关的形容词上则需更多的时间才能做出反应。依赖性强的被试则相反，而中间型的人在这 30 个形容词上没有显著差异。这说明，人脑中存在一个与自己相关的自我图式，并且个体在加工与自我图式有关的信息时速度较快。此外，自我图式还提供了一个组织和储存有关信息的框架。根据这个观点，人们在回忆与自我图式有关的信息时效果更好。

T. B. 罗杰斯（Rogers）等人（1977）的一项实验证实了这一设想。他们请来了一些大学生，在屏幕上共呈现 40 个问题，要求这些被试回答每一个问题时都尽快做出“是”或“否”的按键反应。其中 30 个问题不涉及他们的自我图式，如回答某一单词是否大写，或是否与另一单词押韵，或是否与另一单词的含义相同。但对其余的 10 个单词要求判断是否为对自己的描述，此时加工这些信息涉及自我图式。在回答完问题后，要求被试在 3 分钟内尽可能回忆这 40 个单词。结果表明，涉及自我判断的单词比其余 3 类单词回忆效果更好。研究者认为，这是因为被试通过自我图式去加工这些信息，因而更容易回忆起这些单词。

自我图式理论较好地阐明了自我与认知的关系，但也容易让人认为自我是一个单一、静态的结构。罗杰斯提出的自我原型（self-reference）的概念就属于这种情况。在这种观点下，人们的自我概念不会发生变化，一个人要么总认为自己是个好人，要么总认为自己是个坏人。然而我们应注意到，一个人在社会上往往充当了各种各样的角色，一个男人既可以是儿子、丈夫、父亲，又可以是工人或农民，还可以是领导或下属，在每一种角色下，他对自己的认识和表现出来的行为都有所不同。因此，自我概念或自我图式是一种动态的与情境相联系的认知结构。换句话说，就是自我具有按不同的场合与角色来组织的多重内容，我们可以按照时间、中心性和评价等几个基本维度来进行划分。从时间方面来看，它反映过去、现在和将来的自我，如未来的自我表征着自己希望或害怕将来会成为什么样的人，它为特定的行为提供动力和方向。中心性维度则反映了不同自我的相对重要性，有一些属于中心性的，对自我起着更重要的作用和影响，另一些是边缘性的，起辅助和补充作用。评价维度反映了有些自我概念具有积极意义，有些具有消极性质，有些则是中性的或混合性的。

自我概念的形成很大程度上受到社会环境尤其是社会文化的影响，因此，在不同的文化中，自我存在巨大的差异。在许多北美和西欧国家，人们崇尚独一无二的精神，往往独立于他人来认识和评价自己，更强调内在的特质。北美学生在做自我描述时，常列举出一些表明他们与众不同的个体特性，如“我很聪明”“我有音乐天赋”等；相反，在依赖型文化中，如亚洲、非洲或南美洲等地方，人们更看重与他人的联系和相互依从，强调社会角色和社会关系等与他人分享的特征，自我描述时常说“我是女儿”“我信佛”等。表3-2是独立型文化和依赖型文化中自我差异的一些对照。

表3-2　独立型文化和依赖型文化中自我的差异

内容	独立型文化	依赖型文化
自我的定义	独特的个体，独立于社会背景之外	与他人相联系，体现在社会角色和各种关系中
自我的结构	单一和稳定的，跨情境和关系的连续性	动态和易变的，在不同的情境和关系中变化
重要特征	内在的、私有的自我（能力、思想、感情、特质）	外在的、公众的自我（地位、角色、关系）
重要任务	保持独特、表达自己、提升自己的目标、直接说出自己的想法	从属、适当安排行动、提升群体目标、间接明了他人的想法

（二）获取自我概念的途径

自我概念是个体在社会环境中、在与他人的互动中逐步形成的，人们总是从一些相似的途径中获取作为形成自我概念的素材的自我知识（self-knowledge）。人们常从自己可观察到或想象的行为推断自己的特征，也根据所体察到的自己的思想、情绪和他人的反馈来形成对自己的见解，当然有时还通过与他人比较来明确自己独特的品质。

1. 自己的行为

贝姆（D. Bem，1972）提出的自我知觉理论（self-perception theory）认为，在内部线索（如想法、情绪）微弱或模糊的情况下，我们常通过观察自己的外在行为来推断自己的特征（如性格、态度、品质、爱好等）。如果一个人经常去寺庙烧香，他可能会认为自己是虔诚的佛教徒。此时，自我知觉过程就起了作用。如果我们的行为是在自己的意愿下做出的，也就是说，我们正在做自己想要做的事而不是不得不去做的事，那么，这种行为是由内部动机驱动的，这时候，人们更可能通过行为来判断自己的特征。与此相对照的是，当一个行为是我们不太愿意做而又不得不做的时候，我们是受外部动机驱使的，那么，我们就很少通过这种行为来推断自己的内在品质。

2. 他人的反馈

别人的反馈就像一面镜子，别人会对我们的品质、性格、能力等给予反馈，我们可以从中看到自己的形象。然而有时他人特别是与我们无关系的人，并不会给予我们清晰的反馈，但我们可以从他们对我们的态度（如冷淡、瞧不起）及反应（如拒绝）来了解自己。库利（C. H. Cooley，1902）提出了“镜中我”（looking-glass self）的概念，认为我们感知自己就像别人感知我们一样，镜子中的我或别人眼中的我就是我们感知的对象。所以，我们常常根据别人如何对待我们来了解自己，这一过程就叫反射性的评价（reflected appraisal）。当我们被别人明确地贴上了某种标签时，我们的自我概念往往会按这种标签来进行修订。对3组学龄儿童的研究中，老师和其他人反复告诉一组儿童他们是整洁的，另一组被告知他们必须要整洁，对第三组什么也没说。最后研究者考察了地面散落的垃圾。结果显示，最整洁的是第一组。这说明，通过贴上整洁的标签，他们的自我概念也发生了变化，相应地在行为中反映了出来。值得指出的是，当许多人对自己的看法都一致时，或者自我概念尚不稳定时，他人的反馈才会发生显著的影响。

3. 社会比较

费斯廷格（1954）的社会比较理论（social comparison theory）认为，自我概念常形成于自我与他人的比较中。人们为了准确地认识自己，常和与自己相似的人比较。但是，费斯廷格有关准确性是社会比较的唯一目的的观点已受到挑战，而且其理论已被扩展。如伍德（J. V. Wood）把社会比较的动机概括为准确的自我评价、自我美化（self-enhancement）、自我保护（self-protection）与自我提高（self-improvement）；把社会比较的方式分为向上比较（upward comparison）、相似比较（similar comparison）与向下比较（downward comparison）。很多研究表明，当个体的目的与动机不同时，所采用的社会比较策略、方式也不同。如自我美化的动机使个体倾向于与不如自己幸运、成功、幸福的人比较，即向下比较，以证明自己还不错。自我提高的动机常驱使人们与更成功的人比较，即向上比较，以激励自己更上一层楼。

（三）自我概念的影响

自我概念一旦形成，就不会轻易改变，而且还影响着个人的看法、情绪和行为。如一个人认为自己有绘画天赋，当别人说他画得不好时，他就可能不相信，认为对方外行。一旦“绘画天赋”这种自我概念确立后，他就不会再以类似的行为为线索来决定自己是怎样的人了。此时，如果他人的反馈与自我概念不一致，那么这些反馈也不再起重要作用，而是被怀疑和排斥。自我概念的这一特性有积极的一面，它使我们保持稳定的身份确认感，这对于我们维持较高水平的自尊以及对日常事件做出适中的反应是有益的。

自我概念最重要的影响往往作用于我们的行为上，特别是在我们与他人互动时。有时候，我们有一种自我表达（self-expression）的动机，即人们试图通过自己的行动来表达与反映我们的自我概念，在强化这种自我概念的同时也向他人表达出来。因此，在这种情况下，一名自以为很合群的人会愉快地接受参加聚会的邀请，一名自认为有爱心的人会慷慨地捐款。研究表明，如果有可能，大多数人都会选择进入让我们按照与自我概念一致的方式行动的社会情境并且选择认同我们自我概念的关系伙伴。由于自我表达性的行为是我们自认的真我的反映，这就可能使他人对我们形成准确的印象，从而使他们按我们的意愿来对待我们。但是，我们生活在社会上，总要受社会规范与道德的制约，总不能按自己的真我为所欲为。

但有时候，我们为了获取权力、影响力和称赞，或者自我概念的内容为社会规范所不容，我们会尽力表现出一个良好的形象，尽管这与自我概念并不一致，我们称这种动机为自我展示（self-presentation）。大多数人都想给他人留下好印象，毕竟这会增加约会和求职的成功率，这对我们的整个人生也许都是至关重要的。就算在相对不太重要的场合，我们通常也愿意向人们展示他们喜欢、欣赏和尊敬的面目，恭维和自我推销就是这样的行为。只不过，如果这种行为太露痕迹，往往变成曲意阿谀和厚颜自夸，结果会弄巧成拙。

（四）自我认知的方法

在人的认识活动中，对人的认识是最困难的，因为人是发展变化的，所以，社会对一个人的总体评价往往要“盖棺定论”。在认识人的活动中，对自己的认识更加困难，当事者往往评价不准，所以，自我认识需要科学的方法。

1. 橱窗分析法

心理学家认为，对个人的了解好像橱窗一样，可大可小。为便于理解，我们把橱窗放在直角坐标系中加以分析。坐标的横轴正向表示别人知道，横轴负向表示别人不知道；纵轴正向表示自己知道，纵轴负向表示自己不知道。坐标橱窗如图3－1所示。

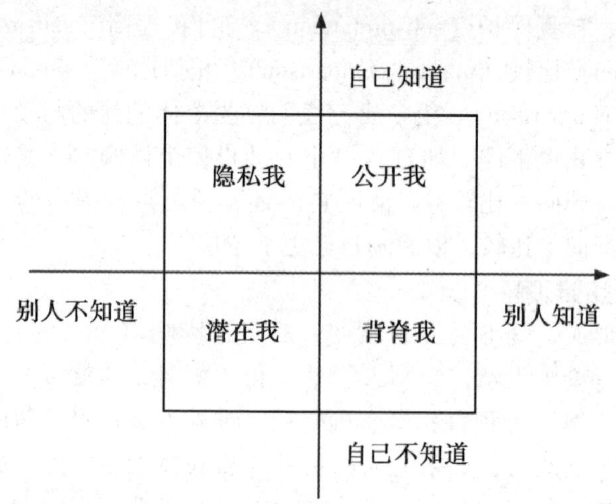

图3－1　坐标橱窗图

这个坐标橱窗图明显地把自我分成了4部分，即4个橱窗。

橱窗1：“公开我”。这是自己知道、别人也知道的部分，属于个人展现在外、无所隐藏的部分。比如身高、年龄、学历、婚姻状况等。

橱窗2：“隐私我”。这是自己知道、别人不知道的部分，属于个人内在的私有秘密部分。其特点是个人秘密不外显，比如自私、嫉妒等平常自己不愿袒露的缺点，以及心中的愿望、雄心、优点等不敢告诉别人的部分。

橱窗3：“潜在我”。这是自己不知道、别人也不知道的部分，是蕴藏着无限潜能但有待于进一步开发的部分。其特点是开发潜力巨大，但通常别人和自己都不容易发觉。我们可以通过心理测评来发现自己平时注意不到的潜力，也可以在学习和生活过程中多做尝试来发现自己的潜力。

橱窗4：“背脊我”。这是自己不知道、别人知道的部分，就像自己的背部一样，自己看不到，别人却看得很清楚。其特点是可以采取同别人交流的方式，也可以借助录音、录像等方式了解自己。

在进行自我认知时，“背脊我”和“潜在我”是自我认知中的盲点，因此认识自我的重点是了解橱窗3“潜在我”和橱窗4“脊背我”这两部分。

2. 心理测试法

心理测试的基本原理是通过一个人对问题情境的反应来推论他的心理特征，也就是从个体的外在行为模式来推知其内在的心理特征。因而心理测验是间接地而不是直接地测量人的心理特征。心理测验的方法很多，主要包括四个方面：智力测验、人格测验、职业性向测验、能力测验。

3. 经验法

经验法是指在人际交往中依据过去活动成果由他人或本人对自己进行主观的分析和评价。但在了解自我的时候，大多数人习惯内省式的自我分析，由于没有系统地学过通过内省分析自己的方法，因而很难避免分析结果中的主观因素。在现实生活中，最好利用他人的评价或找一些客观事实来帮助分析我们自己。当别人说“你最在行的是做……”“这件事只有你做才能圆满完成”“你在别的方面不敢保证，但做这方面的工作你准行”等诸如此类的话时，将这些别人对你的评价详细地记录下来。如此做了数个星期之后，系统地分析你的笔记，你会发现，你的行为有一定的模式，原来你一直在人前显露自己某方面的兴趣及才华，这些兴趣及才华很可能是你从未意识到的。假如你相信“当局者迷，旁观者清”的话，你就不会对这些发现掉以轻心，因为它们会引领你发掘出自己真正的潜能所在。通过这个分析，你会很容易找到自己的最强项。

4. 评价法

（1）从我与他人的关系认识和评价自我。他人是反映周围的镜子，与他人交往，是个人获得自我观念的主要来源。我们先从家庭中的感情扩展到外面的友爱关系，进入社会又体验到人与人之间的利害关系，有自知之明的人能从这些关系中用心向别人学习，获得足够的经验，然后按照自己的需要去规划自己的前途。但是，通过和别人比较认识自己应该注意比较的参照物。第一，跟别人比较的是行动前的条件，还是行为后的结果？如果认为自己来自农村，条件不如别人，开始就置自己于次等的地位，自然影响到心态和情绪；我们应当把学习后的成绩当作参照物，就会使我们取得更大的成绩。第二，跟人比要有标准，是相对标准还是绝对标准？是可变标准还是不可变标准？经常有人认为自己不如别人，其实他们关注的可能是身体、家庭等不可改变的条件，没有实际的比较意义。第三，比较的对象是什么人，是与自己条件相类似的人，还是自己心目中的偶像或极不如自己的人？所以参照物和立足点的确立合理与否，对自己认识尤为重要。

从别人的评价中认识自己，如果自我评价与周围人的评价有较大的相似性，则表明自我评价较成熟；反之，则表明自我评价有偏差。因为，别人评价比自我评价更具有客观性。当然对待别人的评价，要有认识上的完整性，不要以自己的心理需要只注意某一方面的评价，也不要只听取同自己关系密切的人的评价，应全面听取、综合分析、公正评价。

（2）从我与事的关系认识和评价自我。即从自己做事的经验中了解自己，一般人通过自己所取得的成果、成就以及社会效应来分析自己，但却常常受到成败经验的限制。其实任何一种活动都是一种学习，不经一事，不长一智。成败得失，其经验的价值也因人而异。对聪明又善用智慧的人来说，成功、失败的经验都可以促他再成功，因为他们了解自己，有坚强的人格特征，善于学习，因而可以避免重蹈失败的覆辙。而对于某些比较脆弱的人，失败的经验更促使其失败，这也是最常见的现象。因为他们不能从失败中学到教训，改变策略，追求成功，而且挫败后形成畏败心理，不敢面对现实，进而去应付困境和挑战，甚至失去许多良机。而对于有些狂妄自大的人而言，成功反而可能成为失败之源，他们可能侥幸成功便骄傲自大，以后做事便自不量力，往往失败的多。或成功过于顺利，又有家庭关系，而一旦失去“保护源”便一蹶不振，不能支撑起独立的自我。因此，从成败经验中获得的自我意识也要细加分析和甄别。

(3) 从我与己的关系中认识和评价自我。从我与己的关系中认识和评价自我，看似容易，实则困难。在自我意识结构中，“我”有很多。古人曰：“吾日三省吾身。”我们大概可以从以下几个“我”中去认识自己。

自己眼中的我：个人实际观察到的客观的我，包括身体、性别、年龄、职业、气质、能力等。

别人眼中的我：与别人交往时，由别人对你的态度、情感反映而知觉的我，不同关系的人，对自己的反应和评价不同，它是个人从多数人对自己的反应归纳的统觉。

自己心中的我：也指自己对自己的期许，即理想的我。

另外，我们还可以从实际中的我、自觉别人心中的我等多个我来全面认识自己。虽然有多个“我”可供认识，但形成统合的自我观念比较困难。因为现代社会急剧变迁，改革开放后多元价值的影响，使现代人自我认识难以客观、全面。

在比较时，我们要考虑自己的实际情况，扬长避短，竞争时要有所选择和侧重，注意发挥个人的优势，避免盲目地与人比较，给自己造成挫折与打击。善于比较的人，从别人的成功中鼓起自己前进的勇气，通过比较，使自己的能力不断得到增强。不善于比较的人，或以自己的长处比别人的短处，自满自负；或以自己的短处比别人的长处，自怨自艾，通过比较，削弱了自己的进取心，这是不可取的。只有坚信自己有实力胜任某项工作，才能表现出坚定的态度和从容不迫的风度，赢得用人单位的赏识和信任。

二、自尊

（一）自尊及其建构

自尊（self-esteem）就是个体对自己品质、性格、能力等积极或消极的整体评价，反映了个体对自己的满意程度。

自尊对我们来说就像是一把标尺，衡量着我们在适应社会的过程中做得怎么样。它是我们行动的动力，也是心理健康的关键因素。成功与失败、成就与挫折以及他人的拥护与排斥，这些非好即坏的结果影响着自尊的内容。如果自尊真是精确地反映了我们所得到的结果，那么它应该在自我监控过程中扮演一个适当的角色，促使我们不断完善自身，然而，正如我们的自我概念并非总是反映实际情况一样，自尊也往往是带有偏差的评价。通常人们会夸大他们的能力和取得的成绩，试图提升他们的自尊水平。很少有人在评价他们某些方面的特征时，比如领导才能、驾驶技术或者卫生习惯等，会认为自己的水平处于平均线以下。事实上，在自尊形成的过程中，人们有一种自我提升（self-enhancing）的倾向，偏于高估自己，甚至还扩展到自己所有或所属的事物上。当然，在评价标准比较明确时，人们还是会较客观地评价自己。因此，可以说，我们的自尊水平是精确的自我评估和不现实的自我提升相互协调的产物。

（二）自尊的建构途径

1. 个人的生活经历

成功的经历使我们提高了自尊，而失败的阴影无疑降低了我们的自尊。但是，自我提升的动机使我们常常选择较有可能取得成功的环境而避开可能导致失败的环境。例如，在课堂上主动发言的往往是成绩较好的学生，而那些成绩差的则尽可能保持缄默。此外，这种自我提升的倾向还让我们常夸大自己在合作事业中的贡献。一方面，我们容易记起自己在合作中所做的事，同时忽略他人的贡献；另一方面，当事情干砸的时候，我们却不太在意自己干的工作了。因此，尽管对自己的评估有客观的一面，但是大多数人还是会积累更多的成功经历，无论在现实中还是在记忆中。

2. 社会比较

同自我概念一样，自尊的建构也依据社会比较。我们有时无法自由选择把自己跟谁相比，这时候，与更成功的人相比会降低我们的自尊，而与不幸的人相比则正相反。

莫尔斯（S. J. Morse）等曾做了一项有关社会比较如何影响自尊的研究。在大学的研究中心，来应聘助研的被试遇见了另外一个申请者，其实他的真实身份是主试的同伙。这位同伙或者是西装革履、潇洒深沉、满有学问的样子（称之为“洁先生”），或者是不修边幅、慌慌张张、冷冷漠漠的样子（称之为“脏先生”）。让被试在见到洁先生或脏先生的前后分别填写测量自尊的问卷。结果发现，当他们见到自己的对手是洁先生后，自尊降低；当见到自己的对手是脏先生后，他们的自尊反而提升了。可见，与他人的比较会影响我们对自己的评价。

如果比较可以自主选择，那么，我们常倾向于作“向下比较”，即与不太幸运或不太成功的人进行比较，以维护自尊。还有一种策略就是把自己与成功的人的距离拉大，使自己与他们的相似性降低，与他们的联系割断。因为我们常与自己熟悉的、有关系的、相似的人比较，而很少与同自己无关的、不相似的人比较。所以，在现实生活中，我们常常发现这样的事，当同班的甲同学考上了名牌大学，而乙却名落孙山，乙可能会说：“他家条件多好啊，我哪能跟他比啊！”乙所用的策略就是降低他与甲同学的相似之处（即在同一个班，同样的老师教），从而把他排除在比较对象之外，进而避免了自尊的降低。

3. 自己的内部标准

在生活中，我们会发现有些人尽管取得了巨大的成功，但仍然对自己的表现不满意。这表明自尊不仅受到外部所发生事件的影响，也与个人内部的标准有关。按照希金斯（E. T. Higgins）的自我差距理论（self-discrepancy theory），个人内部的标准有两个：一个是理想自我（the ideal self），即我们想成为的人，它包括我们的抱负中所希望获得或具有的品质；另一个是应该自我（the ought self），即我们认为自己应该成为的人，它包括我们的职责和义务中所应避免的负面结果。当现实情况与内部标准不一致时，就产生了差距，这种差距影响了情绪，并最终危及自尊。与理想自我的差距会导致失望、悲伤和抑郁的情绪，而目标实现后又会感到欣喜；与应该自我的差距产生焦虑和不安，而实现目标则会感到如释重负和轻松。一般来说，自我差距产生负面情绪，从而导致自尊的降低。

某些想法、某些情境会让我们感受到自我差距，或者某些自我意识强的人更多地体会到这种差距，但正因为前面所提到的自我提升的动机，使人们经常意识不到差距的存在，甚至在自我分析的时候，反而是尽力收集对自己有利的证据，使通过这种途径产生的自尊也带有一定的偏差。

（三）自尊的文化差异

在独立型文化和依赖型文化之间，自我概念存在一定的差异，这自然也会影响自尊。在导致自尊偏差的自我提升动机上也存在某种文化差异。北山忍（Kitayama）等人（1995，1997）的研究发现，自我提升在美国人当中很普遍，但日本人和其他的亚洲人却较少有这种倾向。不但如此，日本人更有可能倾向于接受关于自己的负面信息，这使得日本学生在自尊问卷上的分数低于美国学生。

研究者认为，在依赖型文化中，人们这种对负面信息的敏感，实际上是一种形式的自我批评，这种自我批评最终使人们为了达到与他人关系的和谐而改变自己的行为。在北美和其他独立型文化中，自我是自主和独立的观念，意味着正面的品质是个人价值的来源。因此，在这种文化背景下，自我提升是必然的。相反，在依赖型文化中，与强调个人自主不同，人与人之间、群体与群体之间的联系被置于更高的地位上。因此，自我的价值不体现在个人特征上，而体现在与他人的期望和共同的理想一致的程度上。在这个意义上，依赖型文化中的自我批评和独立型文化中的自我提升一样，都起了提高自我价值的作用。

三、自信

自信，是我们人类心理生活中最基本的内在品质之一，也是我们每个人的人格结构中的本质因素，是我们每个人内在自我的核心部分。自信可以是我们每个人实际的行为表现，也可以是我们每个人内在的心理品质；自信是我们的个性特征，也是一个团体乃至民族和国家的精神面貌。

（一）自信的概念

自信作为心理学的基本术语，是指个体相信自己的能力和精力的一种自我意识倾向。

在心理学中，同自信相反的词是自卑。自卑所表现的是一种自我贬低，一种对自己的不信任，一种自己对自己的消极心态。自卑的人像是自己给自己设置了生活中的种种障碍，凡事都不能够尽力争取，随时都有退缩的打算，因为自卑的人总是看不起自己，总是认为自己无能。然而，自信的人则相反。由于相信自己的能力，也相信自己的价值，因而凡事会尽力争取，有一种当仁不让的主动精神。

与自信有关联的用语是自负。自负表面上近似于自信，但是与自信有着本质的区别。自信的人对自己往往有着一种客观的认识，所表现的是实际的内在自我；而自负的人恰恰是缺乏对自己的客观认识，所表现的多是夸张的自己，或是自己幻想中的角色。而实际上，对自己的夸张和炫耀——自负的主要表现之一，本质上正是其不自信或自信心不足的表现。

（二）自信的特征

在我们的实际生活中，我们是能够体会和体验自信与不自信的，也能够看得出自信的人与不自信的人。在有关自信的心理学研究中，以下“特征”被认为是自信的人所共有的，是可供参考的自信的标准。

1. 自信的人活泼

自信的人在其面容、姿态和言谈举止上，都会表现出一种活泼的生气，显得对生活充满信心。我们可以在自己的生活中发现和体验心理学家的这种评价。自信的人不但自己充满生气，而且会给其周围的人带来一种生机勃勃的气氛，带来一种乐观的鼓舞。

2. 自信的人坦诚

自信的人总是能够直接而坦诚地说出自己的意见，甚至是自己的缺点。这种坦诚和不掩饰缺点，正是对自己充满信心的表现。自信的人总是说自己想说的话，而不是看着他人的脸色而说别人想听的话。

3. 自信的人虚心

自信的人能够虚心地接受批评，坦然地承认自己的错误。能否虚心地接受批评，能否坦然地承认自己的错误，是衡量一个人自信程度的指标。在我们的生活中，不自信的人恰恰是拒绝接受批评的人，在自己明显错误的时候，也总是尽量去辩解。

4. 自信的人大度

自信的人能够自然和自如地表达自己对别人的赞赏、好感和喜欢，也能够自然和自如地接受别人对自己的赞赏、好感和喜欢。不自信的人容易嫉妒，不希望别人超过自己；而自信的人则恰恰相反，能够大度而坦然地赞赏和接受别人。

5. 自信的人轻松

自信的人在日常言行中，会表现出轻松自如的神态。孔子曰：“君子坦荡荡，小人长戚戚。”大概也是在表达同样的意思。做“君子”的心地平坦宽广，而做“小人”的则经常局促忧愁。毫无疑问，自信也是孔子之“君子”的基本条件，他们在日常生活中会表现得轻松自如，而不是终日陷入沉重抑郁之中。

6. 自信的人一致

自信的人言行是一致的，他所说的与其所做的往往一致而协调。因而他的容貌、声音和举止，也都会表现出一种内在的和谐气氛。俗话说：“君子一言，驷马难追。”说到就应该做到，这是自信的人所表现和信守的。

7. 自信的人开放

自信的人对生活中的新观念、新体验和新的机会都会有着一种基本的开放态度。社会在发展，生活在变化，是积极而开放地接受这种发展和变化，还是消极而顽固地拒绝这种发展和变化，将是衡量自信与不自信的另一个指标。

8. 自信的人幽默

自信的人能够以一种幽默的态度来面对具体的生活，包括生活中的失意、紧张和挫折；自信的人也能够自然地发现生活中的幽默，能够在自己或别人身上发现并欣赏幽默。幽默是一种自然而轻松的态度，也是一种敏感和智慧的表现。

9. 自信的人勇敢

自信的人，由于对自己充满信心，包括对自己的人格、自己的能力、自己的命运充满信心，因而自信的人总是能够以一种轻松自然的态度来面对生活中复杂的情境或挑战，表现出一种大智大勇的气度。

10. 自信的人果断

自信的人果断，尤其是在重大或关键的问题上，自信的人总是能够表现出一种果断的品质和作风。由于自信的人勇于承担责任，不会因为事关重大而优柔寡断，不会想着逃避不好的结果而瞻前顾后，因而会保持一贯的果断作风。

（三）自信的维护

了解了自信在生活中的表现，以及自信者的基本特征，我们将接触到自信的维护。借助于心理学的研究和理论，我们将从以下七个方面来对自信的维护进行具体的分析和讨论。

1. 你的“自我形象”是由你自己来控制的

一个人的自信感觉，在很大程度上受其自我形象的影响。认为自己的自我形象不好的人，往往具有严重的自卑情绪，深深地影响到其自信心的建立。因而为了保持你的自信心，你应该充分地认识到，归根结底，是你自己决定着对自己的看法，是你自己决定着对待自己的态度；同时，你也拥有着改变自我形象的能力。尽管我们的自我概念和对自己的认识在某种程度上会受到别人和外在因素的影响，但是，你的“自我概念”或“自我形象”毕竟是存在于你的内心之中的。意识到这一点，将大大有助于你自信心的维护。

2. 不要让别人来设定你的生活标准

在我们的日常生活中，本来是我们自己的事情，其标准却往往是由别人来设定的。“别人”不断地告诉我们，应该做什么和不应该做什么，甚至是应该怎样做，以及不应该怎样做，等等，例如“你应该去减肥”“你应该学会上网”“你应该去健身”，等等。即使是“别人”出于好心所提的建议，然而，别人的“好”的标准，也不一定适合你。谚语说：“一个人的佳肴，也许是另一个人的毒药。”其所揭示的便是同样的道理。自信心程度低的人，往往非常容易受别人的影响，往往会轻易地把别人的生活标准接受为自己的生活标准。这样，其自信的成分与内容便会受到冲击和伤害。所以，为了保持或建立我们的自信，我们应该自己为自己设立生活的标准，或者对自己生活的标准进行认真的思考，选择符合我们自己的思想、兴趣、个性和价值观的标准。

3. 认识和调整不现实的生活目标

每个人都有自己的理想和目标，并且会认真而执着地去实现它们。但是，这里也存在这样一些问题：“你的这些目标现实吗?”“你的这些目标符合自己的实际条件吗?”有些人已经习惯于向自己提出一种“高标准”的要求，总是要求自己做最高水平的发挥，凡事都要求做最好的，这样常常会显得十分勉强，并且每当愿望不能达到或实现时，就会不断影响或伤害对自己的看法，以及自信心。比如，你根本不具备基本的条件，而要强迫自己去做世界级的电影明星；如果你老是想着一夜之间成为百万富翁……那么，类似的不切实际的目标，会使你生活于虚幻之中，会使你迷失自我。因而，换一种角度来看问题，如果你立志于在影视界发展，根据自己的处境和条件，制定考取影视艺术学校，或者是争取从事影视工作，争取参与或扮演好的角色的机会等较为客观实际的目标，脚踏实地地求实发展，那么，每当实现了一个目标，你便会增加一份自信。增加了自信，就会帮助你取得更大的成功。

4. 修正消极的自我评价

一个人自己对自己的评价，会直接影响到自信的程度和自信心的维护。自信程度低的人，往往会陷于种种消极的思维模式中。比如，当他们获得成功的时候，他们可能会把自己的成功归于自己的运气；而当他们失败的时候，他们则会深深地责备自己的无能。作为对自信心的培养，我们应该采取相反的态度和方式。比如，本来应该把成功更多地归于自己的努力，从而也把成功看作自己应得的鼓励；面临失败时，则尽量去考虑导致自己失败的客观因素，因为失败有可能不是你的过错。据对即将毕业要去求职的大学生有关自信心问题的调查发现，当求职被拒绝之后，自信程度低的学生，80%都认为之所以被拒绝，是因为自己“太差了”“没有吸引力”“自我形象不好”等，即把被拒绝的原因全归咎于自身。这样的自我评价对一个人的自信心会有很大的消极影响，何况这样对自己的消极评价也并不符合事实。因为被拒绝是有许多其他原因的，比如所学专业不对口、用人单位指标有限等。我们不应该凡遇不利的事情，就归之于自身不足，而应该用一种积极的态度来对待自己，来进行客观的自我评价。

5. 看到自己的长处和力量

自信心较差的人，总是不断地抱怨自己的愚蠢、无知、懦弱，总是想着自己有许许多多的缺点；同时，他们又无视自己成功的力量和好的品质。事实上，我们每个人都有自己的缺点和不足，也都有自己的优点和长处。作为对自信心的培养，我们应该尽力去改正自己的缺点，同时也要接受我们的优良品质；用这种欣赏和赞美来增强自己积极的自我意识，增加自己的自我接受程度和自我价值感，这样就会保持和增强我们的自信心。

6. 努力提高与发展自己

提高与发展自己，是我们每个人的愿望。这有两个方面的意义，或者说有两种思路来考虑自身的提高与发展，即从实际生活与工作中来提高自己，增强自我认识，从内在心理品质上来提高自己。努力工作，热爱生活，工作中取得的每一个成绩，以及生活中所获得的每一次新的体验，都会是提高与发展自己的机会；而自信心强的人，也会重视工作与生活给自己带来的发展机会。同时，我们每个人也都需要一种内在的发展，都需要一种内在心理品质的提高。这正如心理学家所强调的，自我完善是人一生的历程。人内在的发展和提高，可以通过阅读好的书籍，吸收人类思想的精华而获得；可以通过深思人生的意义，深思宇宙的奥秘来获得；也可以通过持续不断的个性培养和人格完善来获得。所获得的这种发展和提高，都会帮助我们建立与维护自尊与自信。

7. 积极乐观地与人相处

自信心差的人往往看不起自己，同时也看不起别人，不能积极乐观地与人相处。自信心差的人对自己又往往过分苛刻，总是在自己身上找缺点和不足，因而他们也很可能以同样苛刻的态度和方式来对待别人。显然，若是本来就看不起自己，同时也看不起别人，以这样的态度与人交往或相处是很不利的，它会产生与人交往中的紧张关系，也容易被人拒绝，遭到别人的非议。而这种人际交往中的挫折或失败，又会反过来进一步打击和影响一个人的自信心。因而作为对自信心的培养，我们应该改变这种不利的社会交往倾向和态度。若是我们用一种积极的、乐观的态度，多发现、欣赏和赞美别人的优点和长处，那么就会在这种与人相处的情境、气氛和过程中得到一种对自我的肯定，获得别人的接受和认同。这样，我们就能在具体的生活过程中，提高与维护我们的自信心。

第三节　对他人的认知

人们在相互交往中必然要对他人（至少是我们认为对我们有重要意义的他人）进行观察、了解、判断和评价，形成对他人的看法，以决定我们在与其交往时进一步应采取的行动。同时，我们都希望自己在他人的眼中具有积极的、正面的形象。在社会心理学家的研究中，最初的印象，或者说我们留给别人的最初印象往往决定以后被评价的态度和倾向。

一、印象的概念

印象（impression）是在对他人的认知研究中基本和主要的概念。一般来说，印象就是我们对他人的特性如能力、性格、品质的总体看法和评价。但是，在很多情况下，人们并不是等到把握了对象的全部特征之后才形成印象的，有时甚至只需看一眼一个人的照片，或者跟他说几句话，就可以形成一种最初印象。有时候，我们按照类别来组织印象，如把人分为内向的和外向的、成熟的和幼稚的，等等；有时候，我们又按照评价、力量和活动 3 个维度来组织印象。评价即他人品质的好坏，力量即他人能量的强或弱，活动即他人行为的积极或消极，其中评价维度是最重要的。

二、印象的形成

印象的形成是通过对他人的言谈举止、仪表神情以及行为习惯等方面的知觉而实现的。虽然这些线索未必反映一个人的真实面目，但在许多情况下，人们据此得到的判断还算准确。下面，就对这些知觉线索加以具体介绍。

（一）外表

外表是我们最先接触到的信息，有时也是主要的判断依据，人们据此来判断他人的内在品质并决定对他人尤其是陌生人是否喜欢。漂亮的外表，特别是漂亮的脸庞，常唤起我们对他人积极的期望。我们会认为有高度吸引力的人更有趣、更热心、更友善以及更有社会技能，因为我们总是假定漂亮即优秀。研究表明，一定的脸部特征也能产生影响，如相对于有成熟面孔的成年男性来说，有娃娃脸的成年男性常被视为更天真、诚实、善良和热心。因为这个原因，娃娃脸的成年人不大可能被推荐到需要成熟品质如精明、领导才能的岗位上。现实生活中，我们也常常意识到，外表的美丽，尤其是一张美丽的面庞常唤起我们一系列正性的知觉，如热情、爱交往等，所以，“英雄难过美人关”也就不足为奇了。

（二）言语

言语作为自我表达和交流的工具在社会生活中发挥着重要的作用，同时也给人们提供了判断他人的依据。《红楼梦》中，王熙凤“未见其人，先闻其声”，顿时就给人留下了泼辣豪爽的印象。言语的内容有时可以表现一个人的内心想法，“要知心腹事，但听口中言”，所以有时我们会根据一个人的说话内容来判断他的内在品质。除了内容外，人们说话时的语音、语调、语速也能充分表现一个人的性格和其他心理特征。例如，一个人说话速度很快时，我们常推断这是个心直口快的人，一个说话慢声细语的人又常给人留下温柔、恬静、有涵养的印象。但是，由于一个人所说的话能被人有意识地加以控制，特别是那些小心谨慎或圆滑的人，话到嘴边前不知在脑子里折腾、琢磨了多少回，言不由衷的话已司空见惯，因此，人们常常又很谨慎地对待这条线索。

（三）非言语交流

非言语交流主要包括面部表情、目光接触和身体姿态。这些线索很难被人有意识地加以控制，因而往往更能真实地揭示人们内心的想法、情绪、性格等特征。

表情常反映人们的态度、情绪，一般来说，相同的面部表情通常表达相同的情绪状态，各民族大同小异，全人类具有较高的一致性。我们可以借助对面部肌肉的分析来确定一定的表情，然后判断某人的情绪，通过一段时间的观察进而推测其人的个性特征。例如，一个人如果嘴角下垂、两颊拉长、皱眉成八字形，那他多半是不愉快的，如果他经常是这种表情，我们就会推测他也许是个抑郁、悲观的人。

目光接触可以表现对对方感兴趣，频繁的目光接触被认为是诚实、直率和友好的表现，这样的人更可能赢得人们的喜欢。而目光不接触，说明此人害羞或害怕；当然，太多的目光接触，比如盯着别人看，反而令人不愉快，经常会带来愤怒和敌视。

身体姿态能够传达丰富的信息，也是人们情绪和动机的一种指标，当我们交谈时，如果对方正面对着我们、向我们倾斜、不断点头，我们就会认为他喜欢、赞同我们，我们就会对他产生一个好的印象，从而对他有一个积极的评价。

（四）行为

在印象形成的过程中，行为是最有用的信息源，因为许多行为与某些人格特质有着密切的联系。因此我们常被告诫，不要仅从外表和言语而要从行为判断一个人。人们常对他人的行为进行归因，根据归因的结果再做进一步的判断。

琼斯（E. E. Jones）与戴维斯（K. E. Davis）提出的对应推论理论（Correspondent Inference Theory）认为，人们常假设他人的内在品质与他们的外在行为相对应。此理论还分析了人们在什么时候会根据一个人的行为来推断此人具有与他的行为相对应的内在特质。

（1）当一个人的行为不符合社会期望或不为社会所接受时，如当一个消防员冲入火中抢救人时，人们不一定据此行为推断此人是利他的、勇敢的，因为这是他的职责，人们对消防员这一角色的期望就应如此；但如果是一位过路的居民勇敢地冲入火中抢救人时，绝大多数人都会据此行为推断此人是利他的、勇敢的。

（2）某人从事的行为是自由选择的，而非在外在强大的压力下才做的，那我们就会认为此人的行为与其内在的品质相对应。如一个单位的领导命令每个人向灾区捐款50元，从这种被迫的行为中，我们无法得知哪些人有爱心，哪些人冷漠。

总之，人们会利用所能获得的各种线索对他人形成印象。但线索（如人的长相、穿戴、身体姿势等）本身并无意义，它们是根据知觉者记忆中所储存的有关人、行为、特质的知识来解释的。另外，人们要把各种渠道得来的信息综合起来，形成对一个人的概括性认识。所谓的印象形成就是把一个人若干有意义的特征加以综合、概括，形成一个具有结论意义的特性。如一个女孩子脸上总是笑眯眯的，在车上常给老人让座，别人有什么问题她总是热心帮忙，那我们就可以推断出她是一个热情、善良的女孩子。

三、印象形成的方式

假如你碰到一位陌生人，并注意到他为人大方、聪明、幽默、个子矮小、不修边幅，你怎样将这些片断的信息结合起来形成对他的整体印象呢？心理学家提出了印象形成的两种模式。

（一）平均模式（The Averaging Model）

安德森（C. A. Anderson）的平均模式认为，人们一般是把所获得的信息加以平均，来形成对他人的总体评价的。如有位女孩第一次与男朋友约会，她很快便感到他很有才华、聪明、英俊、有礼貌，并且非常细心，但是个子较矮、不修边幅。若是以印象形成的平均模式来进行分析，她可以根据自己的喜欢或重视程度，对这位男朋友所表现出来的正性与负性的信息进行加工。假设她很欣赏他的才华和聪明，因而便赋予这两个特性较高的正分值（+10）；她对他的细心很满意，便赋予正分（+6）；他长相的英俊也颇令她动心，因而也会具有正分（+6）；他对人有礼貌让她感到有修养，也赋予它正分（+5）；但是，她不太喜欢他的个儿矮，因而就会有较低的负分值（-8），而对他的不修边幅也颇为不满，于是也会打上负分（-4）。那么现在，她将这些特点结合起来，就会形成对这位男朋友的整体印象。

根据平均模式，即假设她会将这七项特性加以平均，以此作为获得整体印象的基础，那么在这个例子里，女孩对这位男朋友印象的正分值是37分，负分值是12分，相加结果为正25分。由于一共有7项评价指标，那么25除以7，也即每项平均都会具有3.57的正分值，说明女孩对这位男朋友的整体印象不错。

1986年，安德森把他的模型改名为“加权平均模式”（The Weighted Averaging Model），以强调在所有特性加以平均前会对于较重要的特性给予较大的权数。如当我们形成对某科学家的印象时可能对“智慧”的加权比“吸引力”要大一些，导演对外表的重视一般要高于智商。

根据加权平均模式，我们在实际形成印象的过程中，有时会受到陪衬因素和负面特性的影响。也就是说，某一特性对个人整体印象的意义，将在某种程度上取决于其他的陪衬特性。比如，“智慧”通常是一个评价正分值较高的特性，但若是将“智慧”加在一个“冷酷无情”的人身上，一般并不会使别人对他的印象更好；但若将“智慧”加在一个“热情”“乐于助人”者身上，那么就会提高其整体印象。

在人们印象形成的过程中，正面特性与负面特性所起的作用并非等量齐观。一般来说，负面特性的比重要比正面特性的比重高。也就是说，若其他条件相同，负面特性对整体印象的影响大于正面特性。社会心理学家发现，好印象比坏印象更容易改变。通常，不论其他特性如何，一个极端的负面特性就足以造成一个不好的印象。

（二）累加模式（The Additive Model）

这种模式认为，人们在根据部分信息形成对他人的整体印象时，并非以特性的平均价值为依据，而是以特性价值的总和为依据。比如，一个人被形容为真诚、机智，另一个被形容为随便、害羞、机智、真诚，那么，哪一个人会令人产生较好的印象？累加模式主张，我们对一个人的判断依据全部特性的价值的总和而定。假设真诚、机智、随便、害羞这四种特性的赞同值分别为5、5、1、1，则第一个人得分为5+5=10，第二个人得分为5+5+1+1=12，所以，第二个人会给人更好的印象。

显然，累加模式和平均模式在解释印象形成时，所依据的分值含义是不同的。它所强调与侧重的是整体得分越高，整体印象也就会越好。那么，在解释人们印象形成的过程时，究竟哪一种模式更为准确，更符合实际情况呢？安德森对此进行了一系列的实验研究，所获得的研究结果大都倾向于支持平均模式。安德森认为，尽管在某些时候可以用累加模式去解释一些印象的形成，但是在大多数情况下，平均模式更能说明人们印象形成时的细节。

四、印象形成中的认知偏差

在认识他人、形成印象的过程中，总会发生这样或那样的偏差，印象形成的认知偏差主要有以下几种：

（一）首因效应

首因效应（primacy effects）即“第一印象”（first impression），是指两个素不相识的人第一次见面时所形成的印象。如在第一次会面中，某人给人留下了印象，这种印象就会在一段时间内影响人们对他以后一系列心理和行为的解释。第一印象可以是直接和对方交往时形成的印象，也可以是从语言、文字等间接材料中获得的有关他人的印象。这种效应带来的问题是，当人们只获得了有关他人的少量信息时，就力图对此人的另外一些特征进行推理、判断，以期形成一个统一和一致性的印象。

美国社会心理学家洛钦斯（A. S. Lochins）1957年对首因效应进行了经典的实验。他用两段文字编写了一个叫杰姆的男孩的故事。一段材料把杰姆描述成一个热情外向的人，一段材料把杰姆描述成冷淡内向的人。洛钦斯把这两段材料加以不同的组合，让两组水平相等的被试阅读这两组材料，并在阅读后请被试对杰姆的性格做出评价，结果如表3-3所示。

表 3－3　首因效应实验结果

组别	条件	友好评价
(1)	先阅读描写热情外向的材料，后阅读描写冷淡内向的材料	78%
(2)	先阅读描写冷淡内向的材料，后阅读描写热情外向的材料	18%
(3)	只阅读描写热情外向的材料	95%
(4)	只阅读描写冷淡内向的材料	3%

琼斯等人于 1968 年做了类似的实验。实验者请一组被试考察两个“学生”作业的情况。这两个“学生”是由实验者事先安排好的，要他们都答对其中的一半（15 个题目）。一个“学生”被规定答对的题目大多在上半部分，另一个“学生”被规定答对的题目大多在下半部分。“学生”作业完毕后，实验者要求被试对这两个“学生”做出评价哪个更聪明。结果多数被试都认为在解题开始时就能做对题目的“学生”比另一个“学生”更聪明。当实验者要求被试估计这两个“学生”各答对多少题目时，结果前一个“学生”被认为是答对了 20. 6 个（平均数），后一个被认为答对了 12. 5 个（平均数）。可见，首因效应严重地影响着被试的认知情况。

（二）近因效应

所谓的近因，一般指最后的印象。近因效应（recency effects）是指最后的印象对人的认知具有强烈的影响。关于近因效应的经典实验，最早是由洛钦斯于 1957 年开始的。他曾以不同的呈现方式，重复了前面的实验。具体做法是在让被试阅读有关描写杰姆性格的两段文字之间，有一定时间间隔，即先阅读一段后，让被试做数学题或听历史故事，再阅读第二段。实验结果与前述实验结果正好相反，这时对被试进行的杰姆性格的评价起决定作用的已不是先阅读的那段材料，而恰恰是后阅读的那段材料。

表面上看来，首因效应和近因效应的同时存在是矛盾的，令人难以理解。实际上，首因效应和近因效应是在不同条件下起作用的。社会心理学家对此进行了多方解释。洛钦斯认为，当两种信息连续出现时，人们总倾向于相信前一种信息，并对其印象深刻，此时首因效应明显；而在关于某人的两种信息断续地被人感知时，起作用的是近因效应。也有人指出，认知者在与陌生人交往时，首因效应起较大的作用；而认知者与熟人交往时，近因效应则起较大作用。

（三）晕轮效应

晕轮效应（halo effects）又称光环效应，是指认知者对一个人的某种特性形成好或坏的印象之后，还倾向于据此推论其他方面的特征。当一个人对他人的印象较好时，就会认为他人的一切都好，当对他人的印象较坏时，会认为他人的一切都很坏。生活中我们常说“一好百好”“爱屋及乌”，就是典型的晕轮效应。如看到一个人举止大方、热情，便容易得出该人聪明、慷慨、能力强的结论；看到一个人性格冷漠，则可能得出该人狡猾、僵化的结论。

社会心理学家凯利在 1950 年对光环效应进行了实验研究。他将学生分成两组，告诉他们经济学教授有事不能来上课，故请一位研究生代课。他先向两组学生介绍说，该代课老师是一位研究生，29 岁，已婚，曾经担任心理学教师 3 年，还当过兵，是一位既好学又有教学经验和判断能力的人。然后对其中一组的学生说，此人为人热情，对另一组的学生说此人比较冷淡。介绍之后，凯利让这位代课老师在两个组分别主持了20分钟的课堂谈论，然后，再让学生陈述对他的印象。实验结果发现，两组的学生对代课教师的印象大相径庭，一组认为老师有同情心、体贴人、有社会能力、富有幽默感等，而另一组却认为老师严厉、专横。

这表明，两组的学生对老师的印象都夹杂自己的推断成分在内，或由热情的特点推断出一系列优点，或由冷漠的特点推断出一系列缺点。实验还发现，两组的学生对老师的印象进一步影响到他们的发言行为，印象好的那组积极发言者达56%，而印象不好的那组积极发言的只有32%。

晕轮效应实际上就是个人主观推断的泛化、扩张和定型的结果。在对人的认知中，由于晕轮效应，一个人的优点一旦变为光环被夸大，其缺点也就隐退到光环的背后被遮挡住了。

（四）投射效应

投射效应（projection effects）指人们的认知活动在对他人形成印象时，认知者把自己所具有的某些特质推及他人身上的心理倾向。如诚实的人会认为别人也都是诚实的，一个经常算计别人的人会觉得别人也算计自己。平常说的“推己及人”“以小人之心度君子之腹”等便是投射效应。

由于人类有许多本质上共同的特征，因此，投射效应有时能帮助人们相互理解。但过多地受制于此，便会适得其反。在生活中，投射效应在人们的认知中表现形式是多种多样的，如有的人对别人有意见，总以为别人对他怀有敌意，甚至觉得对方的一举一动都带有挑衅的色彩；有的人爱背后议论别人，总以为别人时常在背后议论自己；惯于说假话的人常常不相信别人的话；有的人在内心喜欢一个异性，希望对方看上自己，进而把对方的一个眼神、一个笑脸、一个友好的表示，甚至一句玩笑话都看成是对自己的示爱；一些人对某事感兴趣，便以为别人也感兴趣，便滔滔不绝、口若悬河地讲个没完，完全不顾别人的反应。

有时，投射效应是出于一个人自我防御的心理需要而发生的。自己有某些缺陷、毛病或不良品质，会不自觉地怀着一颗敏感的心，在别人身上搜寻相关的蛛丝马迹，在别人身上“发现”同样的毛病，进而对自己的毛病心安理得。人都有这种毛病，也不必过多自责和不安。

（五）定势效应

个体的思维活动，由于受原有图式的影响，往往会按某种习惯性的方式来思考问题。例如，知道某人活泼，就推测他是外向型的人；看到某人衣冠楚楚，就断定他是有身份的人，这就是思维定式的作用。

在对人的认知中，尤其是对初次交往或交往不多的人，由于获得的信息少，缺乏必要的线索，而人们又倾向于尽快形成对一个人的整体印象，这时在定势效应的作用下，思维就会沿着一种惯性做出对一个人过多的推测，这很容易造成认识上的偏差。心理学家阿希曾做过一次著名的实验。在实验中，阿希向一组被试提供了一张描述一个人特征的表，表中列出了有关这个人的七种品质：聪明、灵巧、勤奋、热情、果断、实际、谨慎。阿希要求被试对这个人做一简单的描绘，即表达一下此人给自己留下的印象。阿希对另一组被试也做同样的要求，唯一不同的是把原表上的“热情”换成了“冷淡”。实验结果揭示了一个重要现象，对含有“热情”品质的人，大部分被试把他描绘成“慷慨大方、受人爱戴、好交际、幽默”；而用“冷淡”代替“热情”后，给被试形成的印象就变成了“斤斤计较、势利和毫无同情心”。这可能就是人们已经形成了关于热情的人的一种图式，即已经在思维中把“热情”作为一种中心品质，将慷慨、聪明、好交际等品质和它牢牢联系在一起。所以，人们一旦发现某人是热情的，尽管刚刚认识此人，也会在思维定势的作用下，推测出他同时也具有与“热情”相联系的其他品质。

五、印象整饰

（一）印象整饰的概念及表现形式

在生活中，常常可以看到这样一些耐人寻味的现象，年轻姑娘或小伙子在赴约会时，总是精心化妆，细心挑选服装，将自己打扮得更漂亮、潇洒些；一个平时不拘小节的人，去参加宴会时也会西装革履、面目一新；一对刚刚在家生了气的夫妇，有老同学来访，他们马上会装得什么也没发生似的，热情地接待客人……这一切都是为什么呢?

人们在社交中总是要选择一定的装束、言辞、表情或动作，以给他人留下一个独特的印象，这种有意地控制别人对自己形成各种印象的过程，就叫作印象整饰。

印象整饰主要有两种基本形式：一是自我表现，个体选择合适的言行举止、服饰打扮而进行的印象管理，即通过自我美化，来增加自己在他人心目中的吸引力。例如：为了让别人觉得自己是淑女，从穿着到言行都会尽量让自己看起来更像个淑女。二是自我行动，个体采取投他人所好的言行举止而进行的印象管理，即投人所好，通过各种途径努力使别人感觉良好，这就是“讨好”现象。琼斯认为讨好者有四种战术：称赞和抬高别人、对不重要的问题和重要问题采取不同讨好策略、投其所好和自我表现以及报恩，这便是生活中的恭维、迎合、施惠，俗称“拍马屁”。

（二）印象整饰的理论

人们为什么要进行印象整饰，社会心理学家进行了许多研究，并且提出了一些相应的解释理论。

戈夫曼认为，人们之间的交往和互动就像是一种戏剧演出，每个人都在表演自己的节目，交往的情境不同，节目也不相同。在不同的情境中，每个人都在极力让自己的言行适合于该情境，以赢得别人的正面评价和认可，这也是为什么人们在不同场合会有不同的穿着、言行的原因。这一理论被称为戏剧理论。人生就是一场戏剧，我们每个人都是戏剧中的一个角色，每天都在上演着喜怒哀乐，上演着悲欢离合。

库利的符号互动理论则认为，人对抽象的认识能力是逐渐增长的，而随着这种能力的发展，人在与他人的互动交往中，渐渐能够想到自己的外观以及别人的评价。这样，人就开始自觉地调节自己的言行，以期给别人一个良好的印象。就像一位政治家在农村选民面前，会穿上容易获得农民好感的衣服，使用符合农民特点的讲话方式；

而在政党领导面前，他又会穿上另外得体的衣服，并采用不同的讲话方式。如果知道自己的言行会给人不好的印象，他将及时加以整饰。一个人个性发展越成熟，他整饰印象的能力就越强。

亚历山大（C. N. Alexander）等人认为印象整饰是社会互动的一个根本方面。他们认为，每个社会背景，每个人际交往场合，都存在着一种社会行为，这种行为传递着对这个场合来说最恰当的行为认同模式，这种行为模式就是情景认同。人际交往中，人们都努力地塑造着他们自己最恰当的最满意的情景认同。比如一位大学教授在演讲时要力求表现出学者的情景认同，而在与朋友聊天时却要表现出随便轻松的情景认同。

根据社会心理学家的研究，我们的自我观念和社会身份是印象整饰过程中的两个重要元素。自我观念是个人逐渐形成的对于自己的认识和评价，而社会身份则是指个人在社会互动情境中得到的认同和肯定。自我观念是自己对自己的评价和看法，而社会身份则是由他人了解到的自我。一个人为了维护自我观念，会试图通过印象整饰的策略，去左右显示他人的社会身份。

（三）印象整饰的作用

有人认为，人与人交往要诚实无欺，通过印象整饰以控制别人对自己的印象，无疑是虚伪的。其实，这种看法是错误的，印象整饰本身无所谓好坏，关键在于运用这种手段的目的。

印象整饰具有正负两面性。从积极的方面来说，印象整饰可以调节润滑人际关系，使人们的交往能够顺畅地维持下去。我们在生活中运用印象整饰的技巧来赢得他人的好感，给予他人一定程度的礼遇，这样的例子在生活中比比皆是。印象整饰也是人类文明发展的结果，因为随着社会的发展，人类的语言和行为也变得越来越文雅而有修饰性。

但印象整饰也有其消极的方面。一些人常运用这一手段来牟取私利，最典型的莫过于逢迎拍马了。逢迎拍马的人通过一定的言语、表情、动作等印象整饰手段来抬高他人的威望和尊严以赢得好感，从而为自己谋私利。另外，在有些应该坦率、诚实的场合过分地进行印象整饰，往往会带来不好的结果。比如，两个都在心里默默爱着对方的男孩女孩，因为都怕说出来遭到对方的拒绝而故意不理对方或装得很冷淡，给人一种清高的印象，结果往往会错过良机，造成终生遗憾。生活中这样的例子不胜枚举。所以，过犹不及，过分的印象整饰也可能无法营造良好的人际氛围，给正常的人际交往带来消极影响。

（四）印象整饰理论在现实中的应用

人们在人际交往中一般都会进行印象整饰，以使自己的言语、行为和态度表现出稳定性和一致性。由于人们在交往中力图保持一致，便产生了下面这种很有趣的得寸进尺效应。

所谓得寸进尺效应，是指假如我们能让别人接受我们提出的小要求，则以后让其接受更大、更不客气的要求的可能性会比以前不曾要求他来得要大。这说明，由于人们想整饰出首尾一致的印象，一旦表现出助人为乐的言行，即使别人的要求有些过分，可为了维持印象的一贯性，也会继续帮助下去。但要注意，要求要有一个限度，如果变本加厉、贪得无厌，就会超出对方的容忍程度而遭到拒绝。

在生活、交往和工作中，人们应正确运用这一心理效应。比如，老师对学生的要求应逐步提出，对两个人关系的发展应逐步深入，不能操之过急，否则欲速则不达。当然，利用这种心理效应去谋取个人私利的做法是不可取的。

第四节　对群体的认知

一、社会刻板印象

人们的社会认知偏差不仅发生在对个体的认知中，也发生在对一类人或一群人的认知中。社会刻板印象（stereo types）就是指人们对某个社会群体形成的一种概括而固定的看法。

一般来说，生活在同一地域或同一文化背景中的人，总会表现出许多心理与行为方面的相似性。如同一民族和国家的人有大致相同的风俗习惯、性格特征和行为方式，职业、年龄、性别、党派一样的人在思想、观念、态度和行为等方面也较为接近。如商人大多较为精明，知识分子一般文质彬彬；南方人精明、会算计，不易深交，北方人坦率、直爽、诚实，易于交往……这些相似的人格特点被概括地反映到人们的认知当中，并被固定化，就产生了社会刻板印象。刻板印象本身包含了一定的社会真实，或多或少地反映了这类人群的实际情况。所以，利用刻板印象可以简化我们的认识过程，使我们能够迅速地适应某种情况。但刻板印象也有非常不好的一面，由于它是固定化的，所以很难随着现实的变化而发生变化。刻板印象往往阻碍人们看到新的现实，接受新的观点，结果导致人们对某类群体的成见。

二、刻板印象的形成

刻板印象的形成主要通过两种途径：一是直接的个人经验，二是间接的社会学习。

（一）直接的个人经验

当人们第一次与一个群体进行接触时，其实只与其中的一两个成员交往，但他们与一两个成员的互动就构成了刻板印象形成的基础。这样的刻板印象很难避免出现偏差，即使人们与一个群体内多个成员互动，以便形成准确的、无偏差的印象，但互动结果仍会产生夸大了的、不准确的刻板印象。原因有二：

（1）由于新奇的、极端的、突显的刺激容易引起人们的注意，所以，一个群体中特殊的成员对刻板印象的形成有着重要的影响。罗沙特（M. Rothbart，1978）等人的研究证明了这一点。在他们的实验中，实验者让被试看一张关于50人行为的列表。第一组被试看到，在50人中，有10人犯了非暴力性的罪行；而第二组被试看同样的清单，但其中10人犯了暴力性的罪行。然后问被试他们看到清单上所列的50人中，有多少人犯了罪。结果第二组被试认为更多的人犯了罪。为什么会出现这种现象呢？这是因为在认知过程中，人们容易在较为与众不同的特征和不常接触的群体之间形成一种假想的关联（illusory correlation），特别是当它们同时被感知的时候。所谓假想的关联就是我们认为两个事物之间有某种关系，虽然这种关系事实上并不存在。

（2）无论我们是否经常接触一个群体，这个群体的行为对我们的认知都会产生很大的影响。就像在对个体进行认知的时候，人们常根据个体的外在行为相应地推断个体的内在特质一样，在刻板印象的形成过程中，人们也往往遵循对应推断的原则，即由群体行为来推断群体的典型特征。然而，人们往往忽视了一个事实，那就是群体的行为常常受到群体所承担的社会角色的限制，所以，群体行为也许是不得不然，而并不是内在品质和倾向的自然流露。例如，医生的职业特点规定了他们在上班时必须注意整洁、有耐心、有爱心，商人在商业谈判中必须锱铢必较，可是一旦他们处在脱离了特定社会角色的场合，比如在家庭生活中，他们中的一部分人也许会不修边幅或者慷慨大方。男女性别在社会角色上的差异，会导致相应的关于性别的刻板印象。女性都是以家庭为重的，男性都是以事业为中心的。正因如此，对群体的刻板印象极有可能是不准确的。

（二）间接的社会学习

刻板印象的获得不一定总是依据个人的亲身经验，也可以从父母、老师、同学、课本及大众媒介习得，而大众媒介则是最主要的社会学习途径。

在现代社会中，大众媒介建立了大量的刻板印象。我们从电视、电影、文学作品和其他媒介中，看到了一些我们无法实际见到的各种各样的人，当我们需要更多地了解社会时，会越来越依赖大众媒介的描述。大众媒介常常有强化社会刻板印象的作用，因为它们正是要利用刻板印象来取得大众对它们的认同。此外，它们有时还要超越现实生活，塑造典型形象，因此，大众媒介所宣传的某个群体中的人，绝大多数符合人们对群体的刻板印象。如果大众媒介所表现的这类人群的特征恰恰与现实不符，刻板印象就会使我们对社会的认知发生偏差。大众媒介的这种影响时常发生在有关种族和性别的刻板印象上。一项针对美国费城当地电视新闻的调查发现，相比实际的统计数字，黑人更多地以犯罪嫌疑人的形象出现，而白人则往往被描述成受害者。在一个有关媒体影响的实验中，实验者让女大学生分别观看两部电视片，一部按传统的角色来刻画男性和女性，在这样的场景中，女性被赋予了诱人和依从的特点；另一部正相反，男性展现了依从和诱人。结果，观看了第一部电视片的女大学生比观看了第二部的表现出更少的自信、独立性和事业抱负。如果说大众媒介能间接影响人们怎样作为男性或女性看待自己的话，那么，无疑它们也能影响人们对其他的男性或女性进行的认知，或者对其他群体的认知。

三、影响刻板印象唤起与使用的因素

已有的研究表明，在下列情况下，人们容易唤起及使用刻板印象。

（1）一个人的类别特征越明显，与此类别相联系的刻板印象越易浮现在脑海中。如一个女人的长相越甜美，穿着越女性化，人们越容易把她视为具有女性特征的人，如温柔、贤淑的女人。

（2）对待匿名的、可互换的群体成员，容易用刻板印象设定他们，从而忽略个人独特的特征。我们在日常生活中常有这样的经验，到某一饭店吃饭时，有一位穿制服的女招待来打招呼，记下点的菜，送上碗筷、茶水。等我们想再多加一个菜时，看着穿梭着的穿着制服的女招待，却不知哪一个是刚才那位。

（3）当时间紧迫，需快速对他人做出判断时，易使用刻板印象。

（4）当所获得的信息很复杂，不易分析加工时，也易使用刻板印象。

（5）当人们处于极端的情绪状态，如勃然大怒时。

（6）当人们意识到对个体的判断重要，人们也许会进一步收集有关个体的信息，而不是只用有关群体的刻板印象来认识个体。

四、改变刻板印象的方法

在讲述改变刻板印象的方法前，先分析了解一下人们使用哪些策略来抵制刻板印象的变化，然后再在此基础上讲述如何有效地改变刻板印象。

（一）人们在抵制刻板印象变化时所使用的策略

即使当人们获得了与一个群体的刻板印象完全不同的信息，人们仍然不改变原有的印象。那人们是怎样对待那些不一致信息的呢？

（1）把不一致的信息进行特殊解释。当人们获得与自己的期望不一致的信息时，就会去找原因。但人们通常把这种不一致的信息归于特殊的环境，认为这种信息不是行动者真实品质的反映。

（2）把不一致的信息区隔开来。当不一致的信息不能如此解释时，人们就会把一个社会群体进一步分成各个亚群体，如把黑人分成有知识、有教养的黑人与无教养的黑人，然后把不一致的信息归属于其中一个特殊的亚群体，从而保持原有的刻板印象不变。

（3）把不一致的信息归于群体中非典型的成员。人们常认为不一致的信息是从特殊的、非典型的群体成员那儿获得的，而原有的刻板印象是典型的群体成员所具有的，所以，更有代表性与概括性，当然也就不需要改变了。

（二）改变刻板印象的方法

很多学者认为，通过在特定的条件下与一群体中的成员相互交往，就能够减少对此群体的刻板印象与偏见。那么，怎样的交往才算有效呢？

（1）为了避免与刻板印象不一致的信息被归于特殊的环境与时间，要使不一致的信息不断重复，那么，这种稳定的信息就可以被解释为是个体内在品质的反映，而对个体所归属的群体的刻板印象就可能改变。为此，人们就需要对有刻板印象的群体成员进行长期的、深入的、一对一的交往。

（2）为了避免与刻板印象不一致的信息被归于群体中的亚群体成员，要与有刻板印象的群体成员广泛交往，这样，所获得的普遍的不一致信息就会改变人们原有的对此群体的看法。

（3）为了避免把与刻板印象不一致的信息归于群体中非典型的成员，要与群体中有代表性的、典型的成员交往。

（4）由于刻板印象常被自动唤醒，又无意识地作为人们判断、评价与行动的基础，所以要想改变刻板印象，人们必须有意识地去寻找不一致的信息，有意识地校正自己的判断。这才是改变刻板印象的根本与前提。否则，即使不一致的信息反复、广泛地出现，人们仍可以熟视无睹、充耳不闻。

思考题

1. 社会认知包括哪些内容？影响社会认知的因素有哪些？
2. 自我概念形成的途径有哪些？
3. 影响一个人自尊高低的因素有哪些？如何建构自尊？
4. 自信有哪些特征？如何做好自我的自信维护？
5. 什么是印象整饰？结合现实生活谈谈它的作用。

第四章　社会动机

人的社会行为的发生和表现，从其外在的形式来看，总是与一定的目标和方向相联系的；而从其内在的起因来看，则总是由一种或多种动力所推动和驱使的。如果说外在的目标和方向说明了社会行为的指向、所要获取或所要达到的目的，那么，内在的动力则解释了社会行为发生的原因。由此可见，了解人类的动机，是我们理解人类行为的重要途径之一。

第一节　社会动机概述

分析人们的行为时，必须揭示其行为的动机。只有这样，才能判断其行为的出发点，才能预见其行为重复出现的可能性，才能做出鼓励或禁止的信号，从而实现对其行为的控制。

一、社会动机的概念

动机（motive）是由目标或对象引导、激发和维持个体活动的一种内在心理过程或内部动力（Pintach & Schunk，1996）。也就是说，动机是一种内部心理过程，而不是心理活动的结果。对于这种内部过程，我们不能进行直接的观察，但是，可以通过任务选择、努力程度、对活动的坚持性和言语表达等外部行为间接地推断出来。通过任务选择，我们可以判断个体行为动机的方向、对象或目标；通过努力程度和坚持性，我们可以判断个体动机强度的大小。各种动机理论都认为，动机是构成人类大部分行为的基础。

虽然一些学者认为动机就是内驱力，但是，严格来说，动机和内驱力是不同的。动机是受社会个体生活经验和社会生活条件调节的，是带有社会内容的，是社会化了的内驱力。如作为生理现象，性内驱力是没有特定条件的，各种各样的异性都可以用来满足性内驱力，但是，性动机的发展方向和满足方式却会打上文化的烙印，只有特定的对象才可以满足人的性动机。

在人类的各种动机中，有些动机是以生理内驱力为基础的，如饥渴动机与性动机；也有一些动机与生理内驱力没有什么直接联系，如追求成功的动机、帮助他人的动机等。在心理学上，前者往往被称为原始性动机、生物性动机、生理性动机等，后者往往被称为衍生性动机、社会性动机、习得性动机、心理性动机等。这种个体在社会生活环境中通过学习和经验而获得的动机，就是社会动机。

二、动机的功能

从动机与行为的关系上分析，动机具有以下几种功能：

（一）激活功能

动机是个体能动性的一个主要方面，它具有发动行为的作用，能推动个体产生某种活动，使个体由静止状态转向活动状态。如为了消除饥饿而引起择食活动，为了获得优秀成绩而努力学习，为了取得他人赞扬而勤奋工作，为了摆脱孤独而结交朋友等。动机激活力量的大小，是由动机的性质和强度决定的。一般认为，中等强度的动机有利于任务的完成。

（二）指向功能

动机总是指向人类的一些基本的对象或目标。如在学习动机的支配下，人们可能去图书馆或教室；在休息动机的支配下，人们可能去电影院、公园或娱乐场所；在成就动机的驱使下，人们会主动选择具有挑战性的任务等。可见，动机不一样，个体活动的方向和追求的目标是不一样的。

（三）维持和调整功能

动机具有维持功能，它表现为行为的坚持性。当动机激发个体的某种活动后，这种活动能否坚持下去，同样要受动机的调节和支配。动机的维持作用是由个体的活动与他所预期的目标的一致程度来决定的。当活动指向个体所追求的目标时，这种活动就会在相应动机的维持下继续下去；相反，当活动背离了个体所追求的目标时，这种活动的积极性就会降低，或者完全停止下来。有时，人们在成功概率很小的时候也会坚持某种行为，这是人的长远信念在起决定作用。

三、社会动机的分类

人类的动机相当复杂，对它们进行分类是动机研究的一个基本问题。但是，关于动机的分类，至今还没有一个统一的看法。我们可以从不同的角度，根据不同的标准相对地对人的动机进行分类。

（一）生理动机和社会动机

按动机的起源来划分，分为生理动机和社会动机。生理动机起源于生理性需要，它是以有机体的生理需要为基础的。饥饿、干渴、性、睡眠、解除痛苦等动机都被认为是生理动机。社会动机起源于社会性需要，它与人的社会性需要相联系。亲和、爱情、归属、成就等动机都被认为是社会动机，其中成就动机、亲和动机、权力动机等被认为是几种主要的社会动机。

（二）无意识动机和有意识动机

根据动机内容的意识程度来划分，可将动机分为无意识动机和有意识动机。无意识动机是指行为者意识不到，但决定其活动倾向的动机，如定势、习惯等；有意识动机是指行为者能觉察到，并对其内容有明确把握的动机，如人们的兴趣、爱好等。

（三）近景性动机和远景性动机

根据影响范围和持续作用的时间来划分，将动机分为近景性动机和远景性动机。

近景性动机是与具体活动本身联系，影响范围小，持续作用时间短的动机，如考试前学生突击复习仅为考试得高分做出的应付性努力等。远景性动机是与活动的社会意义相联系，影响范围大，持续时间长的动机，如一个学生想成为一名优秀的医生而进行的努力。

（四）高尚动机和卑劣动机

按动机的性质和社会价值来划分，将动机分为高尚动机和卑劣动机。高尚动机是符合社会要求或道德准则的动机，它能持久地调动人的积极性，促使人们为社会发展作贡献。卑劣动机是违背社会要求和道德准则的动机，它不利于社会发展。

（五）主导动机和次要动机

按动机在活动中作用的大小来划分，将动机分为主导动机和次要动机。在人的活动中，特别是在复杂的活动中往往存在着多种动机，人的活动可能有几种动机来推动。主导动机通常是指在活动中处于支配地位，发挥主导作用的动机；次要动机则指在活动中处于从属地位，只起辅助作用的动机。

（六）内在动机和外在动机

按动机的来源来划分，将动机分为内在动机和外在动机。内在动机是由活动本身引发的，即活动本身就可给人带来强烈的满足感，如学生因对学习感兴趣而努力学习。外在动机是由活动以外的目标所激发，即活动的维持是来自活动以外的目标，如学生为获得表扬和奖励而努力学习。

在人类的行为中，内在动机和外在动机都会起作用，但是二者并不是一个简单相加的关系。激发行为的外在动机可能会降低行为的内在动机。当外在动机取代了内在动机时，人们可能对自己原来喜欢的活动失去兴趣。当人们认为自己的行为是由于很强的外在原因引起时，他们会低估内在原因对行为的影响程度，这种现象被称为“过度辩护效应”。

四、社会动机与行为效率

（一）动机与行为

动机除了具有激活和维持行为的功能以外，它与行为的关系是十分复杂的。同一种行为可能有不同的动机，即各种不同的动机通过同一种行为表现出来；不同的活动也可能有同一种或相似的动机。例如，在同一个班级中，学生的学习动机可能是各种各样的：有的学生希望成为优等生，在班上拔尖，得到老师和同学的称赞；有的学生为了报答父母的养育之恩，不愿辜负父母、亲友的期望；有的学生是在英雄模范人物的影响下，希望学好本领，将来为建设祖国服务；有的学生没有明确的动机，上学只是为了混日子；等等。这些不同的动机都表现在同一种学习行为中。学习动机不同，学习效果也会不一样。另外，同一种动机也可以产生不同的行为。例如，几个人都想放松，但有的去剧院，有的去散步，有的去划船等。

在同一个人身上，行为的动机也是多种多样的，例如，一个学生的主导学习动机是获得真才实学，长大后为人民服务，但是，同时他也有成为优等生、报答父母养育之恩的愿望，这些动机则处于从属的地位。主导动机和从属动机的结合，组成个体的动机体系，推动个体的行为。所以，个体的活动往往不是受单一动机的驱使，而是由他的动机体系所推动的。

在活动动机与效果的关系上，情况也非常复杂。这里“效果”是指行为的社会效果，一般来说，良好的动机应产生良好的行为效果；反之，不良的动机就会产生不良的行为效果，这就是动机与效果的统一。但是，在实际生活中，动机与效果不统一的情况也时有发生。如一个孩子想帮父母干点家务活，但不小心打碎了窗户上的玻璃或撞倒了桌上的花瓶，从动机讲无可非议，但由于其他因素的影响，却产生了不好的效果。

由此可见，动机与行为的关系是异常复杂的，因此，只有了解一个人的动机，才能比较准确地解释其行为，并对行为做出比较准确的控制与预测。

（二）动机与工作效率

工作效率与动机强度有密切的关系。人们倾向于认为动机强度越高，对行为的影响越大，工作效率也越高；反之，动机强度越低，工作效率则越低。但事实并非如此。心理学的研究表明，动机强度与工作效率之间的关系不是一种线性关系，而是倒 U 形曲线的关系。研究发现，中等强度的动机最有利于任务的完成，也就是说，动机强度处于中等水平时，工作效率最高；一旦动机强度超过了这个水平，对行为反而会产生一定的阻碍作用。在学校里，我们常常会看到这样一种现象，有一些同学急于提高学习成绩，却总是不能如愿，学习成绩总是处于一个令人不满意的水平上。造成这种状况的原因固然有很多，但一个很重要的原因恐怕就在于这些同学过于强烈的学习动机反而降低了他们的学习效率。因此，为了使活动卓有成效，应当避免动机强度过高或过低。

心理学家耶克斯和多德森（R. M. Yerkes & J. D. Dodson，1908）的研究发现，在各种活动中，都有一个最佳的动机水平问题。动机不足或过分强烈，都会使工作效率下降。如图 4－1 所示，动机的最佳水平随课题的性质不同而不同。在比较容易的课题中，工作效率随动机的提高而上升；随着课题难度的增加，动机的最佳水平有逐渐下降的趋势，也就是说，在难度较大的课题中，较低的动机水平有利于课题的完成。这就是著名的耶克斯—多德森定律（Yerkes-Dodson Law）。

根据这一法则，我们知道，工作活动也需保持一定的动机水平，只有这样，才能

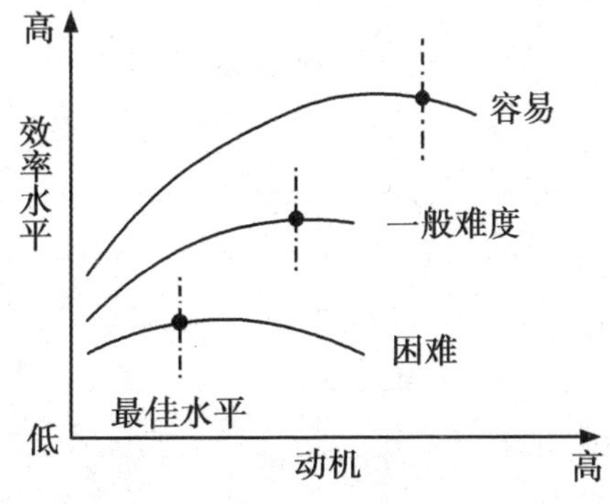

图 4－1　课题难易度、动机强度和工作效率的函数关系

取得最高的工作效率。所以，人们在注意激发自己的动机的同时，也应根据耶克斯—多德森法则的要求，适当调整自己的动机水平，使其达到与工作相适宜的最佳水平，以利于最大程度地提高自己的工作效率。

第二节　社会动机理论

在研究人类动机时，许多心理学家，也包括一些哲学家、生物学家，都提出了系统的理论，试图解释人类的动机体系。在这里，我们介绍几种在心理学发展史上产生过重要影响的动机理论。

一、麦独孤的本能论

"动机"最早是由本能的概念引入心理学的。19世纪末20世纪初，在达尔文进化论的影响下，许多心理学家相信人的大部分行为是由本能控制的。

本能论（instinct theory）在动机心理学中曾一度占统治地位。美国心理学家威廉·詹姆斯（W. James，1890）提出，人的行为依赖于本能的指引，人除了具有与动物一样的生物性本能外，还具有社会本能，如爱、社交、同情、诚实等。1908年，麦独孤（W. McDougall）在其《社会心理学导论》中提出了一套以遗传本能和相应的情绪以及后天形成的感情为基础的人类社会行为动机的本能理论。该理论认为人类的所有行为都是以本能为基础的，本能是人类一切思想和行为的基本源泉和动力；本能具有能量、行为和目标指向三个成分，是策动和维持人类行为的决定因素。而本能的核心是情绪体验，因此，各种本能都有相伴随的情绪，如表4－1所示。

表4－1　麦独孤提出的主要本能及其相应的情绪

本能	相伴随的情绪
避害本能	惧怕情感
好斗本能	愤怒情感
拒绝本能	厌恶情感
哺育本能	母爱情感
求偶本能	妒忌情感
求新本能	好奇情感
服从本能	自卑情感
支配本能	自负情感
合群本能	怕孤独情感
求食本能	食欲情感
收集本能	占有欲情感
构造本能	创造欲情感

在麦独孤提出本能论时，心理学才刚刚诞生不久，现在意义上的动机概念还没有出现，但是，麦独孤的著作却引发了人们探讨人类行为动机的兴趣。

二、弗洛伊德的性欲力学说

对人类动机的研究，精神分析学家弗洛伊德的观点也是一种本能论。他认为，动物仅有少数几种本能，人类具有和动物同样的本能。在早期，弗洛伊德认为，人有两种基本的本能：一是性的本能。他把性本能称为性欲力（libido，力比多），并用力比多来概括一系列行为和动机现象。认为这些性能量在人体内逐渐积累，必须通过某种途径发泄出来，从而构成了人类生活的原动力。二是死的本能，他称之为萨那托斯（thanatos，即希腊神话中的死神），像仇恨、侵犯和自杀等都是死的本能。相对而言，性本能更为重要。

在性问题上，弗洛伊德发现了人类生活的主要动机。弗洛伊德"将每一种神经症状、每一个梦，以及每一类外显行为，皆归因于性"。由于这两种本能在现实生活中都不能自由发展，常常受到压抑而进入无意识领域，并在无意识中并立共存，激发我们的行动。人的每一种动机都是无意识的生的本能和死的本能的混合物。他把心理比做冰山，露出在水面的小部分为意识领域，水下的大部分为无意识领域。这个无意识的大部分是冲动的、被压抑的愿望和情感。在现实生活中，人们有意识地压抑自己的本能冲动（特别是性冲动），但无意识的本能冲动决不能消除，也不能加以控制，常以梦、失言、笔误等以及许多神经症状而显现出来，也会以升华或其他文饰方式表现出来。因此，要了解人类行为背后潜藏的动机，如果只分析意识领域是不充分的，也是不恰当的。于是，弗洛伊德采用自由联想、释梦等方法来解释无意识的动机过程。

三、驱力理论

20世纪20年代，伍德沃斯（S. Woodworth）提出了行为因果机制的驱力（drive）概念，以代替本能概念。所谓驱力，是指个体由生理需要（如食物的需要、性的需要、逃避痛苦的需要等）所引起的一种紧张状态，它能激发或驱动个体行为以满足需要，消除紧张，从而恢复机体的平衡状态。

后来，美国心理学家赫尔提出了驱力减少理论（drive reduction theory）。他假定个体要生存就有需要，机体的需要产生内驱力。赫尔认为，内驱力是一种中间变量，其力量大小可以根据剥夺时间的长短或引起行为的强度或能量消耗，从经验上加以确定。但他认为，剥夺的持续时间是一个相当不完善的指标，因而强调用行为的力量来衡量。在赫尔的理论中，内驱力主要有两种：原始性内驱力和继发性内驱力。原始性内驱力同生物性需要状态相伴随，并与有机体的生存有密切的联系，这些内驱力产生于机体组织的需要状态，如饥、渴、空气、体量调节、大小便、睡眠、活动、性交、回避痛苦等。继发性内驱力是指情境（或环境中的其他刺激）而言，这种情境伴随着原始性内驱力的降低，结果就成了一种内驱力。也就是说，以前的中性刺激，由于能够引起类似于由原始性内驱力所引起的反应，而具有内驱力的性质。

赫尔认为，要形成学习行为，必须降低需要或由需要而产生的内驱力，因此，内驱力（D）、习惯强度（H）共同决定了个体的有效行为潜能（P）。这样，赫尔的理论体系可用下列公式来表示：P = D × H。

赫尔的动机理论主要有两点：①有机体的活动在于降低或消除内驱力；②内驱力降低的同时，活动受到强化，因而是促使提高学习效率的基本条件。赫尔的动机理论也称为内驱力减少理论。但是，驱力减少理论不能解释另一些行为，如什么力量激发了过量的强制性的进食行为？为什么一个人可以通宵达旦地工作？为什么政治家在监狱里可以绝食数日？因为在这些行为中，人的驱力不是减少而是增加了。

四、唤醒理论

人类的活动常常不是为了减少驱力，而是要增加驱力，如努力探究新的环境，参加惊险的竞技比赛等。针对人类的这种行为，赫布（Hebb，1949）和柏林（Berlyne，1960）等人提出了唤醒理论（arousal theory）。这一理论认为，人们总是被唤醒，并维持着生理激活的一种最佳水平。对唤醒水平的偏好是决定个体行为的一个因素。一般来讲，个体偏好中等强度的刺激水平，因为它能引起最佳的唤醒水平（optimal arousal level），而对于过低或过高的刺激，个体是不喜欢的。

研究表明，当人们进入感觉剥夺状态，如蒙上眼睛、塞上耳朵、不能移动，或者进入相当单调的情境时，他们会变得烦躁和渴望刺激。研究还表明，在强烈光线或噪声的作用下，人们会尽量使自己降低到一种低的唤醒水平上（Bexton，Heron & Scott，1954）。在日常生活中，人们在安静的办公室里工作一天后，回到家里总喜欢放点爵士乐兴奋一下；而负责管理三百多个孩子的老师在兴奋了一天之后，回到家里常常愿意安静一点。

唤醒理论提出了三个原理：第一个原理是人们偏好最佳的唤醒水平。研究发现，每一个个体都有自己的最佳唤醒水平，高于这个水平时就需要减少刺激，低于这个水平时就需要增加刺激。刺激水平和偏好之间的关系是一条倒 U 形曲线（图 4 – 2）。

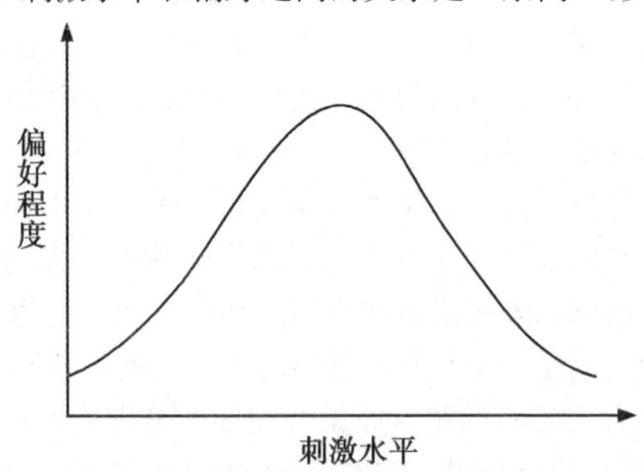

图 4 – 2　刺激水平与偏好的关系

第二个原理是简化原理，即重复进行刺激能使唤醒水平降低。例如，一首新的流行歌曲，大家很爱听，人人都唱它，它的唤醒水平是最佳的。以后，经过多次重复，人们就会厌烦它，由它引起的激活水平就降低了。过了几年，人们又唱了起来，变得很好听，这首歌曲的唤醒水平又恢复到了最佳状态。

第三个原理是个人经验对于偏好的影响。研究表明，富有经验的个体偏好于复杂的刺激。如有经验的音乐爱好者喜欢欣赏复杂的音乐。经验也能够帮助个体更好地组织刺激。例如，初学国际象棋的人，在考虑一个战术时需要32步，而有经验的人则将32步组成1步。

五、诱因理论

驱力理论强调个体的活动来自内在的动力，它忽视了外在环境在引发行为上的作用。针对这种缺陷，人们提出了诱因概念。诱因（inducement）指能满足个体需要的刺激物，它具有激发或诱使个体朝向目标的作用。例如，诱人的美食激发人的食欲，漂亮的时装引起人的购买欲，挑战性的任务激发人的成就欲。诱因可以是物质的，如食物、时装等；也可以是复杂的事件和情境，如获得名誉、地位等。凡是人们希望得到的、有吸引力的刺激都可能成为诱因。诱因有积极和消极之分，有吸引力的刺激物称为积极诱因；个体回避的刺激物（如痛苦、贫困、失败等）称为消极诱因。

赫尔接受了诱因这一变量，把它作为行为的决定因素之一。他修改了自己的公式，在其中又增加了动机（K）：

$P = D \times H \times K$

诱因是个体行为的一种能源，它促使个体去追求目标。诱因与驱力是分不开的，诱因是由外在目标所激发的，只有当它变成个体内在的需要时，才能推动个体的行为，并具有持久的推动力。

六、马斯洛的需要层次理论

马斯洛（Abraham. H. Maslow）对于人类行为动机的研究最有影响。他认为，人类的动机可以分为五个层次，它们构成一个有相对优势关系的等级体系（图4－3）；一种需要满足之后，另一种更高的需要就立刻产生，成为引导人的行为的动力。因此，人很难得到完全的满足，总是处在不断的追求之中。

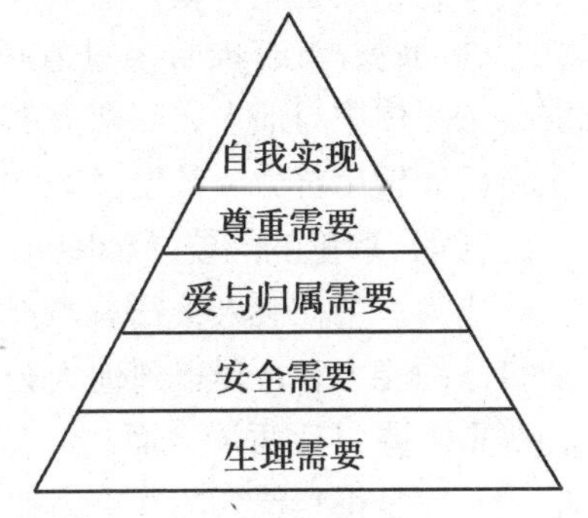

图4－3 马斯洛的需要层次模式

（一）生理需要（physiological need）

这是人类最原始、最基本的需要，如人对食物、水、空气、睡眠和性的需要。这些是由生理决定的需要，这些需要是维持人生命的起码要求。生理需要是人类生活的基础，是“人的需要中最基本、最强烈、最明显的一种”。当一个人的所有需要都没有得到满足时，生理需要最有可能成为主要动机。一个温饱问题没有解决的人，很难谈什么自我实现。但是，当基本的生理需要得到了长期的满足时，就不再成为决定行为的活跃因素，其他更高层的需要就会凸现出来。

在工作中，生理需要通常被转化为对更多的金钱的需求和期待，有了钱，人们就可以在工作以外的时间更好地满足生理需要。不过，应该注意的是，获取更多报酬的雄心，也可能反映了亲和需要，以及得到更多尊重或更大权力的需要。正是后者使得人们可以在生理需要满足之后，仍然保持对金钱的欲求。

（二）安全需要（safety need）

个体的生理需要相对地得到满足之后，就会产生安全需要。它表现为人们要求稳定、安全、受到保护、有秩序、能免除恐惧和焦虑等，包括生理上的安全和心理上的安全。例如，人们希望得到一份较为安定的职业，愿意参加各种保险，免受外物的伤害（如建筑工人要戴安全帽），免受病毒的侵袭，免于恐惧和焦虑等，这些都表现了人们的安全需要。对许多健康、正常的成人来说，生理上的安全通常不是一个问题，人们一般不必担心在生活中或工作中的身体伤害。但是，在社会变迁年代，不少人心理上的安全需要没有得到很好的满足，心理上的安全需要是指工作有保障、收入稳定、情感安适等。

心理安全需要的程度与人的个性有关。一个有些神经症的人对秩序和稳定有着迫切的需要，会力求避免变化或新奇的事物。一个成熟、健康、思想开放的人，同样也需要基本的秩序和稳定，但他可能不喜欢四平八稳、毫无变化的生活，而乐于接受适当的挑战。

（三）归属和爱的需要（belongingness and love need）

如果上述两种需要都得到了满足，个体就会产生感情、友谊和归属的需要，这是指与其他人建立、维持、发展良好关系的需要。这种关系可能是很强的联系，如爱护、温暖、信任、友谊和爱，也可以是较弱的联系，如友善的、礼貌的、和睦的关系。马斯洛指出："爱的需要涉及给予爱和接受爱……我们必须懂得爱，我们必须能教会爱、创造爱、预测爱。否则，整个世界就会陷于敌意和猜忌之中。"马斯洛特别强调，人是社会的动物，没有人希望过着孤独的生活，总希望有些知心朋友，有个温暖的集体，渴望在团体中与他人之间建立深厚的感情，保持友谊和忠诚。每个人都愿意为达到这个目标而做出努力，甚至"为知己者死"。

（四）尊重的需要（esteem need）

作为一个社会人，都有自尊、自信、自重的需要，希望他人尊重自己的人格，希望自己的能力和才华得到他人公正的承认和赞赏，要求在团体中确立自己的地位。这种尊重需要包括两个方面：一是自尊，指对获得信心、能力、成就、独立和自由等的愿望；二是得到他人的尊重，如获得威望、承认、接纳、关心、地位、名誉、赏识等。在一定程度上，得到他人的尊重与权力动机有关，权力需要高的人，会为自己处于一个有影响、有控制力的地位而得到满足。有学者认为，许多组织中的中高层管理人员的行为大都是被权力、尊重需要所驱动的。这些需要的满足可以增长人们的自信，觉得自己生活在这个世界上有价值、有用处，可对周围环境产生影响力。这些需要一旦受挫，就会使人产生自卑、软弱、无能等情感，从而失去信心。当这些需要得到满足时，就会产生强大的动力，表现出持久的干劲。但这种需要很少能够得到充分的满足。

（五）自我实现的需要（self actualization need）

人类具有成长、发展、实现人的全部潜力的需要，即人们追求实现自己的能力或潜能，并使之完善化，这是最高层次的一种需要。马斯洛把"自我实现"加以限定："说到自我实现的需要，就是指促使他的潜在能力得以实现的趋势，这种趋势可以说成是希望自己越来越接近自己所期望成为的人物，完成与自己能力相称的一切事情"。如音乐家必须演奏音乐，画家必须绘画，这样他们才能感到最大的快乐。但是，为满足自我实现需要所采取的途径是因人而异的。自我实现需要的产生有赖于前四种需要的满足。

马斯洛认为，这五种需要都是人最基本的需要。这些需要是天生的、与生俱来的，它们构成了不同的等级或水平，并成为激励和指引个体行为的力量。其中生理需要和安全需要属于低级需要，尊重需要与自我实现的需要属于高级需要，归属和爱的需要为中间层次的需要。上述五种基本需要是逐级上升的，当较低级的需要满足以后，追求高一级的需要就成了驱动行为的动力。

马斯洛认为，需要的层次越低，它的力量越强，潜力越大。随着需要层次的上升，需要的力量相应减弱。在高级需要出现之前，低级需要必须先满足。只有在低级需要得到满足或部分满足以后，高级需要才有可能出现。例如，当一个人饥肠辘辘或担心自己的安全而感到恐惧时，他是不会追求归属或爱的需要的。因此，在从动物到人的进化过程中，高级需要出现得较晚。所有生物都需要食物与水，但是只有人类才有自我实现的需要。在个体发展的过程中，高级需要也出现得较晚。例如，婴儿有生理需要和安全需要，但自我实现需要则要在成人以后才出现。低级需要直接关系到个体的生存，因而也叫缺失需要（deficit or deficiency need）。当这种需要得不到满足时，将直接危及个体的生命；高级需要不是维持个体生存所绝对必需的，因此，这种需要的满足可以稍作延迟。但是，高级需要也不是与人的健康毫无关系，满足这种需要能使人健康、长寿、精力旺盛。在这个意义上，高级需要也叫生长需要（growth need）。高级需要比低级需要复杂，因此，满足高级需要必须具备较好的外部条件，如社会条件、经济条件和政治条件等。

马斯洛认为，在同一时间、地点、条件下，人存在多种需要，但其中占优势地位的需要决定着人们的行为。当一种需要满足以后，一般来说，它就不再是行为的积极推动力，于是，其他需要开始发生作用。但不能认为，某一层次的需要必须完全得到满足之后，下一层次的需要才会占据优势。实际上，优势需要满足后出现的新需要，并不以突然的、跳跃的形式出现，而是以缓慢的速度从无到有、由弱到强逐步发生。大多数人似乎在每一层次需要上都只获得部分的满足和部分的不满足，人们的行为也往往由几种基本需要或一切基本需要共同决定。因此，马斯洛的需要层次理论只是一种典型模式，是一种预测行为发生概率的有用工具。

这种需要分类只说明了一种基本的趋势，即需要具有不同的层次，这种层次的优势又是不断变动的。当优势需要得到满足后，它的动力作用随之减弱，高一级的需要才处于优势地位。这五种需要的关系如图4－4所示。

从图4－4心理发展横轴上任取一点来分析、了解个体动机结构的内容。例如在A点上，人的生理需要最为迫切，其次为安全需要，其他三种层次的需要尚未提到日程上，这相当于在社会水平低下的国家，生活需要和安全需要对个体行为具有明显的推动作用。在B点上，社交的需要对他们的影响最大，其次是安全需要，生理需要已获得相当的满足，而尊重需要与自我实现的需要已经开始发展，但对行为的推动作用很小。在C点上，人的行为主要由尊重的需要所决定，自我实现的需要已有相当大的作

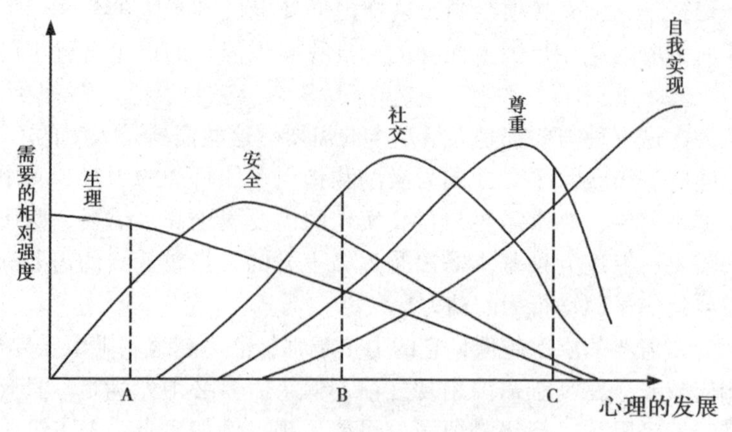

图 4－4　马斯洛的需要层次发展模式

用，而生理需要与安全的需要已退居下位。

马斯洛的需要层次理论被广泛地应用于政治、经济、军事、教育、工业等领域。但是，他的理论也有其局限性，它过分强调低级需要满足后，高级需要和动机才会产生，否定了人的主观能动性，以及理想、信念、世界观等个体倾向性的重要调节作用；它过分强调人的价值是先天潜能，对社会文化和生活条件重视不够；另外，高层次的需要是与生俱来的，还是社会交往的产物，是否具有普遍性，是否具有个别差异，以及在研究方法的严谨性和科学性方面，马斯洛的理论均受到许多研究者的质疑。

七、奥德费的 ERG 理论

奥德费（C. P. Alderfer）以实际调研为基础，于 1969 年提出 ERG 理论，试图对马斯洛需要层次论进行改进和发展。

他把人的需求分为三类，即存在需求（Existence）、关系需求（Relatedness）和成长需求（Growth）。存在需求是指关系到机体的存在或生存，包括衣、食、住以及工作组织为使其得到这些因素而提供的手段，这实际上相当于马斯洛需求层次理论中的生理需求和安全需求。关系需求是指发展人际关系的需求。这种需求通过工作中的或工作以外与其他人的接触和交往得到满足，它相当于马斯洛需求层次理论中的感情上的需求和一部分尊重需求。成长需求是指个人自我发展和自我完善的需求。这种需求通过发展个人的潜力和才能，才能得到满足。这相当于马斯洛需求层次理论中的自我实现的需求和尊重的需求。

如果认为马斯洛的需求层次理论是带有普遍意义的一般规律，那么，ERG 理论则偏重于带有特殊性的个体差异，这表现在 ERG 理论对不同需求之间联系的限制较少，对于三种需求之间的关系提供了一个更加动态的观点。ERG 理论认为，各种需求可以同时具有激励作用，三种需求之间没有明显的界限，它们是一个连续体而不是层次等级关系。它并不强调需求层次的顺序，认为某种需求在一定时间内对行为起作用，而当这种需求得到满足后，可能去追求更高层次的需求，也可能没有这种上升趋势。而且，当某种需求在得到基本满足后，其强烈程度不仅不会减弱，还可能会增强。另外，当一个人的较高层次需求不能得到满足的时候，作为替代，对满足较低层次需求的欲望就会加强，这就是奥德费提出的“挫折—退化”理论。

八、认知理论

现代认知理论认为，人类的动机、行为是由一系列的预期、判断、选择并朝向目标的认知为基础的。近年来，动机的认知理论成为深受人们重视的一种动机理论。

（一）期待价值理论

主张动机认知理论的早期代表人物是托尔曼（E. C. Tolman），他在动物实验的基础上提出了期待价值理论。该理论认为，行为的产生不是由于强化，而是由于个体对一个目标的期待，并将期待定义为刺激与刺激的联系（S_1—S_2）或反应与刺激的联系（S_1—R—S_2）。如看见闪电（S_1），就期待雷声（S_2），这是由刺激引起的期待；平时努力学习（S_1—R），期待在考试中取得好成绩（S_2），这是由反应引起的期待。期待（expectancy）是重要的，它帮助个体获得目标。

（二）自我决定理论

自我决定理论（self-determination theory）是由美国心理学家德西（Deci，1975）提出的。这种理论强调自我在动机过程中的能动作用，认为自我决定是一种涉及经验选择的人类机能品质，它组成内在的动机。自我决定是人的一种选择能力。人们行为的决定因素是自我决定，而不是强化序列、驱力或其他任何力量。在德西看来，“自我决定不仅是个体的一种能力，它还是个体的一种需要。人们拥有一种基本的内在的自我决定的倾向性，这种倾向性引导人们从事感兴趣的，有益于能力发展的行为，以便形成与社会环境的灵活适应”。

（三）自我功效理论

班杜拉（1977）的自我功效理论是另一种动机的认知理论。他认为，人对行为的决策是主动的，人的认知变量如期待、注意和评价等在行为决策中起着重要的作用。其中，期待是决定行为的先行因素，强化的效果存在于期待奖赏或惩罚之中，是一种期待强化。

班杜拉把期待分为结果期待和效果期待两种。结果期待是指个体对自己行为结果的估计（或强化），如相信上课认真听讲，下课认真做作业就会取得好成绩。效果期待是指个体对自己是否有能力来完成某一行为的推测和判断，这种推测和判断就是个体的自我效能感（self-efficacy）。个体确信自己有能力进行和完成某一项活动，属于高自我效能感，否则就是低自我效能感。班杜拉认为自我效能感的高低，直接决定个体进行某种活动时的动机水平。班杜拉强调自我效能感是成就活动的一个重要维度。

第三节 主要社会动机

在社会生活中，对人们的行为影响比较大的社会动机主要有成就动机、亲和动机、权力动机、利他动机、侵犯动机等。本节只介绍成就动机、亲和动机和权力动机。在

第九章中将介绍人类的利他行为和侵犯行为。

一、成就动机

成就动机是一种很重要的社会动机，它对个体的工作、学习有很大的推动作用。自从美国哈佛大学心理学家 D. C. 麦克兰德（McCelland，1955）用投射测验的方法测定人们的成就动机，发现成就动机存在个别差异以来，关于成就动机的性质与发展的研究很快就开展起来了。

（一）成就动机的概念

成就动机（achievement motivation）是个体希望从事对他有重要意义的、有一定困难的、具有挑战性的活动，在活动中能取得优异的成绩，并能超过他人的动机。如一个学生希望自己在考试中获得好成绩，能名列前茅；一位作家希望创作出反映时代重大主题的作品，受到社会的好评。

成就动机对个体的活动有重要的作用。许多研究发现，在两个人的智商大体相同的情况下，成就动机高的人比成就动机低的人成功的可能性要高一些。在学校里，成就动机高的学生可能成绩较好，名次较高；在事业上，成就动机高的职工有可能取得较好的成绩。同时，成就动机的高低还影响到人们对职业的选择。麦克兰德发现，成就动机低的人，愿意选择风险较小、独立决策较少的职业；而成就动机高的人爱毛遂自荐，喜欢担任富于开创性的工作，并在工作中敢于自己做出决策。

（二）影响成就动机的因素

人们的成就动机是在生活环境的影响下形成的，影响成就动机的因素有很多。在宏观层面上，有社会文化因素；在微观层面上，有个人的成长经历、教育程度、个性特征等。麦克兰德探讨了基督教新教伦理对西方人成就动机的影响。他认为，新教伦理所代表的价值观，使得父母在教育子女时，非常注重训练他们的独立能力和克服困难的能力。这种教养方式使子女形成了很高的成就动机。由于大部分社会成员都努力工作，追求成就，乐于创业，社会的经济发展就获得了强劲的动力。麦克兰德还分析了中国人成就动机的特点。他认为，中国传统社会是以农业为主的社会，是一种静态的、权威式的社会。在这种社会里面，对儿童的教养方式强调顺从训练、依赖训练和合作训练，因此，与注重自立、追求财富和成功的美国人相比，中国儿童的成就动机普遍较低。但是，麦克兰德也指出，在现代化的过程中，中国人的成就动机有了普遍的提高。

对麦克兰德等人的观点，有不少学者提出批评。麦克兰德认为，父母亲的独立训练是使子女具有高度成就动机的必要条件之一，对此，一些学者提出了相反的证据。另外，更有一些学者指出，麦克兰德的理论模式，并非是有关成就动机的唯一的普遍的模式。成就动机的本质与内涵具有浓厚的文化色彩。华人心理学家杨国枢认为，在其他社会文化中，其成员的成就动机可能与强调新教伦理的西方白人社会中的成就动机有着不同的面貌。他进一步指出，在西方社会，家庭教养强调独立性训练，因此，西方人具有较强的“自我取向成就动机”；在东方社会中，家庭教养强调依赖性训练，因此，东方人具有较强的“他人取向成就动机”。

（三）中国人的成就动机模式

根据中国社会文化的特点，余安邦与杨国枢建立了一个本土化的成就动机概念模式，并进行了实证研究的检验。他们把成就动机区分为社会取向成就动机和个我取向成就动机，认为这两种成就动机在“成就目标”“成就行为”“结果评价”“最终结果”“整体特征”五个方面都有其独特的内涵。

1. 社会取向成就动机的特点

社会取向成就动机是指一种个人想要超越某种外在决定的目标或优秀标准的动态心理倾向，而该目标或优秀标准的选择主要取决于社会（例如父母、师长、家庭、团体或其他重要的人）。

（1）强调个人的成就目标和评价标准主要由他人或所属的团体来决定。例如，个人追求的可能是“不辜负组织的嘱托和人民的期望”“光宗耀祖”“为父母争气”等。

（2）选择什么样的行为来达到成就目标，也是由重要他人或团体来决定的。在20世纪六七十年代，中国大陆流行的口号是“听毛主席的话，跟共产党走”，就反映了这一点。在一些传统的家庭里，子女努力考大学是为了达成父母的心愿，如果能够上大学，到底读什么专业，也往往听从父母的安排。在这种情况下，个人在追求成就的过程中，会比较依赖他人或团体的协助，也可能比较需要他人的关注和督促。

（3）成就行为的效果如何，往往由他人或团体来评价，评价标准也是由他人或团体来制定的。

（4）从总体上来说，个人对成就的价值观念的内化程度比较弱，相应地，成就的社会工具性比较强，即追求成就是一种手段，是为了让他人或团体高兴。

2. 个我取向成就动机的特点

个我取向成就动机则是指一种个人想要超越某种内在决定的目标或优秀标准的动态心理倾向，而该目标或优秀标准的选择主要决定于个人。

（1）成就目标和评价标准主要由个人来决定。例如，个人追求的是“实现自己的梦想”“发挥自己的潜能”等。

（2）选择什么样的行为来达到成就目标，也是由个人做主。在这种情况下，个人在追求成就的过程中，就不怎么需要他人的关注和督促，个人行为的变通性比较高。

（3）成就行为的效果如何，往往由个人评价，评价标准也是由个人制定的。

（4）从总体上说，个人对成就的价值观念的内化程度比较高，相应地，成就的功能自主性比较强，即追求成就本身是一种目的。

需要注意的是，这两种取向的成就动机各有短长。在社会生活中，如果一个人的成就动机过于偏向某个极端，可能会有一些不良的后果。例如，研究发现，个我取向成就动机过高的人在许多组织中往往表现得并不很出色。由于强调个人取向，这些人用自己个人的业绩标准来衡量成就，也因为个人目标的实现而得到满足。因此，他们更愿意独立工作，因为这样做可以使得任务的完成完全取决于他们自己的努力。这一特点可能会降低这些人在团队中的工作表现。在组织中，非常需要能够妥协、能够顺应、能够将自己的成就需求与组织目标结合起来的人，而这样的人正是社会取向成就动机比较高的人。另外，在不同的工作情境中，两种成就动机的作用可能不同。在工作目标和效果需要个别设定的环境中，个我取向成就动机高的人会表现得非常出色，如在一些学术研究中。但是，在诸如社会工作这种很难看出个人的具体工作结果、工作成效非常依赖于他人的情境中，个我取向成就动机高的人就可能表现平平，而社会取向成就动机高的人则可能表现出色。

（四）成就动机的培训

个体成就动机的发展是可以通过多种途径加以培养的，许多心理学家为此进行了大量研究，其中以麦克兰德的研究最为令人瞩目，麦克兰德研究的目的是为了提高企业管理者的成就动机。

1. 麦克兰德关于培训成就动机的理论

麦克兰德认为，人们的成就动机是可以通过训练而提高的，但首先应训练他们良好的个性品质，如自信心、独立性、自我实现需要等。另外，对成年人来说，成就动机的训练还取决于本人自愿的程度，强迫训练是无效的。他认为，个人有权决定自己的形象与前途、自己选择自己的道路，如果不注意这一点，仅仅是给人们增加进修的机会，不能刺激其成就动机的发展。因此，他主张要首先改变受训者对自己的态度，向自己提出要求，确立自信、自立等个性特征，初步具备成就动机，然后提供给他们更多进取的机会，进一步发展其动机。

2. 麦克兰德培训成就动机的具体计划

培训计划完全是在上述理论指导下确定的，具体要求如下：

（1）使受训者确信，经过训练，自己的个性是可以得到改变的。

（2）使受训者看到，实际生活中，人们的个性确实是发生了改变。

（3）使受训者知道，成就动机的内涵以及它对行为的推动作用。

（4）使受训者知道，与成就动机有关的其他概念的含义（如自我实现等）。

（5）使受训者懂得，交往行为和生活的关系。

（6）使受训者了解，新动机的产生是其自我形象的改进。

（7）使受训者懂得，动机是促进社会文化发展的一种力量。

（8）要求受训者用新的动机来实现生活上的目标。

（9）要求受训者记录自己实现目标的进度。

3. 麦克兰德培训成就动机的实例

麦克兰德在印度实践了自己的训练计划。参加受训的人都是中小型企业的领导者，共52人，分为几个小组，每组12～15人，进行小组讨论与小组活动，训练时间共10天。训练完全按照上述计划进行，以达到上述九项训练的具体要求。

麦克兰德在训练过程中注意到了三个问题：一是注意在训练过程中始终保持宽松、和谐的心理气氛，对每一个受训者的言语与行动都充分支持与尊重，使他们具有自信心，确信自己的成就动机是能够提高的，是能够控制自己的行为的；二是在训练过程中特别强调自我提高、自我改进的重要性，使他们具有自觉性；三是强调他们的新动机与新的行为方式是通过小组活动共同讨论之后获得的，是团体成员的共同特征。训练的最后，要求每个受训者订立一个两年计划，提出在两年中要实现的目标；告诉受训者，在未来的两年中，每隔半年将受一次检查，提醒他们要实现自己的计划，要他们估计一下目前的工作成绩与预定目标之间的差距，若差距很大，就提醒他们予以重视。

麦克兰德在训练计划实施后的6～10个月内，发现有2/3的受训者在市场上表现得特别活跃，例如，他们开创了新的事业，扩展了原有的业务范围，获得了更多的利润，积极筹备开拓新的市场等。总之，通过训练，他们商业活动的范围扩大了两倍。

二、亲和动机

（一）亲和动机的概念

亲和动机（affiliation motivation）又称为结群动机，是指个人要与他人在一起，或者要加入某个团体的需要。亲和动机是人类所具有的一种十分重要的社会动机，对人的社会生活具有重要的意义。如果这种动机得不到实现，亲和的需要不能满足，则人的心理和生理的健康都将受到较大的影响，甚至是严重的损害。因为人是社会性的动物，每个人都会寻求得到他所关心和重视的个人和群体的支持、喜爱和接纳。达尔文曾经指出："谁都会承认人是一种社会性的生物。不说别的，单说他不喜欢过孤独的生活，而喜欢生活在比自己家庭更大的群体之中，就使我们看到了这一点。单个人的禁闭是施加于一个人的最为严厉的刑罚的一种。"80多年后，达尔文的说法得到了实验的验证。D. O. 赫布等人的实验表明，只要通过耳朵塞棉花、眼睛遮护目镜等方式剥夺被试的感觉，让他们孤独地坐在那里，几小时以后就可能变得神经质甚至出现幻觉。在克列奇以幼鼠做的另一项研究中，第一组接受各种复杂的刺激，第二组关在笼中接受相对较少的刺激，第三组则完全与外界刺激隔绝。结果，在以后对这些幼鼠所做的脑解剖研究发现，第一组幼鼠的大脑皮质最为丰富，第二组次之，而第三组则十分萎缩。除了这些以人或动物为研究对象所做的实验外，另一些由于某种原因而长期远离人世、生活在深山老林中的所谓"野人"的事例也表明了脱离人类社会，不与人相处所造成的不良后果，如言语丧失、记忆消退等。

（二）亲和动机的心理基础

对于亲和动机的心理基础，学术界存在不同的看法。有些学者认为，亲和或结群是人的一种本能。按照这种观点，结群是生物自然选择的结果。在远古时期，独立的人类个体势单力薄，不足以对抗巨大凶狠的野兽，结群使人类祖先可以互相警戒、互相支援，增加了生存的能力。也有学者认为，结群是后天学习的结果，是在社会化过程中通过模仿、强化而形成的。例如，在大多数社会文化中，亲和与结群行为会得到奖赏，而"不合群"的人往往受到排斥。在现代心理学中，后者是主流的观点。

到目前为止，关于人类亲和行为的研究，仍然以美国社会心理学家斯坦利·沙赫特（S. Schachter）在1959年出版的《亲和心理学》中提出的"焦虑—亲和（anxiety-affiliation）假说"为代表。认为由焦虑导致的恐惧是促使人们结群的原因，经历过不安的人亲和倾向更强。按照这种观点，亲和动机不是一般地希望和他人在一起、建立友好的关系，而是处于不安的恐惧状态时，希望同处境或地位或能力基本相当的人接近，以取得协作和友好的联系。沙赫特为此设计了一项实验，被试是美国明尼苏达大学的一些女大学生。实验者告诉她们，实验的目的是研究电击对人类行为的影响。

被试被分成两组，先通过不同的指示语，使两组被试产生不同程度的恐惧感。实验者告诉第一组被试，电击决不会造成后遗症，但会使人疼痛难忍，从而引起这一组被试的高恐惧状态；对第二组被试，实验者说电击一点儿也不疼，最多有一点儿痒痒的感觉，从而引起她们的低恐惧状态。然后实验者托辞要准备实验仪器，让被试等10分钟，等待时可以单独等待，也可以和其他人一起等待。实验结果显示，在实验组的32名高度恐惧的被试中，有20人要求和他人一起等待；但在30名低度恐惧的被试中，只有10人要求和他人一起等待。实验结果证实了沙赫特最初的假设，人类“亲和的倾向，随着焦虑的增加而增加”。

因此，有学者认为，亲和动机事实上是指人们由于不安而接近、靠拢周围的人或群体的要求或愿望。这里的接近和靠拢，包括空间距离上的靠近，也包括心理距离上的缩小。人们之所以倾向于和处境、地位、能力相当的人接近，原因之一在于相似性可以使人们容易产生共鸣和理解，所谓的“同病相怜”就是如此。需要注意的是，焦虑和恐惧并非人们产生结群动机的唯一原因，促使人们希望和他人相联系的还有很多因素。例如，享受交流的乐趣，找到自我评价的比较基准等。另外，结群也可能产生一些负面效果，如社会懈怠、屈从、团体思维（group thinking）等。

从理论意义上看，亲和动机研究进一步揭示出动机和认知、感情之间的关系。从亲和动机产生的心理背景看，亲和动机的产生，不仅受情感状态的影响，而且与认知水平有关。因此，一个人即使生活环境比较平静，也会因为认知水平较低而容易出现亲和倾向，比如，生活条件比较优越些，备受宠爱甚至溺爱的孩子会因为自我认知能力比较低，因而依赖感强，亲和动机相对要高。

亲和动机研究还揭示出各种动机之间的关系。亲和动机之所以成为一种重要动机，是因为它在实际上是对人际关系的一种欲求，希望缩小人际距离，相互依托、相互支持。而这种人际关系是建立在相互理解的基础上，只有关系密切，能够设身处地为对方着想，才容易理解，这又是亲和动机欲求与人际欲求的相互影响。

从实际意义看，明白了不安和恐惧容易使人产生亲和要求这个道理，有助于增强我们助人为乐的意识，就会比较自觉地接近和关心有困难、生活窘迫的人，尽量解除他们的忧虑和不安。

（三）中国人的亲和动机

与西方人相比，中国人具有较强的亲和动机。许多关于中西文化的比较研究发现，以美国为代表的西方文化强调“个人主义”，推崇个体个性的彰显；而以中国文化主张“集体主义”，推崇个人与他人、社会的和谐。中国传统文化中有一个一以贯之的东西，即中国传统文化比较重视人与自然、人与人之间的和谐与统一。程思远把中国传统文化重视和谐与统一的特点界定为“中华和合文化”。在人与自然的关系上，中国古代的思想家提出了“天人协调”的观点；在人与人的关系上，主张“贵和尚中”。孔子主张“礼之用，和为贵”，孟子提出“天时不如地利，地利不如人和”。

中国传统文化的和谐观对于个体亲和动机的强弱产生了重要影响。这使得中国人在社会生活中做事比较注重维护集体利益，做人会求同存异，希望在工作、生活中和他人、社会呈现和谐相处的良好局面。这不仅增添了生活中的人情味，而且对于民族精神的凝聚和扩展也具有积极作用。但是，这种观念也会在一定程度上否认冲突、排斥竞争、压抑竞争，可能出现为了和谐而和谐的局面。在现实生活中，这种局限性最典型的表现就是对“人情”和“面子”的顾虑。

三、权力动机

（一）权力

1. 权力的概念

权力是一种控制、支配或影响的力量。学术界有关权力概念的观点，可以总结为以下几点：①权力是一种互动关系，是某个人或某些人具有对其他人产生他或他们所希望的影响的能力。在不同的情境、不同的关系中，人们拥有不同的权力。②权力一般与资源的控制和利用有关。权力资源是权力主体可以用来影响权力客体行为的基本手段，包括奖赏、惩罚、信息、专业知识等。权力资源的分配往往是由一定的社会关系结构决定的。例如，在工作上，上级比下级拥有更多的权力；在知识上，专业人士比非专业人士拥有更多的发言权；在学习上，教师比学生掌握更多的资源。③权力往往体现为一种价值控制，即一方通过控制他人认为有价值的事物，而控制他人的思想和行为。当对方不再认为那些事物有价值时，由此带来的权力就消失了。④权力的表现形式往往是命令与服从的关系，不管这种服从是自愿的，还是被迫的。

2. 权力的类型

根据权力的来源，可以区分七种不同的权力类型。①强迫性权力。它是由优势力量或优势地位带来的惩罚的权力。②合法性权力。是由法律或组织的规章制度所规定的，通过地位和正式的等级体现出来的权力，如上级指挥下级的权力。③奖励性权力。以掌握有价值的资源，能够给予他人奖赏为基础。④专家性权力。因为具有专门的知识和经验而形成的权力。⑤关系性权力。因为与他人有良好的个人关系，具有领导魅力而形成的权力。在组织中，它是一种非职务的影响力。⑥信息性权力。因为能够接触一般人不能获取的内部信息而产生的权力。⑦联系性权力。由于认识有权力的重要人物而产生的权力。

赢得权力的主要方法是掌握更多的权力来源，例如，可以通过拥有更多的金钱而设法提高奖励其他人的能力，可以努力成为某些重要领域的专家，也可以提升自己的个人魅力，扩大个人联系的网络。当然，权力的获取与使用，应该在合情合理合法的范围内进行，如果滥用权力，就可能害人害己。

（二）权力动机

权力动机（power motivation）是指个体具有的某种支配和影响他人以及周围环境的内在驱力。在权力动机的支配下，人们表现出积极主动的参与精神，并有成为某一群体的领导者的愿望。高权力动机者，经常表现为对社会事业有浓厚的兴趣，在讨论问题时，总是试图以自己的观点、看法去说服别人，在群体中希望处于领导地位，日常生活中表现得比较健谈、好争论。在人际关系中，权力动机会驱使一个人总是力图说服他人、支配他人。许诺、威胁、引用权威人物的话、要求他人干这干那、容易与人对抗等行为都是权力动机的表现。

从个体行为的目标上，权力动机可以分为个人化权力动机（personalized power motivation）和社会化权力动机（socialized power motivation）。持个人化权力动机的个体，寻求权力的目的是为了满足个人的私欲或利益。他们热心社会活动，但目的是利用这些活动来表现自己，树立个人威望或满足某种私欲。同时，他们热衷于追求权力、地位，目的也是为了得到某种个人的利益。还有的人表现为追求物质财富，通过各种手段聚集财富。他们企图以优厚的物质财富来提高自己的社会地位，从而达到影响他人和控制社会的目的。持社会化权力动机的个体，寻求权力的目的是为了他人。在行为上表现为关心社会，关心他人，以个人的知识、观念等方式影响他人。也就是说，这些人以自己的作品或精神产品去影响他人、影响社会，希望对社会作出有益的贡献，如那些敬业的工作者。还有的人是以自己的专业技能为社会服务、维持社会的安全、解除人们的痛苦等，如那些全心全意为人民服务的人。还有以服务为目的的群众团体的领袖，他们爱人民、爱社会，一心一意为大众的利益服务，他们有一种强烈的责任心、使命感，领导大家进行社会改革，推进社会进步。他们重视行使权力后所产生的有利于人民的积极效果，如一些民族英雄、人民领袖等。

（三）中国人的权力动机

朱永新认为，传统的中国人存在一种“恋权情结”，其本质是对权力的崇拜和趋从。它表现为一种复杂的心理现象，对权力又爱又怕。在权力面前，中国人表现出了千姿百态的正常与反常行为，上演了一幕幕惊心动魄的权力悲喜剧。恋权情结主要表现在五个方面：畏权、慕权、清官梦、升迁梦、滥用权力。

1. 畏权

对中国老百姓来说，权力是一种可怕的存在。不少人对“当官的”有一种畏惧的心态，认为“千万不能得罪当官的”。

2. 慕权

由于权力可以带来荣耀、威严和实惠，许多人都羡慕权贵，追逐权力。在封建宫廷中，充满了权力斗争，封建帝王想尽办法运用各种手段来赢得或保住权力。为了争权，宫廷斗争往往演变为血淋淋的杀戮。在中国古代，许多知识分子也有很强的恋权情结，“学而优则仕”是他们孜孜以求的目标。

3. 清官梦

“清官”是中国文学作品讴歌赞颂的主题。当自己追逐权力无望时，一些人就把社会和个人的一切都寄托在“青天大老爷”的身上。

4. 升迁梦

对有权者来说，他们关心的是得到更大的权力。由于在古代官僚体制中，升迁主要靠上级的提拔，而不是下面的推选，所以，为了圆自己的升迁梦，许多官员不惜欺上瞒下，努力讨好上级官员，而不顾黎民百姓的死活。

5. 滥用权力

在“权大于法”的封建社会，对权力没有有效的监督，官员滥用权力的现象十分普遍。因为有了权就有了一切，所以，也就加剧了人们对权力的羡慕与争夺。

朱永新指出，恋权情结有着正负两方面的效应和影响。就其负面影响来说，它

"滋长了官本位的现象，一切是非曲直由官来评判，人们也用官的大小来衡量其社会地位的高低，这在一定程度上给了权力滥用和权力腐化者以可乘之机。恋权情结刺激了人们的权力欲望，甚至促使某些人把整个精力和智慧聚焦在权力上。当整个社会或一部分社会精英这样做时，这个社会自然就难以健康发展了"。但他认为，恋权情结对于维护社会稳定、社会秩序等也有一定的正面影响。

需要注意的是，朱永新所说的"恋权情结"中的权主要是我们上面所谈的强迫性权力与合法性权力，恋权的实质是恋官。这种现象正好说明了在传统中国社会里面，权力过分集中在官僚机构，分布在社会上的权力比较小。在市场经济的发展过程中，社会资源的分配方式必然会发生比较大的改变，官本位的客观基础会逐渐减少，人们的恋权情结也可能会有所变化。

思考题

1. 如何处理社会动机与行为效率的关系？
2. 社会动机的主要理论有哪些？如何利用动机理论指导我们的工作？
3. 谈谈你对马斯洛需要层次理论的看法。
4. 讨论个我取向成就动机与社会取向成就动机的区别。
5. 影响成就动机的因素有哪些？如何提高自己的成就动机？
6. 如何理解亲和动机？
7. 如何正确把握和运用权力动机？

第五章　社会态度

态度是社会心理学中最为经典的一个研究领域，并且是社会心理学的核心内容。在过去的几十年中，心理学家对态度问题进行了深入而细致的研究，得到了许多对我们生活有指导意义的结论。

第一节　社会态度概述

一、社会态度的概念

1937年，心理学家墨菲（G. Murphy）和纽卡姆（T. M. Newcomb）在其社会心理学教科书中写道："在社会心理学的全部领域中，也许没有一个概念占据的位置能比态度更接近中心的了。"更有人认为，社会心理学就是"研究态度的科学"。事实上，我们社会生活中的许多行为，如了解他人的立场，告诉他人我们的观点，说服他人改变原先的看法等，都与态度有关。我们认为，通过叙述态度概念的由来以及介绍态度的各种界说，对于人们正确理解态度的内涵及基本特征会有所帮助。

（一）态度概念的由来

态度是人类社会生活中最常见的心理现象。1862年，英国社会学家斯宾塞（H. Spencer）和培因（A. Bain）将这一概念首先引入心理学领域，他们认为态度是一种先有之见，是把判断和思考导引到一定方向的先有观念或先有倾向。

态度真正成为社会心理学中引人注目的概念，是从托马斯（A. Thomas）等人的研究开始的。1918年，托马斯等人在研究波兰移民问题时，为了说明社会环境的变化对个人行为的影响以及个人与社会之间的关系，明确地使用了态度一词。托马斯认为态度就是"动作的趋向"，其态度概念得到了许多心理学家的欢迎。而米德认为态度是"行为的发端"。法利斯（Faris）认为态度是"一种未完成的动作"。当时正是麦独孤的本能说受到挑战的时期，因此，态度概念的提出受到了不少心理学家的欢迎。自此以后，态度这个概念变成了社会心理学中的一个基本概念，并且得到了心理学家瑟斯顿（L. L. Thurstone）等人的实际应用。

（二）态度的定义

由于态度所表现出来的复杂性和多样性，许多社会心理学家都是根据自己的理解给它定义的，因此至今仍没有一个为所有社会心理学家都接受的定义。社会心理学家对于态度较为经典的解释，主要有以下四种，可以作为我们理解态度的参考。

1. 奥尔波特的观点

G. W. 奥尔波特于1935年在其《社会心理学手册》中提出，“态度是一种心理的或神经的准备状态，它是由经验构建的，并对个人心理的所有反应过程起指导性或动力性的影响作用”。这个定义被社会心理学界誉为态度的经典定义。G. W. 奥尔波特这个定义的突出特点是：首先，他把态度规定为一种潜伏在内部的准备状态；其次，态度这种准备状态既是心理的，又是神经的，把态度过程与神经活动过程统一起来，这反映了G. W. 奥尔波特作为实验社会心理学者的视野特点；最后，态度是由经验组织起来的，是体制化了的准备状态，态度之所以能够指示或推动所有心理反应，就在于它自身的这种经验性和组织性。

G. W. 奥尔波特的态度定义使当时的社会心理学耳目一新，在他之后，人们对态度概念做过各种规定，但是，基本上都是对他的概念做具体解释或对态度的构成做结构分析。

2. 克雷奇和克拉兹菲尔德的观点

克雷奇（Krech）和克拉兹菲尔德（Cmtchfield）于1948年在《社会心理学的理论和问题》一书中提出，态度是“一种和个人所处的环境有关的动机、情绪、知觉和认识过程所组成的持久结构”。这一定义既强调态度构成中心理活动的意动过程（动机、情绪）的一面，又强调了认知过程（知觉、认识）的一面。但它撇开了态度形成的经验起源问题，着重的是个人当前对环境的主观反应。这一定义强调人作为有思想的、主动的生物不是被动地对环境做出反应的，着重点在于人的主观内部因素，不涉及人的行为反映问题。

3. 弗里德曼的观点

弗里德曼（M. Friedman）在《社会心理学》教材中，以一种概括的方式提出了态度的定义。这一定义说明，对于任何一个特定物体、观念或人的态度，是一种带有认知成分、情感成分和行为倾向的持久系统。认知成分是由个人对于有关对象的信念构成的；情感成分是由和这些信念有联系的情绪感受构成的；行为倾向是指行为反应的准备状态。例如，我们看过一场好的电影或欣赏一场高水平的音乐演出，演员的精彩表演会使我们形成对演员的一种态度，其中既包括我们的审美知识和评价，又包括我们对演员给予我们的艺术享受而产生的感激、爱慕和崇敬之情，而且这种认知和情感的因素必然又会激起我们再一次想看他们其他演出的行为倾向。如果是特别精彩的演出，甚至会引起我们反复欣赏其演出的行为倾向，或引起我们对他们的其他活动也感兴趣的行为倾向。

4. 孙本文的观点

孙本文在《社会心理学》一书中指出：“态度是未发表的内在行为，是外在行为的发端与预备，有进行完成的倾向。”他认为，任何一种行为都可分成前后两个阶段，前一阶段是预备阶段的性质，是内在的；后一阶段是完成的性质，是外表的。态度必定属于内在阶段，一经向外发表，便非态度了。因此，孙本文同意托马斯和瑟斯顿的看法，态度一词几乎包括全部人生在内的决定因素，即一个人对于任何题目的倾向、感情、成见、偏见、观念、畏惧、信念等的总体。

综合上述几种定义的共同之处，我们可将态度定义为：态度是指个体对一定社会刺激所持有的、具有一定结构、相对稳定和内化了的心理反应倾向。

二、社会态度的特征

态度是一种较为特殊的社会心理现象，根据对其定义的分析，态度具有以下几种基本特征：

（一）态度的社会性

态度并不是与生俱来的，而是个体在后天的社会生活中习得的。婴儿刚刚出生时，对于外界的事物基本上不存在任何态度，以后在社会环境中，随着其意识的成熟、情感的丰富、经验的积累，才逐步形成了其独特的态度，也就是说，态度是个体在长期的社会生活中，通过与他人的交往和相互作用，通过社会环境持续不断的影响而逐步形成的。态度一经形成，它就会反过来指导个体对外界事物和他人的反应。在这种反应过程中，个体又不断修正自己的态度，就这样不断反复，使个体的态度体系日益发展和完备。总之，无论是态度的形成还是其作用的发挥，都是在社会环境中进行的。

（二）态度的对象性

任何态度都有一定的指向对象。这个指向对象就是态度的客体，它既可以是事，也可以是物，既可以是人，还可以是某种思想、观点或信念。如对社会改革的态度，对某位同学或同事的态度。而针对的人既可以是自己，也可以是他人，还可以是一个群体，特别当对象是人时，态度可能会是双向的，并且态度主体和态度客体之间也可以相互转化。比如，老师可以对某位学生产生态度，这位学生也可以对老师产生态度，并且我们也不难发现，在前一表述中，老师是态度的主体，学生是态度的客体；而到了后一表述中则正好相反。显然，这里的态度是双向的，且其主客体之间可相互转化。

（三）态度的内在性

态度是一种内在的心理历程，像其他心理现象如思维、想象一样，是无法直接观察的，态度总是一定主体的态度，态度具有内在性。态度不同于具体行为，尽管它有一定的行为倾向。因此，从人的外部行为中不能直接观察到人的态度，而只能间接地从人的表情、意向和行为中推知人的态度。各种态度测量都要从态度的这个特征出发，否则就容易将态度测量与行为测量混为一谈。

（四）态度的评价性

这是态度最为核心的特征。所谓评价，就是依据一定的价值准则对事物进行分析、比较、判断和决策的过程。态度实质上就是一种评价，这种评价可以通过语言、表情表现出来，也可以通过生理反应和行为表现出来。而且，这种评价既可以在意识水平上运行，也可以在无意识水平上运行。研究表明，对于构成自己姓名的字母，人们往往无意之中会给予较高的积极评价，这种评价就是一种无意识的评价。大体而言，意识水平的评价，构成了人们的外显态度，无意识水平的评价则构成了人们的内隐态度。

（五）态度的稳定性

态度一旦形成，将会持续较长时间，而不会轻易改变，有些态度甚至融合成为其人格的一部分。F. W. 奥尔波特（1935）认为，态度常常像习惯一样持久，而且，一旦在童年或青年时期形成，这种固定的方式将持续生命的全过程。态度的稳定性会在行为方式上表现出规律性，使同一个人对同一对象形成前后一致、自然的固定反应。这对于个体的社会适应是有利的。但我们说态度具有稳定性，并不是说它是一成不变的，近年来态度研究出现了一种建构主义观点，把态度看成是情境依赖（context-dependent）的产物。研究者（Wilson，Hodges & LaFleur，1995）发现，在询问人们对某一行为的态度时，他们常常基于一些容易获取的、合理的以及容易表达的理由建构一种新的态度。这样一来，态度持续性的传统观念受到冲击，而这种冲击导致了双重态度模型的提出。其实，态度既有持续性，也有情境性。一般来说，内隐态度较为持久，外显态度则有较多的情境性。

（六）态度的协调性

态度是由认知、情感和意向因素组成的。一个正常人对某人或某事所持有的态度中，这三种因素通常是协调一致的。比如，老师看到某个学生学习刻苦、团结同学、尊敬老师，就会觉得这个学生不错，因此很喜欢他，就会经常表扬他。这里，老师认为该学生表现不错就是认知因素，喜欢这位学生就是情感因素，经常表扬该学生就是由意向因素决定的行为倾向，这三种因素相互结合、相互对应，从而使态度的知、情、意三者有效地达到了协调。但有时候，态度内部也会出现不一致的情况。心理学研究发现，知、情、意三要素之间的相互关联程度不完全相同。情感与意向的相关程度高于认知与意向或情感与认知的相关程度。例如，我们在认识上明知某人不错，是个好人，但就是不喜欢他，不想同他来往（认知与情感相关程度低）。我们也经常听到有人说“知道是一回事，做又是一回事”（认知与意向相关程度低）。在日常生活中，我们也经常遇到理智和情感不一致的情况。当这两种因素发生矛盾时，情感因素往往会起到主导作用。例如，好多人都知道吸烟对身体有害，但仍照样抽烟，因为他们对烟有种偏爱，已形成一种习惯。这里，情感因素就占了上风，所以有些心理学家认为，情感是态度中最重要的因素。

三、社会态度的结构

态度的结构所涉及的问题是，态度是由哪些成分构成的。对此问题，人们提出了三种主要的态度模型：单维度态度模型、三维度态度模型和双重态度模型。

（一）单维度态度模型

费斯本和阿吉增（Fishbein & Aizen，1975）提出了态度的单维度模型。在这一模型中，评价是核心因素。这里，评价有性质（积极评价和消极评价）和强度之分（由弱到强）。简单地说，态度是对态度客体的评价，态度是由关于态度客体属性的各种预期（expectation）以及对态度客体属性的评价所决定的。下面是对于婴儿教育（nursery education）的态度图（图5－1）。

从上例可以看出，一个母亲对婴儿教育的态度，是对这种教育结果预期及其评价的产物。一些预期引发积极评价，另一些预期引发消极评价，可见，态度是积极评价和消极评价的混合物。但在上例中，这个母亲对婴儿教育总体上持积极态度。

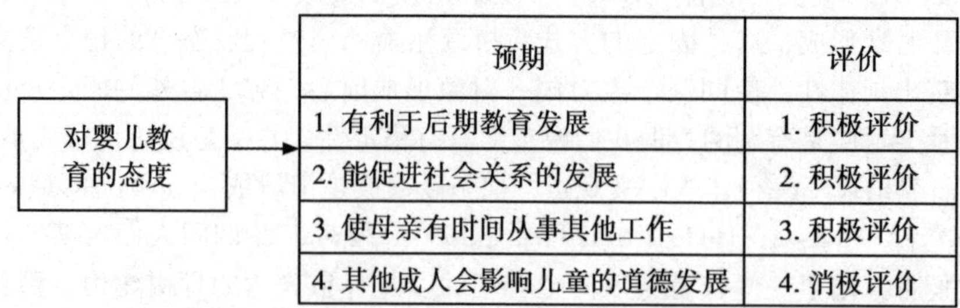

图5－1　费斯本和阿吉增关于态度的单维度预期—价值模型

费斯本和阿吉增的预期——价值模型的缺陷在于没有考虑各种预期的相对重要性。就上例而言，如果第四条预期的重要性超过前三条，那么，这个母亲对婴儿教育的态度就会持消极态度。另外，这一模型假定，在态度形成的过程中，人们对预期和评价会进行仔细思考，但有时在决定态度时只考虑一种重要的预期，或者有时人们在形成态度时根本没有太多思考，正如后面所说的经典条件作用和操作条件作用在态度形成中的作用。

（二）三维度态度模型

态度的三维度模型是由霍夫兰和卢森堡（C. I. Hovland & M. J. Rosenberg）提出来的，其基本观点是，态度是按照一定方式对特定对象的预先反应倾向。这种预先反应倾向由三种因素构成：情感、认知和行为。态度是刺激（态度对象）与反应（生理的、心理的、行为的）之间的中介变量。这里，刺激属于可测的独立变量（自变量），包括个人、事件、社会问题、社会群体、组织等；反应则属于可测的从属变量（因变量），包括情感成分的交感神经系统反应及情感的语言表现、认知成分的知觉反应和信念的语言表现、行为成分的外显行为和行为的语言表现（图5－2）。

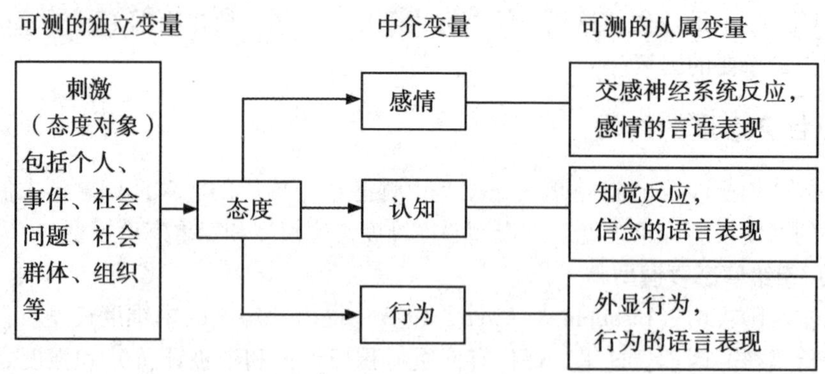

图5－2　态度的三成分模型

1. 态度的三成分模型的优点

态度的三成分模型的优点在于：①从态度产生的角度明确了三种成分：情感、认知和行为，并阐明了三种中介变量的关系，这有助于人们对态度形成过程的理解，也便于人们对态度进行控制研究。②把态度的反应变量分解为三种可测的成分，有助于人们对态度的测量。但是，这一模型也存在不足，它把态度与行为相提并论，混淆了心理过程与行为的界限。

2. 三种心理成分与态度的关系

三种心理成分与态度的关系表现为：①认知和情感是反应中情境规定的主要因素。认知的情境规定作用，主要表现在对态度对象的评价和判断上。当一个人把自己的态度对象或生活环境评价为无意义的或无法发挥自己能力的时候，就会觉得没有必要付出一定的代价去追求它，他的态度是消极的、否定的。只有在把态度对象或环境评价为有意义、有可能发挥自己能力的前提下，才会形成一种积极的、肯定的态度。情感作为内心体验，也起情境规定作用，随着评价和认知的出现，情感对态度对象起人际距离调整的作用，喜欢或不喜欢、接近或疏远等。②动机是态度的内部力量。动机作为行为的内在动力，也是对行为的一种准备状态，动机的这种行为准备状态与态度有所不同。动机是对态度的一种发动，比如，一个人欲求不满，会对妨碍者有攻击性的行为表现，如果态度对象所选择的动机目标可以为之借用，可能会采取协作的态度。因此，动机和态度一起形成行为的准备状态。

（三）双重态度模型

1. 双重态度模型的评价

双重态度模型是由威尔逊（T. D. Wilson）等人提出来的。2000 年，威尔逊等人在美国《心理学评论》上发表“双重态度模型”（A Model of Dual Attitude）一文。文中在总结已有研究文献的基础上明确提出，人们对同一态度客体有两种不同的评价：外显态度（explicit attitude）和内隐态度（implicit attitude）。外显态度是指人们能够意识到的，即通过自我反省就能表现出来的态度。内隐态度则是人们对态度客体的自动反应。它是这样一种评价：①人们不清楚它的来源，即没有意识到这种评价的基础；②是自动激活的；③影响了内隐反应，即不可控制的反应，也就是说，人们没有认识到是自己态度的表现，因而不可控制。如对于种族歧视，你可能意识中认为白人和黑人没有什么差别，因此在用问卷调查你的态度时，你的反应是种族平等；但是，在你的自发性行为中却流露出了你的种族偏见，而你自己也不知道这种反应是怎么回事。这样，问卷调查所显现的是你的外显态度，而在自发性行为中流露出来的则是你的内隐态度。

2. 双重态度模型的基本假设

内隐态度是人们在考虑态度改变时提出来的，假设人们对某一事物原初的态度为 A1，新态度为 A2，那么，按传统的说法，在由态度 A1 转变为 A2 的过程中，A1 被 A2 所取代，这时 A2 储存在人们的记忆中，A1 消失了。而双重态度模型认为，A1 并未消失和被取代，仍滞留在记忆中。双重态度模型有五个基本假设：①对同一态度客体，外显态度和内隐态度可以在记忆中共存。②当双重态度存在时，内隐态度是自动激活的，而外显态度则需要更多的认知容量从记忆中提取。③内隐态度将决定人的内隐反应（例如，一些非言语行为），甚至在人们从记忆中提取外显态度的时候也存在这种情况。④外显态度容易改变，而内隐态度则不容易改变，因此态度改变技术常常改变的是人的外显态度，而不是人的内隐态度。⑤双重态度模型与态度的矛盾状态以及认知成分和情感成分之间的不协调是不同的，即具有双重态度的人并不比其他人表现更多的矛盾心理和认知情感成分的不协调。

双重态度模型拓宽了态度的研究领域，但关于外显态度和内隐态度的关系，尚有不同的看法。一种认为，这两种态度是有联系的，因为都是基于对同一对象的态度，外显态度好比态度中露出水面的“冰山”，内隐态度则是冰山的水下部分。另一种认为，这两种态度是独立的，互不联系的。

四、社会态度的功能

态度具有能够满足人们的某种需要，特别是心理上的需要的功能，因而态度的功能是其形成或改变的深层心理动力源。在社会心理学的历史上，学者们曾分别提出过两种十分相似的功能理论，一种是由史密斯（Smith）等人提出的，一种是由丹尼斯·卡兹（D. Katz）提出的。两种功能理论都列出了态度所发挥的功能，虽然存在一些差别，但其主要观点基本一致（表5-1）。

表5-1　卡兹与史密斯关于态度的观点

卡兹的观点	史密斯的观点
1. 工具性、选择性、功利性	1. 社会性
2. 自我防御	2. 外化
3. 知识性	3. 对象评估
4. 价值表达	4. 表达的品质

对于这两种观点，我们可以做一综合的分析与评论。

（一）态度的工具性、适应性和功利性功能

个体为了适应社会和组织环境，在其中求生存、求发展，获得接受和承认，必须判断所接触事物的价值，决定其行动，并且预先做好行动的准备。态度正好具备这方面的功能，可以保证个体对社会生活的适应。卡兹认为，在这个过程中，个体往往通过表达社会公认的态度，从周围人那里获得有利于个体生存发展的反应。这种功能表达了按照全社会或整个组织重视的目标，获得奖赏、赞许、认可或实现某种特定的目标的观点。可见，态度的这种调适作用兼有工具性功能和反应性功能。态度调适作用的另一方面，是保证个体与他人之间互动的顺利进行。态度对个人来说，是表达内心状态的出口；而对他人来说，则是衡量内部欲求、向往、情感、意见等的尺度。

（二）态度的自我防御功能

人们生活在竞争激烈的社会中，经常会遇到各种内外压力的威胁，会产生相应的心理紧张、焦虑与不安。而为了对付内外压力，就必须进行自我保护或自我防卫，而态度则具有这种自我防卫的功能。

态度能够帮助个体回避或忘却那些严峻环境或难以正视的现实，从而保护个体的现有人格，或保持心理健康。态度的自我防御功能表现为有利于自我形象及自我价值的确立，并能减少焦虑。卡兹认为，我们怎样看待自己，这是一个具有严重后果的问

题。态度往往是为了保护自己，或者说保护自己的自我形象，维护自己的内部协调。一个否定自我形象的人可能会对所有的人产生敌意；感到卑下的人，对待别人会持高高在上的态度，以支撑他的自我。由此看来，组织如何维护成员个体的形象以及对成员个体的尊重显得特别重要。

（三）态度的价值表达功能

卡兹认为，人们可以通过态度的价值表现作用来实现自己拥有的内在价值的自我表达，公开的表达和信奉的知识是个体价值观念表达的主要保证。我们每个人在实际的社会化过程中，都会对生命和生活的意义产生自己的理解，而这种对生命和生活意义的理解，构成了我们态度中的价值内涵。如果有的人认为生命的最高意义是对美的追求，那么，他对艺术就会持有积极和肯定的态度；若是有的人认为生命的最高意义是追求物质享受，那么，他就会向往舒适的生活，对其持肯定的态度。进一步说，在价值表现方面，态度有可能来自于自尊和一种肯定的自我形象。一种态度可能是一种中心价值体系和表现，或是一种说话方式的表现。比如，那些认为自己公正开明的人可能认为公平是组织对成员的最大保障，他不会计较自己能否从中得到什么好处；办事公道的人满足于个人办任何事情都公道，这也许就是对自己的奖赏；同时他也希望他所在的组织也是办事公道的。这并非说许多人不受任何事物的支配，就可以维护和坚持自己的信念和态度，但最初的动机或许只不过是一种感受到的道义而已。

（四）态度的知识性功能

态度的这个功能是指人们在对世界的知觉中，态度可以作为人们理解世界的一种标准或参照物，帮助人们组织日常基础的信息、排序信息、摒弃不相关信息。人之所以形成和改变态度，是为了“赋予混沌世界以意义”，满足人们理解和支配自己所处世界的需要。知识代表态度的认知部分，这种认知部分给实践以意义和指导。故个体所持有的态度，也就成了个体认识周围环境的一个重要途径。根据心理学家卡兹的看法，每个人都想理解和支配自己的生活空间。由于有了态度，人们才能对现实生活中的各种信息进行汇集、整理和分类。如对摄影有兴趣的人，会对这方面的信息予以积极关注，形成这方面的特定的知识结构。正因为有了各种态度，人们才能把从电视和报纸等媒体中获得的知识以及其他日常生活中偶然获得的许多零碎的知识组成一个知识整体，这个世界才能被人们所理解，人们也因此获得了应付新经验的向导。

上述这些功能也可能以一种相互联系的方式同时起作用，但有时一个特定的功能具有特别重要的意义。例如，在组织中，价值表达功能对个体人格与组织整合的意义特别重要。

第二节　社会态度的形成与改变

社会态度是习得的，有一个形成的过程。一种态度形成后，又会不断地变化，形成新的态度。态度形成和态度改变的过程是一致的。新态度的形成，同时是原有态度的改变。自从1918年托马斯正式使用态度概念之后，关于态度的形成和转变，一直是社会心理学家所关注的重要问题之一。

一、社会态度形成的主要理论

围绕这一问题，心理学家提出过许多理论，其中具有代表性的理论有条件作用理论、社会学习理论和认知理论。

（一）条件作用理论

经典条件作用理论（classical conditioning）是巴甫洛夫提出来的。巴甫洛夫用狗做实验并揭示出条件作用的原理。狗对肉会分泌唾液，这是与生俱来、不学而能的无条件反射。这里，肉是无条件刺激，铃声最初是中性刺激，铃声不会引起狗的唾液分泌。但通过铃声与肉（无条件刺激）的多次结合（即强化），狗对铃声会分泌唾液。这时，铃声已由中性刺激转变为条件刺激。由此而建立起来的反射，叫条件反射。在巩固的条件反射的基础上，可以建立第二级、第三级或更高级的条件反射。

拉赞（Razran，1940）和杜布（Doob，1947）等人用经典条件反射学说解释社会态度的形成过程。他们认为，如果把社会态度作为对社会对象的评价或情感的话，那么以态度对象作为条件刺激，将其与人已经具有的肯定或否定性评价、情感等无条件刺激多次结合强化，则对条件刺激的态度对象也就会形成与无条件刺激同样的评价和情感，即形成特定的社会态度。斯塔茨和斯特塞斯（Staats & Stsats，1958）在对被试提示不同国家名称的幻灯片的同时，让其反复听带有肯定或否定性评价的单词（如happy，bitter等），然后测定被试对各个国名的态度。结果发现，对于与肯定性单词结合的国名的态度多具肯定性，而对于与否定性单词相结合的国名的态度则多具否定性。后来，斯塔茨和克劳福德（Staats & Crawford，1962）将作为无条件刺激的单词换成电击和噪声也得到了同样的结果。其他类似性实验还有不少，虽然结果并非完全一致，但大多数研究支持Staats等人的观点，即依靠经典条件反射可以形成特定的社会态度。

操作条件作用理论（operate conditioning）是斯金纳提出来的。斯金纳是以老鼠来做实验的。他把饥饿的老鼠放进一个箱子（叫斯金纳箱），箱子内装有一个杠杆，该杠杆与食物相连。老鼠由于饥饿在箱内四处乱窜，偶然一次触到杠杆，获得食物。如果连续几次获得强化，老鼠便学习到触动杠杆可以获取食物的经验，由此而建立的条件反射，叫操作性条件反射，这种条件反射不同于巴甫洛夫的经典性条件反射，在这种条件反射中，有机体先有行为，而后才有刺激强化。可以说，有机体的行为是获得有效结果的工具或手段，刺激强化是决定行为频率的关键。

希尔苏姆（Hilsum）和布朗（Brown，1956）认为，借助操作性条件反射机制可以有效地使社会态度得以形成或改变。他们利用电话对大学生进行有关大学教育情况的采访，当学生的回答属于褒奖之类时便立即给予鼓励性的言语回报，反之则给予打击性的言语回报。结果发现，前者的肯定性发言有所增加而后者的否定性发言有所减少。

（二）社会学习理论

班杜拉社会学习理论有两个核心概念：观察学习和模仿。所谓观察学习，是指个体只以旁观者的身份，观察别人的行为表现（自己不必实地参与活动），即可获得相关的知识与体验。例如，幼儿见到别的幼儿因要打针感到恐惧而啼哭，于是他只靠观察就学会了打针就表现恐惧和啼哭。这种学习由于不需要亲身经历刺激—反应联结的学习方式，故而班杜拉把它称为“无须练习的学习”。所谓模仿，是指在观察学习时，向社会情境中某个个人或团体行为学习的过程，模仿的对象称为榜样。

按社会学习理论的解释，人们通过对他人行为的观察和模仿而习得态度，儿童观察到他人的攻击行为，并且这种攻击行为受到奖赏，因而倾向于在相同情境中模仿这种攻击行为。进而言之，儿童因此学得了经验，即形成这种态度，攻击是许可的行为。当然，儿童通过观察所学习的，并非只是消极的行为。在一个实验中，研究者让一组不喜欢狗且对狗非常害怕的儿童，观看一个榜样很高兴地同狗嬉耍的场景。结果表明，这些观看过榜样的儿童比那些没有观看过榜样的儿童更喜欢逗弄狗。

（三）认知理论

凯尔曼（Kelman）从认知的角度研究了态度的形成过程，并提出了对社会影响的三种反应：服从、同化和内化。

1. 模仿或服从阶段

服从是一种公开的态度表达，但私下并没有接受，它可能是一种社会便利手段，这是态度形成的开始阶段。凯尔曼认为，态度的形成开始于两个方面：一是模仿，二是服从。首先，人们都有模仿和认同他人的倾向，尤其是倾向于认同他所敬爱崇拜的对象。而在这种模仿的过程中，也会因认同对象的不同而习得不同的态度。父母常常是孩子的认同对象，他们模仿父母的态度作为自己态度的开端。随着年龄的增长和交往的增多，他们通过模仿不同的对象，不断习得态度或改变态度。其次，服从是人们为了获得某种物质或精神上的满足，或为了避免惩罚而表现出来的一种行为。服从的特征往往表现为本身的行为和观点是受到外界的影响而被迫发生的。导致服从的外界影响主要有两种情况：一种是在外力的强制下被迫服从，另一种是受权威的压力而产生的服从。在现实生活中，人们要遵守许多规范，形成许多服从，不管你愿意不愿意，都会如此。当然，服从许多时候都是在无内心冲突中产生的，但有时也可能是被迫的，被迫的服从形成习惯之后，就变成自觉的服从，形成相应的态度。

2. 同化阶段

同化是指个体因为与他人或群体有关，从而接受这个人或群体的态度，这已接近于个人自己的态度。在这一阶段，态度不再是表面的改变了，即已不是被迫，而是自愿接受他人的观点、信念，使自己的态度与所要接受的态度相接近。也就是说，态度在这一阶段已比服从阶段进了一步，已从被迫转入自觉接受。这时，态度形成的动机不再像模仿或服从阶段那样，是为了获得奖励或免于惩罚，而是因为同化者希望自己成为与施加影响者一样的人。在这一阶段，个体由于在同化过程中满意地确定了自己与所要认同的人或团体的关系，因而采取一种与他人相同的态度和行为。可见，同化能否实现，他人或团体的吸引力是一个很重要的因素。但在这时，新的态度还没有同自己原有的全部态度体系融合。

3. 内化阶段

内化指的是个体响应他人的影响，完全接受他人的态度，这种态度不再只是一种公开的表示，而已成为个体自己观点的一部分。内化是态度形成的最后阶段，在这一阶段，个体的内心已真正发生了变化，接受了新的观点、新的情感和新的打算，并将其纳入了自己的价值体系之内，成为自己态度体系的有机组成部分，即彻底形成了新的态度。如果说在同化阶段个体还需要有意无意地将他人作为榜样的话，那么到了内化阶段，个体就不再需要具体的、外在的榜样来学习了。态度进入这个阶段之后，就比较稳固，不易改变了。

态度的形成，从模仿、服从到同化再到内化，是一个复杂的过程。但并非所有的人对所有的态度都完成这一全部过程。有人对某一事物的态度可能完成了整个过程，但对另一些事物的态度则可能只停留在服从或同化的阶段。有的时候，态度到了同化阶段还要经过多次反复，才有可能进入内化阶段，但也可能一直停滞在同化阶段而徘徊不前。所以，态度的形成是一个十分复杂的过程。

二、影响态度形成的主要因素

态度的形成过程，实际上是个体社会化的过程。在态度形成过程中，个体的基因遗传因素、已有的经验和人格特征以及社会环境因素发生交互作用，共同作用于态度的形成。

（一）基因遗传因素

一些研究者（Waller et al.，1990；Keller et. al.，1992）探讨了基因因素在态度形成中的作用。与心理学中其他基因影响的研究一样，研究者发现，同卵双生子之间态度的相关程度要比异卵双生子之间态度的相关程度要高，这里的态度涉及从宗教态度到工作满意感等多个方面，而且，不论双生子是一起抚养还是分开抚养，都存在这种结果。这种结果表明，基因对态度形成有一定的作用。但是，由于基因对态度形成的作用机制尚未具体揭示出来，因此，人们普遍认同的观点是，态度更多的是在社会环境中通过社会学习等途径而获得的。

（二）社会环境因素

1. 家庭

家庭对个体态度的形成起着十分重要的作用。家庭是个体社会化的第一场所，父母则是个体成长过程中的第一任教师，是儿童首先认同的对象。因此，父母通过各种途径影响儿童态度的形成。研究表明，人们对许多事物的态度都深刻地受到父母的影响。个体的许多价值观、行为习惯，都是在父母影响下发展起来的。社会心理学家有关宗教的研究表明，宗教信仰之所以在一个地区形成优势，主要是由家庭的宗教传递性质决定的。

2. 同伴

纽卡姆研究了大学新生在大学 4 年期间对自由派态度和保守派态度的改变情况。结果发现，原先相当保守的新生，在入学后因逐渐受到高年级学生较为开放和自由的态度的影响，到了毕业的时候，也已经变得相当的开放和自由。这个研究说明了同伴的影响在个体的态度形成和改变中的作用。可以说，随着个体年龄的增长，父母及家庭的影响作用会逐渐减少，而同伴、朋友的影响作用会越来越大。个体开始经常把自身所持有的态度、观点与自己同伴的观点、态度做比较，并以同伴的态度、观点作为依据来调整自己原有的态度。

3. 社会团体

个体自身所参加的团体，对其态度的形成也有明显的影响作用。每一个团体都有自己的行为规范和准则，并要求团体成员共同遵守。当个体加入了某一团体之后，其言行就必须与团体的要求或标准保持一致，个人所持有的态度也必须与团体保持一致。由此，通过团体对个体的这种影响和约束作用，即可促进个体态度的形成和改变。个体会认同所参加的社会团体，自愿采纳团体的态度。由于隶属于这一社会团体，个体的社会价值和个人价值与社会团体紧密联系，个人需要与团体保持较高的一致性，否则，就难以将团体的价值当成自己的价值。因此，个人在许多方面会自愿接受团体的态度选择。对于同一团体的隶属，由于实际上有许多共同的生活内容，使人们有相同或相近的知识、经验和社会视角，这使团体各成员的态度自然趋向一致。

4. 文化因素

文化作为人们社会化的大背景，深刻地影响到人们态度的形成。著名人类学家米德曾对南太平洋新几内亚岛的三个原始部落进行长期研究，发现文化背景直接决定着人们对许多事物的态度乃至整个思维方式。米德发现，在一个叫阿拉佩什的部落，男子也同女性一样高度女性化。我们现代社会中强调男子需要有刚毅、善于竞争、敢于搏斗的阳刚之气，在阿拉佩什部落中，这样的男子是被人看不起的。我国学者在1987年所做的调查研究表明，沿海地区的青年在传统价值、开放、创业、离家、个性化等方面的态度与内地某些地区的青年差异明显。两者比较，沿海地区的青年对社会变革具有较高的适应性。这一研究结论恰好说明，我国沿海地区与内陆地区在某些方面已出现文化与价值观的差异。

（二）主体本身的因素

1. 经验和知识

从态度形成的内在过程来看，经验的作用是首要的，特别是经验的情绪效应。“一朝被蛇咬，十年怕井绳”就是典型的写照。心理学家G. 奥尔波特很早就重视个体经历的情绪效应对态度的影响，他发现，某些导致心灵创伤的经历，哪怕仅仅是一次，就可以使人形成十分稳固的态度，而且，这种态度还会泛化到相关或相似的对象上。心理学家对恐惧症的长期研究发现，各种恐惧症都是与强烈的情绪伤害联系在一起的。

知识在态度形成中也有重要的作用，在认知性态度中，知识的作用尤为显著。如一位研究生虽然研究哲学，却对巫术深信不疑，因为他亲眼见过巫婆把手放到滚开的油锅而毫发无损。这位研究生在看了电影《巫婆的骗术》后恍然大悟，原来巫婆用两份油加一份醋放到油锅里，醋沉锅底，而油浮在上面，看起来像是油锅；加热之后，由于醋的沸点低，先沸腾起来，造成油锅沸腾的错觉，此时油锅边上的温度仅有50℃。这个例子说明，先前由于缺乏这方面知识所形成的态度和后来有了这方面知识时的态度是不同的。

2. 需要

态度具有情绪体验的成分。人们对于能满足自己需要或能够帮助自己达到目的的对象，倾向于有积极的情绪体验，产生肯定的态度。反之，对于阻碍自己达到目的或引起挫折的对象，则倾向于产生消极的情绪体验，产生否定的态度。社会心理学家罗特通过实验研究发现，如果一种对象与自己的需要满足相联系，则人们倾向于产生积极态度，反之，如果一种对象与不满足状态相联系，则人们的态度倾向于拒绝。

三、态度改变的主要理论

态度改变，是指一个人已经形成的态度在接受某一信息后发生的应变化的过程。在现实生活中，态度改变是常见而重要的心理现象。生活在现代社会中的每一个人，从早到晚都会遇到大量的各种各样的信息，会遇到各种各样的宣传，都面临着不同程度的态度改变。关于态度改变的过程，研究者提出了许多理论和学说，其中最著名的理论是认知平衡理论和认知不协调理论。

（一）认知平衡理论

认知平衡理论最初是心理学家弗利兹·海德（F. Heider）于1944年提出来的。海德指出，在人们的认知体系中，存在着趋向一致或平衡的压力。他认为，人们的认知对象范围很广，包括外界的一切事物、世界上的各种人、各种观念，这些对象有些是有联系的，有些则没有直接的联系。有联系的两个对象组成的整体叫单元，单元内的两个对象由于类似、接近等而结成的关系叫单元关系。人在对对象发生心理上的联系时，都会对对象产生一定的评价和情感，他把这叫作情感关系。单元关系和情感关系相联系，形成了特定的模式和结构。海德在1958年出版的《人际关系心理学》一书中阐述了认知平衡的基本原则，即“P—O—X”模式。海德假设P是认知者，O是P认知对象的另一个人，X代表与P和O有某种关系的某种情境、事件、观念或第三个人。海德认为，P—O—X三者的关系均为肯定，或两方为否定，一方为肯定时，则P—O—X的体系呈均衡状态，P的态度无须转变。如P与O两人是好朋友，他们都嗜好上网—X，则三者关系相协调，P心理上是和谐的。如果三者关系不协调，则P心理上不舒服。例如，P与O是母女关系，感情很好。O作为女儿，最近交上一个坏朋友X，P作为母亲，竭力反对O，对O发生否定态度，这说明P—O—X的体系产生了不均衡，P十分苦闷。这时就必须对这种认知体系加以改变，P说服O不要接近X，从而使P—O—X三者的关系实现均衡，使P对O产生肯定态度。海德认为，根据P、O、X三者之间的感情关系（好—坏，喜欢—不喜欢），可以将P、O、X三者的关系推论出八种模式（图5-3），其中四种是不均衡的，四种是均衡的。

图中“+”表示肯定关系，“-”表示否定关系。图⑤表示P、O双方都肯定X，P与O又很友好，故P、O、X三者呈协调、均衡状态，作为主体的P在心理上很和谐并愿意维持这种关系；图③表示P与O都肯定X，但P与O之间的关系很紧张，故P、O、X三者关系不协调。作为三者主体的P心理上很矛盾，要设法改变不协调为协调关系。

由图5-3可以总结出两条规律：①平衡结构必须是三角形三边符号相乘为正；②不平衡结构必须是三角形三边符号相乘为负。例如，P为学生，X为汽车，O为P所尊敬的老师。如果P喜欢汽车，听到O也喜欢汽车，则P—O—X模式如图⑤所示，P的认知体系呈平衡状态。如果P喜欢汽车，而O不喜欢汽车，则P—O—X模式如图

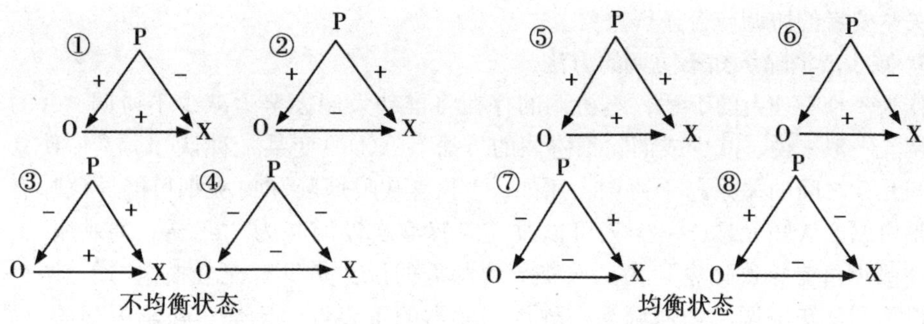

图5－3　海德的 P—O—X 模式图

②所示，这样，P 的认知体系呈不平衡状态

（二）和谐理论

与海德的平衡理论有关的另一种探讨，是奥斯古德（Osgood）和塔纳鲍姆（R. H. Tannenbaum）于 1955 年建立的和谐理论，这个理论可以说是平衡理论的扩展。和谐理论的总原则认为，一致性原则支配所有人的思维，在一个基本态度改变的情境中有三种成分，每一种成分都与评价有关。这三种成分是：①其他人；②这个人所表示的态度；③他自己对所表示的意见的感情。和谐理论认为，这三种成分的三种评价之间有两个负号，就决定了和谐状态，不和谐就会产生某种压力而趋于一致。和谐理论预计，每一成分改变量的大小，将与这一成分的相对强度成反比，强度越大，则改变越小。

和谐理论是在改变态度的工作中运用较多的一种理论，特别是在预测信息交流者对于改变态度的效力中运用尤为普遍。

（三）认知不协调理论

1. 认知元素之间的关系

认知不协调理论是由费斯廷格于 1957 年提出来的。费斯廷格认为，认知元素是认知结构中的基本单位，每个人都同时拥有许多不同的认知元素，比如，“我喜欢看电视”是一种认知元素，“对面山上有许多大树”也是一种认知元素，等等。这些认知元素之间的关系，一般会表现出三种情况：①协调。“我喜欢看电视”和“电视能帮助人增长见识”这两个认知是协调的。②不协调。“我帮助同学”与“我受到了批评”这两个认知，便是相互矛盾的和不协调的。③无关。“我喜欢看电视”和“我很饿”这两个认知就是无关的。

费斯廷格认为，假如出现认知不协调，就会使个体产生心理上的不愉快和紧张感而这种不愉快和紧张感会使人形成一种压力，迫使其想方设法去减轻或解除不协调状况，使其认知达到平衡协调，并会竭尽全力保持这种协调状态。

2. 认知不协调的影响因素

认知不协调程度的高低，一般与下列因素有关：①两种认知元素之间差异的大小。两者之间的差异越大，不协调的程度越高。②认知差异的多少。如果互相矛盾或冲突的认知有多种，其引起的不协调程度也随之提高。③协调认知的数目。协调的认知越多，不协调的程度越低。④不同认知所具有的重要程度。关键性的认知协调与否，要比无关紧要者的协调与否显得重要。

3. 减少或消除认知不协调的方法

作为一种心理上的不适，不协调的存在将推动人们去努力减少不协调，并力求达到协调。一般来说，减少或消除不协调的方法有：①改变某一种认知元素，使其与其他认知元素之间的关系趋于协调。比如，“我喜欢吸烟”和“吸烟可能导致肺癌”是两个不协调的认知元素，一个人可以改变“我喜欢吸烟”为“我要立刻戒烟”，或者改变“吸烟可能导致肺癌”为“吸烟导致肺癌的说法是没有充分根据的”，两种方法都可以达到认知协调。②强调某一种认知元素的重要性。比如，强调吸烟的重要性，“我喜欢吸烟，吸烟使我快乐才是最为重要的，我不能为将来可能会患病而牺牲目前的乐趣”。或者强调吸烟危害性的认知元素，即“肺癌确实可怕，为了自己的健康和家庭的幸福，我虽然喜欢吸烟，但应尽快戒掉”。这两种方式都可以使自己的认知元素相互协调。③增加新的认知元素。比如，“世界上吸烟而长寿的人很多”，或者认为“吸烟可以减轻精神紧张，有利于心理健康”等，从而降低不协调因素，达到认知的协调或一致性。

费斯廷格认知不协调理论的意义在于，他把复杂的认知关系简化为认知因素之间的协调和不协调的关系。认知者在某个问题上，不论与认知对方是认知关系还是情感关系，都可以概括为协调和不协调关系。这样一来，费斯廷格的理论便具有较大的灵活性和使用范围，不仅适用认知者的认知体系，而且能够适用于更为广泛的包括认知者以外的社会领域。费斯廷格认知不协调理论，不但可用来解释态度改变的原因，而且也可用来帮助人，由消极的态度转变为积极的态度。例如，身为教师，如在行为上自认为“我尽心尽力教学生”（认知之一），而在态度上则认为“教师是没有前途的职业”（认知之二）。如此，态度与行为之间构成认知不协调，除非改行转业，否则难免在心理上冲突不安。如不能改变行为（教书），则改变态度（如自认教师是神圣的职业，育天下英才是人生的快乐），这是恢复心理和谐一致的途径。人不能改变现实，则改变态度去面对现实，这是维护心理健康的基本准则。但是，这一理论对协调与不协调本身的规定是模糊的，因而不易把握，也很难测量。

（四）霍夫兰的信息传递理论

霍夫兰的信息传递理论为社会心理学的态度研究做出了重大贡献。他关于信息传递与态度变化的理论，主要体现在 1953 年他和凯利等发表的《信息传递与说服》一书中。霍夫兰认为，在信息传递过程中，影响态度变化的主要因素有：发信者提供信息的可信度、信息的内容结构、收信者特点、收信者参与传递活动等。信息对态度变化有影响。霍夫兰等人提出信度高比信度低更能引起态度的变化。被试的立场与信息传递内容一致的时候，更多的是接受单一传递；在文化教育水平低的被试中，单一传递更有效；在文化教育水平高的被试中，全面传递更有效；全面说服的效果，即使受到反宣传的影响，也还在起作用，就是说，全面传递的说服方式有抵制反宣传的效果。除此之外，霍夫兰等人还发现，当被试积极参与传递活动时，所得到的效果比单纯听广播要好。霍夫兰说服性传递研究对态度变化研究的重要意义在于，他把复杂的态度变化放到程序化了的信息传递模式中去考察、去理解，这样，也就使复杂的问题简单化了：主体和客体（态度对象）在信息传递过程中，由于反馈的作用，共处于同一种回路中，这样反馈回去的内容、信度和信息传递的方式方法，对群体在某个事件上的态度变化也起作用。

四、态度改变与说服

社会心理学中的态度改变，是指一个人已经形成的态度，在接受某一种信息或意见的影响后，发生了相应的变化。改变人的态度，在现实社会生活中是常见而重要的，实际上，生活在现代社会中的每一个人，都在面临着被说服，都在面临着不同程度的态度改变。

（一）态度改变的说服模型

20 世纪 40 年代以来，社会心理学家就说服性沟通进行了许多理论和实证研究，提出了有关态度改变的说服模型。

1. 霍夫兰的态度改变—说服模型

霍夫兰（C. I. Hovland，1959）提出了一种以信息交流过程为基础的态度改变—说服模型。认为影响态度改变的各种因素有说服者、传递的信息、被说服者和情境，说服的效果或态度改变的程度是由这些因素的相互关系或作用所决定的（图 5－4）。

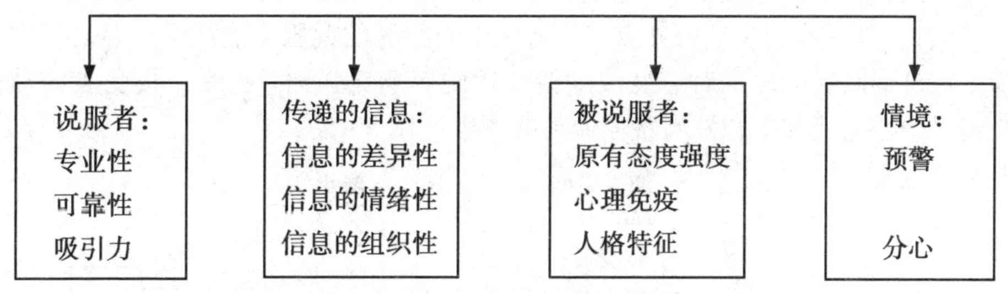

图 5－4　态度改变的说服模型

霍夫兰指出，任何一个说服的过程，都是从“可见的说服刺激”开始的。说服过程中，首先必须有一位信息的传播者，即说服者，他对某一问题有一定的看法，并力图说服他人也持有同样的看法。而要做到这一点，说服者必须设计好一套“传递的信息”，即对传递的信息内容精心组织，对信息传递的方式精心安排，以说服他人相信他的观点是正确的，并诱使和劝说他人放弃原有的态度、立场，从而和他自己的观点与态度保持一致。同时，说服效果还受到被说服者——目标对象本身的特点的影响。被说服者并非全然无知，每个个体早已有态度及特质存在，而这些事前的态度及特质，将影响其对有关说服信息的接受程度。由此可见，在改变他人的态度过程中，要学会从不同的角度，有效地利用各种相关因素来进行态度改变的工作，既要把着眼点放在信息的组织和增加态度改变的策略上，还要把注意力放在了解被说服者原有的意见和人格特点等产生的抵抗力方面，以及我们如何利用自身的特性来提高说服的力量和效果。

2. 陪逖和卡司欧泊的说服双加工模型

陪逖和卡司欧泊（R. Petty & J. Cacioppo，1986）在研究影响说服效果的各因素的相互关系时指出，存在两条说服的路径：中心路径和外周路径。中心路径的说服建立在论据的逻辑性和强度上。中心路径的说服产生时，人们比较全面地加工信息，考虑信息的内容。简言之，人们所关注的是话题本身。与此相对，当接受者不花时间，也不努力考虑劝说信息的内容或含义，而关注与信息内容无关的因素时，这时产生的说服是外周路径的说服。外周路径的说服建立在与说服内容性质或品质无关或额外的因素上，例如是谁提供论据、论据的长短等。

外周路径的说服和中心路径的说服，影响了态度改变的持久性。一般来说，中心路径的说服需要认知努力，接受者理解当前论据的利益，甚至自己想起一些支持性的论据，因而态度改变比较持久。相反，外周路径的说服虽然能使态度动摇和改变，但不如中心路径那样持久和强烈。显然，中心路径的说服效果要优于外周路径的说服。但是，为什么政治家、广告商、推销员或别的职业说服者总是偏爱外周路径的说服呢？原因在于中心路径说服的难度比外周路径的说服难度更大。有两个因素制约中心路径说服的产生：一是接受者的动机，接受者愿不愿意、有没有兴趣来琢磨这一信息。大多数情况下，我们既没有时间和精力，也没有兴趣对所接受的每一条信息进行认知加工。二是接受者的能力，对于一些信息，由于涉及高深的知识，我们只能是“外行看热闹”。另外，如果我们注意力分散，也将使中心路径的说服不能产生。总之，中心路径的加工比外周路径的加工对态度改变持久性的影响更强烈。但是，接受者的动机和能力决定了中心路径加工和外周路径加工的产生（图 5－5）。

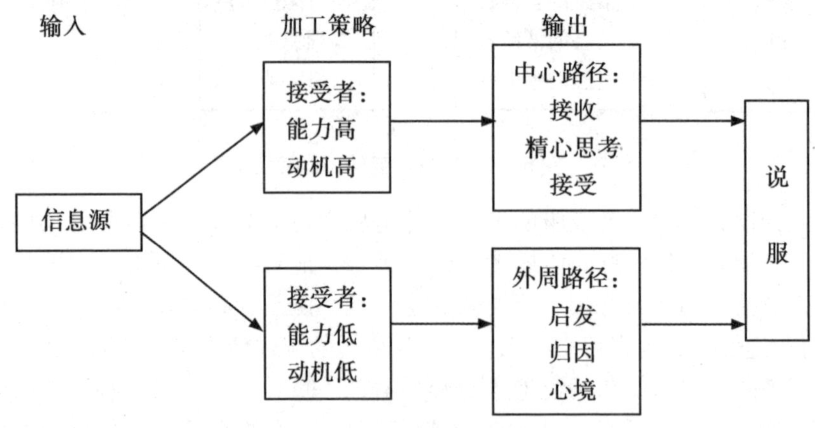

图 5－5　说服的两条路径

（二）影响说服效果的因素

说服过程中，作为说服者的信息来源、信息和信息的传递方式、被说服者以及说服过程中的情境因素等，都是影响说服效果的重要因素。

1. 说服者的特征——信息源

在说服和态度改变的过程中，说服者本身是一个重要因素。同样的信息，有的人费尽口舌可能毫无效果，而有的人通过会心的交谈，使被说服者心悦诚服地改变自己原有的态度。社会心理学家通过研究认为，说服者的专业性、可靠性和吸引力是影响说服效果最为重要的因素。其中，前两者也被称为可信度。

（1）专业性。专业性又称专家身份，指说服者的身份具有使人信服的权威性。使说服者具有权威性的因素很多，诸如说服者所受的教育程度、专业训练、社会经验以及年龄、职业和社会地位等。这些因素，能够使说服者在被说服者心目中成为某方面的权威形象。一般来说，说服者的权威性越大，被说服者改变自己态度的可能性就越大。

阿伦森（E. Aronson）与其同事曾对此进行过一个著名的实验。在实验中，实验者告诉被试，他们正参与一项美学评估活动，要求被试对一些诗歌样本进行评价。当一些被试对其中的某一作品做了否定的评价后，实验者告诉被试，有人对被他们否定的诗却评价很高。这时，其中一部分被试被告知，做出这一肯定评价的是当时的著名诗人艾略特；而另一部分被试则被告知，做出肯定性评价的是一位普通的师范院校学生。然后，让所有的被试重新评价这首诗。其结果是，获悉著名诗人对这首诗评价很高的被试，大都改变了其原先的否定态度，给予了相应肯定性的评价；而获知师范院校学生对这首诗评价很高的被试，则很少有人改变原先的态度。这一实验结果说明，威信高或具有权威形象的说服者，比起威信低或不具有权威性的说服者，其意见所引起态度变化的可能性要大得多。

（2）可靠性。所谓可靠性，是指被说服者对说服者的信任程度。说服者的人格特征、外表仪态及讲话时的信心等都会影响这种可靠性。如说服者在讲话时结结巴巴、犹犹豫豫，那么，他远不及讲话时果断有力、信心十足的人让人感到可靠和可信。另一个影响可靠性的因素是说服者的意图和动机。不论说服者的专业性如何，被说服者相不相信说服者的公正性是至关重要的。因此，对于说服者来说，如何让被说服者相信自己是一个公正、客观而无偏见的人，如何让被说服者了解自己之所以提出这种主张，绝不是别有用心或为了牟取私利，这是一个需要考虑的问题。研究表明，当说服者所提出的主张与其自身利益完全相反的时候，他的影响力会达到最大值。

（3）吸引力。说服者越是具有吸引力，就越有可能增强其说服力，提高说服效果。吸引力是指说服者具有一些令人喜欢的特征。研究表明，越喜欢一个人，受其影响的可能性就越大。原因在于，人们对所喜欢的人往往会比较认同，进而接纳那个人的态度，包括他的爱好和行为方式等。一般认为，外表漂亮的人在说服方面更有优势。在一项研究中，研究者让漂亮的人和长相一般的人去说服大学生参加一个请愿活动，结果前者说服了43%的人，而后者说服了32%的人。

2. 信息传递的方式

在说服和态度改变的过程中，传递的信息内容和形式也会影响说服效果。信息的组织和安排在说服过程中的作用是十分重要的。我们接纳某种观点，不仅看是什么人说的，而且还要看他是如何说的，以及说的是什么。

（1）信息的差异性。所谓信息的差异性，是指说服者所提供的信息与被说服者已有的态度之间的差异。一般而言，信息的差异性是促使态度改变的压力，差异越大，促使改变的潜在压力就越大。但是，并不是差异越大，就一定会导致更大的态度改变。

其原因有两个方面：一是当差异变得异常大时，被说服者会发现，自己已经很难使其态度改变到足以消除这些差异的程度。二是一种差异极大的信息，会使个体对信息来源的可信性产生怀疑。所以，差异程度不宜太高，太高时，被说服者倾向于贬低信息来源，而非改变态度，以减少压力。因此，当传递的信息与被说服者原有的态度差异逐渐增加时，上述两个因素便开始起作用，这种态度改变会变得困难，而拒绝说服者的情况则变得容易发生。

（2）信息的情绪性。所谓信息的情绪性，是指说服者提供的信息对被说服者的情绪唤醒所产生的影响。在说服过程中，说服者既可以借助理性说服，也可以借助情绪情感的唤醒影响被说服者，即常说的晓之以理，动之以情。究竟理性说服有效，还是感性说服有效，因被说服对象而异。能力高和动机高的人，宜采取理性说服，以唤起被说服者的中心路径的加工策略；能力低或动机低的人，宜采取感性说服，以唤起被说服者的外周路径的加工策略。至于情绪对说服效果的影响机制，研究认为，在特定的情绪或心境状态下，人们会产生"心境一致性效应"，即对与当前心境或情绪状态相一致的信息存在加工偏向，从而增强了说服效果。

（3）信息的组织性。所谓信息的组织性，是指信息的组织形式对说服效果的影响。在这方面，最著名的是霍夫兰在第二次世界大战期间进行的"单方面传播和双方面传播"实验。这项在与日本进行最后决战前夕进行的实验，旨在探讨如何能够更好地向士兵传输这样的信念，战争不会马上停止，打败日本还有一场恶战。霍夫兰以两种方式将上述信息告诉士兵，一种方式只单方面提供日军的有利条件，如武士道精神、控制了战场资源等，强调战争因此不会马上结束，起码还有两年。另一种方式则提供了双方面的信息，即强调上述对日军有利的条件，也说明使他们不能坚持下去的原因，如盟军的军事实力在日军之上等。在综合考虑了对日军有利和不利的两方面因素后，做出结论，虽然日军败局已定，但战争不会立即结束，他们起码还能顽抗两年。实验结果表明，单方面论据和双方面论据的信息传播并无绝对的优劣之分，其对被试的影响依下列因素而定：一是被试的文化程度。对文化程度低的人，单方面论据的信息传播较能改变他们的态度；对文化程度高的人，双方面论据的信息传播更为有效。二是被试原有的态度。对那些原先的态度与传播的信息不一致的士兵（即认为战争马上要结束的人），双方面论据更能说服他们改变态度，相信战争还要持续一段时间；反之，对那些原先的态度和传播的信息一致的士兵（即认为战争将会持续下去的人），单方面论据更能坚定他们已有的看法。换言之，双方面论据的传播对态度改变有效，而单方面论据的传播则对态度的维持更为有效。

3. 被说服者的特征——目标对象

信息源和信息内容及传递方式的影响，最终要通过被说服者体现出来。被说服者的本身特点也影响到说服效果。社会心理学家通过研究证实，被说服者的下述三个方面的特征会影响到说服效果：

（1）人格特征。社会心理学家曾经做过许多研究，来探讨被说服者的人格特征与态度改变之间的关系。霍夫兰等人在实验研究中发现，可说服性是一个重要的人格特质。被试若在一种情境下较易被说服，则在其他情境下也较容易被说服。同理，被试如果在一种情境下不易被说服，则在其他情境下也较不容易被说服。与可说服性相关的主要因素有两种，一是自尊或自信心。自尊心低的被试比自尊心高的被试更容易被说服。这是因为，自尊心低的人对自己的意见、观点评价较低，由于他们不重视自己的意见和观点，所以一遇到说服就会轻易放弃自己原来的观点而改变态度。二是智力或能力。智力与说服之间的关系是复杂的，一般来说，智力高的人与智力低的人相比，前者很少受到不一致或不合逻辑的论据的影响，后者则很少受复杂而困难的论据的影响。现有的研究证实，高智力的人易受强调理解的信息的影响，低智力的人则易受强调顺从的信息的影响。

（2）原有态度的强度。被说服者原有强度的变化，主要受四种因素的影响：一是既成事实的影响。即个人自身采取行动以后对自身态度的影响。二是公开声明。公开声明过的态度，也就是已经承认自己原先的观点，如果改变等于进行自我否定。三是自由选择程度。对于某一种观点或态度自由的选择，会比被迫做出的选择容易引起更强的信奉感。四是自我涉入。即被说服者对原有态度的信奉程度。自我涉入与问题在被说服者的个人生活中的重要性有关。自我涉入浅的，对原有态度信奉程度低，态度就容易改变；自我涉入深的，对原有态度信奉程度高，态度自然就不容易改变。

（3）心理预防。被说服者态度改变的难易，还与其是否经过心理预防有关。经过心理预防的被说服者，会对说服信息产生抵制，这与医学中增强机体的抗病能力来预防疾病的道理很相似。关于增强机体的抗病能力，医学上通常有两种方法：一是增加营养和加强锻炼，使机体更加强健；二是接种少量病毒，使机体产生抗体。社会心理学家麦奎尔（W. J. McGuire）借用了现代医学术语，希望经由与医学中的接种和免疫手段相似的途径，培养人们对说服的抵抗力。具体的做法有两种。一种是对被说服者的意见进行微弱的攻击，使之加强原有的态度，增强其抵制有害观点的能力；另一种是对被说服者的意见给予支持，使原有的态度得到加强。麦奎尔将前者称为接种预防，后者称为支持预防。通过实验，麦奎尔发现，经过接种预防的态度最不易改变，经过支持预防的态度较易改变，而没有经过任何预防的态度最易发生改变。

4. 情境因素

任何说服性过程都是在特定的情境中进行的，这些情境因素对说服效果有着重要的影响。在某种情境条件下，说服效果可能很好；然而，换一种情境条件，说服效果就可能很差。对此，我们可以分析霍夫兰的“预警”和“分心”概念来理解情境因素对说服效果的影响。

（1）预警。即事先让被说服者知道将会发生的情况。在预警情境下，被说服者将更有力地抵御某种观点的说服。弗里德曼等人在一项实验中证实了预警的效果和作用。他们在实验前10分钟告诉一些少年被试，他们仍要接受“为什么不允许少年开车”的宣传；而另一些少年直到研究开始时才被告知这一消息。结果显示，有10分钟预警的少年受这个演讲的宣传影响，要比没有预警的那一组少年小得多。这说明，预警这一情境因素使他们抵制传递的信息而影响说服效果。

（2）分心。在说服过程中，情境中的某些刺激因素会引起被说服者分心，使之难以把注意力集中在所接受的信息上。分心的作用主要是干扰被说服者对传递信息的注意程度，以便削弱他对说服的防御和抵制。费斯廷格和麦考比（N. Maccoby）的一项实验表明，当被说服者原来反对说服者的观点时，如能使被说服者分心，则能取得较为有效的说服效果。这是由于分心能干扰反驳过程，故能更顺利地导致态度改变。相反，如果没有分心，则说服者所提供的信息很容易引起抵制或反驳。而金巴尔多（D. Zimbardo）等人指出，分心对说服的效果的影响，取决于被说服者注意信息的程度和注意分散刺激的程度。当注意传递信息时，分心会提高说服效果；当注意分心刺激时，分心会降低说服效果。而过度分心将使说服性信息完全未被摄入，效果为零。因此，分心刺激不能过强，否则，会干扰对传递信息的注意，削弱说服效果。

五、态度改变的方法

态度的改变指两个方面，即方向与强度。如有人本来不喜欢喝酒，后来变得喜欢了，这是一种方向上的改变；有人本来仅是喜欢某个女孩，现在变成爱这个女孩，这就是一种强度上的变化。方向与强度有关系，从一个极端转变到另一个极端，既是方向的改变，又是强度的改变。改变个人态度的方法主要有以下几种：

（一）说服宣传

说服宣传有各种方式，可以通过面对面交谈、参观访问、看电视、看电影等方式来改变人们的偏见及某些信念，从而改变其态度。其中，大众宣传对改变人们的态度可以收到事半功倍之效，但在说服宣传中应注意以下几点：

1. 提高宣传说服者的可信度

宣传对象会不会在接受传播信息之后改变原来的态度，说服者的可信度——说服者具有影响他人改变态度的特性是一个很重要的因素。说服者的可信度取决于他的专业性与可靠性，说服者可以通过学有专长，拥有较高的社会地位以增强可信度，也可以通过提高人格力量，学习说服技巧来形成可靠性，增强可信度。

2. 说服宣传要实事求是

说服宣传中要注意做到既不夸大，也不缩小。过分夸大会使人产生怀疑感与不信任感；过分缩小则不易引起人们的充分重视。有人将同一型号汽车做了两则广告，一则说："这种车门的内把手太偏右了一点，用起来不顺手。但除此之外，其他方面都很好。"另一则广告全讲优点。结果顾客都相信前一则广告，这说明，实事求是的宣传更易获得人们的信任，促使其改变态度。

3. 说服宣传要晓以利害

宣传应使人们内心感到压力与威胁，只有听从劝告、改变态度，才能消除心理上的负担，同时又必须实事求是地提供信息。琼斯等人在20世纪五六十年代进行一系列的实验研究，他们使用三种不同的宣传方式说明龋齿和身体健康的关系。第一组以强硬的讲解方式，说明牙齿腐烂引起的痛苦和感染；第二组以中等程度的方式诉说，其口气不如前者强硬；第三组用轻微的方式诉说。以上三种方式引起三种不同程度的焦虑。第一组显示出强烈的焦虑，第二组显示中等的焦虑程度，而第三组显示是轻微的焦虑。结果，最注意口腔卫生的是第一组（38%），对口腔卫生不注意程度最低的还是第一组（8%）。

这里应注意两点：第一，如果需要人们立即改变态度的话，则宣传应该引起较强烈的恐惧感，使其变为一种动机力量，激发人们迅速改变态度。第二，如果宣传者要求人们可以延长一段时间改变态度，则不必过分强调危险。人们的理智会使态度变化呈倒U形关系，当恐怖的宣传由低等到中等程度时，其态度变化也逐渐增大；但恐怖宣传一旦过强，情况就会适得其反，人们或是回避信息，或是持抗拒态度。

4. 说服宣传要有针对性

要根据对象的特点有针对性地进行宣传。当人们的习惯和宣传者所提倡的方向比较一致，并且在这方面的知识经验不足时，单方面宣传比较合适。当人们早已具备比较充分的知识经验而且习惯于思考和比较时，双方面宣传会使他们更加信服。如现今的广告大都是一边倒地单方面宣传，它们可能哄骗一些人，但对知识经验比较丰富的人来说没多大作用。因此，说服宣传应有的放矢，不能千篇一律。

5. 说服宣传要逐步提出要求

要求人们改变态度时，应该分阶段提出要求，不要急于求成。如果要求过高，不但难以改变原先的态度，反而会使人更加坚持原来的立场，持对立态度。在日常生活中也是这样，人们突然听到不幸消息（亲人死亡）时，由于无思想准备而一时接受不了，甚至会发生意外，因此必须逐步传递信息。

（二）积极参加活动

引导人们参加实践活动，有助于改变其原来的态度。在现实生活中也有正反两方面的示例，对于不喜欢锻炼身体的人，与其细说，不如动员他们去操场上转转，这往往能改变他原来的态度。有的人本不赞成赌博，由于好奇心试着赌了一两次，最后也可能改变他原先的态度。某种实践活动经常进行就会改变当事人的态度。

（三）强迫接触

不管喜欢不喜欢，强迫个体与态度对象接触，将有助于态度的改变。1937年，史密斯曾做过一个实验：他利用两周时间，安排研究所的白人学生到哈列姆黑人区，与著名的黑人编辑、外科医生、诗人、画家等见面，听黑人小说家的演说，参加黑人学生的茶会、黑人企业家的午餐会等。结果显示，46人中有44名学生对黑人的态度显然比实验前较为友善，且一年后此态度仍保持不变。这说明，通过互相接触，可以增加个体对态度对象的了解，促进态度的改变。我们日常所说的“日久生情”就是这样，刚见面时并不喜欢，但时间长了，互相了解了，自然而然也会生出感情来，原来不喜欢的态度变为喜欢的态度。

（四）群体规定

群体的公约、规则可以有效地改变人们的态度。20世纪40年代，勒温曾做过这样一个实验，被试是不喜欢用动物内脏做菜的美国家庭主妇。第二次世界大战时期，由于食品短缺，美国政府希望能说服家庭主妇们购买一向不大受欢迎的动物内脏做菜。勒温采用了两种办法，一种把上述要求做讲解与劝说；另一种把上述要求做群体规定。他把主妇分为6组，每组13～17人，其中三组接受讲解与劝说，另三个组采取群体规定。前三个组的主妇们听人讲了这些食品如何美味，营养如何丰富，吃这种食品对国家贡献如何大等，还得到一本烹调内脏的食谱。而后三组的主妇们被简单地告知，群体规定大家今后要改用动物内脏做菜。一周后进行检查，讲解组仅有3%的人改变了态度，而群体规定组有32%的人改变了态度。这是因为个人对所属群体具有认同感，希望同群体保持密切的关系，因此乐意接受团体规范。所以，群体规定可以有效改变人们的态度。群体规定之后，如果有人不遵守，可以进行个别的劝说，双管齐下，促使其态度发生改变。

第三节　态度的测量

态度是一种内在的心理，它无法被直接观察到，但可以通过某些方法和技术把它测量出来。这里介绍几种通常用于态度研究的技术性的量表测量方法。社会心理学的研究证明，运用高信度和高效度的态度量表，可以较准确地反映出所要测定的态度，为社会心理学的研究提供较可靠的数据和资料。

一、瑟斯顿量表

瑟斯顿量表亦称等距量表，由路易斯·瑟斯顿（L. L. Thurstone）于1929年首创。这种量表包含许多题目或项目，这些题目或项目的分值在量表中的位置，事先由一群评判者决定其等级的排列。被试对这些项目进行同意或不同意反应，最终以被试同意项目的分值的中位数决定被试在这一问题上的态度。

瑟斯顿认为，测量态度的最好办法是，首先选取一组有关某一问题的简单、直接、涉及面广的题目，再要求被试对其中的每个题目做出反应，最后总结其结果。然而，瑟斯顿制作一张适当的陈述表的过程相当复杂。首先，应尽可能准确地选择和规定他想要测量的态度。然后提出大量的（50条或者更多）关于态度对象的简单明确的陈述。瑟斯顿提出对原来的表应做广泛的校订，以便对所有陈述反复推敲。他对制作过程提出了五条标准：①问话应简单；②提出陈述的方式应该让人们明确表示赞成或反对；③应与问题有关；④应该非常明确；⑤应体现出对于问题可能出现的意见的整个范围。

瑟斯顿量表法的制作关键，在于确定项目的等级。调查者根据研究的构思和主题，收集与研究主题有关的句子，并略加选择。请若干对研究主题有心得而客观的专家，针对这些项目逐条分为11个等级，其顺序由最不赞成到中立到最赞成。如果一条题目体现了对态度对象的最肯定态度，就将其放入第1等级中；没有明显肯定或否定的，放入中间的第6等级；反映最不赞成的态度的题目，则放入最后第11等级中。然后计算各条项目在11个等级中的次数分配，依照累积次数分配的办法，制作百分比图，决定每一项目的分数与Q值，选择Q值最小的项目12～18个构成量表，构成量表的项目，最好以随机顺序排列。计分时，将每一位被试赞同的量表项目依照分数高低排列，项目分数为该被试的态度分数。

瑟斯顿提出两个选择的标准：一个是项目的意义要清楚而不要含糊；二是构成量表的项目分数间距离要能代表整个范围内的测量等级值。

二、李科特量表

李科特量表也叫总加量表，由李科特（R. A. Likert）于1932年创立，此量表由20个以上的问题所组成。它有两个主要特征或假设：第一，假定每一态度项目都具有同等量值，项目间没有差别量值存在，而被试的差别量值则表现在对同一个项目反应程度的不同。若干项目的集合，可以视为整个态度量表的分量表。一个态度量表中的分量表之间，理论上具有同等的地位。因此，这类量表的制作要点在于项目本身的选择妥当与否。第二，被试态度的强烈程度可以尽量地表达出来，因为这类量表都设计了多级反应类别。一般来说，有3等级反应类别（不同意、无意见、同意）、5等级反应类别（极不同意、不同意、无意见、同意、极同意）、7等级反应类别（极不同意、不同意、比较不同意、无意见、比较同意、同意、极同意）。一般多为5等级类别。

以测量人们对安乐死的态度为例，研究者设计了30条与安乐死问题有关的题目，其中一半的题目是以赞同的形式来表达的，另一半的题目是以反对的形式来表达的。被试对每一条题目做5级评定。如：

（1）只要有可能就要维持人的生命，这是医生的职责。

A. 极同意　B. 同意　C. 无意见　D. 不同意　E. 极不同意

（2）对于身患绝症的人，可遵循他的意愿，帮助他死去。

A. 极同意　B. 同意　C. 无意见　D. 不同意　E. 极不同意

在本例中，“极同意”计5分，“同意”计4分，“无意见”计3分，“不同意”计2分，“极不同意”计1分。对于以反对的形式来表达的题目或项目要反向计分。量表的总分表明了被试对安乐死的态度，低分者持反对态度，高分者持赞同态度。由于李科特量表制作比较简单，因此是人们最常用的态度量表。

三、语义分析量表

语义分析量表是奥斯古德（1957）等人创立的，目的在于分析人们对于特定的对象所给予的意义，分析该对象所具有的形象，以测定和判断其态度。实验者根据所要测试的问题设计一套双极形容词（如聪明—愚蠢、痛苦—快乐、热情—冷淡等）的量表，将每对双极形容词分别写在线段的两端，线段上有5个或7个刻度，分别代表个体对某对象的几种态度水平。将被试的选择累加起来，即可得到被试肯定或否定的态度。图5-6就是一例。根据被试所填量表，我们可以计算出其分数：6+4+5+1+4+6+6+4+5+4=45，表明被试人生的态度基本上是比较积极的。

四、古特曼量表

古特曼量表也叫累积量表。这种类型的量表是由单向具有同一性质的项目构成的。这种方法企图决定一个量表的单向性或单层面的特质。如果一个量表是由单向项目所构成，则项目之间的关系或排列方式是有次序可循的。在累积量表中，一个人对第二条项目表示赞成时，他也同时赞成第一条项目。同理，赞成第三条项目时，也表示赞同第一条和第二条。因此，一个人所赞同项目的梯级越高，他的总分便会越高。所以，

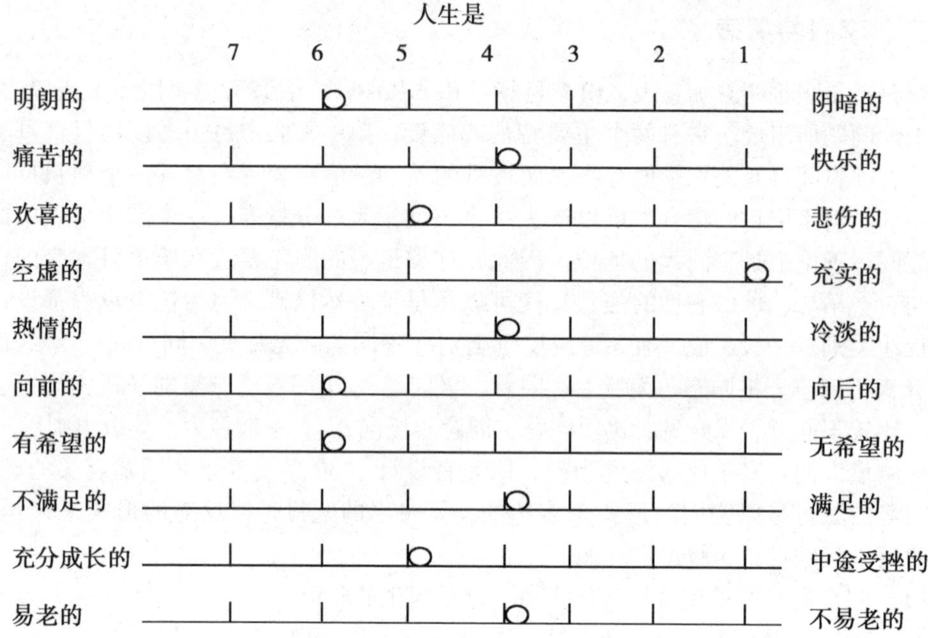

图5－6　语义分析量表示例

一个人所得的分数，可用以推测他对全部项目的反应状态。换言之，累积量表中的项目本身反映了态度的强烈程度，从最不强烈到最强烈。累积量表的制作步骤如下：

（1）选出可用于测量某种事物的具体句子或项目。

（2）将选出的句子构成一个测验量表，用来测试样本。

（3）将那些被80%以上的被试均回答同意或均回答不同意的项目或句子去掉。

（4）将被试依其总分数的高低，按最赞同到最少赞同的顺序由上往下排列。

（5）将句子依照最受赞同至最不受赞同反应顺序，由左往右排列。

（6）去掉那些无法判别受赞同与不受赞同反应的句子。

（7）计算复制系数。①计算误答数目，即计算有多少赞同反应不符合单向度量表的模式。②复制系数＝1－误答数/回答数。③如果复制系数高达0.80，则单向度量表的要求就成立了。

（8）每一个人的态度分数，是将其所有回答赞同的项目数合计而得。

古特曼量表的制作是建立在量表项目的单向度特质上，其项目间的关系排列方式是有次序的。因此，古特曼量表产生的个人分数的高低，不会像前面所述的瑟斯顿量表和李科特量表那样会生成相同的分数可以表示不同态度形态的现象。不过，也有人批评古特曼量表只注意怎样就项目本身确定单向度因素，但缺乏如何去挑选项目来构成量表的指导。

五、其他测量方法

（一）自由反应法

自由反应法也是测定人们态度的一种重要方法，态度量表主要测定的是态度的情感因素，而自由反应测定的则是其中的认知因素，二者是相互补充的。这种方法不向被试提供任何可能的答案，而是及时地提出一些开放性问题，让被试自由回答，以从中推测被试的态度。自由反应法主要包括以下三种形式：

1. 开放式态度测量法

开放式态度测量法即给出一些开放性问题或刺激物，如“你对当前经济体制改革怎么看?”而不提供任何可能答案让被试加以选择，而是让被试依据自己的情况自由回答，以便被试能充分表达自己的态度。但这种测量不够精确。

2. 投射法

投射法是通过间接的方法来了解一个人对某一事物的态度，它是分析人们对某个刺激物所产生的联想来推测其态度。这种联想是人们内心深处的想象、愿望、要求以及思想方法等无意识在某个刺激物上的反映。由于人们在致力于联想时，其个人心理防卫能力就会降低，从而将其潜意识中的态度不知不觉地浮现出来。主题统觉测验是一种著名的投射方法。实验中常采用的方法是向被试出示一幅图画（墨迹图），要求被试根据图画内容编一故事，或是续完一个没有结局的故事，被试在叙述的时候，不知不觉把自己对某一事物的态度投射进去，从而泄露了自己的真实态度。

3. 语句完成法

语句完成法是指事先准备好几个有关某一事物的未完成的句子，让被试将其写完，从中反映出他的态度。从技术上看，因为刺激是一套未完成的短句，可使研究者更有针对性地了解被试对某个对象的态度，而且这种方法在实施过程中不需要仪器设备，又可集体进行。比如，要了解某人对其父亲的态度，可让其完成下述几个句子：“假如我父亲……”，“今天我父亲……”等。从他所填的句子中，我们可以推知他对父亲的态度。

（二）情境法

它是根据人们在已知情境中的态度，去预测他们在另一类的情境中的态度，美国中央情报局常采取此种方法测量人们的态度。例如，一情报小组在前进中遇到一条河，必须迅速搭桥过河，但事先毫无准备，又无现成可用的材料（有意设置的情境），这时，就可充分观察小组负责人对待困境的态度，从而推断他对待突然出现的情况的态度。

（三）行为观察法

此法主要通过观察人们的行为表现来推断其态度。这种方法由于在使用时可以不让被观察者发觉，因而可以准确地收集资料。但应该知道。这种方法不像量表法那样去直接测定个人的态度，而是从外显行为上加以推断。行为与态度并非一一对应的关系，所以，由观察到的行为去推断态度，其可行性值得商榷，但它作为一种重要的测量态度的方法，其作用是值得肯定的。

（四）生理反应测量法

这种方法是以测定被试的生理变化（主要是皮肤电反应和瞳孔反应）来测定其态度，其原理是在态度发生时，特别是在情感活动时，身体内部会发生一系列生理反应，如皮肤内血管的舒张与收缩、汗腺分泌的变化、呼吸急促、心跳加快等。因此，通过生理指标的测定，可以推测被试的态度。专家们认为，人们的植物性神经系统较难自我控制，因此，这种方法有一定的可靠性。国外一些部门用测谎仪来窥测犯人的真实态度，认为它有一定的科学根据。

第四节 偏 见

偏见一直是社会心理学的重要研究领域，关于这方面的研究，国内比较少，而西方的社会心理学家已经取得了比较丰富的研究成果。偏见严重影响了我们的生活，它是多因素综合的结果，是社会的顽疾。如何减少甚至消除偏见是社会心理学家乃至整个社会一直思考并为之奋斗的方向。

一、偏见的概念

从20世纪30年代开始，人们就注意到了偏见的影响：西方人对东方人的偏见，形形色色的种族偏见在很大程度上是纷争的根源。了解偏见，并克服它的影响，对社会的稳定和促进不同文化的交流有着重要的意义。

偏见（prejudice）是人们以不正确或不充分的信息为根据而形成的对其他人或群体的片面甚至错误的看法。偏见与态度有关，它是一种负面态度。我们知道态度包含三个成分：认知、情感和行为倾向。与态度的认知成分相对应的是刻板印象（stereotype），它代表着人们对其他团体的成员所持的共有信念，刻板印象可能对，也可能错。偏见则是与情感要素相联系的倾向性，它对他人的评价建立在其所属的团体之上，而不是认识上。从这一点来看，偏见既不符合逻辑，也不符合情理。行为成分体现在歧视上，我们对某些人的认识和情感都是负面的，所以我们在行为上用不公正的方式来对待他们。

生活中，偏见无处不在。当初“孔雀东南飞”的内地人被当地人看作是“淘金的”。之前去国外留学或者工作的中国人被认为是“赚钱的”，就像陈可辛导演的《中国合伙人》里面所陈述的那样，美国人以为来美留学的中国学生都想扎根美国。虽然目前女性的社会地位得到了提高，但在求职中女性相对于男性还是处于不利地位。另外对同性恋、艾滋病患者的偏见与歧视也是非常普遍的。

二、偏见产生的理论

对这个问题的研究，不同的理论有不同的观点，下面我们罗列几种相关的理论。

（一）团体冲突理论

团体冲突（group conflict）理论认为，为了争得稀有资源，如工作或石油等，团体之间会有偏见产生，从这一点上来看，偏见实际上是团体冲突的表现。团体冲突理论还用相对剥夺的观点解释偏见何时产生，当人们认为自己有权获得某些利益却没有得到，这时，他们如果把自己与获得这种利益的团体做比较时，便会产生相对剥夺感，这种相对剥夺感最可能引发对立与偏见。

穆扎弗·谢里夫（Muzafer Sherif）等人（1961）在一项经典研究中，用童子军宿营的实验验证了团体冲突理论。被试是一群正常且适应良好的12岁男孩，他们被随机编入“老鹰队”或“响尾蛇队”。两队的营区相距很远，每一队都只待在自己的营区。实验开始阶段，研究人员为两队安排了许多有趣的活动，比如远足、游泳以及盖房子、准备团体膳食等分工合作活动。这样做的目的，主要是为了增加其团队的凝聚力。

在两队都有了凝聚力后，研究进入下一个阶段：研究人员安排了一系列让两队相互对抗的竞争活动，比如足球比赛、棒球比赛、拔河比赛等，获胜的队伍可以得到奖赏。通过这些竞争性的活动引发了两队间的冲突与紧张情绪。此外，研究者也创造了其他一些情境来进一步强化两队之间的冲突。

在研究的最后阶段，研究者试图改变两队之间正在升级的敌意。然而研究者发现：敌意一旦被引发，仅仅取消竞争并不能消除敌意。事实上，两队之间的敌意仍然持续上升，即使两队一起看电影，或是进行其他温和的活动，也改变不了已经产生的敌意与对立。

（二）社会学习理论

阿什莫尔（Ashmore，1980）提出的社会学习理论则认为偏见是偏见持有者的学习经验，在偏见的学习过程中，父母的榜样作用和新闻媒体的宣传效果最为重要。儿童的种族偏见与政治倾向大部分来自父母，儿童所接受的新闻媒体的影响使得儿童学习到了对其他人（比如少数民族和妇女）的歧视。为了证明学习理论在偏见形成中的作用，简·艾略特（Jane Elliot，1977）将班上的学生根据眼睛颜色分开，并告诉学生说，蓝色眼睛的人比褐色眼睛的人好，更聪明、更优秀，更值得依赖等。蓝眼睛的小孩被给予一些特殊的权利，而褐色眼睛的小孩被戴上项圈，标明其属于劣等团体。艾略特通过这种操作，在她所教的班上创造了一个偏见社会的缩影。随后，她发现这个班级中开始产生分裂和麻烦，作为优势团体的蓝色眼睛组开始对作为劣等团体的褐色眼睛组加以取笑和排斥。第二天，艾略特又颠倒蓝、褐色眼睛孩子的地位，改变了眼睛颜色的刻板印象，褐色眼睛的孩子开始报复。通过这样的安排，她让学生经历了对偏见的学习。

（三）认知理论

认知理论用分类、图式与认知建构等解释偏见的发生，认为人们对陌生人的恐惧（贬低对他们的认识）、对内团体与外团体的不同对待方式（喜欢内团体的人，排斥外团体的人）以及基于歧视的许多假相关（多数人与少数人不良行为的比率相同，但少数人的不良行为被过分估计）等都助长了我们对他人的偏见。在认知理论看来，偏见是人们处理和整合信息的时候不可避免的副产品，阿伦森（Aronson）甚至认为偏见是人类认知的黑暗面。人们倾向于将信息分类组合，形成一些架构，并用它们来解释新的或不寻常的信息，依赖潜在的不准确的判断法则，以及依赖往往有误的记忆过程——社会认知的所有这些层面都能导致我们形成消极的偏见。

（四）心理动力理论

心理动力理论（psychodynamic theory）用个人内部的因素解释偏见，认为偏见是由个体内部发生、发展的动机性紧张状态引起的。心理动力理论有几种不同的形式：一种形式把偏见看成是一种替代性的攻击，另一种形式则将偏见视为一种人格反常，偏见是一种人格病变。其中最有名的当数阿多诺（Adorno，1950）对“权威性人格”（authoritarian personality）的研究。他发现20世纪30年代德国人的反犹太情绪是由权威性人格发展起来的，这一人格的特征包括：对传统价值观与行为模式的绝对固执；认同并夸大权威；将对某些人的敌意扩大到一般人身上；具有神秘及迷信的心理倾向。

（五）人格理论

艾特米耶（Altemeyer）发展了阿多诺的理论。他用右翼权威性（RWA）量表来测量权威性人格中的保守主义、攻击性和服从性，发现RWA能聚合成单一维度，而且能有效预测偏见和自我中心行为。埃达留特（Aidanius）也提出一个个体差异维度——社会支配取向（SDO）。SDO是指人们如何看待群际关系，即群体之间是否公平，内群体是否优于外群体。SDO量表可以有效预测社会政治和群体想象。SDO量表与RWA量表很相似，但是两者的相关度却很低，学者们认为他们是相互独立作用于偏见的。

达基特（Duckitt）的双加工动机理论（DPM）模型认为，SDO和RWA不是人格特质，而是社会政治态度的两种基本维度。SDO可以用来表达基于群体的支配和超越动机，而RWA则代表着社会一致性和集体安全的诉求。这两种动机过程取决于人们的人格和在社会化过程中习得的图式观念。RWA与服从性有关，即大五人格中的开放性；而SDO与倔强性格有关，即宜人性。和DPM模型一致，RWA和SDO分别在开放性和宜人性对偏见的影响中充当中介的角色。

三、偏见的影响

（一）对知觉的影响

偏见会影响到人们对他人的知觉，以性别偏见为例，尽管某些男性与女性的身高一样，但人们的实际判断依然有很大的差异。

这种知觉还表现在许多其他领域，比如白人评判者认为黑人儿童画的画比白人儿童的更具冒险性。斯宾塞（Spencer）和斯蒂尔（Steele，1995）在研究针对女性数学能力的刻板印象时发现，男性与女性数学能力的差异受测验指导语的影响，在测验之前如果告诉参加测验的男女生这个测验会有性别差异（男性成绩优于女性），则实际测验能发现这种差异；如果测验前告诉被试该测验不会有性别差异，则这种差异也会消失。

（二）对自身和他人行为的影响

我们本身持有的一些偏见甚至会影响我们自己的行为。人们一致认为睾丸酮是反社会、自私行为和攻击性的罪魁祸首。实际上很多科学家开始质疑这种民间智慧，因为睾丸酮只涉及人际地位竞争的行为。埃塞内格（Eisenegger）在一项研究中发现，给妇女注射睾丸酮之后，能够减少交易行为中的冲突，甚至促进人际和谐。而那些以为自己服用了睾丸酮的女性被试，却在交易过程中表现出更少的公平性。由此可见，人们的偏见能激发与之相适应的行为。

我们对他人的偏见也影响了他人实际的行为表现，这一点最明显地表现在自证预言（self-fulfilling prophecy）中。偏见持有者对对方的预期会使对方按照自己的预期去表现行为，罗森塔尔（Rosenthal，1978）把这种个体使得目标对象产生符合预期行为的现象叫作自证预言，也叫作自我实现的预言。

四、消除偏见的方法

偏见在我们的生活中有很大的危害，心理学家一直在探索消除偏见的方法。主要包括以下几种：

（一）社会化

儿童、青少年的偏见主要在社会化过程中形成，因而通过对这一过程加以控制可以减少或消除偏见，而在社会化过程中，尤其要注意父母与周围环境以及媒体的影响。

（二）受教育

接受的教育越多，人们的偏见将越少。有时候人们的偏见更多地来源于自己的无知和狭隘，所以通过让人们接受更多的教育来减少偏见是一种很有效的方法。

（三）直接接触

阿米尔（Amir，1969）、布鲁尔（Brewer）与米勒（Miller，1984）提出的接触假设（contact hypothesis）认为在某些条件下，对立团体之间的直接接触能够减少他们之间存在的偏见。这里所指的条件包括：地位平等；有亲密的接触；团体内部有合作，并有成功的机会；团体内部有支持平等的规范。基于这一假设，举办国际性的学术会议、奥运会等都可以克服人们之间的偏见。

思考题

1. 态度是如何形成的？态度形成的主要理论有哪些？
2. 如何认识认知不协调理论？如何消除认知元素之间的不协调关系？
3. 影响态度说服效果的主要因素有哪些？你是如何说服他人的？
4. 如何测量态度？
5. 如何消除偏见？

第六章 社会感情

感情是人类社会生活中非常重要的心理现象，它更多地体现了人们对客体觉知的过程。社会感情是体现社会群体所共有觉知过程的一种社会心理现象。无论感情，抑或社会感情，都与人类的生活密切相关，是非常值得我们研究的。

第一节 社会感情概论

一、社会感情的概念

社会感情是伴随整个社会心理过程产生的主观体验和心理感受。从人的自然属性与社会属性相统一的本质看，人的感情就是社会感情。感情能给人们带来快乐和满足，又使人不可避免地遭受苦恼和折磨。与语言交流相伴随，人际交往也进行着情感交流，无论是外显的彼此沟通，还是含蓄的互相感染，通过面部表情、声调及姿态动作所表达的情绪体验，准确地传达着有时语言所不能陈述的细密而寓意深邃的信息。

社会感情由社会情绪与社会情感构成，两者既有区别又有联系。

（一）情绪与情感的概念

历史上，曾把情绪和情感统称为感情，既包括感情发生的过程，也包括由此产生的种种体验。现代心理学中，人们分别采用个体情绪和情感来表达感情的不同方面。情绪（emotion）主要指感情过程，即个体需要与情境相互作用的过程，也就是脑的神经机制活动的过程；而情感（feeling）经常用来描述那些具有稳定的、深刻的社会意义的感情。广义而言，它与情绪一样也是人对客观事物的态度体验。狭义而言，它又不同于情绪，是和人的社会性需要相联系的一种较复杂且又较稳定的态度体验。例如，道德感、审美感、理智感、爱与恨的体验等。

传统观点认为，情绪与情感的区别主要表现在三个方面：第一，从需要角度看，情绪是和有机体的生物需要相联系的体验形式，如喜怒哀乐等。情感是同人的高级的社会性需要相联系的体验形式，如与人交往相关的友谊感，与遵守行为准则规范相关的道德感，与精神文化需要相关的美感与理智感。第二，从发生角度看，情绪发生较早，为人类和动物共有；无论从种系或个体发展来看，情感体验都发生得较晚，是人类所特有的，是个体在社会化进程中发展到一定阶段才产生的。第三，从稳定性程度看，情绪永远带有情境的性质，而情感有可能既具有情境性又具有稳定性和长期性。

稳固的情感体验是情绪概括化的结果。

（二）情绪和情感的成分

19 世纪以来，心理学家对什么是情绪和情感进行了长期而深入的研究，对情绪的实质提出了各种不同的看法，但是，由于情绪和情感的极端复杂性，至今还没有得到一致的结论。一般认为，情绪和情感是人对客观事物的态度体验及相应的行为反应，是一种多形式、多水平和多功能的复杂心理过程。面对复杂的情绪现象，情绪心理学家把情绪的结构归纳为三个不可分割的成分：主观体验、生理唤醒和外显表情。

主观体验（subjective experience）是个体对不同情绪和情感状态的自我感受，是心理活动的一种带有独特色调的觉知或意识。它所负载的过程就是情绪作为心理实体的具体过程。正是情绪过程的体验感受方面给行为提供动机，对认知和行为起着组织或瓦解的作用。每种具体情绪的主观体验色调都不相同，给人以不同的感受。

生理唤醒（physical arousal）是指在情绪、情感活动中产生的所有生理变化。任何情绪都有其生理基础，并总是发生在一定的生理激起水平上。随着情绪的发生，有机体会产生一系列的生理变化，这主要表现在呼吸系统、循环系统、消化系统和腺体活动的变化上。这些变化可作为情绪状态的客观指标之一。这些生理变化不仅支持和维持着情绪，而且影响着情绪的强度和持续时间。

表情（emotional expression）是在情绪和情感状态发生时身体各部分的动作量化形式，包括面部表情、姿态表情和语调表情。在情绪活动中，人的面部、四肢和躯干的动作、姿态会发生明显的模式性变化。表情在情绪活动中具有独特的作用，它既是传递具体情绪体验的鲜明标记，也是情绪体验的重要发生机制。表情（主要是面部表情）的反馈是情绪体验的激活器，即表情对脑的感觉反馈转化为意识形式时，就构成了情绪体验。

主观体验、生理唤醒和外显表情这三种成分的共同活动构成完整的情绪过程。换句话说，任何单一的成分都不足以构成情绪，只有当三种成分整合时，情绪才能产生。同时，在情绪活动中，这三种成分以反馈的方式相互影响或循环往复地相互作用，彼此间相互加强或削弱，相互补充或改变。

综上所述，我们可以给情绪下这样一个定义：情绪是多成分组成、多维量结构、多水平整合，并为有机体的生存适应和人际交往而同认知交互作用的心理活动过程和心理动机力量。这样的描述既体现了情绪的功能，又囊括了情绪的结构。

二、社会感情的特点

与情感相比，社会感情具有群体性、共同性、社会影响力较大等特点。

（一）社会感情具有群体性特点

社会感情不同于个体性感情，最重要的一点就是它的群体性。社会感情不是个人的感情好恶，不是个人独自的心理体验。它存在于特定的社会群体内部，有时甚至是全社会性的或全民族所共有的。群体有大小之分，有类别差异，小到家庭情绪、团队激情，大到民族感情。虽然社会感情也是由每个群体成员的个人感情构成的，但绝不是所有群体成员的个人感情简单相加，而是群体成员之间相互作用的结果，也是大家共同“塑造”的包含了相互影响力的结果。

（二）社会感情具有共同性特点

社会情绪的爆发，社会情感的形成，往往由特定的社会事件所引发，并产生相同或相似的心理刺激和应激反应，心理刺激源、应激反应形式都是比较一致的，是群体所共有的。社会情绪因其气氛感染表现为情绪兴奋性的整体提高和降低而具有共同特点；而社会情感则因为群体成员的归属感以及价值观的相互认同而具有某种一致性。因此，与个人感情不同，社会感情不是纯粹的个人心理活动。

（三）社会感情总体上来说，大多数都具有较大的社会影响力

社会情绪的产生，往往影响比较普遍，涉及的人群范围比较大。社会情感的形成，则更具有深层和持久的影响力。这一点也是与个人感情不同的地方。个人感情的表达，不论是喜是悲，是爱是恨，都是个人的心理体验，其影响力也只局限于个人及相关的人；有些虽然有较大的影响，但从总体上说，就其社会功能而言，都不如社会感情的影响力大而普遍。因此，无论是积极的还是消极的社会感情，就其社会功能而言，都是不可忽视的。

三、社会感情的功能

社会感情在社会生活中的功能主要有以下几点。

（一）调节功能

情绪对个体的认知水平有提升或降低的功能。研究表明，当个体处于愉快的情绪状态时，可以提高智力操作的水平，而在痛苦、恐惧和愤怒时，则会降低智力操作的水平。国外一项实验发现，一组儿童在情绪良好的情况下平均智商为105，但在紧张状态下则下降至91，两者的差异十分显著。经常有学生由于心情烦躁而看不进书，学习效率不高；由于情绪过度低落或过度兴奋而在考试中不能正常发挥等。一般来说，中等强度的情绪有利于智力操作活动，比如在考试前尽可能保持平静的心情，过高或过低的情绪都不利于智力操作活动的进行。

（二）动力功能

动力功能即情绪对人的行为活动有促进或阻碍的效能。常言道，“人逢喜事精神爽”，心情好干什么都带劲，心情不好则心灰意冷，做什么事都提不起精神。即使是同一个人，在不同情绪状态下的行为表现也是不同的，表现在学习上就会有十分显著的差异。比如，情绪高涨时会全力以赴、力量倍增，即使遇上困难也勇往直前；而精神沮丧时则无精打采、难以振作，稍有阻碍便畏缩不前。

（三）感染功能

感染功能即个体的感情对他人感情具有施于影响的效能。感情的感染功能可以分为两种常见的情况。一种是一般的情绪气氛感染，表现为情绪兴奋型的整体提高或降低。另一种是被特定对象引起与之相应的情绪反应。心理学研究还表明，情绪会影响他人的感情，而他人的感情还能反过来影响这个人原先的感情，这就使人与人之间的情感发生相互影响。例如一个学生宿舍中，有一人情绪很差，就会使整个宿舍的气氛变得压抑，大家都感到不自在，所谓“一人向隅，满堂不欢”就是这个道理。如果同

学们在班级中都能注意保持良好的学习状态，在互相感染下就会形成良好的班风，反过来这种良好的学习情绪在课堂上又会感染教师，形成良性循环，从而不断地提高学习质量。

（四）信号功能

信号功能即感情通过表情外显而具有传递信息的效能。一个人不仅能凭借表情传递情感信息，而且也能凭借表情传递自己的某种思想和愿望，一言以蔽之，即能传递一个人的思想感情。如同学们在听课时表情上能有所反应，理解了点头，不理解时蹙眉，恍然大悟感到惊喜、情绪振奋等，对老师来说都是重要的反馈信息，有助于随时调整或改进教学方法，提高教学质量。从这个角度说，教师不怕学生不会，就怕学生没有反应，不知道学生到底会还是不会。

（五）迁移功能

迁移功能即个体对他人的情绪会迁移到与他人有关的对象上去的效能，当一个人对他人有感情，那么对他所交的朋友和他经常使用的东西也都会产生相应的感情。“爱屋及乌”便生动而典型地概括了这一独特的情感现象。如学生对教师产生某种感情，那么他们就容易将这种情绪迁移到教师所教的学科上去，对学科产生相应的态度。

第二节　社会情绪

一、社会情绪的概念

什么是社会情绪？有学者把社会情绪作为与基本情绪相对应的概念来界定，主要源自心理学家阿道夫斯（Ralph Adolphs）。他认为，情绪可以分为六个复杂程度依次增加而又连续统一的层次：行为状态、动机状态、心境、情绪系统、基本情绪和社会情绪。社会情绪是人类区别于其他物种的一个显著特征。社会情绪依赖于情境，并要求个体对自身在社会情境中的处境和状态有更加广泛的表征。社会情绪有调节社会行为的功能。它不仅对单个个体，还常常对个体所处的社会群体产生广泛的影响。社会情绪大致可以分为三类，即自我意识情绪、自我预期情绪、自我依恋情绪。我们在这里所说的社会情绪不是这个意义上的。

社会情绪（social emotion）是指人们对社会生活中各种情境的知觉，通过群体成员之间相互影响、相互作用而形成的较为复杂且又相对稳定的态度体验，这种知觉和体验对个体或全体产生指导性和动力性的影响。就其构成而言，社会情绪首先是群体成员对客观事物的共同的态度体验和相应的行为反应。从情绪表现来看，至少是群体成员比较一致的情绪爆发。尤为重要的是，社会情绪具有很强烈的群体情绪认同。“指的是在某一群体中，一个人或一些人由于不同的原因，在一定程度上与其他人有着心理上的联系，产生感情，并在情绪上引起共鸣的一种状态。”任何一种社会情绪，都可以由人们相应的行为表现来构成。

情绪与社会情绪既相互联系又有所区别。情绪是个体的心理活动和态度体验，即使相关的高级情绪带有更多的社会性特点，那也是以个体为知觉主体的。而社会情绪是建立在情绪的基础之上的，离不开个体的知觉与体验，但这种知觉与体验必定是受到特定群体中成员的相互影响和相互作用而“再加工”的产物。因此，基于情绪的两极性特点，社会情绪也具有两极性。在动力性方面，可以分为积极社会情绪和消极社会情绪。

积极社会情绪也可称为正向社会情绪，是指人们（群体成员）的积极、乐观、健康、向上的心态，是某一特定社会事件的发生符合某一特定群体成员的共同愿望和需求时所产生的积极、肯定的社会性情绪反应。比如当北京申办奥运会成功的消息公布时，国人都兴奋激动，情绪高昂；当“神舟10号”载人飞船发射成功时，举国上下欢呼雀跃。

消极社会情绪也称为不良社会情绪，主要是指群体成员的心理体验和行为反应呈现出消极、负面的状态。比如，由于股市走势长时间低迷，许多股民被套牢，又看不出有任何反弹的迹象，在这种情况下，股民群体中就会弥漫着诸如社会焦虑等低迷的社会情绪。再比如，当一群农民工讨薪未果并受到打骂等侮辱时，就会惹起农民工群体的“众怒”，常常会引发流血冲突事件。还有一些集体上访事件中，上访人员本身所积压的失望、愤怒、不公平感等消极情绪会在大家集聚在一起时得到强化和蔓延，最终由于接待人员或某个领导干部言语不慎、处置不当而导致大规模的群体性事件。社会情绪在强度上也有强弱两极，如群体集会或发生群体性事件时，初期会产生窃窃私语，继而产生群体骚动，从而一发不可收拾。

社会情绪的形成、发展受到多种因素的影响，诸如社会文化环境、政治经济体制发展水平、科技发展水平等。而社会情绪的积极稳定与否都将对整个社会的健康发展、和谐发展产生既直接又长远的影响。社会是一个有机体，其健康的发展需要各个组成部分能够和睦相处，如此才能称之为和谐社会。因此，关注社会情绪，适当疏导负面或过激的社会情绪，管理和控制不良的社会情绪，是建设和谐社会的关键之一。

二、社会情绪的表现

社会情绪通常表现为社会激情、集群情绪等。

（一）社会激情

社会激情是社会群体爆发出的一种强烈的社会情绪，它受到特定社会事件的刺激，从而导致社会中大多数人或某个社会群体共同情绪的爆发。由于社会激情的爆发具有一定的社会性或群体性，因此，社会激情容易受到群体特性的影响，即在群体内部互相感染、模仿等而得以强化；它所持续的时间会比个人的激情要长久一些，强烈程度也更大一些。

社会激情可以分为积极的社会激情和消极的社会激情。前者对社会的稳定和发展具有推动和促进作用；后者则往往对社会的稳定具有巨大的消极影响，甚至破坏作用。

在正常的社会环境里，也会因为某种谣传而形成社会恐惧。这是由于人们长时期在一个相对平稳与平和的环境中生活，一旦遇到突如其来的危难，其情感就会处于一种大起大落的状况，出现许多平时不曾出现的情感问题。2003 年 SARS 爆发初期所产生的社会恐慌，造成社会极度紧张和焦虑情绪，形成所谓“非典恐惧综合症”。随后，2005年所爆发的禽流感也在部分人群和地区造成了社会恐慌。

（二）集群情绪

集群情绪是伴随着集群行为出现的一种群体情绪，如群体性事件中的群体情绪、突发性社会事件中所形成的群体情绪等。

集群行为是在特定情形下所发生的一种非组织的、超常规的、难以预测的群体行为。在这种行为过程中所形成的情绪常会导致一定时期内的社会失范与混乱，所以这一特定的社会情绪一直是社会心理学研究关注的焦点。其主要观点包括集体恐惧、集体敌视、集体欢乐这三个方面。

1. 集体恐惧

集体恐惧是指集体面对突发的痛苦和巨大的不幸的预料和经验而产生的范围广泛的情绪。约翰·洛夫兰德（J. Lofland）认为，集体恐惧产生的原因大致有三个方面：真实的或虚假的危险、环境或社会灾难、环境或社会的趋向。具体而言，集体恐惧可以细分为以下几种主要情绪：

（1）恐慌。例如，人们从失火的剧场里恐慌地逃走。这种恐慌产生于对危险的某种反应，以及对人群情境中他人正以一种恐惧不安的方式行动这种知觉所做出的反应。

（2）恐怖。例如，被恐怖主义组织当作人质的人群，特别是乘坐飞机受劫持的人群，他们因此变成了满怀恐怖的人群。

（3）惊恐。例如，一群人由于自然灾害而陷入困境，但不是他人以暴力行为引起的。由于矿井塌方、机械故障、未曾料到的暴风雨（雪）而陷入困境的小群体即是突出的类型。

2. 集体敌视

集体敌视是指群体对某一对象在思想上或原则上的对抗、反抗或抵制。与它相关的术语是仇视、憎恨等。比如我们日常所说的“国仇家恨”“同仇敌忾”等就是表达这样一种集体敌视的社会情绪。

集体敌视可以分为三个层次：第一个层次是符号性的，即人们用说话和行动传达他们的不快，是最低层次。例如，文字宣言、对人群的讲话、抗议游行和集会、嘲讽、辱骂等。第二个层次所针对的是现实的和个人的财富，如没收物品、抢劫、抵制商品、罢工、占领或接管场所、毁坏物品或场所等。第三个层次是最高层次的，针对他人的身体，如俘虏、攻击以及杀害等。

3. 集体欢乐

集体欢乐是指人群由于福利、成功或好运气，或者得到某人希望之物的前景而唤起的情绪。相关术语包括快乐、喜庆、愉快、欢心、欢乐、狂喜等。这种欢乐是集体性的，包括面对面的互动或者同时关注同一目标的分散在个体中的情绪，以及个人兴趣变成群体兴趣而产生的群体情绪。集体欢乐包括以下几种主要类型：

（1）着迷的神圣性的集体欢乐，这包括着迷的动乱、着迷的机会、着迷的会众。着迷是一种“超出力行和自我控制的范围”的状态，与“压倒一切的情绪、狂热的喜悦”和“强烈的情绪激动”有关。

（2）虔诚的宗教性的集体欢乐，包括愉快的心境、虔诚的人群。如在传教士发动的信仰复兴主义活动中，精心细致的计划被推出，集结的人群以有秩序的方式在情绪上被唤醒。在唱歌和鼓掌的形式下，出现了某种观众参与，但是很少有放纵性行为。

（3）非宇宙性和非宗教性的情绪现象，包括狂欢的人群和激动的人群，在这里恰当的形容词是高兴、欢乐、激动和狂欢等。开会的人群的典型场面是：成千上万的人在大街上一个钟头又一个钟头、一天又一天地跳舞以及欢跃。例如，巴西每年春天连续六天的狂欢节活动中整个城市的人都在大街上来来往往地疯狂跳舞，通宵达旦。能够说明激动的人群的例子是摇滚乐队的演出，整个体育馆的人们都在喝彩、唱歌和欢呼。

三、社会情绪的管理

这里所说的社会情绪指的是整体的社会情绪，或者泛指覆盖全社会的群体情绪，也可以指国家或民族的情绪。所谓管理，主要是指控制与疏导。社会情绪管理主要包括两层含义：一是社会行为中个人情绪的控制与自我管理；二是从社会整体的角度可理解为对社会情绪的敏感、认知（洞察）和疏导。

（一）社会情绪的管理

积极的、正向的社会情绪对整个社会的发展和稳定具有一定的促进作用，也是构建和谐社会的重要元素。政府如果能够经常激发民众的正向社会情绪，或者利用一些社会事件，进行正面的引导，就能使社会正气得以弘扬，人民保持健康的精神意识和情绪，能够在一个和谐的社会氛围里生活和工作。比如，激发民众的爱国热情，激发社会的良知，倡导文明礼貌的社会风尚，鼓励努力工作、勤劳致富的社会理念等。

消极的社会情绪对社会的发展具有负向的影响力，因此要加以控制，使其不得蔓延，或加以疏导使其不至于酝酿集聚成为社会动荡的源泉。

如何控制和疏导消极的社会情绪呢？

（1）加强社会突发事件的预警机制。加强对社会情绪的观察和调查，保持敏感性，及时体察和识别社会情绪。

（2）政府建立和完善与民众的沟通机制。既然执政党代表广大人民的利益，那么就应该最大限度地听取人民群众的呼声和要求。要做到这一点，最重要的就是要具备沟通机制和沟通渠道。这是一个社会和组织能够健康的“安全阀”。如果这个通道被堵塞了，民众的声音得不到反映，就不能解决民众的疾苦，也就非常容易引发社会矛盾，破坏社会和谐。

（3）从民众的角度来说，公民都负有社会情绪的自我管理的责任。因此，应该提倡“社会情绪学习”（social emotion learning，SEL）的观点。社会情绪学习或社会情绪教育是由“社会情绪教育中心”（centre of emotion education，CSEE）最早提出来的。这是一所非营利的国际组织，成立于1996年。其主要任务是透过教育研究和训练来培养孩子们对社交和情绪的学习。他们的使命是让所有的孩子得到技能、知识、健康、爱心、负责任及有收获的生活。在过去20年，美国中小学已经投入许多教案来提升社会胜任感，以预防社会情绪及健康问题，这些教案包括品格教育、偏差行为防治、健康药物及性教育、暴力防治、家庭生活教育、道德和多元文化价值教育。

作为全社会的情绪教育，不仅仅是从孩子们的教育来实施，每个公民都应该对自己的情绪及表达负起责任来，从而形成一种良好的社会风气。

（二）网络情绪型舆论的管理

随着信息技术的日益发达，网络社会也日益成熟。根据2016年的《中国互联网络发展状况统计报告》，我国网民规模已达6.88亿，互联网普及率为50.3%，手机网民规模达6.2亿。具备中等教育程度的网民规模最大，初中、高中/中专/技校学历的网民占比分别为37.4%、29.2%。与2014年底比，小学及以下学历人群占比提升了2.6个百分点，中国网民继续向低学历人群扩散。网络议题更加广泛，互联网已经成为新闻舆论的源头之一。互联网已经成为人们生活中的一部分，而热衷于在网络上议论时事的人，尽管多数受过良好的教育，且胸怀理想，但容易说话欠妥，有时会发出一些过激的言论。

前些年，曾引发了一场“警惕网络情绪型舆论”的讨论，这说明了一个新的社会情绪现象，即网络情绪型舆论。其实网络情绪型舆论说的虽然是舆论，但这种舆论是带有情绪化的。而我们关心的是在网络社会中的情绪控制问题。网络舆论的一个可贵之处在于能够传达民意，民意是整个社会的普遍意识。民意的表现形态有潜舆论、显舆论和行为舆论三种。其中，潜舆论是低水平的民意或处于形成时期的民意，表现为人民群众一致的内心活动。这时，民意处于一种社会情绪状态。情绪型舆论是公共意见倾向的征兆，是一个极好的研究显示公共意见倾向的窗口，但缺少理性和清晰度的激愤的社会情绪，容易产生非理性的社会仇视心理。2010年《社会蓝皮书》发布暨中国社会形势报告会提出，网络非理性情绪呈蔓延之势，需加强引导和管理。

中国社会科学院社会学研究所研究员单光鼐指出，在群体性事件和其他一些突发事件中，现场民众和网民非理性情绪抬头，有蔓延趋势。网络的匿名性特点推波助澜，把集体无意识的心理带到网络行为中来，因为它可以匿名，可以不负责任，可以随心所欲。作为一种匿名化的交流手段，在网络上发帖和跟帖，基本上可以直抒胸臆，表达自己的不满和怨恨。而唯恐天下不乱的看客心理，又可使非理性情绪发挥得淋漓尽致。专家提醒还要注意“群体极化”现象，即群体中已存在的倾向性通过相互作用而得到加强，使这一种观点朝着更极端的方向转移，容易造成群体激化，并可能发展为人身攻击，甚至威胁正常的社会秩序。如果对非理性情绪型舆论引导不力或引导失误，可能导致社会的不稳定。因此，加强网络舆论引导，抑制非理性和极端言论势在必行。

对于网络情绪型舆论的管理和控制，主要可以从政府的管理职能着手，包括网络立法、网络道德重建等，也应该从媒体的社会责任着手，包括培养论坛的意见领袖、强化“网络把关人”意识、连通传统媒体，采取对网络舆论进行选择、放大等措施。

第三节 社会情感

一、社会情感的概念

社会情感是以社会情绪为基础的，是对事物稳定、深刻、持久的体验和感受。社会情感作为社会感情的一部分，与社会情绪既有联系又有区别。社会情绪是社会情感的基础，社会情感通过社会情绪来表达，并且深刻地影响着社会情绪的变化与发展。

某种特定的社会情感的存在或演化，实际上都是社会价值选择的结果，也和人格特征的沉淀相关。所以，社会情感的形成或沉淀，往往能反映一个社会的公共价值观念，同时也能预测一个社会在道德、价值方向上的发展、变化趋势。所以，研究社会情感的具体特点和走向，探究其根源，了解其发展脉络，估计其社会影响力，是非常有意义的。

社会情感往往和社会文化连接、交织在一起，带有民族文化的特点。因而，有些社会情感是带有传统文化特征和历史感的。从文化延续的角度来看，社会情感在某种意义上也就是民族情感，或者说民族情感是社会情感的一种形式。

二、中国人的社会情感

与西方学者在该领域所做的研究不同，中国的社会学者或社会心理学者，如金耀基、黄光国、翟学伟等人特别展开了对中国的本土概念——“脸面”“人情”富有特色的研究。尽管他们所做的并非纯粹的情感研究，但是他们所分析的“脸面”“人情”以及“羞耻感”对华人行为的影响，是情感跨文化研究的重要成果，所以有必要提到他们关于情感方面的分析。尽管几位学者的侧重点有所不同，但他们均把“人情”与“面子”作为理解中国人社会行为的重要概念。

（一）中国人的羞愧感

许多学者提出，东西方文化的一个普遍性的差别在于羞愧感和内疚上，中国社会被说成是以羞愧感为取向的。早在1916年，本尼迪克特（R. Benedict）就提出了“羞愧感文化”和“内疚感文化”之间的区别。羞愧感文化是使用外在的认可或来自外界的惩罚来规范人的行为，而内疚感文化是使用心理内在的认可或来自心灵内部的惩罚来规范人的行为。东方文化是羞愧感文化，羞愧感是对他人批评的一种反应。一个人因受到公开嘲笑与斥责，或者自以为受到嘲笑而感到羞愧，因此羞愧感成为强大的外在约束力。

羞愧感其实是人类共有的一种情感，但是羞愧感的意义、前提、实际的体验以及随之而来的行为趋势却存在着巨大的文化差异。西方文化与东方文化对羞愧感的理解存在巨大的差别。中国文化中羞愧感的重要性是与儒家占主导地位的社会道德思想相联系的。儒家思想既把羞愧感定义为一种情绪，也把其定义为自我检查的能力，它能推动个人做出符合社会以及道德要求的行为。儒家思想重视羞愧感的作用和力量。在中国文化中，如果一个人没有羞愧感，那么这个人就是没有道德的。因此，羞愧感对中国人来说不仅是一种情绪，也是道德品质的标志。

语义学的实证研究也为羞愧感的作用提供了佐证，谢费（Shaver）及其同事通过分析英语、意大利语、汉语和印尼语中情绪词汇的组织，发现当被试按一些基本的情绪语系对情绪词汇予以分类时，只有中国人把羞愧感（包括内疚感、窘迫感）归为额外的一类情绪，即在中国，羞愧感是一个基本的情绪语系。王（Wang）和费舍尔（Fischer）为汉语中内疚感、羞愧感和窘迫感列了150多个种类的词汇，但是仅仅有一部分能用英语表达。这说明在汉语中，羞愧感的含义比英语中的shame的含义要丰富得多，而与地中海区域荣誉文化中的羞愧感比较类似。

在中国人的羞愧感中，很重要的两个相关概念是“面子”和“脸”。一般而言，“面子”表示一种威信，通过生活中的成功和炫耀而取得的名声。“脸”则表示自我的道德性格获得社会的认可，失掉它将使你在社区中不可能有效地行使职能。过分重视“面子”和“脸”的文化观念，导致中国人容易产生过度的羞愧感。

在中国，“丢脸”所产生的情感会导致什么样的社会行为？金耀基分析了“社会性的面”“道德性的面”与“耻”之间的关系。他认为，丢“道德性的面”即“丢脸”会产生“羞耻感”，但这种“耻”不是由于违反了规范或逾越了规则，而是因为“自我”不能达到理想的境界而产生的道德上的自律自责；而失掉“社会性的面”即“失面子”也会产生“羞耻感”，但这一“羞耻感”则是因为失掉了社会身份和地位所导致的一种羞辱感，这在中国是极其重要的事。为了避免前一种“耻”，个人要加强自己的人格道德修养；为了避免后一种“耻”，个人则必须“争面子”。根据翟学伟的观点，“面”比“脸”更重要，所以中国人将做人的重点放在了“争面子”，而不是“争脸”上。由于面子意味着社会地位和关系网络，所以拉关系、撑门面成为中国人社会行为的特点。在人际交往中，不仅要给自己争面子，还要考虑到他人的羞耻之心，要给人“留面子”。尤其是在混合性的关系网络中，更是要处处维护别人的面子，这就发展出一套“面子功夫”。“面子功夫”由于太着意于维护面子（自己的以及他人的），因而导致了种种表面无违、内外不一的“形式主义”。

对“脸面”的分析可以说明，羞愧感对中西方社会行为产生了不同的影响，在西方它导致行为与自我控制，而在中国却会导致复杂精致的“面子功夫”。

（二）中国人的幸福感

1. 幸福感的定义

幸福感包括认知成分和情感成分。从这个意义上说，幸福感是一种主观感情。与此同时，追求快乐是人的基本需求，快乐情绪是最基本的情绪体验。基于快乐这一基本情绪，可以派生出多种复合情绪，总体上可以归纳为两种，即快乐的情绪状态和快乐的情感。而快乐的情感是个体在各种社会关系与社会过程中所产生的具有社会性的情感。这种情感反映了个体对社会环境中的人或事物的积极的与肯定的感情关系。因而，从这个意义上来讲，它正是一种社会性情感。幸福感是一种积极向上的体验，它大致可以从满足感、快乐感、价值感三个方面来加以把握。

幸福感具有三个鲜明的特点：一是主观性。它是指幸福感的评价完全是依据个体的主观体验。二是整体性。它是指幸福感是一种综合的评价，是包括个体的全部生活质量在内的总体满意感。三是相对稳定性。它是指幸福感的评价不是一时的心血来潮的情绪体验，而是相对持久和稳定的、变化并不频繁的情感体验。即使受到一时的刺激产生消极的情绪体验，等情绪过后仍然会恢复到原有的幸福感的评价水平。

2. 文化与幸福感

大量的研究显示，东西方文化群体的幸福感水平不同，对幸福感的认知也不同。西方文化群体倾向于把幸福看成是个体的内在体验，而东方文化群体则倾向于从幸福的外在标准，如健康长寿、行为符合社会规范等来评价。有关研究表明，东方文化群体特别是中国文化群体更多关注自己在社会生活和工作中可能的过失和不足，这种倾向有助于集体取向文化群体减少自大自满、减少冲突和协调人际关系，但它又可能导致东方文化群体产生过多的忧患意识、较少的积极情绪，从而导致他们的幸福感水平显著低于西方文化群体。此外，情感压抑取向与幸福感呈显著负相关，即情感压抑倾向越高，幸福感水平越低。在中国传统文化中，儒家的中庸之道长期以来深入人心，成为中国人性格的一个核心成分。中国传统文化强调情感，特别是消极情感的抑制，情感的表达要含蓄，因此，我们相信东方文化群体较低的幸福感水平与其传统文化中压抑情感与中庸主义的倾向有关。

中国人是一个比较乐天的民族，持有“知足者长乐”理念的中国人，对于幸福的理解也带有特定的文化烙印。此外，我们正处于一个快速发展的时代，社会环境的变化必然会影响到人们对于幸福感的体验。近些年来，一些学者从不同的角度、分不同的人群对中国人的幸福感进行了专项调查，调查结果在一定程度上揭示出中国人的幸福感的现状和特征，可以帮助我们理解中国人在现代的幸福感。实际上，中国人的幸福感确实在发生着变化。由于经济发展速度过快，社会变革力度较大，出现了一些矛盾和悖论现象。一方面，国内生产总值增长很快，人们的收入水平和生活水平都得到了巨大的提高，物质条件与过去相比要好得多；但另一方面，人们却感受到人际的疏离和隔膜。一方面，体验到物质财富的极大丰富；但是另一方面又体验到精神生活的单薄与贫乏，等等。这一切都说明，物质、金钱并不是获得幸福感的主要因素。中国社会正处在转型时期，人们能否获得幸福感将会直接影响到整个社会的发展进程，因为所有努力都是为了能够感到幸福，幸福本身就是生活目标。

3. 财富与幸福感

财富越多是否一定意味着更高的幸福感呢？如果人们用一种简朴的生活方式取代另一种奢华的生活，人们是否会更快乐呢？如果人们中了头彩，并可以选择过一种豪华的生活，享受高级豪华的游艇、高档家用电器、时装、汽车等，那么人们是否会更快乐呢？

迪纳（Diener）认为，富有国家民众的满意度普遍较高，如瑞士。在贫穷的国家，人们经常缺乏食物和住房的保障，将他们和富裕国家的有钱人相比，可能更强调他们的贫穷。但是在人均 GNP 超过 8000 美元的国家中，国家的财富和幸福之间的关系就消失了。贫穷国家里，低收入往往意味着基本需要无法满足，所以相对富有确实可以预测更强的幸福感。但是在富有国家，富裕的重要性则低得令人惊奇。在美国、加拿大和欧洲，收入和个人的幸福快乐之间的关系“弱得让人吃惊”。在非常穷困的国家，人们的快乐水平比较低，但是一旦生活变得富裕了，再追加同样多的金钱时，它所能带来的回报就变得越来越小。戴维·林肯（David Lykken）总结说：“一般地说，那些穿着工作服乘公车上班的人和穿西服驾驶自己的奔驰去上班的人一样快乐。”根据美国经济学家理查德·伊斯特林领导的研究小组进行的一项有关中国居民幸福感与国民收入的长期跟踪研究，中国居民的幸福感与财富不成正比。在经历了长达20多年的经济快速增长之后，中国居民的幸福感与20年前相比并没有大幅提高。也就是说，财富的增加并没有让中国人感到更幸福。研究指出，财富的增长确实能够提高一个人的幸福感，但也只能在一定程度上。在基本生活需求得到满足之后，财富的增加便无法继续提高幸福感，达到一定程度之后，甚至会降低一个人的幸福感。简单地说，金钱并不能买到幸福。就业、收入保障和社会安全网都会对生活满意度产生重大影响。

第四节　情绪调节

人们在现实生活中发生的情绪，无论是积极的还是消极的，都需要进行调节。情绪调节不仅仅是降低负性情绪，实际上包括负性和正性两方面情绪的增强、维持、降低等多方面的适时调整。对消极感情的调节，更多的是抑制；对积极感情的调节，主要是加强和管理；同时，情绪调节也包含着积极情绪和消极情绪之间的平衡。

一、情绪调节的概念

情绪调节（emotion regulation）是个体管理和改变自己或他人情绪的过程，在这个过程中，通过一定的策略和机制，使情绪在生理活动、主观体验、表情行为等方面发生一定的变化。情绪调节既包含内部过程，又包含外部过程。内部调节来源于个体内部的调节过程。外部调节主要指来源于个体以外广泛情境因素的影响和改变情绪的过程，这些情境因素包括人际关系的、社会的、文化的和自然的，其中人际关系因素是比较重要的。情绪调节既帮助个体实现自己的目标，又使个体能适应性地应对问题。汤普森认为，为了在特定的情境中实现一个目标，情绪可以作为一种适应的方式，为了实现个体的目标，个体会调节他们的情绪。所以，适应的情绪反应应该是灵活的而不是刻板的；应该是依据情境变化的而不是僵化的；应该是提高作业成绩的而不是过高或过低的唤醒状态的；为了适应不断变化的条件，情绪反应应该是快速而且有效的。

二、情绪管理的方法

管理情绪的方法，就是能够清楚自己当时的感受，认清引发情绪的缘由，再找出适当的方法缓解或表达情绪。这可以归纳为3W理论（WHAT，WHY，HOW）。

首先是WHAT——我现在有什么情绪？情绪管理的第一步就是要先能察觉自己的情绪，并且接纳情绪。只有当我们认清自己的情绪，才能掌握情绪，才能为自己的情绪负责，而不会被情绪所左右。

其次是WHY——我为什么会有这种情绪？我为什么生气？我为什么难过？我为什么觉得挫折无助？找出原因，我们才能知道这样的反应是否正常；找出引发情绪的原因，我们才能对症下药。

最后是HOW——如何有效处理情绪？想想看用什么方法来缓解自己的情绪呢？平常你情绪不好的时候，你都怎么办？什么方法对你比较有效？也许是通过运动、听音乐等来让情绪平静，也许是大哭一场、找人聊天等来宣泄情绪，或换个乐观的想法来改变情绪。

（一）察觉自己真正的情绪

1. 探索自己曾经有过的各种情绪

（1）在一个安全的空间自言自语。找一个独处的时间，找一个安全的空间，大声把任何感觉不加责备地说给自己听。加油添醋，把情感夸大，让它戏剧化到超出真实的感受。

（2）以艺术（如看电视、读书、看电影、欣赏音乐和绘画等）作为发泄的媒介。可以回想一下，什么情节、什么歌曲会让你潸然泪下？然后，你就能对引发自己情感的元素有越来越清楚的认识，你就能精确指出是什么导致自己现在的情绪，从而清楚情绪背后的意义。

（3）回到过去。探索过去的回忆，可以更清楚自己个人独特的内在反应模式及情绪反应的原因，所以，我们可以选定某一种情绪主题，自由联想童年相关的记忆，然后把所想到的任何事情，不做筛选地大声讲出来，用来澄清自己内在的感受。

2. 记录整理每天的情绪，增加对自己情绪的认识和觉察

通过记录可以调节情绪，记录可以从撰写个人的心情日记着手。写下自己的心情日记，在日记中具体地描述事件的发生、觉察自己的情绪、了解自己的想法，并与过去经验做一些连接，看看是否受到过去经验的影响。这样撰写一段时间以后，就可以看出自己情绪的变化情形，进一步了解情绪的周期及情绪变化的原因。有丰富的经验性证据证明，在悲伤或创伤性事件的情境下，记录情绪反映对身体健康产生长期有益的影响。

（二）了解引发情绪的原因或信念

通常造成我们某种情绪的原因，主要是来自于我们对于事情的看法或想法，因此，当我们能洞悉究竟有哪些非理性想法在左右着我们的情绪时，就比较能根据这些想法加以应对。

非理性想法大致可以归纳为两种类型：一种是“夸大”，另一种是“不切实际的要求”。美国心理学家阿尔伯特·艾利斯（A. Ellis）曾提出对人们生活影响较大的11种主要的非理性信念：

（1）个人要绝对获得周围的人的赞许和支持，尤其是生活中每一位重要人物的喜爱和赞许。该信念是不可能实现的。因为在一个人的一生中，不可能得到所有人的认同，即便是父母、老师等对自己很重要的人，也不可能永远对自己持一种绝对喜爱和赞许的态度。因此，如果某人坚持这样的信念，他就可能千方百计、委曲求全来取悦他人，以获得每个人的欣赏，但结果必定会使他感到失望、沮丧和受挫。

（2）一个人应该是全能的、完美无缺的，在人生的每一环节和每一方面都能有所成就。这也是无法达到的目标。因为世界上根本没有一个十全十美的、永远成功的人。一个人可能在某些事上较他人有优势，但在另外一些事上，却可能不如他人。虽然他以前有许多成功的境遇，但他无法保证在每一件事上都能成功。因此，若某人坚持该信念，他便会为永远无法实现该目标而徒自悲伤。

（3）世界上有些人很坏、很可憎，所以应该对他们进行严厉的谴责和惩罚。世界上没有完人，每个人都可能犯错误。因此，不该因他人一时的错误就将其视为“坏人”，以致对他们产生极端的排斥和歧视。

（4）如果事情发展非己所愿，那将是一件可怕的事情。人不可能永远成功，生活和事业上的挫折是很自然的事，“人生挫折，十有八九”。如果一遭受挫折，便感到人生可怕，那便会导致很多情绪困扰，也可能使事情更加恶化。

（5）不愉快的事情总是由自己不能控制和支配的外界环境因素所导致，因此，人对自身的痛苦和困扰也无法控制和改变。外在的因素会对个人有一定的影响，但并非如自己想象的那样可怕和严重。如果能认识到情绪困扰之中包含了自己对外在事件的知觉、评价及内部言语作用等因素，那么，外在的力量便可以控制和改变。

（6）面对现实中的困难和自我承担的责任是很困难的，办法便是逃避。逃避虽可暂时躲开矛盾，但问题始终无法解决，时间一长，问题便会恶化或产生连锁反应，从而更加难以解决，最终会导致更为严重的情绪困扰。

（7）人们要对危险和可怕的事随时随地地加以警惕，应该非常关心并不断注意其发生的可能性。对危险和可怕的事物有一定的心理准备，应该说这是正确的，但过分的忧虑则是非理性的。因为坚持这种信念只会夸大危险发生的可能性，使人不能对其客观地评价和有效地面对。这种杞人忧天式的观念只会使生活变得沉重和没有生气，导致整日忧心忡忡、焦虑不已。

（8）人必须依赖他人，特别是某些强而有力的人，只有这样，才能生活得好些。虽然人在生活中某些方面需要相互依赖，但过分夸大这种依赖的必要性，则可能失去自我的独立性，导致更大的依赖，产生不安全感。

（9）一个人以往的经历和事件常常决定了他目前的行为，而且这种影响是永远难以改变的。过去的经历是个人的历史，这的确无法改变，但不能说这些事就会决定一个人的现在和将来。因为事实虽不可改变，但对事件的看法却可以改变，从而人们仍然可以控制、改变自己以后的生活。

（10）一个人应该关心他人的问题，并为他人的问题而悲伤难过。关心他人、富于同情，这是有爱心的表现。但如果过分投入到他人的事情上，就可能忽视自己的问题，并因此使自己情绪失衡，以致没有能力去帮助他人解决问题，反而让自己的处境更糟糕。

（11）对一生的每一个问题，都应有一个唯一正确的答案。如果找不到这个答案，就会痛苦一生。人生是个复杂的历程，对任何问题都要寻求完美的解决办法是不可能的事。如果坚持要寻求某种完美的答案，那就会使自己感到失望和沮丧。

从以上不合理的信念中，可以归纳出相应的不合理的思维方式。如：我喜欢如此—我应该如此；很难—没有办法；也许——定；有时候—总是；某些—所有的；我表现不好—我不好；好像如此—确实如此；到目前为止如此—必然永远如此；等等。从中可以看出许多不合理的信念就是将“想要”（want）、“希望”（hope）等变成“一定要”、“必须”（must）或“应该”（should）。

（三）转换情绪的方法

1. 改变想法、改变情绪

根据理性情绪治疗法，改变想法可以改变情绪，具体方法可以采用以下三个步骤：

第一步，首先要了解情绪结果受个人想法、信念的影响，造成我们产生某种情绪的并不是事件本身，而是我们对此事件的想法。第二步，了解与分辨理性与非理性想法，理性想法是健康的，非理性想法是不健康的。第三步，驳斥非理性的想法，形成理性的想法。

2. 从“内在冰山”着手

家族治疗大师维吉尼亚·萨提尔（V. Sadr）认为，每个人的经验都可以用一座冰山来表示，冰山涵盖着不同的层面，包括行为、应对模式、感受、感受的感受、观点、期待、渴望，而最低层的就是自我价值。我们经常呈现出来的只是冰山的一角，因此，我们可以借对冰山的探索来了解自己，也可以借此做一些转化，让自己的行为和想法更完整一致。

当某件事情发生时，同时也牵动了我们的内在冰山。为了能够成为内外一致的自己，我们需要理清行为或应对模式之外的不同冰山层次，用经验情绪、扩大观点、调整期待或者满足渴望的方式，让自己不再卡在不良的应对模式中，借此接纳与转换情绪，让自己更加自在与真诚。

（四）缓和情绪的方法

常见的缓和情绪的自我调节方法有放松训练、音乐疗法、静观与内省、气功疗法、认知疗法、自信心训练等。

1. 音乐疗法

音乐作为一种艺术，是人的情绪情感的一种表现方式，曲调和节奏不同的音乐可以使人产生不同的情绪体验。古希腊人认为，不同的曲调代表不同的情绪，A 调高扬，B 调哀怨，C 调和蔼，D 调热情奔放，E 调安静优雅，F 调淫荡，G 调浮躁。

在国外，音乐调节已应用到了外科手术及精神病、抑郁症、焦虑症等病症的治疗上。如忧郁烦恼时可以听《蓝色多瑙河》《卡门》《渔舟唱晚》等意境广阔、充满活力、轻松愉快的音乐；失眠时可以听莫扎特的优雅宁静的《摇篮曲》、门德尔松的《仲夏夜之梦》等乐曲；情绪浮躁时可以听《小夜曲》等宁静清爽的乐曲。每个人都可以根据自己的情绪，选择适合的音乐来调节自己的情绪状况。有人对近代音乐的乐调进行了研究，发现乐调与情绪有如下关系：

（1）A 阳调：自信、希望、和悦，最能表现真挚的情感，充满了对生活的憧憬。

（2）A 阴调：女子的柔情似水，恰似北欧民族的伤感和虔敬之心。

（3）A 降低阳调：好似梦境中体验到的情感。

（4）B 阳调：嘹亮，表现出勇敢、豪爽和骄傲。

（5）B 阴调：悲哀，表现出静静的期待。

（6）C 阴调：纯洁、果断、坚毅、沉稳，有宗教的情调。

（7）F 阳调：和悦，略带忏悔、哀悼之情。

（8）F 阴调：悲伤、忧愁，曲调哀婉。

（9）F 提高阳调：嘹亮、柔和，感情丰富。

（10）F 提高阴调：热情、神秘，曲调幽深、阴沉。

（11）G 阴调：有时忧愁，有时喜悦。

（12）G 阳调：真挚的信仰，平静的爱情，有田园风趣，给人以自然、温馨的感觉。

2. 深度呼吸训练

这种训练方法简便易行，不受场所、时间等条件的限制，行、坐、站、卧都可以进行，其目的是通过深度呼吸，使身体各组织器官与呼吸节律发生共振，进而达到放松的效果。下面我们不妨做一次，看效果如何。

好！现在请你放下手中正在做的事情。如果你身边有椅子，请你全身放松坐在椅子上，调整你的坐姿，直到感觉最舒服为止。如果你是在寝室，请你全身放松，仰卧在床上。如果你身边什么也没有，就请你全身放松，站在你认为最方便的地方。准备好了吗？现在，我们就要做放松训练了。

好！现在请深呼吸，全身放松，观察自己的呼吸和身体各部位的活动状况，注意体会自己的肺部在一张一合地呼吸，呼吸频率在逐渐减慢，呼吸的深度在逐渐加深，紧张的部位在逐渐放松。用感觉去体察你身体的各部位，持续一段时间，当你感觉到身体的各个部位不那么紧了，请把注意力再转移到呼吸上。你似乎在观察自己呼吸，似乎又没有观察，感觉在有无之间。请用鼻子深吸一口气，再慢慢地、均匀地呼出。呼气的时候平和而舒畅，继续呼吸，慢慢地、均匀地、深长地、平和地、舒畅地呼吸。

现在让我们数一下呼吸的次数，1、2、3……10；再重新开始从 1 数到 10。你可以重复数 10 遍、20 遍。注意一下你身体各部位的感觉，各部位的感觉在渐渐地、渐渐地与呼吸节律趋于一致。全身的毛孔在随着肺的一张一合，有规律地开合，开合，开合……

现在，你不仅仅是在用肺呼吸，而是用身体来进行呼吸，吸气的时候，似乎空气从全身的毛孔中吸入，呼气的时候，气又从毛孔中呼出。吸进新鲜的空气，呼出污浊的空气，一次、二次、三次……渐渐地，你会感觉到身体的各个部位很放松、很通畅，仿佛整个身体融入了大自然之中。

好了，我们的放松训练就要结束了，请慢慢闭上你的眼睛（如果做呼吸前没有闭上的话），静静地，不去想任何事情，过一二分钟就可以做你该做的事情了。

3. 静坐与冥想

有时，你可能觉得自己的思维很混乱。如三心二意，一会儿想到了家里，一会儿又想到吃饭，一会儿又想到刚才发生的事情。每个念头之间似乎没有什么联系，从一个想法一下子跃到了另一个毫无联系的想法，心情也因此而变得很烦躁，不能专心地做自己想做的事情。这是大脑在提醒你，该平心静气地休息一下了。此时，你可以收心摄念，做下面的训练（最好是闭上眼睛）。

先静下心来，反观一下现在自己在想什么，注意出现在你头脑中的每一个想法。一个想法出现了，不要去理它，看它到哪里去。这时，你会发现，你不理它时，它自己就悄悄地溜掉了。一瞬间，你会感觉到头脑中很空、很静，这些也不要去管它，随它去来。瞬间一过，又一个念头出现了，这时，你还是似注意、似没有注意地对待它，自然而然地，它也会像前一个念头一样，一闪即逝了。你就这样去注意每一个念头，但不要有意去捕捉它们。慢慢地，你就会发现，这些念头像行云流水一样，从面前一闪而过，不知道飘到哪里去了。这样随想几十分钟，慢慢地睁开眼睛，你会感觉到眼睛比以前明亮多了，思路也清晰多了，思维更敏捷了。这时，你就可以再去做你还没有做完的事情了。

4. 意象训练

意象训练的基本原理就是通过想象轻松、愉快的情境（如大海、山水、瀑布、蓝天、白云等），达到身心放松、情绪舒畅的目的。意象训练的效果取决于想象的生动性和逼真性，意象越清晰、生动，放松的效果就越明显。意象训练法不仅能消除疲劳、恢复精力，长时间坚持意象训练，还可以达到开发智力的效果。在进行意象训练时，你可以想象某一特定情境，也可以像旅游一样，从一个地方到另一个地方逐一想象，采取何种方式要看哪种情况更适合你。下面就通过语言引导来进行一次意象训练。

现在，请你全身放松，闭上眼睛，静静地、静静地观察你头脑中闪现的每一个念头，不要去理它，任它来去。

好，我们想象秋天的天空……

站在高山之巅，仰望湛蓝的天空，显得那么高远，那么幽深……

天空中，行云如流水，又仿佛是一片片棉絮，从天际涌出，悠悠然从顶空飘过，又消逝在无尽的远处……

你可以重复想象上面描述的情境，渐渐地，一闭上眼睛，你的头脑中便会显现出秋天的景色，一幅动态的、有序的画面。如果你感觉到想象动态画面很吃力的话，也可以想象你所喜欢的静态画面，或是蓝天白云，或是青山绿水等。如果你的想象能力很好，你就可以做下一步的训练，把想象从外界转向体内。想象自己站在或是坐在一朵金色的莲花上，周身金光四射，就像初升的太阳，照耀万物。这种训练方法可以做几分钟、几十分钟或更长时间，能坚持不懈地进行训练，经过一段时间，你会发现自己的身体素质、学习效率都会得到很大的提高。

思考题

1. 试述情绪与情感的区别。
2. 试述集群行为中的社会情绪。
3. 试述社会感情的作用。
4. 结合自己的情绪，谈谈如何管理情绪。
5. 试述中国文化影响下的中国人的特殊情感。

第七章　人格培育

人格是决定一个人一生如何发展、如何生活的心理品质，它是决定一个人的人生品质的心理特征。由于人格对人生所具有的重要作用，人格培养便成为伴随一个人一生的教育过程，从基础教育到高等教育再到职业生涯，人格培养渗透到生活的各个领域。它起始于家庭，在学校、社会、职业实践中逐渐形成并稳定。人格是伴随着人一生而不断成长的重要心理品质，人格的成长意味着一个人心理的成熟。人格是一个丰富而复杂的心理成分，它凝聚着自然、文化与社会的元素，健全的人格塑造与培育是个体心理完善与发展的必要条件，人格的健康发展也是促进社会健康发展的一种力量。

第一节　人格概述

“人格”是我们日常生活中经常使用的词汇，不同领域有不同的理解。人们在描述和评价一个人时，常常会说“他具有健全的人格”，“他人格高尚”，“他出卖了自己的人格”……这些人格词汇包含了多重含义，有法律意义上的人格，有道德意义上的人格，有文学意义上的人格，也有社会学意义上的人格。数千年来，哲人、诗人、科学家们用他们各自的理解在诠释着人格。

一、人格的概念

人格（personality）一词，最初源于古希腊语 persona，这个词的原意是指希腊戏剧中演员戴的面具，面具随着人物角色的不同而变换。在文艺复兴时期，一个演员要扮演许多角色，他们以面具来区别其扮演的不同角色，不同面具代表不同的人物性格。这种面具与我国京剧脸谱具有相同之处，例如，红脸代表忠义，白脸代表奸诈，黑脸代表刚强，不同的面具体现了不同的角色特点和人物性格。所以，面具代表了一个人所特有的行为模式。例如，天使是仁慈、善良、助人的，其特有的行为模式可以使人们从其行为中，看到它那仁慈、善良和助人的特征。同样，魔鬼也会使人从其行为模式中看到它那凶恶、残暴的特质。

“人生如戏”，人生舞台常常如同戏剧舞台一样，心理学沿用其含义，转意为人格。这其中包含了两个内容：一是指一个人在现实人生和社会舞台上所表现出来的种种言行，人遵从社会文化习俗的要求而做出的反应。人格所具有的“外壳”，就像舞台上演员根据角色要求所戴的面具，表现出一个人外在的人格品质。二是指一个人由于某种原因不愿展现的内隐人格成分，即面具后的真实自我，是人格的内在特征。无论是外显的人格特征，还是内隐的人格特征，这些描述都仅仅是对人格概念一种形象化的理解。

在科学心理学的范畴中，人格被界定为在自然与社会因素的交互作用下所形成的个体特有模式，这一模式是一个人思想、情感及行为的统一体，它包含了一个人区别于他人的稳定心理品质。所以，个体在社会生活中，对己、对人、对事、对物做出反应时，人格以其独特的心理机制或典型风格，影响着人与环境的交互作用。

我国第一部大型心理学词典—《心理学大词典》中的人格定义反映了大多数学者的看法，即个性，亦称人格，指一个人的整体精神面貌，即具有一定倾向性的心理特征的总和。人格结构是多层次、多侧面的，由复杂的心理特征的独特结合构成的整体。这些层次有：①完成某些活动的潜在可能性的特征，即能力；②心理活动的动力特征，即气质；③完成活动任务的态度和行为方式方面的特征，即性格；④活动倾向方面的特征，如动机、兴趣、理想、信念等。

这些特征不是孤立存在的，是错综复杂、交互联系，有机结合成一个整体，对人的行为进行调节和控制的。

二、人格的特征

人格是一个具有丰富内涵的概念，它包含了人格的复杂特征，反映出人格的多种本质属性。

（一）人格的稳定性

人格是稳定性与可变性的统一，其中稳定性是主要特征，可变性是辅助特征。

"江山易改，本性难移"这句话描述了人格的稳定特征。人格的稳定性不是指一时表现的心理现象，而是指人在较长时期的社会实践中，由于适应或改变客观世界经常表现出来的个性心理。人格的稳定性表现在三个方面：首先，它是指人们经常表现出来的惯常特点，而不是一时性的表现。例如，一个人平时性情温和，偶然暴怒一次，在描述其人格时，不会说他脾气暴躁，仍然认为他是性情和蔼的人。其次，一个人的某种人格特点一旦形成后，就相对稳定下来了，想要改变它，是较为困难的事情。人格是个体内部逐渐"内化"成为人格结构的。例如，同样面临挫折情境，人们的反应是不同的，导致的结果也会不同。有的人一蹶不振、灰心丧气，以失败告终；有的人则自强奋发、不畏艰难，最终成功。这与人的内在稳定的人格品质——挫折耐受力的强弱有关。最后，稳定性还表现在人格特征在不同时空下表现出一致性的特点。例如，一位性格内向的大学生，他不仅在陌生人面前缄默不语，在老师面前少言寡语，在参与学生活动时也沉默寡言。他不仅大学期间如此，甚至毕业几年后同学聚会时，他的变化仍然不大。人格的稳定性体现了自我的延续性，今天的我是昨天的我的延续，明天的我是今天的我的延续。一个正常人在一天之内可以发生贫富突变，但很难发生人格突变。

人格心理学家在强调稳定性时，并不会忽视人格的可变性。但人格的改变与行为的变化是不同的，行为的改变是一种外在的、表层的变化，人格的改变是内在的、深层的变化。不论是如何稳定的个性，在一定社会影响和教育下，都会发生一定的变化，具有不同程度的可塑性。在青少年时代，这种可塑性更大。

（二）人格的独特性

人格是独特性与共同性的统一，其中独特性是主要特征，共同性是辅助特征。

“人心不同，各如其面”这句俗话为人格的独特性做了最好的诠释。一个人的人格是在遗传、环境、教育等先天、后天因素的交互作用下形成的“合金”。不同的遗传、生存及教育环境，形成了人各自独特的心理特点。如有人外向，有人内向；有人友好，有人敌对；有人善良，有人奸恶。环境会使某一人格品质在不同人身上表现出不同的风格，如“固执性”这一人格特征，在不同人身上赋予了它不同的含义。作为娇生惯养、过度溺爱的结果，这种固执性可能使人的言行投射出“撒娇”的色彩；而在冷淡疏离、艰难困苦的环境下成长起来的人，其固执性则带有“反抗”的含义。《红楼梦》是集百名人物于一书的古典名著，曹雪芹在书中共描写了400多个人物，且每个人物各具风采。其中，宝玉和众多女性人物的性格都很光彩照人。黛玉的忧郁与聪慧，宝玉的多情与反叛，宝钗的自制与圆滑，湘云的活泼与爽快，凤姐的泼辣与奸诈，探春的刚毅与精干，迎春的懦弱与温顺，惜春的冷淡与疏离，妙玉的清高与孤傲，元春的贤德与哀怨，袭人的奴性与忠诚，晴雯的抗争与刁蛮，平儿的善良与周全，尤三姐的刚烈与痴情……大大小小的人物有血有肉，显示出人格的千姿百态。

强调人格的独特性，并不意味着否定人格的共同性。人格心理学也会关注某一文化或某一团体下人们所共有的人格特征，如中国人含蓄、西方人奔放等。其实，心理机能的共同特征与个体差异是在一个人身上表现出的两种规律，二者相互交织在一起，共性中包含着个性，个性中体现着共性。但是，人格心理学更强调人格的独特性。

（三）人格的统合性

人格是统合性与分离性的统一，其中统合性是成熟特性，分离性是病态特性。

鲁迅说：“横眉冷对千夫指，伏首甘为孺子牛。”其中就体现了人格是极其复杂的，人的行为表现出多元化、多层面的特征。人格是由多种成分构成的一个有机整体，具有内在一致性，受自我意识的调控。

人的统合性体现在两个方面：一是人格结构的统一。人格表现绝非静水一潭，各种人格结构的组合千变万化，而使人格的表现千姿百态。在每个人的人格世界里，并非是由各种特征简单堆积起来的，而是如同宇宙世界一样，依照一定的内容、秩序、规则有机结合起来的一个动力系统。二是人格健康的标志。当一个人的人格结构的各方面彼此和谐一致时，人们就会感到心态平和，呈现出健康的人格特征；否则，就会使人发生心理冲突，产生各种生活适应困难，甚至出现“分裂人格”。

人格的统合性并不与人格的表里不一相矛盾。儿童的表里如一体现了天真无邪，成人的表里如一体现了真诚坦率。但是，社会的复杂性会使人表现得多元化，人可以掩饰自己维护尊严，可以说善意的谎言等，这些都不意味着人的心态不健康，而是社会化的一种表现。

（四）人格的社会制约性

人既包括自然的生物特征，也包括社会的本质特征，而后者是主要的。因为人的人格是作为具有自然生理特征的人在参与到社会关系的历史发展中形成的，因而决定人格发展方向的不是抽象的生物因素，而是现实的社会因素。正如马克思指出的那样，人格“不是人的胡子、血液、抽象的肉体的本性，而是人的社会特质”。他还指出：“人的本质并不是单个人所共有的抽象物，在其现实性上，它是一切社会关系的总和。”因而人的一切个性的形成与发展都受一定社会生活的制约，具有明显的社会制约性。

综上所述，人格是一个具有多重属性的系统。人格的稳定性、独特性、统合性与社会制约性构成了人格的本质特征，也是人格心理学区别于其他心理学领域的标志性特征。

三、人格的心理结构

人格结构如何？各国心理学家看法不一。人格的心理结构是多侧面、多层次的复杂的体系。但根据当前心理科学的研究，它主要是由个性倾向性、个性心理特征和自我意识三个因素构成的。

（一）个性倾向性

个性倾向性是个性中的动力结构，是人格结构中最活跃的因素，是人格的潜在力量，是人们进行活动的基本动力。它是决定着个人对客观事物采取何种态度和行为的动力系统，决定着人对认识活动的对象的趋向和选择。个性倾向性主要包括需要、动机、兴趣、理想、信念和世界观等。它较少受生理因素的影响，主要是在后天的社会化过程中形成的。个性倾向性的各个成分并不是孤立的，而是相互联系、相互影响和相互制约的。在这些个性心理倾向中，需要是基础，对其他成分起调节支配作用；信念、世界观居最高层次，决定着一个人总的思想倾向，制约着一个人的思想倾向和整个心理面貌。个性倾向性是以人的需要为基础的动机系统。

（二）个性心理特征

个性心理特征是个人身上经常表现出来的本质的、稳定的心理特征系统。包括能力、气质和性格，是人格的特征结构。在人格结构中，它是比较稳定的成分，表明一个人的典型心理活动和行为。个性心理特征在心理过程中形成，并反过来影响心理过程。

（三）自我意识

自我意识是个体在社会化过程中产生的人所特有的心理现象，是人格结构中的自我调节系统。自我意识不是生来就有的，它是随着人的社会化过程，逐渐地把自己这个主体从客体中分离出来，并且从主客体的相互关系中，认识自己的行为表现、心理活动及个性心理品质等而形成和发展起来的。

人格结构的三个因素既相对独立，又相互渗透、相互制约。人总是凭着他最稳定而有力的个性心理特征去达到一定的目的，而人在这个变革现实、达到预期目的的过程中，自我意识调节作用是不可缺少的。很难设想一个自我调节系统运作水平很低的人能形成坚强的性格，也很难设想一个能力出众的人会对能显示其能力的活动没有兴趣。

每个人都有自己的个性心理倾向系统、个性特征系统和自我调节系统，但由于个人的这些系统在强度和质的特点等方面存在着稳定的差异，这就构成了千差万别的人格。尽管人与人之间的个性千差万别，一切人所共有的基本特征却明晰可见。个性既有结构和机能的可分析性，又有整体性；既有稳定性，又有可塑性；既有独特性，又有共同性；既有社会制约性，又有生物制约性。相对来说，整体性、稳定性、独特性和社会制约性则是更为重要的个性基本特征。

四、影响人格形成和发展的因素

人格的形成和发展，是由生物因素、环境因素、实践活动和个人主观能动性等因素共同决定的。

（一）生物因素

所谓生物因素是指个体的那些生来就有的解剖生理特点。例如，个体的身体构造、形态以及感觉器官、运动器官和神经系统，特别是大脑的结构和技能特点。心理学家对“生物遗传因素对人格具有何种影响”的探讨持续很久。由于人格具有较强的稳定性特征，因此人格研究者也会注重生物因素对人格的影响。

首先，遗传基因影响个性。所谓子肖其父（不仅指相貌，而且指个性），其中就有遗传因素的作用。但遗传因素对个性各组成部分的作用不完全相同，如智力受其影响大些，而价值观受其影响很小。因此，在谈遗传影响的时候需做具体分析。

其次，神经系统和内分泌系统影响人格。神经系统的特性不同，高级神经活动的类型不同，内分泌系统分泌激素的水平不同，会使人们人格的形成和发展显示出不同的特点。例如，高级神经活动类型属于抑郁型的人，要他形成善于交际的品格就不太容易；而对活泼型的人来说，要做到这一点并不太困难。此外，人的体态、体质和容貌，也是影响人格形成和发展的生物因素。虽然这种影响是间接的，但它确实存在。例如，有的人通过别人对自己的容貌、体质、体态的评价，形成了优越感；有的则相反，形成了自卑感。

综上所述，生物因素是人格不可缺少的影响因素，但生物因素对人格的作用程度因人格特征的不同而异。通常在智力、气质这些与遗传因素关系较大的特征上，生物因素较为重要；而在价值观、信念、性格等与社会因素关系紧密的特征上，后天因素更为重要。人格发展过程是生物因素与环境交互作用的结果，生物因素影响人格的发展方向及形成的难易。随着人的成长，生物因素对人的影响越来越弱，社会因素的影响会越来越占据主导地位。

（二）环境因素

环境是影响人格形成和发展的另一个重要因素。这里所说的环境是社会环境，包括家庭、学校和社会文化环境等。

环境影响首先是家庭影响，主要包括家庭气氛、子女出生顺序、父母的教养态度和言行榜样所造成的影响。独生子女的处境，对人格的形成和发展有着特殊的影响。所有这些关乎家庭影响的因素中，父母的教育观点、教育态度和教育方法等对儿童有着潜移默化的作用，儿童在家庭的地位也会在他的人格形成中打下深刻的烙印。儿童由于受家庭的溺爱，会养成任性、娇气、执拗等不良性格。若家庭气氛民主和睦，则儿童容易养成独立、坚强、乐观助人、有创造精神的性格。

环境因素的另一个方面是学校的影响。哲学家柏拉图说："一个人从小所受的教育把他往哪里引，就能决定他后来往哪里走。"可见，学校教育对于每个孩子的成长非常重要。学校不仅是孩子们学习文化知识的场所，而且是每个人成长道路上必然走过的一段长路，是人格形成的重要教育场所。人的一生有相当长的时间是在学校度过的，课堂教学的内容、班集体的气氛、师生之间的关系和教师的管教方式，对人格形成和发展有着深刻的影响，其中管教方式的影响尤为深刻。专制的管教方式会导致情绪紧张、冷漠等人格特征；放任的管教方式会导致无组织、无纪律等人格特征；而民主的管教方式，则会导致情绪稳定、积极友好的人格特征。总之，学校对人格形成与发展的影响是不可忽视的，学校是人格社会化的主要场所。

此外，社会文化环境也是影响人格形成和发展的一个重要因素。每个人都处于特定的社会文化之中，文化对人格的影响是极为重要的。在这方面，电视、电影和文艺作品等的潜移默作用是十分明显的。

（三）实践活动

个人从事的实践活动，是制约人格形成和发展的一大要素。登山活动锻炼人的顽强性，救护活动锻炼人的机敏性，常年在田里劳作使人懂得勤俭，多年在领导岗位磨炼使人增长才干。某一特定的实践活动，要求人反复地扮演某种与这一活动相适应的角色，久而久之，便形成和发展了这一活动所必需的人格特点。不同的实践活动要求不同的个性特点，同时又造就和发展了相应的个性特点。

（四）自我教育

人在实践活动中，在接受环境影响的同时，个人的主观能动性也在起着积极的作用。在这方面，自我教育这一因素特别重要。人是一个自我调节的系统，环境因素、一切外来的影响，都必须通过个体的自我调节才能起作用。一个人在人格的形成过程中，从环境中接受什么、拒绝什么，他希望成为什么样的人、不希望成为什么样的人，是有一定的自主权的，这取决于他对自己进行什么样的自我教育。所以，从这个意义上说，人格也是自己塑造的。

综上所述，人格是先天、后天的"合金"，是生物性与社会文化等交互作用的结果。在人格的培养过程中，各个因素对人格的形成与发展起到了不同的作用。生物因素决定了人格发展的可能性，环境因素决定了人格发展的现实性，实践活动起到了关键性作用，而自我教育是人格发展的内部决定因素。

第二节　气质和性格

一、气质

人格的生理差异主要体现在气质上，气质（temperament）就是我们平常所说的脾气秉性。

（一）气质的概念

气质是人格结构中比较稳定的、与遗传素质联系密切的成分。现代心理学一般认为，气质是个体不以活动的目的和内容为转移的、典型的、稳定的心理活动的动力特征。心理活动的动力特征主要指心理过程的速度（例如，知觉的速度、言语的速度、思维的速度等）、心理活动的强度（例如，情绪体验的强度、意志努力的强度）、心理活动的稳定性（例如，注意力集中时间的长短、情绪稳定的程度等）和心理活动的指向性（例如，有的人内向，倾向于内心世界，经常体验自己的情绪，分析自己的思想和印象；有的人外向，倾向于外部世界，从外界获得新印象）等方面的特点。这些相对稳定的心理活动的动力特征的相互联系和相互作用，使人的日常活动带有一定的色彩，形成一定的风貌。

（二）气质的理论

1. 体液说

气质学说最早源于古希腊医生希波克拉底（Hippocrates）的体液说。他认为人体内有四种液体：黏液、黄胆汁、黑胆汁、血液。这四种液体的配合比例不同，形成了四种不同类型的人。约500年后，罗马医生盖伦（Galen）进一步确定了气质类型，提出了人的四种气质类型是胆汁质、多血质、黏液质、抑郁质。虽然依照体液对气质类型进行分类缺乏科学的依据，但是气质及四种气质类型分类的名称一直被研究者们所沿用，并且在现实生活和文学作品中经常可以看到这四种气质类型的典型人物。如《水浒传》里的黑旋风李逵脾气暴躁，气力过人，为人耿直，忠义烈性，思想简单，行为冒失，属胆汁质；而浪子燕青聪明过人，灵活善变，使枪弄刀，弹琴吹箫，交结朋友等无所不能，属多血质；豹子头林冲沉着老练，身负深仇大恨，尚能忍耐持久，几经挫折，万般无奈，终于逼上梁山，属黏液质；《红楼梦》里的林黛玉多愁善感，弱不禁风，孤僻清高，属抑郁质。这种人格差异给每个人的心理活动蒙上了一层独特的色彩。

（1）胆汁质：胆汁质（choleric temperament）是一种容易兴奋、不受约束的类型。胆汁质的人被形容为“夏天里的一团火”，脾气火爆，也称为不可遏制型。这种气质心理特征为：感受性低；有一定耐受性；反应快而不灵活；情绪兴奋性高；抑制能力差；外倾性明显；行为有一定的可塑性。这种人行为的典型表现为脾气暴躁，性情耿直，情绪暴发快但难持久，精力旺盛，争强好斗，情绪易冲动，心境变换剧烈，做事勇敢果断，为人热情直率、朴实真诚，但是这种人的思维活动常常是粗枝大叶、不求甚解，遇事常欠思量，鲁莽冒失，做事也常常感情用事，刚愎自用，但表里如一。喜欢担任单纯的领导，但不想自己去具体执行。对胆汁质的人，应着重发扬他的开朗、豪放、勇敢、进取等优点；避免其任性、粗暴、高傲等缺点。

（2）多血质：多血质（sanguine temperament）的人是开朗的，被人形容为春风一样“得意洋洋”，富有朝气。这种人乖巧伶俐，惹人喜爱。这种气质心理特征表现为：对刺激的感受迅速而强烈，但并不深入，不太持久；情绪兴奋性高；外部表露明显；外倾性明显；行为可塑性大。行为方式表现为活泼好动，反应迅速敏捷，注意力易转移，兴趣易变化，缺乏持久力。多血质的人喜欢与人交往，有种“自来熟”的本事，但交情粗浅。他们的语言表达能力强而且富有感染力。活泼、好动、乐观、灵活是他们的优点。对多血质的人，应着重发扬他的热情活泼、机智灵活的优点；避免其自由散漫、见异思迁、作风轻佻等缺点。

（3）黏液质：黏液质（phlegmatic temperament）被形容为冬天一样“深沉冷峻”，无艳丽的色彩装点却“冰冷耐寒”，但也缺乏生气。这种气质心理特征表现为：感受性低；耐挫性高；反应速度缓慢；具有稳定性；情绪兴奋性低；内倾性明显；行为有一定的可塑性。其行为方式表现为安静稳重，反应缓慢，沉默寡言，情绪不易外露，注意力稳定难转移，善于忍耐，但内心的情绪体验深刻，外表似乎给人“冷”的感觉，也被称为“热水瓶”，外凉内热。他们与人交往适度，交情深厚，朋友少但却常有知心朋友。他们的思维灵活性略差，但考虑问题细致而周到，这往往弥补了他们思维的不足。对黏液质的人，应着重发扬他们坚定、踏实、诚恳等优点；防止产生谨小慎微、因循守旧等缺点。

（4）抑郁质：抑郁质（melancholic temperament）给人以“秋风落叶”般的无奈、忧愁的感觉。这种气质心理特征表现为：感受性高；耐受性低；反应速度慢；刻板而不灵活；情绪兴奋性高而体验深；内倾性特别明显；行为可塑性小。其行为方式表现为情绪体验深刻、细腻而持久，行动迟缓，多愁善感，能觉察他人不易觉察的事物，富有幻想、胆小孤僻。他们对与己有关的事物都赋予很大的重要性，并且把注意力放在事物的困难方面。他们深思熟虑，不轻易许诺。对抑郁质的人，应着重发扬他们细心、机警、稳重等优点；避免其孤僻、自卑、抑郁等缺点。

这四种气质显示了人们“四季”般的天性。但是，单纯地属于这四种气质之一的人并不多，在生活中，绝大多数人是四种气质互相混合、渗透，兼而有之的。

2. 高级神经活动学说

苏联生理学家巴甫洛夫创立的高级神经活动学说，科学地揭示了气质的生理机制。

巴氏认为，高级神经活动的基本过程就是兴奋过程和抑制过程，有机体的一切反射活动都是由这两种神经过程的相互关系决定的。兴奋过程是跟有机体的某些活动的发动或加强相联系的；抑制过程是跟有机体的某些活动的停止和减弱相联系的。兴奋过程和抑制过程虽然相反，但又相互依存，相互转化。

巴甫洛夫认为，兴奋过程和抑制过程有三个基本特性：神经过程的强度、神经过程的平衡性和神经过程的灵活性。神经过程三个基本特征的独特组合就形成高级神经活动的类型。

（1）强、平衡而灵活的类型（活泼型）：这是一种健康、坚强、充满活力的神经活动类型。巴甫洛夫认为这是一种最完善的类型，这种类型的人比其他类型的人更能较好地维持与环境的平衡。这种类型的人受刺激时活泼、灵敏，没有受刺激时倾向于昏沉。他们很容易建立抑制性条件反射。在不良的环境中，这种类型的人也很难出现神经性疾病。

（2）强、平衡而不灵活的类型（安静型）：这种类型的人能够良好地适应环境。这种类型的个体兴奋过程和抑制过程都强，而且平衡，很容易建立阳性与阴性的条件反射，而且一旦建立就比较稳定而不易改造。这是一种坚韧而行动迟缓的类型。由于神经过程不灵活，这种类型的个体很难适应快速变化的环境。这种类型的个体即使生活在不良的环境中，也很难出现神经性疾病。

(3) 强而不平衡的类型（兴奋型）：这种类型的个体兴奋过程强于抑制过程，容易建立阳性条件反射，但很难建立阴性条件反射，在必要的情况下，也很难阻碍这种类型个体的行动。这是一种容易兴奋、不受约束的类型，所以也称为不可遏制型。在特定的要求个体有较强的控制力的情境中，这种类型的个体倾向于抑郁和昏沉，或者产生难以遏制的行为或攻击性行为。

(4) 弱型（抑制型）：这种类型的个体需要特殊的环境才能生存，他们难以建立条件反射。这种类型的个体神经细胞很弱，所以正常强度的刺激也会引起他们的保护性抑制，会产生错乱，甚至衰竭。这种类型的个体常见于神经官能症患者，他们也很难对抑制性刺激做出反应。环境中的快速、经常性的变化会引起他们行为的错乱。弱型具有一定的保护性。他们只有在特定的环境中，生活才有价值。

人的气质特征千差万别，上述四种气质类型分类的意义只是相对的，实际上，单纯属于某类典型气质的人很少见。大多数人只是不同类型的混合，或近似于某种类型，或介于某些类型之间。

在日常生活中，气质的一般型和两种类型的混合型的人占多数，典型型和两种以上类型混合型的人占少数。因此，在测定某个人的气质时，不要硬性地把他划入某种典型型，而要测定气质特征和神经过程的基本特性，据此预测人的行为并因材施教。

（三）气质在实践活动中的作用

世界上大多数人属于混合型气质。气质本身并没有好坏之分，不能把某些气质评定为积极的，而把另一类气质评定为消极的，每一种气质都有它的积极方面和消极方面。如多血质的人虽然灵活机敏，工作能力较强，但注意力不稳定，兴趣容易转移，工作、学习不踏实、没耐力，行事马虎。抑郁质的人虽然工作能力不强，但工作细心、敏锐、专注，富有观察力，见微知著。

人们若能了解自己和他人的气质，对学习、工作、生活和人际交往等都是十分有益的。

1. 了解自己的气质

可以通过本章附录中的“气质测评答卷”来了解自己的气质类型。根据气质测试，人群中的大多数属于混合型气质，比较起来，多血质最多，黏液质次之，胆汁质再次，抑郁质最少。在分析得分时，不仅要看分数本身，还要进一步看分数的分布状况：

(1) 两个相同得分的人（即同样气质类型的人），很可能有不同的气质表现。比如，同为多血质，甲同学以机敏活泼、乐于交往为主要特征，而乙同学则以性情多变、缺乏持久力为主要特征。两者尽管分值相同，但气质特征上有优劣之别。

(2) 同样的总分，但A同学在该项上的每一题得分起伏很大，或+2分或-2分，而B同学则多为+1分，0分，-1分，两者的气质特征自然有差异。比较起来，B同学的稳定性较好，但典型性不强，而A同学在该气质上或是很符合，或是很不符合，稳定性较差。

(3) 次高分项的类型与高分项的类型搭配情况亦很重要，比如，甲同学高分项为胆汁质，次高分项是多血质，而乙同学的高分项为胆汁质，但次高分项为抑郁质，甲乙两同学的气质特征就具有了不同的含义，乙同学的气质具有更大的内在矛盾性。

因而，在分析自己的气质类型时，应该全面地分析，这在心理卫生中是很重要的，因为它们对于心身健康具有不同的意义。

2. 了解他人的气质

我们可以通过观察他人的行为，了解他人的气质。

（1）对胆汁质者的观察指标：日常活动带有强烈的情绪色彩，情绪高时，学习、工作热情高涨，肯出大力，反之，对什么事都不感兴趣；积极参加各项活动，喜欢每一项新的活动，甚至喜欢倡导一些别出心裁的事，尤其喜欢运动量大和场面热烈的活动；完成工作匆匆忙忙，比谁都快；活动效率高，想干的事未完成，饭可不吃，觉可不睡；学习的理解能力和接受能力很快，但不求甚解；说话喜欢与人争辩，总想抢先发表自己的意见，喜欢在公开场合表现自己，坚信自己的见解；姿态举动强而有力，眼光锐利而富有生气，表情丰富敏捷；喜欢看情节起伏、激动人心的小说和电影，不爱看表现日常生活题材的作品。

（2）对多血质者的观察指标：内心的体验一般会在面部表情和眼神中明显地表现出来；积极参加社会活动，但表现散漫，有始无终；学习疲倦时，只要稍休息一下，便会立刻焕发精神重新投入学习；理解问题总比别人快，但学习常会见异思迁，注意力不容易集中；希望做难度大、内容复杂的作业，但不耐心细致，总希望尽快完成作业；容易激动，但情绪表现不强烈；容易产生骄傲情绪，觉得自己比别人要机智和灵敏；变化迅速，遇到稍不如意的事就情绪低落，稍得安慰或又遇到使他高兴的事，马上就会兴高采烈；善于交际，待人亲切，容易交上朋友，但友谊常不巩固，缺少知心好友。

（3）对黏液质者的观察指标：不易激动，安静沉稳，很少发脾气，情感很少外露，面部表情单一；课堂上守纪律，静坐听讲，不打扰别人，生活有规律，很少违反作息制度；理解问题比较慢，希望老师能多重复几遍；学习认真严谨，始终如一，喜欢做有条不紊、不太难的作业；喜欢复习过去学过的知识；对新知识接受能力差，但弄懂之后就很难忘记；沉默寡言，较少主动搭话；交际适度，通常有几个要好朋友；善于自制，善于忍耐；兴趣爱好稳定专一，有毅力。

（4）对抑郁质者的观察指标：喜欢安静独处，性情孤僻，但是在友爱的集体中，又可能是一个很容易相处的人；办事犹豫不决，优柔寡断，做事情总比别人花费时间多，细心谨慎，稳妥可靠；不爱表现自己，对出头露面的工作尽量摆脱；在陌生人面前害羞，当众讲话常表现出惊惶失措；感情比较脆弱，因为一点小事就会引起情绪波动，容易神经过敏，患得患失；当学习或工作失利时，会感到很大的痛苦；爱看感情细腻、大量描写心理活动的小说和电影。

所以，气质只是给人的个性、行为涂上某种色彩，而不决定一个人的发展方向。一个人做什么，如何做，是由动机、愿望和信念决定的，从这个意义上说，气质不决定人的社会价值。因此，我们不能单凭气质类型去评判他人行为的社会价值。心理学家认为，四种气质各具长处，各有不足。对于学生来说，四种气质的学生都可以成为优秀的学生，将来都可以成为优秀的领导者、管理者和建设者。重要的是各种气质的学生都要清楚自己的气质的优点和缺点，努力发挥自己气质的优点，弥补自己气质的不足之处。例如，多血质的学生很容易与同学搞好关系，但耐心不够；胆汁质的学生热情高，但很容易急躁；黏液质的学生稳重、有耐心，但不善言辞；抑郁质的学生观察细致、较谨慎，但缺乏主动性和灵活性。一个班级里往往汇集了多种气质的人，同学之间应该相互取长补短，这样学习、班级工作和课余活动就一定搞得更好。

3. 气质对智力活动的影响

气质不能决定一个人智力发展的水平。研究表明，相同气质的人可能表现出不同的智力水平；智力高的人可能具有不同的气质。据研究，著名的作家中有着四种气质类型的代表。例如，臧克家、严文井的气质是胆汁质；郭沫若和赫尔岑具有多血质的特征；茅盾和克雷洛夫属于黏液质；杜甫和果戈里属于抑郁质。他们虽在气质特征和气质类型上各不相同，但并不影响他们各自在文学上取得杰出的成就。

但是，气质在一定程度上影响着活动的效率。以记忆的效率为例，研究表明，识记材料的数量越多、难度越大，神经系统强型的人比弱型的人效果要好；在动觉记忆方面，对于不复杂的任务，神经系统弱型的人比强型的人记忆要好；而在复杂情境中，神经系统强型的人比弱型的人记忆要好。

4. 气质对职业选择的意义

气质本身并不决定一个人的职业成就和社会贡献大小，每一种职业领域都可以找到各种气质类型的成功者，同一气质的人在不同的职业部门都能做出突出的贡献。气质特征是职业选择的依据之一，然而，应该承认气质会影响职业活动的性质和效率，某些气质特征为一个人从事某种工作提供了有利条件。一般来说，胆汁质者可以成为出色的推销员、演讲者、节日主持人、外事接待人员、演员。

虽然不同气质的人只要发展相应的能力和性格都能适应某种工作，但是，选择适合于这些职业要求的某种气质特征的人，将更容易发挥其长处，缩短训练时间，提高成功率，减少失误。

在现实生活中，并不是每个人的气质都能归入某一气质类型。除了少数人具有某种气质类型的典型特征之外，大多数人都偏于中间型或混合型，也就是说，他们较多地具有某一类型的特点，同时又具有其他气质类型的一些特点。

二、性格

（一）性格的概念

性格（character）是一种与社会相关最密切的人格特征。我国心理学认为，性格是人对现实的态度和行为中比较稳定、独特的心理特征的总和。在性格中蕴含了许多社会道德含义，如诚实或虚伪、勇敢或怯懦、谦虚或骄傲等都被认为是性格特征。可见，我们日常生活中的态度及行为表现都可以反映出我们的性格特征。

性格是在实践活动中，在人与客观世界相互作用的过程中形成和发展起来的。客观事物的各种影响通过主体的认识、情感和意志活动在个体的反映官能中保存下来、固定下来、构成一定的态度体系，并以一定的形式表现在个体的行为之中，构成个体所特有的行为方式。

人的性格并不是一朝一夕形成的，但一经形成就比较稳定，并且贯穿在他的全部行动之中。

人的性格在类似的情境中，甚至在不同的情境中都会表现出来。因此，个体一时性的偶然表现不能认为是他的性格特征，只有经常性、习惯性的表现才能认为是他的性格特征。例如，一个人经常表现得很勇敢，偶尔地表现出怯懦，那么，不能认为怯懦是他的性格特征。

性格是具有核心意义的个性心理特征，它最能表现一个人的个性差异。我们平时所讲的个性，主要是指一个人的性格。文学家总是抓住一个人最本质的性格特征作为典型加以描写，在读者面前展示出非常生动鲜明、有血有肉、活灵活现的人物，使读者感到这是一个栩栩如生的现实人物。罗贯中笔下的刘备、关羽、张飞，鲁迅笔下的阿Q，莎士比亚笔下的哈姆雷特，都是作者抓住人物的性格特征加以形象化而塑造出的典型人物。

（二）性格的特征

性格是一个十分复杂的心理构成物，人对现实的态度和与之相应的行为方式的独特结合，就构成了一个人区别于他人的独特的性格。它包括各个侧面，具有各种不同的性格特征。性格特征就是指性格的各个不同方面的特征，它主要有四个组成部分：

1. 性格的态度特征

人对客观现实的影响总是以一定的态度给予反映，客观对象和现象是多种多样的，因此，人对客观现实进行反映时，性格的态度特征也是多种多样的。

对社会、集体和他人的态度的特征：主要有公而忘私或假公济私、忠心耿耿或三心二意、善于交际或行为孤僻、热爱集体或自私自利、正直或虚伪、富有同情心或冷酷无情等特征。

对工作和学习的态度的特征：主要有勤劳或懒惰、认真或马虎、细致或粗心、创新或守旧等特征。

对自己态度的特征：主要有谦虚或骄傲、自尊或自卑、严于律己或放任自流等特征。

2. 性格的意志特征

性格的意志特征，是指人在对自己行为的自觉调节方式和水平方面的性格特征。

对行为目的明确程度的特征：主要有目的性或盲目性、独立性或易受暗示性、纪律性或散漫性等特征。

对行为的自觉控制水平的特征：主要有主动性或被动性、自制力或缺乏自制力、冲动性等特征。

在长期工作中表现出来的特征：主要有恒心、坚韧或见异思迁、虎头蛇尾等特征。

在紧急和困难情况下表现出来的特征：主要有勇敢或怯懦；沉着镇定或惊慌失措；果断有力或优柔寡断等特征。

3. 性格的情绪特征

性格的情绪特征，是指人在情绪活动时对情绪的强度、稳定性、持续性和心境等方面控制中表现出来的性格特征。

（1）强度特征：表现为情绪对人的行为、活动的感染和支配程度以及情绪受意志控制的程度。例如，有的人情绪体验比较弱，容易用意志加以控制；有的人情绪体验比较强，难以用意志加以控制。

（2）稳定性特征：情绪的稳定性特征表现为情绪起伏波动的强度。例如，有人不论在成功或失败时，情绪都比较平静，对情绪的控制也比较容易；有人成功时则忘乎所以，失败时则垂头丧气，对情绪的控制比较困难。

（3）持久性特征：表现为个人受情绪影响时间长短的程度。例如，有人遇到愉快的事，当时很兴奋，事后很快恢复平静；有人愉快的情绪则持续很久。

（4）主导心境特征：表现为不同的主导心境在一个人身上表现的程度。例如，有人经常愉快，有人经常忧伤；有人受主导心境支配的时间长，有人受主导心境支配的时间短。

4. 性格的理智特征

性格的理智特征，是指人在认知过程中的性格特征。人的认知水平的差异被称作能力特征，人的认知活动特点与风格被称为性格的理智特征。

（1）感知方面的性格特征：主动观察型和被动观察型、记录型和解释型、快速型和精确型。

（2）记忆方面的性格特征：主动记忆型和被动记忆型、直观形象记忆型和逻辑思维记忆型、在识记上有快慢之分，在保持上有长短之分。

（3）想象方面的性格特征：主动想象和被动想象、想象广阔和想象狭窄等。

（4）思维方面的性格特征：独立型和依赖型、分析型和综合型、常规型和创造型等。

（三）性格的分类

对人的性格进行分类，可以追溯到我国春秋战国时期和古希腊时期。但是，现代性格类型论则是20世纪前半期在欧洲，特别是在德国发展起来的。在此介绍两种常用的性格分类方法：

1. 理智型、情绪型和意志型

美国心理学家培因曾根据心理机能的差异将人的性格分为理智型、情绪型和意志型三种。

（1）理智型。人的性格中理智特征特别鲜明，善于用理智控制情绪，使自己的行动具有明显的理智导向。这种人遇事三思而后行，能理智地处理自己所遇到的事情，坚持原则，不受情绪支配。这种性格的人在日常生活中认真负责，不达目的不罢休。当然，这种人容易畏首畏尾，缺少应有的冲动，有时可能会显得呆板，不够浪漫，甚至会让人觉得难以相处。

（2）情绪型。指情绪体验深刻，举止易受情绪左右，这种人通常不善于思考，常受自己的感情的支配，易冲动、易发怒。在面临突发事件时常常不能很好地控制自己，常会由于一时冲动而后悔莫及，日常生活中常会因为生活中的各种事件而或喜或悲。这种类型的人不太适合居于要职。另外，这种性格类型的人通常情感丰富，感觉细腻，渴望浪漫的生活。

（3）意志型。这种人干事认真负责，工作中目标明确，独立性强，坚韧不拔，面对困难挫折不后退，遇到突发事件能果断地采取行动，日常生活中自制力强，能很好地克制自己，规范自己的行为。这种类型的人多见于科研工作者。

其实，在日常生活中，我们更多地见到的是一些中间类型的人，如情绪—意志型，这种人能同时比较明显地表现出情绪型和意志型的特点，感情细腻，情感世界丰富且意志坚定，锲而不舍。

2. A 型性格和 B 型性格

20 世纪 50 年代，美国心理学家弗里德曼（M. Friedman）根据人们在时间匆忙感、紧迫感以及好胜心等方面的特点，将人们的性格划分为 A 型性格和 B 型性格。

（1）A 型性格。这种性格的人时间观念强，办事认真，工作中干劲足，平日里闲不住，日程安排得满满的，常信不过他人，任何事都想自己亲自动手。日常生活中常表现出争胜好强、效率高、易激动、缺乏耐性等特点。这种类型的人通常给人精力充沛的印象，但由于易激动，缺乏耐性，他们可能在工作中得罪上司；又由于常信不过他人，又可能得罪同事和下级；这些都会给他们的工作带来一些意外的麻烦，但由于他们充满激情，充满活力，深入接触之后往往会受人喜欢，且干劲十足，大胆的精神易使他们取得别人不敢想象的成功。

（2）B 型性格。这种性格的人常显得比较稳重，时间观念不够强，很少紧张，即使遇上重大问题仍能泰然自若。在日常生活中常表现为“大肚能容”，吃苦耐劳，不喜欢争强好胜，有耐性，能容忍等，即使在竞争中取得了优势也不会咄咄逼人。在人际交往中能够为别人着想，在工作中能够顾及上下级关系。这种性格的人一般情况下都能够很平静地生活，不会为生活的事情而大喜大悲，常给人以富有涵养的印象。

第三节　常见的人格缺陷及其矫正

一、人格与心理健康的关系

人格是人类心理行为的基础，人类的心理行为则是人格与环境相互作用的结果，因此，人格的面貌会影响一个人的心理健康、潜能的开发、活动的效率和对社会的适应状况，并且人格对心理疾病、身心疾病的患病概率、患病种类、病程长短、愈后效果等均有明显的影响。据心身医学的研究发现，许多心身疾病都与相应的人格特征有关。这些人格特征在疾病的发生、发展过程中起到了生成、促进、催化的作用。

二、人格缺陷及障碍分析

（一）人格缺陷的调节

人格缺陷是介于正常人格与人格障碍之间的一种人格状态，也可以说是一种人格发展的不良倾向，或是说某种轻度的人格障碍。常见的人格缺陷有悲观、害羞、急躁、狭隘、猜疑、怠惰等。

1. 悲观

有些人遇到不如意、失败的情况时便垂头丧气、怨天尤人，面临重任、挑战便自认无能为力、甘愿失败，对前途失去信心、心灰意懒……这些都是悲观的表现。引起悲观的既有人生态度、意志品质方面的原因，也有认知错误、人格不成熟的因素。有些人则是因为理想破灭、道路坎坷而灰心丧气。

有的人常从消极的角度去看问题，总把眼睛盯着伤心、弱点和困难的方面，或认为失败无法改变。这实际上是用悲观来对待挫折，结果是“帮助”挫折来打击自己，在已有的失败感中又增添新的失败感，就像在伤口上又撒了一把盐。这种悲观心理的发展，会使人浑浑噩噩、毫无生气，甚至厌世轻生。

悲观心理是一种严重的不健康心理，对人身心的危害极大。怎样才能改变悲观，走出情绪低谷，培养乐观的人生态度呢？

德国心理学家皮特·劳斯特提出了改变悲观、培养乐观的10条建议：

（1）越担惊受怕，就越易遭受灾祸。因此，一定要懂得积极态度所带来的力量，要坚信希望和乐观能引导你走向胜利。

（2）即使处境危难也要寻找积极因素。这样，你就不会放弃争取微小转机的努力。越乐观，你克服困难的勇气就越强大。

（3）以幽默的态度来接受现实中的失败。有幽默感的人，才有能力轻松地克服厄运，排除随之而来的倒霉念头。

（4）既不要被逆境困扰，也不要幻想出现奇迹。要脚踏实地，坚持不懈，全力以赴去争取胜利。

（5）不管多么严峻的形势向你逼来，你都要努力去发现有利的条件。不久，你就会发现，你到处都有一些小的成功。这样，自信心自然也就增强了。

（6）不要把悲观作为保护你失望情绪的缓冲器。乐观是希望之花，能赐给人以力量。

（7）你失败了，但你要想到，你曾经多次获得过成功，这才是值得庆幸的。如果10个问题你做对了5个，做错了5个，那么，你还是有理由庆祝一番的，因为你已经成功地解决了5个问题。

（8）在闲暇的时间里努力接近乐观的人，观察他们的行为。通过观察，培养起你乐观的态度，乐观的火种会慢慢地在你内心点燃。

（9）悲观不是天生的。像人类的其他态度一样，悲观不但可以减轻，而且通过努力还能转变成一种新的态度，这就是乐观。

（10）如果乐观态度使你成功了，那么，你就应该相信这样的结论，乐观是成功之源。此外，培养多方面的兴趣与爱好，多参加集体活动，多加强体育锻炼，多看幽默剧、相声等给人带来笑声的节目，都有助于培养乐观的性格。

2. 害羞

害羞是一种在人际环境中使人感到压抑的状态，它影响了一个人的人际交往以及能否顺利达到人生目标。害羞可能是缓慢的和气质性的，作为一种人格特质起作用，是自我概念的核心。

害羞之心人皆有之，但当害羞变得极端化时，就会迫使人们的生活发生进一步的变化。他会使一个人将其社会快乐最小化，使其社会不适和隔离感最大化。尤其害羞成为一种习惯，是非常有害的，它会导致压抑、孤独、焦虑等不良心理状态，还会阻碍人际交往，影响一个人才能的正常发挥。

害羞不是天生的，它是在家庭、学校和工作环境中逐步形成的。害羞心理在青少年时期最为突出。因为人进入青少年期，自我意识成熟，逐渐重视“自我形象”，正处于这种自我意识高度发展的时期，很注重自我在别人心目中的地位，有强烈的自尊心。他们渴望得到别人的理解和尊重，但同时又经常担心、怀疑自己能否得到承认和尊重。这种心理状态在不熟悉的环境中，就怕被人耻笑，因而表现得不自然，心跳、脸红、腼腆甚至怯场。久而久之就会羞于与他人交往，羞于在公开场合讲话。

造成害羞的另一个原因是胆小被动、谨小慎微。在生活中总是考虑不要导致失败，说话做事缩手缩脚，总怕出错被人议论，这样就会坐立不安、神经紧张、焦虑，而错过机会后又懊悔、自责。另外害羞也可能是因为生活中受了挫折而自暴自弃，感到再也抬不起头来，羞于与人交往，实际上是丧失自信的结果。

要战胜害羞心理，需从以下几方面入手：

（1）要意识到，并不是只有你一个人感到害羞。事实上，每个人都有怕羞心理，因此，要认识到人不可能处处完美、事事正确，即使错了，也可将其作为前车之鉴；失败了，也可作为成功之母。流利的口齿，聪明的才智，都是在实践中逐渐培养起来的。

（2）即使存在着遗传因素，害羞也是可以改变的。但是这需要勇气和毅力，就像你要改变一个存在了很久的习惯一样。

（3）要树立自信心，要看到自己的优点。要坚信自己的观点、意见会对别人有所启迪，相信自己的言行会有积极作用。美国心理学家丁·奇克（Chick）和W. 利布曼（Lebermann）的一项研究分析了大学生在社交场合的行为举止的录像带，发现那些自认为自己举止很可笑而怕羞的大学生，他们的言行并不像他们认为的那样差。所以，害羞者要相信自己的知识、才能、仪表并不比他人差。

（4）要大胆说出第一句话，敢于迈出第一步。要敢于在生活中锻炼自己，胆量和能力都是锻炼的结果。在你迈出第一步后，你就会发现自己不仅有能力把事情干好，而且有潜力把事情干得更好。

（5）永远不要小瞧自己。相反，想一下为了达到你想要得到的成就，下一步你要采取什么样的行动。

（6）不要过于计较别人的议论。事实上有些议论往往是自己头脑里臆想出来的。正如心理学家指出的，“怕羞者常常担心自己被别人否定。对他们来说，自己的一举一动都是一幕幕演出——他们认为别人正一刻不停地对他们的所作所为在做评价”。退一步说，即使真有人议论也是正常的，俗话说：“哪个人后无人说。”没必要太看重。“走自己的路，让别人说去吧！”这会使自己变得洒脱些。

（7）在去通常使你感到害羞的地方之前，练习沉思，放松，使思想集中到理想的状态。

3. 急躁

急躁是常见的不良人格品质。主要表现为冒失、莽撞、不沉着，遇事不冷静，做事缺乏充分准备，急于求成，解决问题不深入细致，只是走马观花，浮光掠影，结果半途而废。在日常生活中，急躁者往往成事不足，败事有余，甚至祸及他人。急躁者大多缺乏耐心、细致、严谨、恒心和毅力，因而可能给学习、生活、交往带来不少麻烦。

要克服急躁性格，须注意以下几点：

（1）遇事三思而后行。在做出行动之前要多沉思，耐心地从多角度考虑，多问几个为什么，不要急着行动。

（2）及时反躬自问。在做出决定后，每做完一件事都要及时反省检查，吸取经验教训，再制订下一步的行动计划。这样一步一个脚印，稳步前进，否则欲速则不达，甚至会前功尽弃。

（3）从容不迫、锲而不舍。急躁者既无从容之态，又无刚毅之心。为了克服急躁的毛病，必须在学习、生活中同自己急躁的行为抗争，有意识地培养严谨、自制、有条理、有恒心的优良品格。正如古希腊思想家比阿斯曾说的，“要从容地着手做一件事，但一旦开始就要坚持到底”。

（4）控制发怒。性格急躁的人容易发怒，应把制怒格言“能忍则自安，退一步海阔天空”铭记在心，时时提醒自己遇事要冷静。即使输了，也要甘拜下风。

4. 狭隘

斤斤计较、耿耿于怀、好嫉妒、爱挑剔、钻牛角尖而容不得人的现象，这就是狭隘的性格表现，即日常说的“气量小”。狭隘的人往往固执己见，听不进他人之言，按照自己固有的框框、模式去批评、抱怨他人的言行，没有广博的胸怀。狭隘的人方法单一，思路狭窄，态度、观点极端，因而不能取得好成绩；在交往中容易伤害他人感情，使人际关系恶化；狭隘还给自己带来无端的烦恼，影响自己的情绪和在他人心目中的形象。

矫正狭隘的不良性格，应注意以下几点：

（1）尝试摆脱以“我”为中心的态度和思维模式，从他人的角度去看周围的世界，设身处地去理解、体会他人的言行、态度。

（2）要善于悦纳异己和并不喜欢的事物，要培养宛如海洋、天空一样的宽阔胸怀，要体会个人的渺小，这样才能胸怀坦荡而能容天地。

（3）要博学广闻。一个努力学习、知识渊博、经历丰富的人就不会固守狭隘的偏见，就能高瞻远瞩，放眼看四方。

（4）在处理具体事务上要学会宽容，要学会以同情、博爱的态度对待他人和解决问题。

5. 猜疑

猜疑是建立在猜测基础之上的，这种猜测往往缺乏事实根据，只是根据自己的主观臆断毫无逻辑地去推测、怀疑别人的言行。猜疑的人往往对别人的一言一行很敏感，喜欢分析深藏的动机和目的，看到别的同学悄悄议论就疑心在说自己的坏话，见别人学习过于用功就疑心他有不良的企图。好猜疑的人最终会陷入作茧自缚、自寻烦恼的困境中，结果导致自己的人际关系紧张，失去他人的信任，挫伤他人和自己的感情，对心理健康是极大的危害。英国思想家培根曾说过："猜疑之心如蝙蝠，它总是在黄昏中起飞。这种心情是迷陷人的，又是乱人心智的。它能使你陷入迷惘，混淆敌友，从而破坏人的事业。"因此，消除猜疑之心是个体心理健康的任务之一。

下面我们提供一些消除猜疑心理的建议：

（1）树立坦荡无私的心态。人们常说"做贼心虚"，就是说自己内心不坦荡，就会心怀鬼胎而猜疑他人。只有"心地无私"，才能"天地宽"，这样对他人及周围的事情才会看得比较自然。

（2）要抛弃成见和自我暗示。为此要学会客观而辩证地看待他人和自己，运用事实来消除成见和驱除自我暗示。

（3）加强沟通。猜疑常常是由于误会或他人搬弄口舌引起的，因此，碰到这种情况应主动同别人交心通气，开诚布公，同时要宽以待人，增强信任，这样才会消除隔阂、疑惑，增进友情和信任感。

（4）产生了猜疑心，你可以有所警惕，但不要表露于外。这样，当猜疑有道理时，你因为做好了准备而免受其害；而当这种猜疑毫无道理时，就可以避免误会好人。

6. 怠惰

《颜氏家训》说："天下事以难而废者十之一，以惰而废者十之九。"怠惰往往是许多人虚度时光、碌碌无为的性格因素。怠惰集中表现为拖拉，就是说可以完成的事不立即完成，今天推明天，明天推后天。许多人奉行"今天不为待明朝，车到山前必有路"，结果，事情没做多少，青春年华却在这无休止的拖拉中流逝殆尽了。

产生怠惰的首要原因就是试图逃避困难的事，图安逸，怕艰苦，积习成性。人一旦长期躲避艰辛的工作，就会形成习惯，而习惯就会发展成不良的性格倾向。

产生怠惰的第二个原因和对时间的估价有关。某些人总以为今天短而明天长，今天事多，明天事少，殊不知今天和明天是个相对概念，再说明天事不一定少，可能有意料之外的事。因此，把今天应当完成或经过努力可以完成的事情推到明天是不明智的。

造成怠惰的第三个原因可能是因为心里头绪太多，目标不明确，无从下手，缺乏应有的计划性和条理性。结果东抓一把，西抓一把，似乎很忙，实际上没有忙到点子上，做了许多"无用功"，造成心理的疲惫，于是干脆就啥也不做，任时光流逝。

怠惰影响学习、工作的效率，还能滋生急躁、焦虑的情绪，结果心事重重，愁思万千，妨碍了其他工作的进行。怠惰注定与成就无缘。

如何战胜和超越怠惰呢？

（1）要充分意识到自己有怠惰的不良性格，继而要看到怠惰的危害性。这些是战胜怠惰的出发点。可想而知，一个连怠惰及其危害都一无所知的人怎么能克服怠惰呢？

（2）要找出怠惰在自己身上的主要表现和产生的主要原因。下决心克服安逸享乐的思想，培养坚毅的品格。

(3) 要学会根据自己的实际能力，科学地安排时间，制订切实可行的计划，说干就干，大计划与小安排相结合，要求言必行，行必果。在学习工作中要经常以内部言语的刺激提醒自己讲效率、讲速度。

(4) 今日事，今日毕，有意识地敦促自己立即将拖着、欠着的事情干完，这样就会有如释重负的欣喜感和成就感，就会满怀信心地去做下面的事。这样的训练就会逐步动摇怠惰存在的基础，最终将怠惰的阴影一扫而光。

（二）人格障碍的类型及特征

人格障碍又叫变态人格，或称人格异常。它是指一种或几种人格特质的强度超出了正常的范围，从而妨碍了正常的人际交往，表现为持久而牢固的适应不良的情绪和行为反应模式。通常有不同的具体类型。

1. 反社会人格障碍

反社会人格障碍又称无情型人格障碍，或社会性病态，是对社会妨碍最严重的类型。有反复出现和发作性发生的反社会和违犯社会法规的品行障碍，其中大多数人用社会、刑法和医学方法处理无效，也没有有效的预防措施。

主要特征：有高度的攻击性、冲动性，甚至有终生发生的人身暴力倾向；无羞愧感、悔恨感，无同情心、情感肤浅，行为无目的性、计划性；无预谋，大多受偶然动机、情绪冲动或本能欲望所驱使，社会适应不良，对自己的人格缺陷缺乏自知力，缺乏良知，缺乏责任感，不能从经验或惩罚中取得教益，是一种持久和牢固的适应不良的行为模式。

这些人往往能言善辩，好向别人吹嘘，甚至连自己也分不清说过的是谎言还是事实，诈骗的手法很高明。冷酷、脾气暴躁，稍不如意就火冒三丈，对挫折容忍力差，自我控制不良。对人不坦率，满口答应，转身就忘，表面上唯唯诺诺好像很服从，暗地里敷衍拖延不合作，内心里充满愤怒和不满，背地里常发牢骚，总想操纵、捉弄、威胁别人，与人格格不入。伦理道德和法纪观念差，以暴力行为发泄自己的不满，采取攻击的方式防备他人，常常做出不符合社会规范、准则、要求和妨碍公众利益的事，是一个反社会、非社会和无法矫正的人，自私自利，为了满足某种需要甚至不择手段；自我评价过高，行为狂热但不能感动人；尽管屡遭失败，也不会吸取经验教训，不会改变行为方式，是个缺乏远见、无成就的人；对自己的过失行为或失败则推诿于客观原因，或者提出许多似是而非的理由为自己辩解、开脱，习惯于把失败的原因归罪于别人，犯了错误也没有悔改与羞愧的表现，很少有对他人的负疚和罪恶感体验。对人淡漠无情、忘恩负义，与人难以共处；喜欢帮助人，但有头无尾、半途而废；有挑逗和诱惑异性的倾向，两性关系混乱，经常更换婚姻关系，对子女不闻不问；认识与行为脱节，从来不考虑行为后果和自己的行为对别人有什么影响，不关心别人对自己的态度；是一个难以消除的不安定、不和睦因素，他们对自己的妨碍低于对社会的妨碍。他们可有多种形式的犯罪，有药物和酒精滥用的倾向，一般不情愿寻求医生的帮助，往往在违犯社会法纪而被监禁和投入劳教时，被迫来就诊，大多数表现紧张、抑郁，认为周围人对他歧视、憎恨。

2. 偏执型人格障碍

偏执型人格障碍，又称狂信型人格障碍、诡辩型人格障碍、妄想型人格障碍，多见于男性。主要特征表现为固执、敏感、多疑，爱钻牛角尖，多幻想或奇怪观念。过分警觉，心胸狭窄，好嫉妒超过自己的人，瞧不起低于自己的人。对自己过分关心，自我评价过高，目空一切。偶尔给人一种强健、雄姿英发、有能力的印象，觉得自己过分重要。经常害怕失去自主性，责备他人，夸大困难。拒绝接受批评，对挫折和失败过分敏感，如受到质疑则出现争论、诡辩，甚至冲动、攻击和好斗。情绪不稳定，不愉快，缺乏幽默感；认为别人居心不良，不信任别人，寻找多疑和偏见的证据；在没有充分根据时，预期自己会遭人打击、伤害，经常处于自卑、防御、紧张、敌意状态之中。

要克服偏执人格，第一应学会接纳、宽容异己。对那些与己不同的人和事，要学着去理解。第二，要主动与他人交流看法。可以争论，但目的应该放在解决问题上，而不要总想着以击败对方为快。第三，要学会制怒。不顾后果的激愤往往会葬送掉友谊、爱情。第四，要培养幽默感，学会轻松地看待人生，参与生活。

3. 癔病型人格障碍

这种类型的人格不成熟，情绪极不稳定，即使在轻微的紧张情景下，也会出现较严重的情绪冲动，反应过强，表现具有戏剧性，故又称“戏剧型人格”。此类人喜欢自吹自擂、装腔作势，总希望成为他人注意的中心，为使他人加深对自己的印象，常把自己的感觉或情感加以夸张；情绪多变，表现形式较肤浅，在外表或行为上有不适当的挑逗；以自我为中心，追求当即的满足，对稍迟的赞许或遇到的挫折无法忍受；内心真情少，依赖性大，常需别人的保证与支持，有时也会玩弄或威胁他人。

癔病型人格障碍的调适一般有两种方法。

（1）情绪调整法。首先向自己的亲朋好友做一番调查，听听他们对你情绪表达的看法。然后扪心自问，这些情绪表现哪些是有意识的，哪些是无意识的；将自己无意识的情绪表现写出来，放在醒目处时时提醒自己。也可请好友在关键时刻帮助一下，使自己的情绪表达自然适度。

（2）升华法。由于癔病型人格常把兴趣集中在自我表现上，因此，可以对这个特点因势利导，通过培养其艺术表演才能，让他这个特点得到充分发挥。

4. 爆发型人格障碍

具有爆发型人格的人情绪易变，并且自我控制能力差，往往因微不足道的小事受到刺激，出现爆发性情感反应，甚至出现暴烈攻击行为，事过境迁则懊悔不已。在不受刺激时，表现正常，但过若干时候又会重犯。这种人格障碍常见于男性。

促使爆发型人格发展的关键是外界存在的刺激。调适的方法是尽量不刺激他。在其情绪稳定时，进行说服教育，晓之以理，动之以情，使其认识到自己的不良行为产生的后果。

5. 回避型人格障碍

行为退缩，心理自卑，面对挑战无力应付或采取逃避态度。在公共场合害怕出现窘态，怕惹人讥笑，总是缄默无语。敏感羞涩，严守个人隐私。在人际交往中，处于矛盾的心理状态。日常生活中，多安分守己，认真工作，经常受到称赞，但当领导委以重任时总是想方设法推辞。偶尔受到批评指责，常常感到自尊心受到伤害而陷入痛苦，很难从中解脱出来。对未来有丰富的幻想，但又惧怕竞争。这类人格障碍多见于女性。

调适回避型人格障碍，主要有以下几种方法：

(1) 反向观念法。这是一种与自己原来的不良自我观念唱反调，以改造认知歪曲的一种方法。具体做法如下：首先，通过反省将自己的错误观念列举出来，然后提出相反的改进意见，并在生活中努力按新观念去做。每过一段时间，进行一次自我分析，把无意识的东西上升到有意识的自觉的层面上，逐渐改进不良的心理状态。

(2) 自我鼓励法。当面临某种情况，自信心不足时，不妨给自己壮胆："我一定会成功！一定会的！"或者自问："别人都能干，我为什么不能干呢？我不也是人吗？"如果抱着"豁出去了"的心理去从事相应的活动，相信事在人为，人定胜天，就会产生自信心。

6. 分裂型人格障碍

分裂型人格障碍主要表现为对人对事冷淡，他们似乎没有表达人类细腻情感的能力。一般除至亲外，没有亲密的朋友和知己。言行怪异，敏感羞怯。对别人的批评和表扬毫无感觉，很少有应答的姿势或表情。面对紧张和灾难，显得超越、满不在乎。强烈的我向性思维，但一般还能认知现实；常做白日梦，沉溺于幻想之中，缺乏进取心，回避竞争。

一般认为，分裂型人格障碍与儿童期被父母过分责骂、批评有关，觉得自己毫无价值，逃避与人和事物的接触，从而形成具有孤独离群性、情感冷漠和周围环境相分离的人格。针对这些特点，应采取相应的调适方法。

(1) 社交能力训练法。以一位朋友或同学为交流对象，每天主动与之交流5分钟，交流内容和方式不限，逐渐做到主动、自然和随意交流，进而逐步增加交流的时间和对象。此外，还应积极参加集体活动。可以对每天的情况评分计算，对每一点进步都加以肯定，增强自信心。

(2) 艺术疗法。荣格心理学认为，一个人如果把生命能量过度流注到潜意识，自然容易产生幻觉和稀奇古怪的念头；一个人的能量是有限的，大多数能量流入潜意识，面对现实生活的能量自然就减少了。艺术活动就是把能量从潜意识深处拉出来，使其自我开放，如开发舞蹈、唱歌、绘画、雕塑等活动，先独自一人在屋里随音乐跳舞、唱歌，或随意涂画、雕刻等，待有一定基础后，再与别人唱歌、跳舞或交流。这样，使自己的个性能量通过艺术活动的正常途径得到升华。

7. 循环型人格障碍

循环型人格障碍也称情感型人格障碍。这种人情绪有周期性的起伏波动，时而高兴，时而忧伤，使人难以捉摸。高兴时，情绪高涨，对一切都表现出极大的兴趣，内心充满了希望和喜悦。抑郁时，情绪低沉，一落千丈，精神萎靡，愁容满面，悲观失望，一言不发，总往坏的方面想。这种波动的程度、持续时间及周期都因人而异。

这种患者情绪低沉，常因工作或生活中出现小问题而感到困难重重，无能为力，独自落泪。对于这种情况，应采取疏导的教育方法。告诉他们，天尚有阴晴，月还有圆缺，人生在世也不是事事顺心如意。在学习或生活中遇到小困难、小麻烦也是难免的。你的美好前景并不因此而受到影响，它们只不过是你生活或学习中的一个小插曲罢了。

8. 依赖型人格障碍

具有依赖型人格的人过多地依赖别人，对亲近与归属有过分的渴求，即使放弃自己的志趣、人生观也在所不惜；缺乏独立意识，总依靠别人对自己做出重要决定，被动服从他人的意愿，有时明知别人错了，也随声附和。这种处世方式使他越来越懒惰、脆弱，缺乏自主性和创造性。

依赖型人格主要是在幼年时期受到父母过分溺爱所造成的。所以，应采取以下调适方法。

（1）纠正习惯法。首先应自省一下自己的日常行为哪些是习惯地依赖别人或完全听从别人意见去做的，哪些是自作主张的。每天做出记录，一周一小结，一季度一大结。同时可以找自己最依赖的人作为监督者，以帮助自己培养自主性、独立性和创造性。

（2）重建自信法。首先要清除童年的不良印迹。如回忆童年时父母、长辈、朋友说过的使自己形成自卑的言语，然后逐条加以认识改造，同时慢慢学会独立地处理一些力所能及的事，如独自一人远足旅游。这样，就会增加你的勇气，建立自信心，改掉事事依赖别人的习惯。

9. 强迫型人格障碍

强迫型人格是一种较常见的人格障碍，以秩序性、固执性和极其检点为主要特征。由于常有不完善感和不安全感，引发出过分追求完美，求全心切；往往用十全十美的标准要求自己，过分注意自己的行为和举止是否适当，因此表现得特别死板，缺乏灵活性，墨守成规。在处事方面谨小慎微，常常由于过分注重细枝末节，以致无法完成任务。在情绪上焦虑、紧张、悔恨时多，轻松满意时少，缺乏幽默感。

强迫型人格的形成往往与幼年时期父母过分严厉、苛刻的管教以及生活经历有关。对其调适可采取自然法。对任何事都听其自然，该怎么办就怎么办，做了以后就不要再去想它，不对做过的事进行过多的评价。比如，担心手没洗干净，字写得不好，都由它去。开始时，可能会由此带来焦虑的情绪反应，但经过一段时间的训练和自己意志的努力，症状可以慢慢消除。此外，有人认为强迫型人格障碍患者常常把行动的自主权交给“规矩与习惯”，过多依赖自己头脑中呆板的条条框框。因此，当自己感到将要不能控制某些行为时，对自己大喝一声“停”或“不”，或者在自己手腕上套一个皮筋，用力弹一下。这样，可以将思维和行为的习惯打乱，改变以往墨守成规、循规蹈矩的做法。

第四节　人格的培养

塑造和培育良好的人格是个体成长与发展的关键。在一个人的人生发展历程中有许多因素会影响到人格的发展，人格的塑造是先天、后天因素共同作用的结果。在人格的培养过程中，既要看到个体的生物遗传的影响，更要看到社会文化的决定作用。

一、人格培养的影响因素

（一）生物遗传因素

心理学家对“生物遗传因素对人格具有何种影响”的研究已持续很久了。由于人格具有较强的稳定性特征，因此，人格研究者也会注重遗传因素对人格的影响。

双生子研究法是常常用来研究人格形成中遗传因素作用的最好方法。这种方法由英国科学家高尔顿首创，并提出了双生子的研究原则。同卵双生子既然具有相同的基因形态，那么，他们之间的任何差异都可归于环境因素。而异卵双生子的基因虽然不同，但在环境上有许多相似性，如出生顺序、母亲年龄等，因此也提供了环境控制的可能性。系统研究这两种双生子，就可以看出不同环境对相同基因的影响，或者是相同环境下不同基因的表现。20 世纪 80 年代，明尼苏达大学对成年双生子的人格进行了比较研究（1984，1988），有些双生子是一起长大的，有些双生子则是分开抚养的，平均分开的时间是 30 年。结果是同卵双生子的相关比异卵双生子高很多，分开抚养的与未分开抚养的同卵双生子具有同样高的相关。弗洛德鲁斯（Floderus）等人 1980 年对瑞典的 1.2 万名双生子做人格问卷的测试，结果表明同卵双生子在外向和神经质上的相关系数是 +0.50，而异卵双生子的相关系数只有 +0.21 和 +0.23。这说明同卵双生在外向和神经质上的相似性要明显高于异卵双生子，在这两项人格特征上具有较强的遗传性。

遗传学的研究表明，几乎所有的人格都受遗传因素的影响，但遗传因素对人格的作用程度因人格特征的不同而不同。通常在智力、气质这些与生物因素相关较大的特征上，遗传因素较为重要；而在价值观、信念、性格等与社会因素关系紧密的特征上，后天环境因素更重要。人格发展过程是遗传与环境交互作用的结果，遗传因素影响人格的发展方向及形成的难易。

人既是一个生物个体，又是一个社会个体。人一出生后，各种环境因素的影响就开始了，并会作用于人的一生。后天环境的因素是多种多样的，小到家庭因素，大到社会文化因素。

（二）社会文化因素

文化对每个人塑造的力量很大。平时我们不太可能看出塑造过程的全部力量，因为它发生在每个人身上，是个逐渐缓慢的过程，它带给人满足，同样也带给人痛苦，人除了顺着它走以外，别无选择。因此，这个塑造过程便很自然，毫无理由地被人接受，就像文化本身一样——也许不全是不知不觉的，但却是无可指责的。例如，在集体主义—个人主义人格维度上，西方文化中的人多偏于个人主义价值观，东方文化中的人多偏于集体主义价值观。社会文化塑造了社会成员的人格特征，使其成员的人格结构朝着相似性的方向发展，而这种相似性又具有维系一个社会稳定的功能。这种共同的人格特征又使得个人正好稳稳地“嵌入”整个文化形态里。社会文化对人格的影响力因文化而异，这要看社会对顺应的要求是否严格。越严格，其影响力就越大。影响力的强弱也视其行为的社会意义的大小，对于不太具有社会意义的行为，社会容许较大的变异；但对在社会功能上十分重要的行为，就不太容许太大的变异，社会文化的制约作用就越大。但是，若个人极端偏离其社会文化所要求的人格基本特征：不能融入社会文化环境之中，可能就会被视为行为偏差或心理疾病。

社会文化具有塑造人格的功能，这反映在不同文化的民族有其固有的民族性格。例如，米德等人研究了新几内亚的三个民族的人格特征，她发现来自于同一祖先的不同民族各具特色，鲜明地体现了社会文化对人格的影响力。居住在山丘地带的阿拉比修族，崇尚男女平等的生活原则，成员之间互助友爱、团结协作，没有恃强凌弱、争强好胜的观念，一派亲和景象。居住在河川地带的孟都古姆族，生活以狩猎为主，男女间有权力与地位之争，对孩子处罚严厉。这个民族的成员表现出攻击性强、冷酷无情、嫉妒心强、妄自尊大、争强好胜等人格特征。居住在湖泊地带的张布里族，男女角色差异明显，女性是这个社会的主体，她们每日操作劳动，掌握着经济实权；而男性则处于从属地位，其主要活动是艺术、工艺与祭祀活动，并承担孩子的养育责任。这种社会分工使女人表现出刚毅、支配、自主与快活的性格，男人则有明显的自卑感。

社会文化对人格的影响力一直被人们所认可，它对人格的形成与发展具有重要的作用，特别是后天形成的一些人格特征，如性格、价值观等。社会文化因素决定了人格的共同性特征，它使同一社会的人在人格上具有一定程度的相似性，如民族性格等。

（三）家庭环境因素

强调人格的家庭成因，重点在于探讨家庭间的差异对人格发展的影响，探讨不同的教养方式对人格差异所构成的影响。西蒙斯（P. Symonds）在《亲子关系动力论》一书中，详细论述了父母对孩子的各种反应（如拒绝、溺爱、过度保护、过度严格）对人格所产生的后果。他最后得出的结论是："儿童人格的发展和他（她）与父母之间的关系息息相关，这是最重要的一个结论。这意味着当我们考虑亲子关系时，不仅要注意它们对造成心理情绪失调和心理病理状态的影响，也得留意它们与正常、领导力和天才发展的关系。"

1. 父母教养态度

父母对子女的教养态度，是影响儿童性格形成和发展的重要因素。孩子的人格是在与父母持续相互作用的过程中逐渐形成的。攻击型的父母倾向于有攻击性的孩子，父母的行为示范并实施攻击性行为，会使得原本具有攻击性倾向的孩子更容易产生攻击性行为。相反，富于感情的父母将会示范并鼓励孩子采取更富情感性的反应，因此也加强了孩子的利他行为模式而不是攻击行为模式。孩子的人格就是在父母与他们的相互磨合中形成的。

包德温（A. L. Baldwin）等人研究了父母教养态度和子女人格之间的关系，结果如表 7 - 1 所示。

表7－1　母亲的养育态度与孩子人格间的关系

母亲的态度	孩子的人格
支　配	消极、缺乏主动性、依赖、顺从
干　涉	幼稚、胆小、神经质、被动
娇　宠	任性、幼稚、神经质、温和
拒　绝	反抗、冷漠、自高自大
不关心	攻击、情绪不稳定、冷酷、自立
专　制	反抗、情绪不稳定、依赖、顺从
民　主	合作、独立、温顺、社交

在对“过于保护型”母亲的研究中，除对上述结论加以印证外，还指出了这种母亲在和子女的关系上有三个显著特点：一是与孩子接触太多，不离孩子左右；二是人为地延长孩子的“婴儿照顾期”，把长大了的孩子还视为婴儿看待；三是禁止孩子的独立行为。过于保护型母亲又表现出两种教养方式，这两种不同的方式又导致了孩子不同的人格特点。保护纵容型母亲会使孩子变成“小霸王型人格”，这种孩子表现为冲动、残暴、执拗、支配、自我克制力差、脾气暴躁、提过分要求等，是个被母亲宠坏了的孩子；保护支配型母亲会使孩子变成“温顺的乖孩子”，这种孩子顺从、温和、听话、胆小、整洁、有礼貌、学习勤奋，但是他们可能会竞争力与独立性差、懦弱，男孩子会“女孩子气”。这两类母亲对孩子的教养都造成了孩子的人格弱点，因此，家庭教养方式不当，会使孩子形成不良的人格特征。

2. 家庭教养方式

家庭教养方式一般可以分成三类，这三类方式造就了具有不同人格特征的孩子。第一类是权威型教养方式，这类母亲在对子女的教育中，表现得过于支配，孩子的一切由父母来控制。成长在这种教育环境下的孩子容易形成消极、被动、依赖、服从、懦弱，做事缺乏主动性，甚至会形成不诚实的人格特征。第二类是放纵型教养方式，这类母亲对孩子过于溺爱，让孩子随心所欲，父母对孩子的教育甚至达到失控状态。这种家庭里的孩子多表现为任性、幼稚、自私、野蛮、无礼、独立性差、唯我独尊、蛮横胡闹等。第三类是民主型教养方式，父母与孩子在家庭中处于一个平等和谐的氛围中，父母尊重孩子，给孩子一定的自主权，并给予孩子积极正确的指导。父母的这种教育方式使孩子形成了一些积极的人格品质，如活泼、快乐、直爽、自立、彬彬有礼、善于交往、富于合作、思想活跃等。

由此可见，家庭是社会文化的媒介，它对人格具有强大的塑造力。其中，父母教养方式的恰当性会直接决定孩子人格特征的形成。父母在养育孩子的过程中，表现出了自己的人格，并有意无意地影响和塑造着孩子的人格，形成家庭中的“社会遗传性”。

3. 家庭结构

大家庭、核心家庭和破裂家庭被认为是三种主要的家庭结构。

大家庭是指几代同堂的家庭。生活在大家庭中的孩子，大家庭中长期形成的家风、家规等自然地传给年轻一代，有助于他们形成良好的人格特征。但由于可能存在隔代溺爱和在教育孩子问题上看法不一致，孩子往往难以形成一致的是非标准，并且会感到无所适从，可能会形成焦虑不安、恐惧等不良的人格特征。

核心家庭指一对夫妇和一个孩子组成的家庭。在这种家庭里没有传统的隔代溺爱，但由于年轻的父母缺乏教育孩子的经验和方法，对孩子可能有时放纵，有时管教过严。核心家庭中的夫妇一般都是双职工，可能缺少教养和爱抚孩子的时间。

单亲家庭对孩子的人格带来不良影响。单亲家庭的孩子容易形成悲观、孤僻等不良人格特征。但有些研究表明，如果受到良好的教育，单亲家庭的孩子也可以形成坚强等良好的人格特征。

4. 家庭气氛

家庭气氛可以划分为融洽型和对抗型。家庭的情绪气氛是由家庭中的全体成员造成的，但主要由夫妻关系造成。家庭中夫妻关系影响着家庭其他成员之间的关系，影响孩子人格的形成和发展。宁静愉快的家庭中的孩子与气氛紧张及冲突型家庭中的孩子在性格上有很大的差别。宁静愉快的家庭中的孩子在家里有安全感、愉快、生活乐观、信心十足、待人和善，能很好地完成学习任务。气氛紧张及冲突型家庭中的孩子缺乏安全感、情绪不稳定、容易紧张和焦虑、对人不信任、容易发生情绪与行为问题等。

（四）早期童年经验

“早期的亲子关系确定了行为模式，塑成一切日后的行为。”这是有关早期童年经验对人格影响的一个总结。中国也有句俗话：“三岁看大，七岁看老。”人生早期所发生的事情对人格的影响，历来为人格心理学家所重视，特别是弗洛伊德。为什么人格心理学家们会如此看重早期经验对人格的作用呢？

斯皮茨（Spitz）在对孤儿院里的儿童所进行的研究中，发现这些早期缺乏母亲照顾的孩子，长大以后在各方面的发展均受到影响。许多孩子患了“失怙性忧郁症”，其症状表现为哭泣、僵直、退缩、表情木然，并且有人提出弃子会使儿童产生心理疾病，孩子会形成攻击、反叛的人格。受世界卫生组织（WHO）的委托，鲍尔拜（Bowlby，1951）对在非正常家庭成长的儿童和流浪儿做了大量的调查，在提交的《母性照看与心理健康》的报告中，他得出结论：儿童保持心理健康的关键在于婴儿和年幼儿童与母亲建立的一种和谐而稳定的亲子关系。一些国家的调查发现，“母爱丧失”的儿童、受父母虐待的儿童，在婴儿早期会出现神经性呕吐、厌食、慢性腹泻、阵发性绞痛、不明原因的消瘦和反复感染。这些儿童还表现出胆小、呆板、迟钝、不与人交往、敌对、攻击、破坏等人格特点，这些人格特点会影响他们人生的顺利发展，出现心理失调、情绪障碍、社会适应不良等问题。

（五）学校教育因素

学校教育对人格的形成和发展起到了很重要的作用。我们的行为准则、道德规范大部分是学校中学习的。由于我们的许多时间都是在学校中度过的，我们接触最多的人或事都与学校有关，因此，我们有必要认真探讨一下学校对我们性格形成的影响。

在学校中，教师的作用是举足轻重的。作为人类灵魂的工程师，他们的言行常常会潜移默化地影响着学生人格的发展，对学生的人生发生重要的影响，对学生人格的发展具有指导定向的作用。

洛奇（Lodge）在一项教育研究中发现，在性情冷酷、刻板、专横的教师管辖的班集体中，学生的欺骗行为增多；在友好、民主的教师管辖的班集体中，学生的欺骗行为减少。心理学家勒温等人也研究了不同管教风格的教师对学生人格的影响作用。他们发现在专制型、放任型和民主型的管理风格下，学生表现出不同的人格特点（表7－2）。

表7－2 教师管理风格对学生言行的影响

教师管理风格	学生言行特征
专制型	作业效率提高，对领导依赖性加强，缺乏自主行动，但常有不满情绪
放任型	作业效率低，任性，经常发生失败和挫折现象
民主型	完成作业的目标是一贯的，行动积极主动，很少表现出不满情绪

教师的公正性对学生有着至关重要的影响。一项有关教师公正性对中学生学业与品德的研究，其结果令研究者及教师们大吃一惊。结果表明，学生极为看重教师对他们是否公正、公平，教师的不公正表现会导致中学生的学业成绩和道德品质的降低。“皮格马利翁效应”就说明了每个学生都需要教师的关爱，在教师的关注下，他们会朝着教师期望的方向发展。实验研究表明，如果教师把自己的热情与期望投放在学生身上，学生会体察出教师的希望，并努力奋斗。

学校是同龄群体会聚的场所，同伴群体对学生人格具有巨大的影响。班集体是学校的基本组织结构，班集体的特点、要求、舆论和评价对于学生人格的发展具有“弃恶扬善”的作用。少年同伴群体也是一个结构分明的集体，群体内有具有上下级关系的“统领者”和“服从者”，有平行关系的“合作者”和“互助者”。这个群体中体现着不同于幼童与成人的少年亚文化特征。与幼童不同的是，孩子离开父母或被父母拒绝是幼童焦虑的最大根源；而少年的焦虑不安则来自于同辈群体的拒绝。在少年这个相对“自由轻松”的群体中，他们操习着待人接物的礼节与群体规范，他们了解了什么样的性格容易被群体所接纳。在这个少年团体中，他们拥戴的是品学兼优的同伴。有人做过测验，分析了中学生喜欢哪种性质的学生领袖。结果是他们更喜欢学业优秀、办事老练、具有良好道德的学生领袖，而不是风头十足、具有漂亮仪表的人。他们喜欢有能力、能胜任工作、高智商、精力充沛、富于创造的同伴。在少年期，男孩子比女孩子倾向于更大、更活跃的团体，他们多少会有些无视成人权威的倾向；而女孩子的团体则更显得合作与平和。一般来说，少年同伴团体性质是良好的，但也存在着不良少年团伙，对少年起到了极坏的影响。学生对这种群体要避而远之，学校、家长及社会要用强有力的教育手段来拆散他们，防止他们对学校及社会产生不良危害。

总之，学校对人格形成与发展的影响是不可忽视的，学校是人格社会化的主要场所。教师对学生人格发展具有导向作用，同伴群体对人格发展具有“弃恶扬善”的作用。

（六）自然物理因素

生态环境、气候条件、空间拥挤程度等这些物理因素都会影响人格的形成与发展。

地理和气候等自然条件对人格的发展也有一定影响。如我国北方的姑娘和南方的姑娘的性格特征有明显的差别。北方气候干燥，多山川平原，长期生活在北方的姑娘一般具有大方、开朗、坚强和吃苦耐劳等性格特征。南方气候温和湿润，多河流，长期生活在南方的姑娘一般具有温柔、活泼和灵巧等性格特征。

有些影响人格发展的自然环境也不是纯粹自然的，其中也渗透着社会文化的影响，不能把自然因素和社会因素绝对分开，影响性格发展的各种因素是紧密联系和相互渗透的。一个著名的跨文化心理学研究的实例是关于阿拉斯加州的爱斯基摩人(Eskimos)和非洲的特姆尼人（Temne）的比较研究，这个研究说明了生态环境对人格的影响作用。

爱斯基摩人以渔猎为生，夏天在船上打鱼，冬天在冰上打猎。主食肉，没有蔬菜。过着流浪生活，以帐篷遮风避雨。这个民族以家庭为单元，男女平等，社会结构比较松散，除了家庭约束外，很少有持久、集中的政治与宗教权威。在这种生存环境下，父母对孩子的教养原则是能够适应成人的独立生存能力。男孩由父亲在外面教打猎，女孩由母亲在家里教家务。儿女教育比较宽松、自由、不受打骂，鼓励孩子自立，使孩子逐渐形成了坚定、独立、冒险的人格特征。而特姆尼人生活在杂色灌木丛生地带，以农业为主，种田为生。居住环境固定，形成300~500人的村落。社会结构紧固，有比较分化的社会阶层，建立了比较完整的部落规则。在哺乳期时，父母对孩子很疼爱，断奶后孩子就要接受严格管教，使孩子形成了依赖、服从、保守的人格特点。由此可见，不同的生存环境影响了人格的形成。

另外，气温也会导致人的某些人格特征的频率提高。如热天会使人烦躁不安，对他人采取负面反应，甚至进攻，发生反社会行为。世界上炎热的地方，也是攻击行为较多的地方。另一项有关的实验室研究也进一步证实了这一点。

自然环境对人格不起决定性的影响作用，更多地表现为一时性影响，而且多体现在行为层面上。自然物理环境对特定行为具有一定的解释作用。在不同的物理环境中，人可以表现出不同的行为特点。

（七）自我调控因素

上述各因素体现的是人格培养的外因，而外因是通过内因起作用的。人格的自我调控系统就是人格发展的内部因素。人格调控系统是以自我意识为核心的。自我意识（self—consciousness）是人对自身以及对自己同客观世界的关系的意识，具有自我认知、自我体验、自我控制三个子系统。自我调控系统的主要作用是对人格的各个成分进行调控，保证人格的完整、统一、和谐。它属于人格中的内控系统或自控系统。

自我认知（self—cognition）是对自己的洞察和理解，包括自我观察和自我评价，其中自我评价是自我调节的重要条件。自我观察是对自己的感知、所思所想以及意向等内部感受的觉察。自我评价是对自己的想法、期望、行为及人格特征的判断与评估。当一个人不能正确地认识自我，只看到自己的不足，觉得处处不如人，就会自卑，丧失信心，做事畏缩不前，甚至失败。相反，过高地估量自己，盲目乐观，也会导致出现失误。因此，准确地认识自我，实事求是地评价自己，是自我调节和人格完善的重要途径之一。

自我体验（self-experience）是自我意识在情感上的表现，是伴随自我认识而产生的内心体验。当一个人对自己做正向的评价时，就会产生自尊感；做负向评价时，便会产生自卑感。自我体验的调节作用表现在它可以使自我认识转化为信念，进而指导其言行；同时，自我体验还能够伴随自我评价激励积极向上的行为或抑制不当行为。在一个人认识到自己不当行为的后果时，会产生内疚、羞愧的情绪，从而收敛并制止自己不当行为的再次发生。

自我控制（self-regulation）是自我意识在行为上的表现，是实现自我意识调节作用的最终环节。当个体认识到社会要求后，会努力使自己的行为符合其社会准则，从而激发起自我控制的动机，并付诸行动。当一个学生意识到学习对于自己的发展具有重要意义时，会激发起他努力学习的动力，从而在行为上表现为刻苦学习、不怕困难、持之以恒、积极进取。自我控制包括自我监控、自我激励、自我教育等成分。

自我意识是通过自我认知、自我体验和自我控制三个方面来对个体进行调控的，使个体心理的各个方面和谐统一，使人格达到统合与完善。

综上所述，在人格的培育过程中，各种因素对人格的形成与发展起到了不同的作用。遗传决定了人格发展的可能性，环境决定了人格发展的现实性，其中教育起到了关键性作用，自我调控系统是人格发展的内部决定因素。

二、塑造健康人格的方法

健康人格的塑造不仅关系到人们本身的健康和成长，也关系到社会的发展和进步，关系到我国现代化的进程和质量。社会学家英格尔斯指出："一个国家，只有当它的人民是现代人，它的国民从心理和行为上都转变为现代的人格，它的现代化政治、经济和文化管理结构中的工作人员都获得了某种与现代化发展相适应的现代性，这样的国家才可真正称之为现代化国家。"由此可见，人格的现代化是社会现代化发展和成功的先决条件。

由于中国是一个具有五千多年历史和文化传统的国家，在现代化的进程中，必然会出现传统文化和现代文化的冲突。处在这样一个新旧交替、社会大变革的时期，这样的背景一方面给人格的成长和塑造带来了价值认同和行为导向上的困难；另一方面，也为人格的发展和塑造提供了一个广阔的天地。我们应自觉地在比较和选择中汲取中西文化、古今人格的长处，从而形成一种适合中国现代化发展，利于身心健康和个人全面发展的新型人格模式。

（一）人格优化的方法：择优汰劣

人格塑造是为了实现人格优化，以达到人格健全的目的。人格优化包括人格品质的优化和人格结构的优化。人格塑造有两种基本的方法：一是择优，二是汰劣。择优就是选择某些良好的人格品质作为自己努力的目标，如自信、开朗、勇敢、热情、勤奋、坚毅、诚恳、善良、正直等。汰劣就是针对自己人格上的缺点、弱点予以纠正，如自卑、胆怯、冷漠、懒散、任性、急躁等。在多数情况下，择优和汰劣往往是一起进行的，择优的过程就是弥补不足的过程，而改正缺点亦是培养优点。

（二）人格优化的基础：丰富知识

人的知识面愈广，人的本身也愈臻完善。正如培根所言："读史使人明智，读诗使人灵秀，数学使人周密，科学使人深刻，伦理使人庄重，逻辑修辞学使人善辩。凡有所学，皆成性格。"学习知识、增长智慧的过程也是人格优化的过程。现实社会中，不少人的人格缺陷源于知识贫乏，如无知容易粗鲁、自卑，而丰富的知识则容易使人自信、坚强、理智、热情、谦恭等，可见知识的积累与人格的完善是同步的，大学生不能只局限于自己的专业学习，还应扩大自己的人文社会科学知识面，加强人文修养，用丰富的知识充实自己。

（三）人格优化的途径：从小事做起

春秋时期的著名思想家老子说过："合抱之木，生于毫末；九层之台，起于垒土；千里之行，始于足下。"荀子又说："不积小流，无以成江海。"人格优化就是要从身边的小事做起，一个人的言行往往是其人格的外化，反过来，一个人日常言行的积淀成为习惯就是人格。许多人所具有的坚韧、正直、细致、开朗的人格特征，其实都是长期锻炼的结果，是一点一滴形成的，从我做起，从小事做起，是每一个人努力的起点。

（四）人格优化的土壤：融入集体

集体是人格塑造的土壤，也是人格表现的舞台，人格发展、塑造的过程，正是人社会化的过程，是人与他人、集体、社会相互作用的过程。人格在集体中形成，在集体中展现。正如马克思所说，只有在集体中，个人才能获得全面发展其才能的手段，通过与他人的交流，可以看到别人的长处、自己的不足，从他人那里获得理解、肯定的欢悦，及时调整人格发展的方向。

集体是一个人展现其人格的舞台，也是认识自己人格的一面镜子。通过与集体交往，自己的某些人格品质或受到赞扬、鼓励，或受到指责、压制，从而有助于调整，而且集体能伸出手来，帮助集体中的个人择优汰劣。因而集体是锤炼人格品质的熔炉。

（五）人格优化的关键：适度

人格发展和表现的"度"是十分重要的，否则就会"过犹不及"。列宁曾指出，一个人的缺点仿佛是他的优点的继续，如果优点的继续超过了应有的限度，表现得不是时候，不是地方，那就会变成缺点。因此，人格塑造的过程中把握好"度"很重要。具体地说，应该是坚定而不固执，勇敢而不鲁莽，豪放而不粗鲁，好强而不逞强，活泼而不轻浮，机敏而不多疑，果断而不冒失，稳重而不寡断，谨慎而不胆怯，忠厚而不愚蠢，老练而不世故，忍让而不软弱，自信而不自负，自谦而不自卑，自珍而不自娇，自爱而不自赏。

把握人格优化的"度"，还体现在人格优化的目标要立足于自己已有的人格基础，实事求是地确立合理的、切合实际的人格发展目标，也就是说，目标要适中，不能脱离自己的人格基础而设计优化目标。

附录

气质测验答卷

下面60个题可大致确定人的气质类型。在回答下列问题时，若与自己的情况“很符合”记2分，“较符合”记1分，“一般”记0分，“较不符合”记-1分，“很不符合”记-2分，并填入“气质测验答卷”中。

1. 做事力求稳妥，一般不做无把握的事。
2. 遇到可气的事就怒不可遏，想把心里的话全说出来才痛快。
3. 宁可一个人干事，不愿很多人在一起。
4. 到一个新环境很快就能适应。
5. 厌恶那些强烈的刺激，如尖叫、噪声、危险镜头等。
6. 和别人争吵时，总是先发制人，喜欢挑衅别人。
7. 喜欢安静的环境。
8. 善于和人交往。
9. 羡慕那种善于克制自己情感的人。
10. 生活有规律，很少违反作息制度。
11. 在多数情况下情绪是乐观的。
12. 碰到陌生人觉得很拘束。
13. 遇到令人气愤的事，能很好地自我克制。
14. 做事总有旺盛的精力。
15. 遇到问题总是举棋不定、优柔寡断。
16. 在人群中从不觉得过分拘束。
17. 情绪高昂时，觉得干什么都有趣；情绪低落时，又觉得什么都没有意思。
18. 当注意力集中于一事物时，别的事很难使我分心。
19. 理解问题总比别人快。
20. 碰到危险情景，常有一种极度恐怖感。
21. 对学习、工作怀有很高的热情。
22. 能够长时间做枯燥、单调的工作。
23. 符合兴趣的事情，干起来劲头十足，否则不想干。
24. 一点小事就能引起情绪波动。
25. 讨厌做那种需要耐心、细致的工作。
26. 与人交往不卑不亢。
27. 喜欢参加热烈的活动。
28. 爱看感情细腻、描写人物内心活动的文艺作品。
29. 工作学习时间长了，常感到厌倦。
30. 不喜欢长时间谈论一个问题，愿意实际动手干。
31. 宁愿侃侃而谈，不愿窃窃私语。
32. 别人总是说我闷闷不乐。

33. 理解问题总比别人慢些。
34. 疲倦时只要短暂的休息就能精神抖擞，重新投入工作。
35. 心里有话宁愿自己想，不愿说出来。
36. 认准一个目标就希望尽快实现，不达目的，誓不罢休。
37. 学习、工作同样一段时间后，常比别人更疲倦。
38. 做事有些莽撞，常常不考虑后果。
39. 教师或他人讲授新知识、新技术时，总希望他讲得慢些，多重复几遍。
40. 能够很快地忘记那些不愉快的事情。
41. 做作业或完成一件工作总比别人花时间多。
42. 喜欢运动量大的剧烈体育运动，或者参加各种文艺活动。
43. 不能很快地把注意力从一件事转移到另一件上去。
44. 接受一个任务后，就希望把它迅速完成。
45. 认为墨守成规比冒风险更稳妥。
46. 能够同时注意几件事物。
47. 当我烦闷的时候，别人很难使我高兴起来。
48. 爱看情节起伏跌宕、激动人心的小说。
49. 对工作抱认真严谨、始终一贯的态度。
50. 和周围人的关系总是相处不好。
51. 喜欢复习学过的知识，重复做能熟练做的工作。
52. 希望做变化大、花样多的工作。
53. 小时候会背的诗歌，我似乎比别人记得清楚。
54. 别人说我“出语伤人”，可我并不觉得这样。
55. 在体育活动中，常因反应慢而落后。
56. 反应敏捷，头脑机智。
57. 喜欢有条理而不甚麻烦的工作。
58. 兴奋的事情常使我失眠。
59. 老师讲新概念，常常听不懂，但是弄懂了以后很难忘掉。
60. 假如工作枯燥无味，马上就会情绪低落。

气质测验答题卡

胆汁质	题号	2	6	9	14	17	21	27	31	36	38	42	48	50	54	58	总分
	分数																
多血质	题号	4	8	11	16	19	23	25	29	34	40	44	46	52	56	60	总分
	分数																
黏液质	题号	1	7	10	13	18	22	26	30	33	39	43	45	49	55	57	总分
	分数																
抑郁质	题号	3	5	12	15	20	24	28	32	35	37	41	47	51	53	59	总分
	分数																

评分方法：

将每题得分登记在结果统计表上，并计算各类型的总分。

气质类型分析：

A. 如果某一项或两项的得分超过20分，则为典型的该气质。如胆汁质超过20分，则为典型胆汁质；黏液质和抑郁质项得分都超过20分，则为典型黏液质—抑郁质混合型。

B. 如果某一项或两项以上得分在20分以下、10分以上，其他各项得分较低，则为该项一般气质。如一般多血质，一般胆汁质—多血质混合型。

C. 若各项得分均在10分以下，但某项或几项得分较其余项为高（相差5分以上），则为略倾向于该项气质（或几项的混合）。如略偏黏液质型，多血质—胆汁质混合型。其余类推。一般来说，正分值越高，表明该项气质特征越明显；反之，分值越低或越负，表明越不具备该项气质特征。

思考题

1. 心理学家是如何界定人格的？人格具有哪些特征？

2. 人格结构包含了哪些成分？各个成分之间有什么样的关系？其中最重要的成分是什么？

3. 什么是气质？什么是性格？

4. 结合所学的人格特质的种类，剖析个人的人格特质的表现特点。

5. 分析自己属于哪种人格类型，如何扬长避短。

6. 结合本章所学内容，思考应该怎样完善自己的人格。

第八章　社会影响

社会心理学需要研究群体中的个人行为，这种个人行为大多是受他人行为的影响而产生的。社会影响和社会行为是社会心理学研究的重要领域之一，通过社会影响，个人会按照在自己所生活的文化环境中占优势的模式来改变自己的态度和行为。在本章中，我们将研究这些行为及其产生的原因，并探讨社会影响的实现途径。

第一节　社会促进与社会惰化

一、社会促进与社会干扰

社会促进和社会干扰是社会影响的主要方式之一。我们生活在社会中，不可能总是独自一人学习、工作，很多时候都会有他人在场。社会心理学研究发现，个体在从事某项活动时，如果有他人在场，就会对个体形成一种刺激，这种刺激会影响他的活动效果，有时会促进活动的完成，有时会干扰活动的完成。我们把这两种情况分别称为社会促进和社会干扰。

（一）社会促进

社会促进（social facilitation），又称社会助长，是指当个体从事某项活动时，有他人同时参加或在场旁观而使得其活动效率提高的现象。

社会促进是群体影响效果中最早发现的群体心理现象。最早对此问题进行研究的是美国社会心理学家特里普利特（N. Triplett）。他发现，自行车选手在有伙伴的情况下，比单独一人骑得快，骑车速度提高了30%。为了检验这个结果，他又设计了一系列实验室实验。例如，他安排40名儿童尽快转动钓鱼竿卷线轮绕线，既安排儿童单独绕，又让他们两两结伴绕。结果发现，结伴绕线时的速度更快一些。这进一步证实了结伴效应的存在。特里普利特对社会促进的这个证明也是最早的社会心理学实验室研究。如果我们细心观察一下儿童的活动就会发现，他们做事总喜欢结伴而行，不管是做游戏，还是做作业。单独一人做作业可能无精打采，而几个人一起则兴致勃勃。不仅仅是儿童，成人也经常有这样的体验，一群人一起干活时，精神更好，效率更高。这种结伴活动提高效率的现象被称为“结伴效应”。

1920年，F. 奥尔波特搞了另外一个实验。让9名被试在不与别人竞争的正常情况下，对内容相同的短文写出反驳意见。结果发现，从完成作业的数量上看，有6人和大家一起做比个人单独做效果好，3 个人单独做比集体做效果好；从完成的质量上看，个人单独做比一起做效果好（表 8－1）。

表 8－1　F. 奥尔波特关于社会促进的实验结果

	作业数量	作业质量		
	反驳的论点数	反驳类型*		
		1	2	3
共同作业时能很好完成作业的人数	6	6	4	3
单独作业时能很好完成作业的人数	3	3	4	6

*反驳类型：（1）感情性的议论，不是从正面进行反驳。
（2）引用权威者论证，运用具体事例进行反驳。
（3）从正面反驳对方主要观点，条理清楚、说服力强。

奥尔波特把作业质量分为三种类型：一种是感情性的反驳短文，讲不出多少道理，基本上是感情用事；第二种是引用权威观点加上实例，没有独立见解；第三种是抓住要害、反驳有力、思路清晰。三种作业难度不同，难度最小的第一类作业，多数人（6 人）在共同场合下完成得好。难度最大的第三类作业，多数人（6 人）在单独场合下完成得好。第二类始终居中。这说明社会促进现象是有条件的，在只求数量不求质量的工作中，社会促进作用显著。在难度大的工作中，社会促进现象是不明显的，或者是不存在的。

社会促进有两种效应：第一，结伴效应，即在结伴活动中，个体会感到社会比较的压力，从而提高工作或活动的效率；第二，观众效应，即个体从事活动时是否有观众在场，观众的多少及观众的表现对其活动的效率有明显的影响。

社会促进的生理机制是：别人的工作表现和动作可以转换为自己的外界刺激，从而引起自己同样的或相似的心理反应和动作表现。比如，看到别人手的动作很灵巧，会立即想到自己手的动作，并依照别人的动作来修正或加速自己的动作，于是，别人的灵巧动作起到了刺激作用。另外，在有别人在场的条件下，别人的观察起社会评价作用，能提高自我评价能力。

社会促进作用不仅发生在人类身上，也同样发生在动物身上。当有同类在场时，蚂蚁能挖掘出更多沙子，小鸡会吃更多的谷物，发情中的老鼠会表现出更多的性活动（Bayer，1929；Chen，1937；Larsson，1956）。

（二）社会干扰

社会干扰是指个体在从事某项活动时，他人在场会干扰活动的完成，抑制活动的效率，所以又称为社会抑制。如新演员在台下单独练习时很熟练，然而，走上舞台，面对观众时往往会心跳加快、面红耳赤、结结巴巴，甚至把原先准备好的东西忘得一干二净。在这些时候，同伴和观众就成了一种干扰因素，阻碍了活动的完成。

F. 奥尔波特关于社会促进的实验，既证实了社会促进现象的存在，也发现了社会干扰现象，成为此领域的经典性研究之一。他让大学生被试单独或结伴从事下列复杂程度不同的活动：①连锁联想。实验者说出一个刺激词，被试迅速想出一个与之有关的反应词，然后，以这个反应词为新的刺激词，再联想其他的反应词。②删去元音。画掉若干短文中的所有元音字母。③转换透视。被试注视可以转换透视的立方体，迅速进行两种透视的转换，记录1分钟转换的次数。④乘法运算。让被试进行两位乘法的运算。⑤写批驳文章。针对一些论述，要求被试在5分钟之内写一篇批驳短文。实验结果表明，在前4种活动中，被试在结伴的条件下都取得了比单独活动更优异的成绩，但是在写批驳文章时，单独活动的效果更好。可见，他人在场或与别人一起工作，并不总是带来社会促进作用，随着工作难度的增加，社会促进作用可能会变成社会干扰。随后的一些重复实验也获得了相同的结果。

（三）社会促进与社会干扰的理论解释

他人在场既能产生社会促进作用，又能产生社会干扰作用，这种相互矛盾的作用曾经使许多研究者大惑不解，以至丧失了继续探讨这个问题的勇气。直到20世纪60年代中期，查荣克提出了优势反应强化说，才找到一条协调上述矛盾的道路。

1. 优势反应强化说

查荣克（R. Zajonc，1965）用简单在场（mere－presence）解释这一现象。他以动机和内驱力的研究成果为基础，提出了优势反应强化说。他认为，他人的出现会使人们的唤起增强，而这种生理唤起会进一步强化人们的优势反应。在简单任务中，优势反应往往是正确的，而在复杂任务中，正确答案往往不是优势反应，所以在复杂任务中，唤起增强是错误的。研究发现，有他人在场会产生社会促进作用还是社会干扰作用，取决于个体从事活动的性质。一个人在动机很强烈的时候，他的优势反应能够很轻易地表现出来，而较弱的反应会受到抑制。所谓优势反应，是指那些已经学习和掌握得相当熟练，成为不假思索就可以表现出来的习惯动作。如果一个人从事的活动是相当熟练的，或者是很简单的机械性动作，则他人在场使之动机增强，活动更加出色。相反，如果他所从事的活动是正在学习的、不熟练的，或者需要费脑筋的，他人在场使之动机增强，反而会产生干扰作用。这一理论可以用图8－1表示。

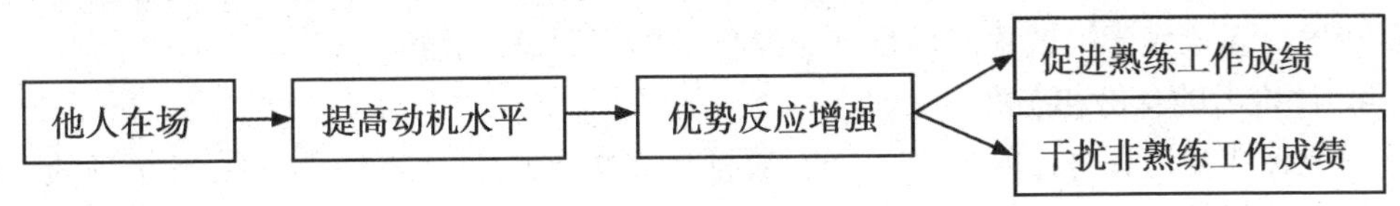

图8－1　他人在场对人的活动的影响作用

一个让学生学习词汇的实验也证明了这一理论。研究者让大学生默记难易不同的两类双音节词，一类是诸如“熟练——灵活”“荒芜——不结果”这样的关联词，另一类是诸如“贫困——发脾气”“荒芜——最重要”这样的不关联词。首先由学生单独默记，然后在有他人在场的条件下默记。结果发现对第一类词，他人在场时默记效果好；对第二类词，单独默记效果好。很明显，默记关联词比较容易，默记不关联词比较难。前者属于熟练工作，后者属于非熟练工作。

现在大多数学者都倾向于用优势反应强化说解释社会促进和社会干扰现象。但是总的说来，这方面的研究还很不够，还需要进一步进行实验和理论上的探讨。

2. 注意力转移说

除了查荣克以外，也有些社会心理学家从注意分散与转移的角度来解释社会促进与社会干扰。他们认为，当一个人在从事一项工作时，他人在场会造成其注意力的分散和转移，从而对其工作效率造成影响。如果从事的是不熟悉或难度较大的工作，需要高度集中注意力才能完成，此时注意力分散就会干扰工作的进行；如果从事的是熟练的或简单的任务，工作者已经达到了“自动化”的程度，此时分散注意力不会降低工作效率，甚至还有促进作用。在生活中常有这样的现象，在完成熟练的、达到自动化程度的任务时，过分专注此事反而会妨碍动作的进行，降低动作的速度。例如，有些妇女织毛衣时还能同时用脚摇晃幼儿的摇篮，并且还能同别人聊天谈笑。她这样“一心三用”，不仅不会使织毛衣的动作中断或发生错误，反而会产生一种促进作用，使动作速度加快，协调完善，提高活动效率。

3. 提高动机水平的条件

查荣克的理论认为，只要有他人在场就一定会影响活动效率。但是，后来的研究发现，并非在任何条件下他人在场都会提高动机水平。要提高活动者的动机水平，需要在场的他人对活动进行明确评价，而且活动者本人也要能够对这种评价有适度的认识。

有人曾经设计了一个非常巧妙的实验。实验者让被试用小棍子把一个小球从某装置的下方拨到上方，这是一个相当困难的工作，需要一定的技巧。实验在三个环境下进行：在第一种环境中，被试可以看到自己和别人的操作，并且可以看到自己和别人的得分，即每个人都可以得到别人的“直接评价”；在第二种环境中，被试看不到别人的操作，只能看到别人的得分，即每个人只能得到别人的“间接评价”；在第三种环境中，被试既看不到别人的操作，也看不到别人的得分，即每个被试的操作都“无评价”。结果发现，在第一种环境中被试成绩最差，而在第二种环境和第三种环境下，被试的成绩没有什么区别。这说明，在“直接评价”下，活动者的动机水平大为提高，对复杂的工作造成了严重影响。所以，社会促进或社会干扰并不是简单地取决于他人是否在场，还依赖于被试觉察到自己的操作被别人评价的程度。

4. 评价者的身份和态度

研究证明活动者身边的他人不同，对活动者的影响也是不同的。①当在场的是内行或权威，活动者受影响的程度很高。比如，美术学院的学生在户外写生，一些路人围观他，对他们并不会产生什么影响，因为他已习以为常了。但如果他知道旁观的人中有知名画家或他的老师，他就会受到很大的影响。②当在场的他人严肃认真时，对活动者影响也很大。因为当别人比较严肃时，活动者会认为别人会评价自己的工作，会产生紧张感；反之，别人不严肃，心不在焉，没有注意他，那么他受到的影响就会比较小。③当活动者对在场的他人比较陌生时，受的影响较大。瓦伯纳等人曾以大学生为对象做实验：第一种情况是在台上表演时，不知道台下坐的是谁；第二种情况是若干老师和学生做观众；第三种情况是实验者一个人当观众。结果发现，第一种情况中表演者受到的影响最大。

活动者对他人评价认知程度的高低，直接影响到社会促进和社会干扰作用的影响程度。因他人在场而处于高度自我认知状态的活动者，只会感到紧张和不安，只会产生社会干扰。比如，特别希望得到好评的主持人，会很关心台下观众的反应，若得到的掌声不多，他就会十分注意自己的动作、话语、表情，甚至开始怀疑自己的水平，这样就很容易影响他在舞台上的发挥。

一般来讲，性格、气质不同的人，受他人在场的影响也有所不同。内向、独立性差、易受暗示的人对他人在场的反应要更强烈一些。这些人自信心比较差，很重视外界对自己的评价，所以易受他人的左右。对他们来说，有他人在场往往会产生社会干扰作用。

二、社会惰化

社会惰化（social loafing）又称为社会懈怠或社会逍遥，是指群体一起完成一件事情时，个人所付出的努力比单独完成时偏少的现象。和社会干扰不同的是，社会惰化是指群体共同完成一件事情，个体的行为是无须单独被评价的；而社会干扰着眼于他人的存在对个体行为的影响，即使和别人一起工作，也并非同心协力完成同一件事，而是各人完成各人的任务。

心理学家林格曼（Ringelman，1913）最早发现了社会惰化现象。他做了一个拔河比赛的实验，要求被试分别在单独的与群体的情景下拔河，同时用仪器来测量他们的拉力。结果他发现，人们一起拉绳子时的平均拉力比单独拉时的平均拉力要小。随着人数增加，每个人付出的个人努力程度会逐步下降。在研究中，他让被试用力拉绳子并测拉力，实验包括三种情境：单独、3 人组和 8 人组。结果表明，独自拉时，人均拉力为 63 千克；3 人一起拉时，人均拉力 53 千克；8 人一起拉时，人均拉力只有 31 千克。

拉塔内（B. Latane，1979）等人同样证明了社会惰化现象的存在。在一项研究中，他让大学生以欢呼或鼓掌的方式尽可能地制造噪声，每个人分别在独自、2 人、4 人和 6 人一组的情况下做。结果表明，每个人所制造的噪声随团体人数的增加而下降（图 8－2）。

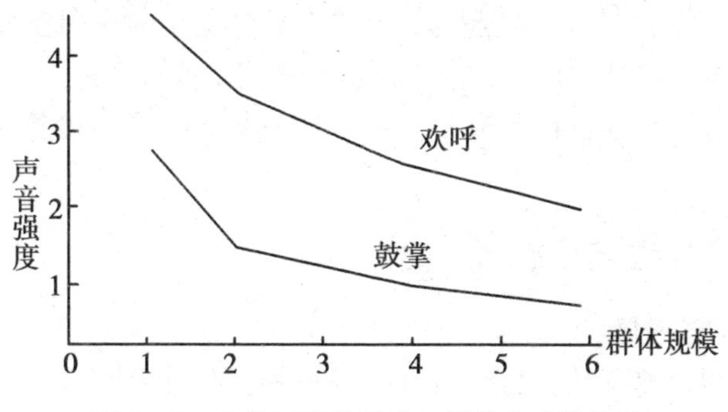

图 8－2　个体制造的噪声与团体大小的关系

有关的元分析为社会惰化现象提供了进一步的证据。杰克逊等人（J. M. Jackson & K. D. Williams，1988）总结了 49 个有关社会惰化的研究，涉及被试超过 4000 人，结果表明（图 8－3），共同完成任务时的群体规模越大，个人的努力程度就越低。当群体规模达到8人时，个人的努力程度仅为单独工作时的80%。在一定范围内，群体规模增大，个人努力就越下降。

社会心理学的大量研究揭示社会惰化作用在现实生活中是广泛存在的。出现社会惰化的原因，是个体的被评价焦虑较弱，使个体在群体中的责任意识下降，行为动力也相应降低。拉塔内认为有以下原因：

（1）社会评价的减弱。在群体共同完成任务时，由于个体认识到自己的行为不会被单独评价，个人的努力会埋没在人群中，所以，个体对自己行为的责任意识下降，行为动力相应降低，从而导致努力程度下降。

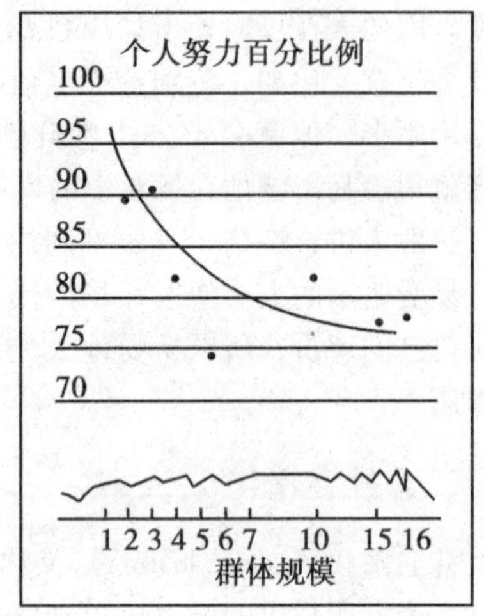

图8-3　社会惰化现象的元分析结果

（2）社会认知的偏差。在群体中的个体，往往认为其他成员不会太努力，可能会偷懒，所以自己也就不用太努力，从而使自己的努力下降。

（3）社会作用力的分散。拉塔内提出了“社会作用力论”，他认为，在一个群体中，每个成员与其他成员一起接受外界的影响，每个成员仅仅是外界影响的目标之一，外界的影响会分散到每一个人身上。群体规模越大，每个成员所接受的外界影响力就越小，感受到的压力就越低，因此，个体所付出的努力也会随之降低。

如何减少社会惰化现象呢？可以采用以下方法：

（1）单独评价。即不仅公布整个群体的工作成绩，而且公布每个成员的工作成绩，让成员感到自己的努力和成绩是可以被单独评价的。拉塔内（1979）等人的研究发现，如果让被试相信，自己的行为效率和努力程度可以被鉴别出来，或者对个人行为贡献单独进行测量，则即使与群体一起完成一项工作，也不会产生社会惰化现象。

（2）提高认识。帮助群体成员认识他人的工作成绩，使他们了解不仅自己是努力工作的，他人也和自己一样努力。

（3）控制群体规模。群体规模越大，社会作用力越分散，社会惰化就越严重，因此，在群体共同完成一项任务时，注意控制群体规模不要太大。

除了上述方法外，增强群体的凝聚力等都能有效地减少社会惰化，提高群体的工作效率。

三、影响社会促进与社会惰化的因素

（一）活动内容的难易

一般来说，简单而熟练的、与个人有关的机械操作或手工操作等活动易产生社会促进作用。如果所从事的活动是与个人无关及复杂的脑力劳动，群体情境对个人就会发生干扰作用。

科特雷尔等人（1967）做过一个实验，让被试在两种不同情况下进行活动：一种是单独的一个人，另一种是和团体其他成员们在一起。内容是学习单字配对表。配对的单字有两类：一类是由同义的单字组成，学习起来很容易；一类是由无任何联系的单字组成，学习起来非常困难。让被试在上述两种情况下都学习这两类配对的单字。研究结果表明，被试在学习简单的单字配对时，有其他人在场比没有人在场的效果更好；但当学习困难的单字配对时，效果则相反，独自一个人学习的成绩优于其他人在场的成绩。

（二）求成动机的激发

人们都有一种求成动机，希望把自己的才能与潜力发挥出来，这种动机对一个人的活动将会产生巨大的推动作用，求成动机越强烈，其推动的力量也就越大。求成动机在团体情况下作用尤为明显，个人在团体情况下进行活动，不可避免地会产生被他人评价的意识，这种意识一旦产生，实质上也就产生一种竞赛动机，从而产生社会促进作用。

科特雷尔曾做过一个实验，让被试分别在三种不同条件下做一项同样的简单工作：单独个人、与团体内其他人一起、与团体内被蒙着双眼的其他人一起。实验结果发现，被试与团体内其他人一起活动时，比他单独个人活动的效果好；被试和团体内被蒙着双眼的其他人一起活动时，工作效果和他单独一人一样。从而证实，被他人评价意识的产生激发了竞赛动机，从而产生了社会促进作用。

不过，主体的求成动机必须适度，如果活动难度大而复杂，自己虽然怀有被他人评价“好”的动机，这种动机越强烈，焦虑情绪也就越大，心理上的干扰作用也就越大，从而发生致弱作用。

（三）外界刺激的干扰

一般来说，在群体活动中，个人的活动效率会因注意力分散而受到影响，尤其在活动性质相当复杂，个人完成活动具有很大的困难，而求胜的心理特别强烈，情绪十分紧张而急躁的情况下。另外，还会发生个人自身机体变化的干扰。因为有人在场观察时，被观察者的汗腺分泌多，呼吸快，肌肉紧张度高，血压升高，心跳加快，这些生理变化都成为干扰的刺激，从而影响了活动的效率。

当然，个人的注意力受不受干扰，还视当时的情境而定。在一些重大场合，如参加考试，他人在场并不会发生很大干扰作用；如果在准备功课的场合，他人在场则容易受到影响。另外，干扰作用的大小还有个体差异。有些人求胜的情绪特别强，这种情绪本身对自己的注意力会发生强烈的干扰作用，从而影响了活动成绩。这种情况在考场上、在智力比赛时也是屡见不鲜的，有些人平时的水平较高，一旦参加关键性的考试或重大比赛，看到对手很多，就愈发增添焦虑情绪，从而转移了注意力，影响了自己的成绩。

（四）主体的责任感

社会惰化效应是否产生，主要取决于主体的责任感。研究表明，主体对活动的责任感受以下因素制约：群体竞争的气氛，职责分明的程度，奖惩严明的程度以及对活动严格检查、验收和反馈的程度等。因此，教师应遵循上述规律，在课内外活动中培养学生的责任感，防止群体情境对学生个体的涣散作用。

（五）主体的年龄与智力水平

一般来说，年龄较小、智力水平较低的人，社会促进或干扰作用比较明显。低年级学生与学生中智力水平较低、学习能力缺乏的人，很容易在群体情境下产生干扰作用或涣散作用，也很容易在从事简单的学习活动中产生助长作用。因此，教师应特别注意他们在群体情境中的行为表现并加以引导。

第二节　从众、服从与顺从

个体接受社会影响的方式是多种多样的，从众、服从和顺从是其中最主要的方式。从众更多涉及群体对个体的影响，服从涉及个体由于社会角色关系连带发生的影响作用，而顺从则涉及更为一般的人际影响。

一、从众

（一）从众的概念

从众（conformity）是指他人从事某一活动，个体在群体的压力下，自己也去从事这一活动，在知觉、判断、信仰及行为上，表现出与群体中大多数人一致的现象。所谓“随波逐流”“人云亦云”就是从众的最好例证，它在日常生活中是非常普遍的现象。

C. A. 基斯勒（1969）从个体的角度提出从众行为产生的四种需求或愿望：

（1）与大家保持一致，以实现团体目标。

（2）为取得团体中其他成员的好感。

（3）维持良好人际关系的现状。

（4）不愿意受到与众不同的压力。

社会心理学指出，从众行为是由于在群体一致性的压力下，个体寻求的一种试图解除自身与群体之间冲突、增强安全感的手段。实际存在的或头脑中想象到的压力会促使个人产生符合社会或团体要求的行为与态度，个体不仅在行动上表现出来，而且在信念上也改变了原来的观点，从而产生了从众行为。

从众有不同的表现形式：有时个体并没有自己的意见，抱着无所谓的态度，跟着大多数人走；有时个体有自己的看法，但与大多数人或其他所有人的看法都不同，在群体压力下，放弃原先的意见，改变态度，转变立场；有时个体只采取了与众人一致的行为，但并没有改变态度，内心里仍然坚持自己的意见。这些情形都可称为从众。从众现象广泛地存在于我们的生活中，而且被认为是安全的、不担风险的，所以，在现实生活中，不少人喜欢采取从众行为，以求得心理上的平衡，减少内心的冲突。

（二）从众现象的实验研究

由于从众是一种常见的社会生活现象，因而社会心理学家对此进行了大量的实验研究，其中最为经典性的研究是谢里夫和阿希的实验。

1. 谢里夫的实验

社会心理学家谢里夫（1935）在20世纪30年代利用“游动错觉”研究个人反应如何受其他多数人反应的影响。所谓“游动错觉”，是指在黑暗的环境中，当人们观察一个固定不动的光点时，由于视错觉的作用，这个固定不动的光点，看起来好像前后左右地在移动，即产生自主运动现象（autokinetic effect）。

谢里夫研究的基本假设是：其一，每个人都可能产生“游动”的视错觉；其二，观察者要精确地估计光点游动的距离是相当困难的。谢里夫在实验室内模拟游动效果，让被试坐在暗室里，在被试前面的一段距离处，呈现一个固定不动的光点，被试会产生光点在运动的错觉。实验者请被试估计光点移动的距离。谢里夫发现，当被试分别在暗室里单独估计光点移动的距离时，各人判断的差异量极大，如有的被试估计光点移动了1~2英寸（英寸为非法定计量单位，1英寸=2.54厘米），而有的被试则估计光点移动了20~30英寸。这是由于被试在缺乏可供参照的背景条件下，分别建立了自己独立的参照系统。而如果把被试分成3个人一组，在同一房间里共同观察和判断，但每个人还是报告自己的估计，就发现会发生相互影响，彼此的判断逐渐趋于一致，差异量变得很小，有意思的是，在研究结束时，谢里夫问被试，他们的判断有没有受到他人影响时，结果被试都予以否认。显然，这是因为受到他人估计的影响而产生的结果，被试以别人估计的距离作为自己判断的参考依据，建立了共同的参照系统和准则规范，从而表现出从众行为。

谢里夫的实验表明，一个人对外界的认识或见解，是会受到别人的、众人的见识和见解的影响的。在谢里夫的实验里，个人放弃自己原来的意见而同别人的、众人的意见或行为趋向一致是典型的从众行为。

2. 阿希的实验

美国社会心理学家阿希（S. E. Asch）在20世纪50年代做过多次关于知觉方面的从众实验，获得一系列重要的研究成果，成为社会心理学中的经典实验。

实验材料是18套卡片，每套两张（图8-4），分标准线段与比较线段。卡片A上画一条直线，卡片B上画三条直线，其中间一条线与卡片A上的线等长。在阿希的实验中，共有7名被试，其中6人是实验者的助手（即假被试），只有1人是真正的被试，而且总是安排真被试在倒数第二个回答问题。几个被试围桌而坐，面对两张卡片，要参与者依次比较判断a、b、c三条线段中的哪一条线段与标准线段等长。假如第一人故意选c来回答，受试者在表情上会显得惊奇；假如接下去数人均故意选c，被试的惊奇程度就随之降低。等到被试者自己回答时，他迟疑一下，居然也跟着别人选择不

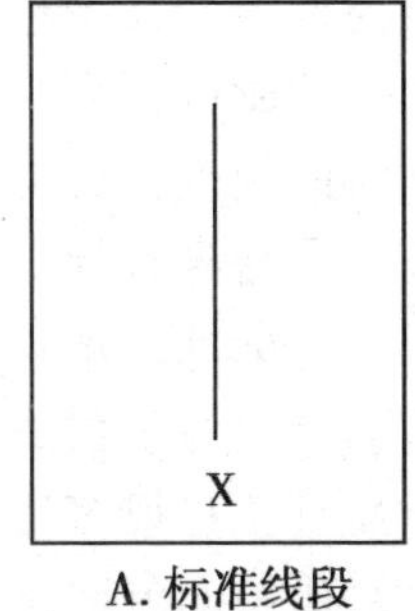

A. 标准线段

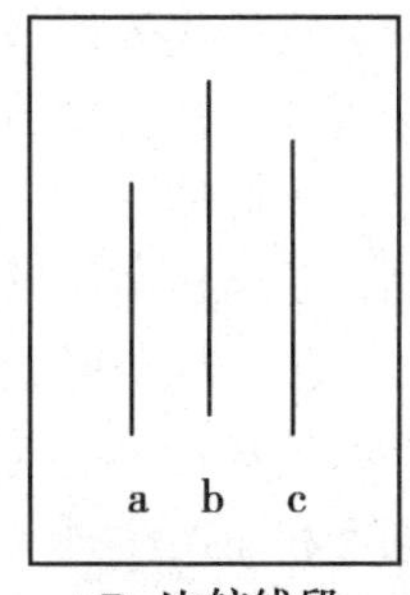

B. 比较线段

图8-4　阿希从众实验的线段卡片

正确答案。研究者采用不同组别，不同人数，重复多次实验，结果发现：①当被试者只有一人（没有同谋者）时，都不会选择错误的答案（都选择 b）；②当被试者在众人都选择错误答案时，平均有 37% 的被试者也会跟着做出错误的决定；③事后询问被试者选择错误答案的原因时，都回答受到团体压力影响，不得不跟别人一致。

面对这一实验情境，被试在做出反应前需要考虑以下三个问题：

（1）是自己的眼睛有问题，还是别人的眼睛有问题？

（2）是相信多数人的判断，还是相信自己的判断？

（3）在确信多数人做了错误判断时，能否坚持自己的独立判断？

实验者记录被试的每一次选择，然后加以统计分析。阿希在 1951 年开始实施这一实验，在 1956 年、1958 年又重复了这项实验，结果发现：

（1）大约有 1/4 到 1/3 的被试保持了独立性，每次选择反应无一次发生从众行为。

（2）约有 15% 的被试平均做了总数的 3/4 次的从众行为，即从众反应平均每 12 次中就有 9 次。

（3）所有被试平均做了总数的 1/3 次的从众反应，即每 12 次中就有 4 次发生从众行为。

实验结束后，实验者个别访问被试，询问其发生错误选择的原因，从被试的回答中，可以将错误归纳为三种类型：

（1）知觉歪曲。被试确实发生了错误的观察，把他人（假被试）的判断作为自己判断的参照点，根据别人的选择辨认“正确”的答案。

（2）判断歪曲。被试对自己的判断缺乏自信心，虽然意识到自己看到的与别人回答的不同，但却认为，多数人总会比自己更正确些，错误的肯定是自己，从而采取从众行为。这种情况下的从众类型最为普遍。

（3）行为歪曲。被试确认自己是对的，而别人是错的，但不愿被群体视为越轨者，所以，在行为上仍然跟着大多数人做出同样的错误选择。

后来，有许多学者在不同的国家和地区重复了阿希的实验，尽管从众率稍有差异，但都证实了从众现象的普遍存在。

（三）从众的原因

1. 社会规范的压力

个人的行为是形形色色、颇有差异的，但无论多么复杂多变，总会受到一定的群体规范的影响。社会规范代表团体中大家所认可的行为标准，某种行为标准一经众人认可，即成为社会规范。社会规范建立之后，对团体中的成员在行为上即具有约束作用。如果个人处于某一群体之中，那么他就要接受群体的规范。成员遵守这些规范就会受到表扬或奖励，受到接纳与欢迎；违反这些规范就会受到批评与惩罚，受到冷淡与排斥。由此可以看出，规范是代表众人观点的客观行为标准，从众则代表个人的心理倾向。团体成员的从众行为，对团体性活动是有利的，因为多数成员在有从众倾向的团体内，因意见不和而产生冲突的事情将会减少。而且，有很多传统的习俗和流行的风尚，都是靠社会从众心理维持和推动的。然而，如社会规范僵化，使团体成员由从众变为盲从，则对团体与个人均有不良的影响。

2. 信息压力

从众行为时常在信息不详、情况不明、把握不大的条件下发生。某种程度上说，一个人所掌握的知识信息和实践经验都是有限的，因而他人往往会成为我们所需要信息的一个重要来源。个人生活在群体中，总要从他人的知识和经验中获得一些帮助。在情境不确定时，其他人的行为最具有参照价值，而从众所指向的是多数人的行为，自然成为最可靠的参照系统。当个人的想法或做法跟所处的社会中的其他人相同时，就会产生“没有错”的安全感。另外，当个人处在一个新的环境中，发现原有的判断标准和行为规范与新的环境不相适应时，自然也容易从其他人身上寻找出可供参照的信息。所以，个人表现出与大多数人一致的行为，也可能是受到信息的影响。例如，在情境不明的情况下，我们更愿意到人多的餐馆去吃饭，更愿意到人多的商店去购物，也更愿意选择人多的路走。一般来说，我们对所面临的事物了解得越少，就越看重他人的意见，也就越容易从众。比如，你买东西，在两种产品中犹豫和选择，如果你对这两种产品的性能、质量有足够的了解，那你往往会坚持自己的判断；如果你对此知之甚少，你就很容易相信他人的判断。

3. 寻求安全心理

人生活在群体中，必然希望能与他人关系融洽，不喜欢被群体视为越轨者。因为群体成员一般都是讨厌越轨者的，作为越轨者是不安全的。弗里德曼（1968）做过一个实验，被试者是一些互不相识的人。实验者介绍说他们其中某个人与大家不同，虽然没有说有什么不同，但这个人成为大家心目中的越轨者。然后，实验者让他们挑一个人去参加一个有惩罚的痛苦的学习实验，结果大家一致推选了那个被视为越轨者的人。而当实验者要求被试者群体选择一人参加另一种有奖励的愉快的学习实验时，大家却尽量避免推选那个越轨者。可见，越轨者是不受欢迎的，也是不安全的。“木秀于林，风必摧之”“枪打出头鸟”等说法，都或多或少反映了不从众带来的危险。因此，人们基于寻求安全心理，产生从众行为。

（四）影响从众的因素

1. 群体因素

（1）群体的一致性。如果群体中只有一个人持有不同意见，则他要承受巨大的压力。而如果群体中另外还有人持反对意见，不管这个人是专家还是一位无名小辈，都会使前者的从众压力大为缓解，从众率明显降低。阿希在进一步的实验中，让一位假被试者做出不同于其他多数人的反应，结果被试者的从众行为减少了3/4，因为被试者有了一个“合作者”，从中得到巨大的支持力量。即使这个假被试者并没有发表与被试相同的意见，但只要他与群体的意见相异，就会增强被试者的信心，削弱从众行为。

（2）群体的规模。群体规模的大小对于个体是否从众是一个重要的影响因素。群体规模越大，即持有一致意见的人越多，持不同意见者感到的压力就越大，从众表现越显著。如果只有两个人反对你，你很可能会坚持自己的意见；而如果有100个人反对你，你多半会惊慌失措，内心不安，最终从众了事。但人的从众行为并不是随群体规模的无限扩大而增加的。在阿希的系列实验中，他通过改变小组成员的数量（在1～15人之间变化），发现随着人数的增加，从众也更易发生。但这个人数有一个极限，即不超过3~4人，如果超过这个范围，人数增加并不必然导致从众行为的增加。

（3）群体的凝聚力。群体的凝聚力越强，群体成员之间的依恋性及对群体规范的从众倾向也越强，个体会为了群体的利益与群体意见保持一致。有人曾设计了一个阿希式的实验，但是以小组竞赛的方式进行，使5个小组间相互竞赛，出错最少的小组，其成员将得到两张戏票。结果表明，个体在有共同目标的群体中更容易从众。

（4）个体在群体中的地位。个体在群体中的地位越高，越有权威性，就越不容易屈服于群体的压力。一般来说，地位高的成员经验丰富、能力较强、信息较多，他们的看法和意见能对群体产生较大的影响，并使地位低的成员屈从，而地位低的成员很难影响到他们。教师在学生面前、军官在士兵面前、领导在下属面前都会较少从众，甚至特意通过不从众显示自己的与众不同。

2. 个体因素

（1）性别差异。从性别来说，人们通常认为女性比男性更容易从众。然而近期研究表明，早期实验所采用的材料是女性所不熟悉的，所以才有较高的从众率。20世纪70年代，西斯川克将实验内容分为男女熟悉的、中性的和不熟悉的三类来研究从众行为，结果表明，男女被试者对自己所不熟悉的项目都表现出较高的从众率，而在自己所熟悉的方面都表现出较大的独立性。对于中性项目，男女两性的从众量几乎完全相同。由此可见，性别差异对从众行为量几乎没有影响。

（2）地位差异。一般来说，群体中地位低的人比地位高的人更容易从众。因为在群体中，地位低的成员为了提高他在这个群体中的地位和增加被他人、群体所喜欢的程度，他就倾向于更多地做出从众行为。而地位高的成员，由于可以偏离群体而不受惩罚，另外，他们大多是领导者，创新对他们来说是很重要的，所以，他们的从众行为较少。

（3）知识经验。人们对刺激对象越了解，掌握的信息越多，就越不容易从众；反之，则越容易从众。如果一名医生和一群教师讨论教育问题，他往往不会反对教师们的意见，因为他对此问题不甚了解；而如果讨论营养问题，他可能会反对教师们的一致意见，因为他在这方面有丰富的知识经验。知识经验多的个体拥有更强的自信心，他倾向于把自己看成是群体中的专家而不愿从众。

（4）个性特征。个人的能力、自信心、自尊心、社会赞誉需要等，都与从众行为密切相关。能力强、自信心强的人，不容易发生从众行为。有较高社会赞誉需要的人，特别重视他人的评价，希望得到他人的赞誉，往往以他人的要求与期望作为自己的行为标准，所以，从众的可能性更大。性格软弱、受暗示性强的人，也容易表现出从众行为。W. 史密斯和A. C. 里查兹（1967）比较了在焦虑量表测验上得分高低的情况，发现高焦虑者从众性较强。

3. 刺激物因素

刺激物的内容、性质和特点都会在某种程度上影响从众行为，对此，社会心理学家有以下研究结论。

（1）刺激物的清晰性。刺激物越模糊不清，人们越可能表现出从众行为。在谢里夫的游动错觉实验中，由于刺激物是高度模糊的，被试只好以他人判断作为自己判断的参照系。在阿希实验中，如果a、b、c三条线段长短相差无几，不容易看出哪两条线段与标准线段长短有明显差异，那么被试的从众性增大。后来，有人在重复阿希的实验时，先把线段给被试看几秒钟，然后拿开，再让被试判断，结果发现，单凭记忆，被试更容易表现出从众行为，因为这时刺激物在他头脑中的印象已经比较模糊了。

（2）刺激物的内容。如果刺激物的内容是无关紧要的，不涉及原则问题的，人们较容易从众；而如果是涉及伦理、道德、政治等原则问题的，人们不太容易丧失立场。对此，彼德罗夫斯基曾经进行了一个实验。实验以一些四年级、七年级和九年级的学生为被试者，先让他们填写一张问卷，上面有几条关于道德问题的判断，被试者可以根据公认的准则做出回答。一段时间以后，再把包括这些问题在内的、但问题数量更多的问卷发给被试者，在他们回答之前予以暗示，指出其他人都赞成错误判断。结果发现，只有极少数人接受暗示，而绝大多数人都不改变原来的意见。可见，在伦理道德等原则问题上，被试者往往能坚持自己的判断。

4. 文化差异

由于文化背景的不同，不同民族的成员从众的程度也存在差异。米尔格拉姆（S. Milgram，1961）对法国和挪威的大学生进行了对比研究，发现挪威人比法国人更趋于从众。他认为，部分原因可能是法国文化鼓励独立和个性，而挪威文化则鼓励忠诚于集体，重视社会责任。后来也有一些研究发现，在不同的文化和社会背景下，人们所表现出的从众行为是有差异的，说明文化差异对从众现象确实存在影响。

（五）研究从众行为的意义

从众心理实验结果所显示的重要意义是，在认知判断的情境下，个人的选择将受到团体压力的影响；是非对错如此明确的事例（图中直线长短）尚且如此，在暧昧情境之下，又怎能避免盲从而不受误导呢？

从众心理，正表示个人行为受别人影响而使其独立性与自主性降低的现象。其实，这只是人性脆弱的一面，个性比较独立的人，在认知判断上未必全然从众，上述实验中仍有很多人不盲从，可能就是如此。

此外，也许有的人在某些方面较为随和，在另外一些方面较为独立。在个人遇到团体压力或别人影响而感觉自由受到威胁时，在心理上不期而然地产生反感，继而在行为上表现出反从众的倾向。具有这种行为倾向的个体，之所以能够克服群体的压力，不发生从众行为，是因为认识到群体行为可能是错误的。他们蔑视群体规范，仍然保持原有的态度与信念。

二、服从

在社会群体中，人们对群体的规范是否一概表示无条件地服从？当一个有权威的人命令你去干一件你不愿意干的事情时，你是否会放弃个人的原则去执行权威的命令？其实，人的一生处于无数的服从之中，如我们在家服从父母，上学服从老师，上班服从领导，走路服从交通法规……很小的时候，我们就接受服从的教育，这种服从意识在学校、单位中不断得到强化，使服从几乎成为我们的一种习惯。虽然服从的程度有强有弱，但没有任何一个人敢宣称自己完全摆脱了服从。事实上，不管是对个人，还是对社会，服从都是十分必要的。究竟什么是服从？

（一）服从的概念

服从（obedience）是指由于外界压力而使个体发生符合外界要求的行为。外界压力主要来自两个方面，一是他人，二是规范。很多时候，人们会服从地位高的人或权威的命令，父母、老师、警察、上司都是我们服从的对象。除了对权威他人的服从之外，还有对规范的服从。社会靠规范来维持，规范靠服从来执行。政策法规、组织纪律、约定俗成的惯例，都是我们必须服从的。对权威与规范的服从也是一个人社会适应是否良好的重要标志。

服从和从众虽然都是社会影响下的产物，都是因为压力而导致的行为，但两者有诸多不同。首先，压力来源不同。服从的压力来源于外界的规范或权威的命令，从众的压力实际上来源于个体的内心，从众是为了求得心理上的平衡。其次，发生方式不同。服从是被迫发生的，带有一定的强制性；从众是自发的，外界并没有强迫或命令个体必须怎么做。最后，造成的后果不同。不服从往往会使个体受到惩罚，而不从众只会引起个体内心的不安和失衡。当然，人的行为是复杂的，很多时候服从和从众相互交织，服从中有从众，从众中包含了服从，并不能截然分开。

（二）服从现象的实验研究

如果一个人被命令做违背自己良心的行为，他会怎么办呢？如果权威的命令是违反伦理道德的，人们还会不会服从呢？为了探讨这一问题，社会心理学家米尔格拉姆进行了一项关于服从权威的经典实验，以探讨个人对权威人物的服从情况，并在社会心理学界产生了强烈反响。

米尔格拉姆首先在报纸上刊登广告，公开招聘受试者。结果有40位市民应聘参加实验，他们当中有教师、工程师、邮局职员、工人和商人，年龄在25~50岁之间。实验时，主试告诉这些应聘者，他们将参加一项研究惩罚对学习效果影响的实验。实验时，两人为一组，抽签决定一人当教师，一人当学生。教师的任务是朗读配对的关联词，学生则必须记住这些词，然后教师呈现某个词，学生在给定的四个词中选择一个正确的答案。如果选错，教师就按电钮给学生施以电击，作为惩罚。实际上每组只有一个真被试，另一个是实验者的助手，即假被试。抽签时，总是巧妙地让真被试当教师，假被试当学生。

实验开始，充当学生的假被试与当教师的真被试分别被安排在两个房间里，中间用一堵墙隔开。实验者将“学生”用带子绑在椅子上，向“教师”解释说是为了防止他逃走，并在“学生”的胳膊上绑上电极，说是为了在“学生”发生错误选择时，可由“教师”施以电击惩罚（图8-5）。

“教师”被带到一台巨大的控制台前，那上面有30个电钮，每个按钮都标有电压强度，从15伏依次增强到450伏。按钮4个一组，共分为7组，另外两个是单独的。各组按钮上都标有描述电击严重性的文字：“弱电击”“中等电击”“强电击”“特强电击”“剧烈电击”“极剧烈电击”“危险电击”及××标记。事实上，这些电击都是假的，但为了使作为“教师”的被试深信不疑，实验者首先请“教师”接受了一次45伏的示范电击，虽然实验者说是很轻微的，但被试已经感到很难受了。

实验开始后，学生故意频频出错。“教师”从15伏开始，按照实验者的指示，每错一次就增强一次电击。从15伏到75伏，“学生”对电击没有表示反应。从90伏开始就自言自语地埋怨，到120伏就大声诉苦，135伏就发出呻吟，150伏激烈抗议，270伏发出苦闷的尖叫，315伏发出极度痛苦的悲鸣，已不能回答问题。“教师”不忍心再继续下去，但实验者要求“教师”在10秒钟以内不见回答就看作误答并施行电击。330伏以后，学生就没有任何反应了。在整个实验过程中，实验者不断督促“教师”要施行电击，并说一切责任由实验者承担。在这种情况下，会不会有人把电压升至450伏呢？

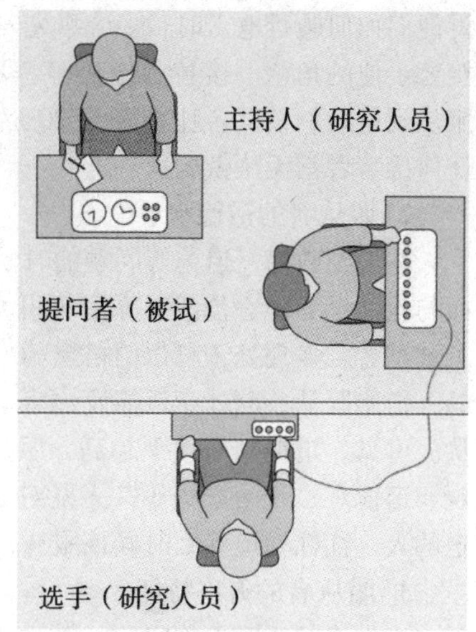

图8－5 米尔格拉姆服从实验示意图

在这种情况下，有26名被试者（占总人数的65%）服从了实验者的命令，坚持到实验的最后，但表现出不同程度的紧张和焦虑。另有14人（占总人数的35%）做出了种种反抗，拒绝执行命令，他们认为这样太伤天害理了。服从的被试者也并非对“学生”所处的困境无动于衷，一些被试者提出抗议，许多被试者有出汗、发抖、口吃以及其他紧张现象，甚至有的被试者会发出神经质的阵阵笑声，但最终他们还是服从了。

实际上，实验中的“学生”并没有受到任何电击，他们所发出的呻吟、叫喊等都是事先排练好并录了音的。米尔格拉姆在实验结束之后，把真相告诉了所有参加实验的受试者，以消除他们内心的焦虑和不安。

继米尔格拉姆之后，其他许多国家的研究者也证明了这种服从行为的普遍性。在澳大利亚服从的比例是68%（Kilham et al.，1974），约旦的服从比例为63%（Shanab et al.，1977），德国的服从比例高达85%（Mantell，1971）。

（三）影响服从的因素

米尔格拉姆的实验虽然设计巧妙并富有创意，但也引发不少争议。抛开实验本身是否道德这个问题不谈，单是实验结果就足以发人深思。人们往往低估了权威者对人的影响。那么，人究竟在什么情况下会服从，什么情况下会拒绝服从呢？哪些因素会对服从行为产生影响呢？

1. 命令者的权威性

命令者的权威性越大，越容易导致服从现象。职位较高、权力较大、知识丰富、年龄较大、能力突出甚至财富较多等，都是构成权威影响的因素。另外，命令者手中如果掌握着奖励或惩罚服从者的权力，也会使服从行为大大增加。在米尔格拉姆的实验中，发出命令的是耶鲁大学一位很有名望的心理学家，并且他宣称该实验研究的是一个重要的科学问题，这种权威地位增加了被试者服从的可能性。如果主持实验的不是一位专家，服从率有可能会降低。米尔格拉姆通过进一步的试验，验证了这一结论。实验过程是这样的，试验者向被试者介绍实验目的及试验程序，当他还没有来得及告诉他们如何施行电击时，一个事先安排好的电话把他叫走，另一个人（实验者的助手）接替了他的角色。接替者像实验者那样命令并督促被试者施行电击。在这种情况下，服从到最后的被试者比例降至20%。这说明，只有高度的权威才能带来高度的服从，任何接替者都无法做到这一点。

2. 服从者的道德水平

在涉及政治、道德等问题的时候，人们是否服从权威，并不单独取决于服从心理，而与他的世界观、价值观等密切相关。米尔格拉姆采用科尔伯格的道德判断问卷测验了被试者，发现处于科尔伯格道德发展水平的第三、第四阶段的被试者，只有12.5%的人拒绝服从；而处于道德发展水平的第五、第六阶段的被试者，有75%的人拒绝服从。可见，道德判断水平越高，服从权威的可能性越小。作为主体性的人，他的世界观、道德观、政治立场等，无疑对服从具有明显的制约作用。一个道德高尚、立场坚定的人，往往知道什么时候该服从，什么时候不该服从。

3. 服从者的人格特征

米尔格拉姆对参加实验的被试者进行人格测验，发现服从的被试者具有明显的权威主义人格特征。有这种权威人格特征或倾向的人，往往十分重视社会规范和社会价值，主张对于违反社会规范的行为进行严厉惩罚；他们往往追求权力和使用强硬手段，毫不怀疑地接受权威人物的命令，表现出个人迷信和盲目崇拜；同时，他们会压抑个人内在的情绪体验，不敢流露出真实的情绪感受。在社会心理学的有关研究中，在专制统治下，容易使人形成这种所谓的权威人格特征。

4. 情境的压力

（1）权威者的靠近程度。米尔格拉姆在进一步的实验中，把主试者和被试者的关系分为三种：第一种，主试者与被试者面对面在一起；第二种，主试者向被试者交代任务后离开现场，通过电话与被试联系；第三种，主试者不在场，实验要求的指导语全部由录音机播放。结果表明，权威者越靠近，完全服从的比例越高；反之，服从率越低。权威者的压力由于距离的扩大而减小。在第二、第三种情况下，有的被试者还会弄虚作假，欺骗主试者。所以，如果你想拒绝别人的要求而又没有足够的勇气，最好不要面对面地说，而以打电话或写信的方式较好。

（2）受害者的靠近程度。在实验中，“学生”被绑在隔壁房间里，被试者的服从率为65%；如果被试者与“学生”同处一室，则服从率降低至40%；如果被试者必须把“学生”的手按在电极上才能实施电击，则服从率降至30%。可见，一个人对他人造成的伤害越直接，他感受到的内心压力就越大，服从率就越低；受害者越远，越容易服从。所以，有的学者担心，如果战争发展到只需要在室内按按电钮的阶段，那么，人们就会更容易听从权威的命令，后果将是很可怕的。

（四）有关不服从的情况

在生活中虽然有许多人都按照群体的规范或权威的意志去行事，但并不是任何人在任何场合都无条件地表示服从的，一旦外部的压力不适度，也会引起一种反抗现象。

一般不服从的表现形式有抗拒，表现为在行动上拒不执行任务，并提出口头或书面的抗议，主观上情绪偏激，怀有对立情绪。还有消极抵抗，有些群体成员对群体规定不愿意执行，又不敢明目张胆地表示反对，只好表面上表示服从，而暗地里采取消极抵抗的办法。

三、顺从

（一）顺从的概念

顺从（compliance）也叫依从，是指在他人的直接请求下按照他人要求做的倾向，即接受他人请求，使他人请求得到满足的行为。顺从行为实际上是一种行为的歪曲，即顺从者表面上接受群体的意见，但实际上是不同意这种意见的。虽然他们明明知道别人的回答是错误的，但是为了合群，做出了违背自己意愿的行为。这种行为一旦离开特定的压力，就会恢复自己的独立判断。顺从行为就是在群体压力下，表面上遵从群体意见或他人期望的行为。在现实生活中，我们经常向他人提出种种要求，希望他人顺从我们的观点和行为，我们自己也经常顺从他人的意愿。因此，顺从是一种人与人之间发生相互影响的基本方式之一。

顺从与从众行为的根本区别在于：顺从是在他人的直接请求下做出的，而从众并没有他人的直接要求，从众来自一种无形的群体压力。

顺从和服从的区别在于：顺从来自他人的请求，是非强制性的，而服从来自他人的命令，带有某种强制的特征；命令者与服从者之间往往存在规定性的社会角色联系，如教师与学生、上级与下级，而请求者与顺从者之间并没有规定性的社会角色关系的束缚，各种人际交往之中都可以产生顺从行为。因此，顺从是一种比服从更为普遍的社会影响方式。

（二）顺从的原因

如果从心理学的角度来分析，我们会发现导致顺从行为的心理基础有以下几类：

1. 对偏离的恐惧

人们都不愿偏离自己所处的群体的规范而受到冷落甚至惩罚，另外也不希望自己被看成愚蠢的、不称职的人，恐惧偏离众人的感觉。即使心里明知此事很荒谬，还是得顺从。比如说，某行业协会对某种工作或某种产品的价格定位是统一的，如果其中有人想要降价来招揽生意，或者抬高物价来赚取更多的利润就会被警告、惩罚或开除出组织。所以，人们为了避免这些后果，尽管很想多挣些钱，但最后还是选择了顺从行为。

2. “归类”心理

在社会中，如果用归类的方式加强了一个人的自我形象认定，就会使他做出与归类相一致的行为。比如，有学术成就的学者被归类为有求必应的社会宣传家后，就很难拒绝此类任务，而增加了顺从行为。

3. 匿名性

与从众一样，在匿名的环境中，个体顺从的行为会相对减少。比如，某制药厂访问一些医生，询问他们对自己药品的评价，许多医生为了不让对方伤心、不使对方丢面子等原因，都给予了较高评价，或称愿意使用这种药。然而，检查这些医生开的处方，发现公开的赞扬并没有使他们私下里为病人开这种药。

（三）促进顺从的技术

如何促进他人的顺从？社会心理学家对此进行了深入的研究，提出了一些行之有效的策略。这些策略主要是从推销术发展演化而来，但其运用范围已经远远超出推销的领域。

1. 登门槛技术（foot－in－the－door effect）

这是指先向对方提出一个小要求，再向对方提出一个大要求，那么对方接受大要求的可能性会增加，这又称为“得寸进尺效应”。最经典的实验是弗里德曼（1966）做的。他先让助手访问一些家庭主妇，请她们为了维护交通安全和美化环境，在窗户上贴一些小标记或在请愿书上签名。这些主妇都接受了。半个月后，实验者再次访问这些主妇，要求她们在门前的草坪上竖一块不美观的维护交通安全的广告牌；同时实验者也访问了一些以前没有访问过的主妇，提出了同样的要求。结果发现，前者有55%的人同意，后者只有17%的人同意。可见，先提出小要求增加了对方接受大要求的可能性。

2. 门前技术（door－in－the－face）

门前技术与登门槛技术相反，是先向他人提出一个很大的要求，在对方拒绝之后，马上提出一个小要求，那么对方接受小要求的可能性就会增加。例如，请别人捐钱，你希望对方捐10元钱，但直接提出要求对方可能会拒绝。那就先提出一个大要求，如请求对方捐100元，对方拒绝后，再提出小要求，“那就捐10元钱吧”，对方一般会乐于满足你的小要求。为什么会这样呢？因为当人们拒绝了别人的一个要求后，会愿意做出一点让步，给别人一点面子，使别人获得满足，因此，这一技术又称为“留面子效应”。

运用门前技术时需要满足3个条件：第一，最初的要求必须很大；第二，两个要求的时间间隔不能过长；第三，两个要求必须由同一个人提出。

3. 低球技术（low－balling）

这是指先向他人提出一个小要求，别人接受小要求后马上再提出一个别人要付出更大代价的要求。例如，在商品销售中，先把价格标得很低，等顾客决定购买后，再以种种借口加价。用这种方法可以使人最后接受较高的价格，而如果一开始就标出这一价格，顾客是不会接受的。低球技术和登门槛技术都是先提小要求，再提大要求，但两者是有区别的。区别在于，登门槛技术的两个要求之间有时间间隔，而且两个要求之间没有直接的联系；而低球技术的两个要求之间是紧接着的，两个要求之间有密切联系，是围绕同一件事情提出的。

4. 折扣技术（that's－not－all）

这是先提出一个很大的要求，在对方回应之前赶紧打折扣或给对方其他的好处。和门前技术不同的是，在折扣技术中不给对方拒绝大要求的机会，通过折扣、优惠、礼物等方式诱导对方接受这一要求。

除了上述策略之外，引发对方积极的情绪，给自己的请求找一个合理的解释等，都有助于顺从行为的发生。

第三节　模仿与暗示

模仿与暗示这种社会心理现象在生活中是十分普遍的。一个人在社会上无时无刻地不在模仿着别人，接受别人的暗示，也无时无刻不在被别人模仿、暗示他人，从而使得人与人之间发生相互影响与相互作用。

一、模仿

一般都认为模仿是非控制条件下，个体自主地仿照他人的行为而活动的过程。模仿是人们相互影响的一种重要方式。当个体感知到他人的行为时，会有重复这一行为的愿望，模仿便随之而来。模仿随个体的发展其大致趋势是：从无意模仿到有意模仿，从游戏模仿到生活实践模仿，从对外部特征的模仿到对内部实质内容的模仿。塔尔德是最早对模仿行为进行研究的学者，他认为模仿是人类最基本的行为。在1900年出版的《模仿律》一书中，提出了模仿的规律：①下降律。下层人士喜欢模仿上层人士。②几何级数律，模仿一旦发生便以几何级数增加，蔓延迅速，像滚雪球一样。③先内后外律。个体对于本土文化的喜爱，总是优于外来文化。

（一）模仿的特征

1. 非控制性

模仿不是由他人或社会所控制的行为。模仿有时是因社会的号召而自觉地产生与榜样相似的行为，有时是对榜样无意的仿效。

2. 表面性

模仿是对他人行为的模仿，而不是对榜样内心世界的模仿。实际上，内心世界是无法模仿的，个人体验是无法互通的。所以，模仿仅仅是他人行为的再现。

3. 相似性

模仿是对榜样外部行为的仿效，所以，模仿者的行为就要与榜样的行为相同或类似。尽管这种相似不可能做到完全一样，但总会存在某种程度或某一部分的相似。

（二）模仿的类型

1. 根据模仿是否自觉分类

（1）有意模仿。有意模仿者自觉地学习他人的行为，在理性指导下进行仿效。有些有意模仿是盲目模仿，即模仿者并不理解他人的行为意义，也不知道人家为什么会这样做。“东施效颦”就是例子。当然也有些模仿者懂得他人行为的意义而有选择地进行模仿。

（2）无意模仿。无意模仿是模仿者在没有意识到自己行为意义的情况下，不知不觉地仿照别人的行为。这种模仿大部分是由于生活在一个特定的环境中，长期受影响，不自觉地模仿别人。

2. 根据被模仿对象的不同分类

（1）对个人的模仿。对个人的模仿是模仿者将某个人的行为作为自己的榜样，把被模仿的对象当作自己的榜样。这种模仿大都是有意的，是希望自己的行为类似于榜样的行为。因此，对个人的模仿常常会变成对榜样的崇拜。

（2）对群体的模仿。对群体的模仿是模仿者将群体的某种共同行为作为自己模仿的对象。对群体的模仿也可分为对群体规范和群体特定行为的模仿。如一个新的队员会模仿球队其他球员上场时画十字的动作，办公室的一位新成员会改吸其办公室成员都吸的那个牌子的香烟，等等。

（三）影响模仿行为的因素

1. 年龄

一般来说，儿童的模仿性大于成年人，这是比较容易观察得到的。儿童的模仿行为是个人社会化不可缺少的环节。儿童关心、喜欢、接触多的人和事物，往往会首先成为他的模仿对象。所以，一般来说，父母总是儿童模仿的榜样，年龄越大，模仿的行为就越少。

2. 威信

构成威信的因素有很多，如年龄、权力、地位、名望、才能、知识等，只要在某一方面占有优势，就会获得相应的威信，从而有可能成为他人模仿的对象。

3. 类似

模仿的对象往往是类似自己又要高于自己的人。有 70 名女大学生参加了某个实验。首先，她们被带到一个个单间欣赏唱片，然后和隔壁的实验者的助手（假被试）交换意见。第一次假被试听完真被试的意见后附和了她，再次重复这个过程后，假被试先发表意见，结果，真被试做了同样的选择。所以，特质相似者之间容易产生模仿。

（四）模仿的意义

1. 模仿是学习的基础

模仿是个体反映与再现他人的最简单的形式，是掌握人际互动经验最简单的机制，也是个体学习的基础。

2. 促进适应社会

个体适应社会生活，模仿在其中占有重要地位。在个体发展早期，模仿的地位尤其突出，没有模仿，个体难以适应各种社会情境。

3. 促进群体的形成

模仿使群体成员在态度、情感和行为上的一致性产生新的提高，增加了群体的凝聚力。

二、暗示

暗示这种社会心理现象在生活中是十分普遍的，暗示是社会影响的主要形式之一。一个人在社会上无时无刻不在接受别人的暗示，也无时无刻不在暗示他人。

（一）暗示概述

暗示是指人或环境以含蓄、间接的方式向他人发出某种信息，以此来对他人的心理和行为产生影响。这种影响具体表现为使人不自觉地按一定的方式行动，或接受一定的理念。暗示有几层含义：

（1）暗示要有权威性。权威性是相对于受暗示者而言的。对小学生而言，任何大人都可能是权威；对中学生而言，家长、教师都是权威；对职工来说，单位领导是权威；对战士来说，部队首长就是权威；对病人来说，医生就是权威……另一种情况，也有可能产生另外的权威，即“众人”也具有权威性。这么多人这么想这么干，一定有道理，对有从众心理的人来说，“众人”就是权威。

（2）暗示要通过语言、行为或环境来进行。语言、行为、环境都是一种信息，都是刺激物，它们刺激人的大脑，对人起作用。如果没有这些刺激物，暗示也就失去了物质基础，失去了载体，暗示就无从谈起。

（3）暗示对人的心理产生影响。暗示对人的影响发生在心理上，有时看起来在生理上有所反应，但是，生理上的反应是心理受影响的结果。心理上的影响是直接的，生理上的影响是间接的。生理上的影响是心理作用的结果。

总之，暗示是一种特殊的心理现象，它对人的影响很大，但是往往不为人们所注意。暗示现象产生时只觉得它奇妙、奇特，有时无法解释，实际上它只是一种心理现象，从心理科学的角度来解释，它就不神秘了。

（二）暗示的作用

暗示对人们的心理与行为发生着很大的影响。美国心理学家谢里夫曾对暗示的作用做过有关实验。他要求大学生对两段作品做出评价，告诉学生说，第一段作品是英国大文豪狄更斯写的，第二段作品是一个普通作家写的。其实这两段作品都是狄更斯写的。受了暗示的大学生对两段作品做了悬殊的评价。第一段作品获得了宽厚而又崇敬的赞扬，第二段作品却得到了苛刻而严厉的挑剔。两段作品出自同一作者，只不过受到的暗示不同，就得到了大为不同的评价。这一实验表明了暗示的作用是很大的。

暗示不仅对人们的心理与行为发生影响，还会引起人们的生理变化。在实验室中，反复给被实验者喝大量糖水，经过检验，可以发现其血糖增高，出现糖尿及尿量增多等生理变化。后来，不给糖水，实验者用语言来暗示，结果同样会发生上述的生理变化。这一实验表明，语言暗示可以代替实物，给人脑以兴奋的刺激，虽然被实验者未喝糖水，但人脑仍然参与了体内糖分的代谢活动。人们常讲的“望梅止渴”，就是由于语言的参与而发生了暗示作用，产生一定的生理变化——分泌唾液。

暗示得愈含蓄，则其效果愈好。要人们的心理活动受到影响，能按照一定的方向去行动，尽量少用命令的形式去提出要求。若能用巧妙的方式去引导，能获得更好的效果。例如，有些孩子有偏食的习惯，不肯吃青菜，父母不宜用命令的方式，叫他非吃不可。应该自己先大口大口地吃青菜，并且说：“这青菜烧得真好吃。”还可以对孩子讲青菜的营养价值高。在这种情境下，孩子多半也会跟着吃青菜了。从效果上看，用含蓄的语言或设置具体情境要优于命令式的要求，因为人们都有一种自尊心，都愿意保持自己的独立性，不愿意受到别人的干涉与控制。

（三）暗示方式

从暗示的性质上看，可以分为他人暗示、自我暗示两类。

1. 他人暗示

暗示信息来自他人，称为他人暗示。权威的暗示是他人暗示的特殊情况。我国谚语讲的“人微言轻，人贵言重”，说的是人的地位不高、名声不响，则说话没有威望，不能引起别人的重视；如果声望高的、有地位的权威说话，就容易博得人们的信任。前者不易发生暗示作用，后者的暗示作用就很大。

他人暗示又可以有直接暗示与间接暗示两种。

（1）直接暗示。凡是将事物的意义直接提供给对方，使人们迅速而无怀疑地加以接受的，称为直接暗示，亦称提示。曾有一位化学教师向学生出示一个玻璃瓶，并告诉学生说该瓶内装有一种恶臭的气体，很快就会散发开来。我将把瓶塞打开，谁闻到恶臭气味请即举手。接着就打开瓶塞。15 秒之后，前排多数学生已举手，1 分钟后，全班有 3/4 的学生举手。实际上瓶内并无恶臭气体，只是一个空水瓶而已。这就是直接暗示的作用。由于化学教师把“瓶内装有恶臭气体”的信息直接提供给学生，学生便信以为真。

（2）间接暗示。凡是将事物的意义间接地提供给人们，使其迅速而无怀疑地予以接受的，称为间接暗示。间接暗示往往不把事物的意义讲清楚，或不表示自己的动机，使人们在言语之外，从事物本身了解其意义。间接暗示的效果大于直接暗示。

2. 自我暗示

暗示信息来自本人，称为自我暗示。自我暗示对自身可以发生积极作用，也可以发生消极作用。一个人的自信心其实就是自我暗示。当一个人面临一项具有挑战性的新任务时，如果能看到自己的力量，并且有足够的勇气来承担这一任务，那么，他定能很好地完成任务。如果缺乏自信心，则工作往往搞不好。

自我暗示对个人的心理和生理有着重要的影响。生活中往往有一种“疑神疑鬼”的自我暗示。俄国作家契诃夫曾写过一篇有名的作品《一个小公务员之死》，小说描写了一个小公务员坐在将军后面看戏，不慎打了一个喷嚏。他自以为闯下了一场大祸，得罪了将军，很想向将军道歉，但又怕将军讨厌。最后，这个小公务员终于自认不能获得将军的原谅而郁闷地死去。姑且不论这个作品的社会意义，从社会心理学的角度来看，这正是自我暗示的表现。

（四）影响暗示效果的因素

暗示效果的大小既受主观因素的影响，又受客观因素的影响。

1. 受暗示者的年龄与性别

年幼的儿童容易受暗示，因为他们知识少，经验少，缺乏思考力，故容易轻信他人。比利时学者 M. J. 范伦同曾做过一实验，请他的助手向 27 个儿童做了 5 分钟的演说，然后离去。实验者问儿童，这位先生哪一只手拿帽子？其实他的助手演说时一直戴着帽子，但其中有 24 个儿童回答说，他用右手（或左手）拿帽子。可见，越是富有暗示性的问题，儿童越容易接受暗示。

暗示实验发现，年龄越大，暗示镇痛效果越好。尤其是老年人，他们在生活中对于酸、胀、麻、肿等人体感觉深有体会，因此当作伴针刺时，暗示镇痛的效果就大些；年轻人（包括少年）却无此体会，故不能发生暗示作用。

暗示的效果表现出性别差异。美国学者 W. 勃朗曾研究过暗示效果的性别差异，发现女子比男子更易接受暗示。许多社会心理学家指出，由于女子感情丰富，情绪高涨时最容易受外界的影响，较易受暗示。另外，女子所受教育不同于男子，往往对男子表示顺从，较易接受暗示。罗斯指出，如果女子在社会上受同样的待遇，参加同样的社会活动，具有同样的社会地位，则暗示效果的性别差异就会小得多。

2. 受暗示者的心理状态

受暗示者的心理状态不同，暗示效果亦不同。人们在疲倦时易受暗示，而在精神振作时则不然；人们对于毫无经验的事物易受暗示，而对于具有充分知识的事物则不然；人们对于嗜好的事物或习惯的行为易受暗示，反之则不然；意志坚强者或感情冷漠者均不易接受暗示。

人格的倾向性也与受暗示的效果有关系。从独立自主的倾向来看，如果人缺乏主见，随波逐流，就容易接受暗示者的影响；而独立性很强的人往往具有反暗示性，反对顺从，反对压服，特别是当他知道（意识到或猜到）他人企图施以暗示影响的时候，更不会接受暗示，所以暗示者施加的影响就不起作用。

3. 当时的情境

人们是否接受暗示，往往与当时的情境有关。F. 奥尔波特指出，人们往往屈服于多数人的意志。“当群众站起时，我们亦自然站起；当群众拍手时，我们亦随之拍手；群众表示反对时，我们亦常不持异议。”

社会心理学家 H. T. 穆尔曾做过一项暗示实验，内容是关于学生的语言及道德行为的判断。第一轮实验，主试对学生不做任何暗示。第二轮实验的内容与第一轮实验相同，只是告诉学生说，多数人都已做出某种判断。然后对照两个实验的结果，他发现学生中改变自己原来的意见而符合多数人意见的人与坚持自己原来意见的人的人数比例为 5∶1。

4. 暗示刺激的特点

暗示效果大小与暗示者出示的刺激特点有关。一种刺激经过多次反复，更容易产生效果。如有些商业广告往往连续刊登，甚至终年不停。而刺激的反复持久若能从多方面发出，则其暗示效果更大。如有些商业广告同时刊登在几种报刊上。总之，任何暗示刺激，其表现的范围愈广，区域愈大，而又不断反复，其暗示效果必然愈大。

暗示刺激的特殊性或具有新奇性都较易产生暗示作用。人们对于环境中的事物，总是注意其特殊的或新奇的方面，容易接受暗示。早期社会心理学家 B. 薛第士曾做过一项实验，向学生出示六个正方形（图 8－6），令他们任意选择其中一个正方形。应该说，六个正方形都有被选中的机会，但由于第三个正方形位置特殊而被选中的机会就特别多，这表明正方形的特殊位置具有暗示作用。

图 8－6 薛第士试验图

在个人与他人和群体的交往中，如果能够给个人创造一定的暗示环境，就能在一定程度上控制个人的行为和活动。受暗示，就是人们对被控制的社会刺激发生的从众反映，其结果是导致个体行为向群体行为的趋同。

思考题

1. 简述他人在场对个体活动的促进与干扰作用。
2. 简述从众与服从的过程机制。
3. 联系实际分析从众的原因及其影响因素。
4. 米尔格拉姆是如何研究服从现象的？服从受到哪些因素的影响？
5. 分析模仿和暗示对人的心理影响。

第九章　人际关系

在社会生活中，我们总要和周围的人发生各种各样的交流和联系，形成各种各样的人际关系。和谐、健康的人际关系，使人们能够顺利地进行沟通、交往和合作，使人感到生活愉快、精神振奋。许多社会心理学家对人际关系进行了专门的研究，使人们了解人际关系的发展特点及规律，从而对众多的人际事件进行预测、调控和疏导，以建立和维持良好的人际关系。

第一节　人际关系概述

一、人际关系的概念

人际关系的定义有广义和狭义之分。从广义上看，人际关系是指人与人之间的各种关系，以及人与人之间关系的一切方面，包括物质的人际关系和精神的人际关系。物质的人际关系指在生产、分配、交换、消费领域发生的人际关系，精神的社会关系指政治关系、法律关系、角色关系、文化关系、道德关系、心理关系等。从狭义上看，人际关系是指人与人之间通过交往与相互作用而形成的心理关系。它具有以下几个方面的特征：首先，人际关系主要指的是人与人之间的心理关系，属于社会心理学的范畴。它反映人与人之间在相互交往过程中心理关系的亲密性、融洽性和协调性，如友好关系、亲密关系、敌对关系等，这种心理上的关系是由心理倾向性及其相应的行为反映出来的。其次，人际关系由认知成分、情感成分和行为成分等一系列心理成分所构成。认知成分是人际关系的基础，反映个体对人际关系状况的认知和理解。人际关系的发展、变化，往往是由于认知成分的改变而引起的，相互之间信息交流越多，了解越深刻，彼此之间的心理距离就越近。情感成分是对交往的评价态度的体验，人与人之间的情感是人际关系的动力成分。它可以分为两类：一是亲密性情感，促使彼此心理相容；二是分离性情感，促使人们疏远、排斥。行为成分是双方交往的外在表现和结果，如言谈举止、角色定位、仪表风度等。这些行为越相似，越易形成良好的人际关系。再次，积极地进行交往是建立、巩固和发展人际关系的重要条件。因为，人际关系是在彼此交往的过程中建立和发展起来的。没有人际交往，就无所谓人际关系。人际关系建立之后，也需要通过不断的交往加以巩固和发展。人际关系是现实社会生活的产物，离开现实客观的生活活动是不可能产生人际关系的。

人际关系是同人类起源同步发生的一种极其古老的社会现象。在西方社会科学中，人与人的关系是一个备受关注的领域，包括几个方面的研究：

（1）从社会心理学角度有关私人关系（personal relationships）或人际关系（interpersonal relationships）的探讨，并已形成了很可观的知识积累。达克（S. Duck）主编的《人际关系手册》可以反映其基本情况。但西方社会心理学家的人际关系研究也有一定的局限性，他们往往局限于对大学生的友谊和异性恋爱关系的探讨，对其他领域的关系很少涉及；而且，他们将关系看作是完整的、稳定的、独立的静态，忽视了人际关系是一个不断变化的动态过程，忽视了关系中的个人是开放的、不稳定的、变化的，忽视了真实的关系是在社会、文化情境下运作的，忽视了社会、文化情境对人们建立关系的过程和关系本身的影响。

（2）从组织行为学角度有关人群互动关系（human relations）的研究。在组织行为学者的视野中，人群互动关系包括组织内所有的互动形态，例如，组织内部决策的形成、组织设计、领导行为、士气激励、团队运作、冲突管理、人群互动训练等，其核心在于沟通与说服。有效的人群互动关系，可以促使组织成员为实现组织的目标贡献心力，从而提高组织绩效。

（3）有关中国人的“关系”的研究很多。虽然“关系”是一个比较现代的词，在儒家经典中找不到，但是儒家思想的核心概念之一的“人伦”指的正是关系。在儒家看来，人是一种关系的存在，“天地宇宙和人类社会都必须处在情感性的群体人际的和谐关系之中”。除儒家之外，其他各家古代思想流派也都注重对人我关系的思考。在中国古代思想史中，存在着多种人我关系理论模式，如贵己论、不争论、仁爱论、兼爱论、无我论、人我交相成论等。

（4）从社会和行为科学角度对于关系和人情的实证研究是由人类学家和社会学家开创的。这方面的研究始于20世纪三四十年代，80年代以来成为热门课题。研究者对人情的概念、关系的建立、请客送礼行为、社会关系网络、关系的作用、关系与宏观社会结构的关联等问题都有不少研究。

人际关系一经建立，就会对人的行为产生各种各样的影响，它在人们的生活和工作中具有重要的意义。对人际关系的研究和认识，不但有利于优化人们的工作和心理环境，丰富个体心理活动的内容，使他们获得必要的文化归属感和认同感，建立正确的价值体系和道德规范，扮演好各种相应的社会角色，也有利于个性的自由发展，有利于个体的幸福生活。

二、人际关系的行为模式

人际关系是人与人在相互接触、交往的实践活动中所形成的心理关系。一定的人际关系表现出一定的人际行为模式，它对人际关系的形成和巩固又有着重要影响。在现实生活中，我们往往发现这样的情景，一方表示的积极行为会引起另一方相应的积极行为，反之，一方表示的消极行为会引起另一方相应的消极行为。这种一方的行为引起或改变另一方相应行为的模式就是人际关系行为模式。一定的人际关系会表现出相应的人际关系行为模式，它对人际关系的形成和巩固有着重要影响。

美国社会心理学家李雷（M. Leland）运用心理统计的方法从几千份人际关系的研究报告中归纳出以下八类人际关系行为模式：

（1）由一方发出的管理、指挥、指导、劝告、教育等行为，导致另一方的尊敬、服从等反应。

（2）由一方发出的帮助、支持、同情等行为，导致另一方的信任、接受等反应。

（3）由一方发出的同意、合作、友好等行为，导致另一方的协助、温和等反应。

（4）由一方发出的尊敬、信任、赞扬、求援等行为，导致另一方的劝导、帮助等反应。

（5）由一方发出的害羞、礼貌、服从、屈服等行为，导致另一方的骄傲、控制等反应。

（6）由一方发出的反抗、怀疑等行为，导致另一方的惩罚、拒绝等反应。

（7）由一方发出的攻击、惩罚、不友好等行为，导致另一方的敌对、反抗等反应。

（8）由一方发出的激烈、拒绝、夸大、炫耀等行为，导致另一方的不信任、自卑等反应。

这个研究是对人际关系行为模式的总结。从以上的刺激—反应模式可以说明，人际关系心理受许多社会因素的制约，单纯的行为模式是很少发生的，并认为一方的刺激必定会引起另一方的多种反应，强调人际关系相互作用、相互制约的特点，对人际关系的建立和维持有积极意义。但是，这种研究只对行为的开始和结果进行一般性的描述，对行为过程的心理机制并没有进行分析，忽视人在行为过程中动机和需要等因素的作用。

三、人际关系分类

（一）人际关系的常见分类

人际关系作为一种社会关系的具体表现是十分复杂的，根据不同的标准可以分成多个种类，下面是几种常见的分类方法：

1. 根据人际关系形成的基础媒介分类

根据人际关系的媒介不同，可分为血缘人际关系、趣缘人际关系、业缘人际关系、地缘人际关系等。血缘人际关系泛指人们因血缘关系或姻缘关系而交往所形成的人际关系，也是最原始的社会关系，例如父子、母女、叔侄、夫妻等关系。趣缘人际关系是指人们在社会生活中因情趣相同或相近而建立起来的人际关系，例如朋友、棋友、球友等关系。共同的兴趣和爱好是这种关系的基础，友谊是这种关系的纽带。业缘人际关系是指人们因从事共同或相关的职业而形成的人际关系，如师徒、战友、同事等关系。地缘人际关系是指人们因共同生活的空间而形成的人际关系，如同乡、邻居、街坊、校友等关系，这种关系往往伴随着历史和文化背景具有地方传统色彩。

2. 根据人际关系的固定程度分类

根据人际关系的固定程度可以分成固定的和非固定的人际关系。固定的人际关系是指较稳定的、时间比较长的关系，又叫长期人际关系或恒定人际关系。例如亲子关系、师生关系、同学关系等。这种关系对人的作用大，影响深远，对人的内在心理作用强，人对其依赖性也大。而非固定的人际关系则不同，它是指随一定的时间、地点、条件的改变而改变的关系。如公共场合中的临时交谈、市场交往中的主客关系等。这些关系时间短、不稳定、易变化，又叫短期人际关系或临时人际关系。当然，某种关系的稳定或不稳定是相对的，在一定的条件下可以相互转化。

3. 根据人际关系的不同维度进行分类

根据人际关系不同的维度可以分成纵向的人际关系和横向的人际关系。纵向的人际关系是不考虑心理距离，只对人际的社会地位高低做出认识上的反应的一种心理关系，它以社会角色认识为基础；横向的人际关系是不考虑人际的社会地位高低，只关注人际心理距离的一种心理关系，它以人际情感为基础。在现实生活中，这两种人际关系是交织在一起的。

4. 根据人际关系的外部表现分类

根据人际关系的外部表现可分为外露型、内涵型和伪装型三种。外露型的人是人际关系的晴雨表，他表现出对自己喜欢的人十分亲密，形影不离，而对相斥者则表现出横眉竖目、十分冷淡等非常明显的行为特征。内涵型的人对喜欢者内心爱慕、向往但并不表露出来，而对讨厌者虽然心里厌恶也不动声色。这种人的外表似乎平静，实际上内涵深沉。伪装型的人在不同的场合根据不同的需要表现自己的情感和行为，表里不一，反复无常，待人处世以利益和环境为转移。

5. 根据人际关系的影响程度分类

根据人际关系对人的影响程度可分为利害关系和非利害关系。利害关系是指那些与在物质和精神方面的利益具有密切联系、关系重大的人际关系。比如家庭关系、领导关系等对个人关系是比较重要的。非利害关系是指那些与物质和精神的利益没有密切联系的人际关系，比如路人关系、顾客与雇主的关系等就是非利害关系。随着人类社会的不断发展，人们之间的联系会越来越紧密，人们之间的利害关系也会不断增加，而非利害关系并不会随之减少。

6. 根据人际关系的需求分类

根据人际关系的需求可以分为包容型、控制型和感情型三种。包容型的人际关系主要表现为希望和别人进行交往，希望与别人建立并维持和谐的关系，由此而产生的行为特征是交往、沟通、协同、相容、参与等。在与别人建立并维持良好关系的过程中，控制型的人际关系主要专注在权力、权威等问题上，由此需求而产生的行为特征为运用权力、权威控制和领导他人。感情型的人际关系特别需要的是喜爱、亲密、同情、友善、照顾等，主要表现在爱情和友谊上。他们有与别人建立并维持良好关系的强烈情感体验。与此需求相反的是憎恨、厌恶、冷淡等情感反应。

（二）中国社会中的人际关系类型

值得关注的是，有些学者从中国文化背景出发，对人际关系的分类进行了探讨。黄光国（1988）根据他提出的华人社会人际交往的理论模型，把人际关系分为情感性关系、工具性关系与混合性关系，在不同的关系中遵循不同的交往法则。杨国枢（1993）根据亲疏远近的不同，把中国人的人际关系分为三种类型，即家人关系、熟人关系和生人关系。

1. 情感性关系、工具性关系与混合性关系

在融合儒家思想和西方社会交换理论的基础上，黄光国提出了一个解释华人社会人际交往的理论模式。按照这个模式，中国人将人际关系分为情感性关系、工具性关系与混合性关系三种类型，在不同的关系中，遵循不同的交往法则。

（1）情感性关系。通常存在于家人、亲密朋友之间，是一种长久、稳定的关系，它可以满足个人在关爱、温情、安全感、归属感等情感方面的需求。在情感性关系中，人们基本上是本着“各尽所能、各取所需”的“需求法则”交往的。

（2）工具性关系。通常存在于陌生人之间，是一种短暂的、不稳定的关系。人们与他人建立工具性关系的目的是以这种关系作为达到其他目标的手段或工具。例如，店员与顾客之间、公共汽车司机与乘客之间的关系就属于工具性关系。在工具性关系中，人们通常按照“公平法则”交往。

（3）混合性关系。介于情感性关系和工具性关系之间，双方有一定程度的情感关系，但是并不是很深厚，没有达到可以随意表现出真诚行为的地步。一般来说，亲戚、邻居、师生、同学、同事等关系就属于混合性关系。混合性关系在时间上具有延续性，双方预期将来有进一步的交往。在混合性关系中，人们通常遵循“人情法则”，这种法则注重均等与互惠。

2. 家人关系、熟人关系和生人关系

杨国枢认为，根据亲疏远近，中国人的人际关系可以分为三类，即家人关系、熟人关系和生人关系。在家人关系中，双方要讲责任，不太在意对方是否回报；在熟人关系中，双方要讲人情；在生人关系中，双方都讲利害。

由此可见，人际关系的层次和内容是相当复杂的。在现实生活中，很难用简单的一种人际关系类型对人们的心理关系进行归纳和描述。

四、人际关系的发展过程

（一）人际关系状态

良好人际关系的形成和发展，经历了一个从表面接触到亲密融合的阶段。交往刚开始时，彼此并没有意识到对方的存在，此时双方关系处于零接触状态。只有当一方开始注意到另一方，或双方相互注意时，交往关系才开始确立，交往活动才开始全面展开。此时，如果彼此的情感不断卷入和融合，共同的心理领域就会不断扩大，那么，一段时间后，良好的人际关系就是水到渠成的事了。

无论人们的关系多么密切，情感多么融洽，也无论人们在主观上怎样感受彼此之间的完全拥有，两个人的心理世界完全重合是不存在的，每个人都保留自己最隐私的部分。

（二）良好的人际关系的发展过程

奥尔特曼和泰勒（I. Altman & D. A. Taylor，1973）以自我暴露的程度作为参考指标，经过对人际关系的系统研究后认为，良好的人际关系的形成和发展，从交往由浅入深的角度来看，一般要经过定向、情感探索、感情交流和稳定交往阶段。

1. 定向阶段

定向阶段即由零接触过渡到单向注意或双向注意的定向阶段。在这个阶段中，由开始的彼此无关，即零接触状态，逐渐实现选择性注意。这种选择本身反映着交往者的某种需要倾向、兴趣特征和个性心理特征。只有当双方的某些特质能引起自己情感上的共鸣，才会引起我们的注意，从而把对方纳入自己的知觉对象或交往对象的范围，这就为人际关系的建立准备了更好的心理基础。但是，我们必须认识到，这种作为初步沟通的注意，仅仅可能是良好人际关系的开端，是一种尝试，目的是对别人获得一个初步的印象。因此，在注意阶段，交往的双方都希望给对方留下一个良好的第一印象，试图为彼此的人际关系的发展获得一个良好的定向。

2. 情感探索阶段

情感探索阶段即由注意逐渐向情感探索、情感沟通的轻度心理卷入阶段转向，此时开始建立初步的心理联系。在这个阶段，交往双方开始了角色性接触，如打招呼、聊天、工作上的联系、学习上的帮助和生活上的相互照顾等，这种一般性的人际接触，目的是为了探索彼此的共同情感领域。随着双方共同情感领域的发现，双方的沟通也会越来越广泛。经过一定的情感探索、情感沟通，双方自我暴露的深度和广度有所增加，但在这一阶段，人们的话题未进入对方的私密性领域或隐秘敏感区，自我暴露也不涉及自己根本的方面，双方都遵守交往法则，而不越雷池半步，即不涉及对方牢牢守护的根本方面。此时，双方在一起能友好相处，离开对方也无关紧要，彼此没有强烈的吸引力。因而这个阶段也是普通的人际关系阶段。

3. 情感交流阶段

人际关系发展到这一阶段，双方开始广泛涉及自我的许多方面，并有中度的情感卷入。随着交往双方接触频率的增加，彼此间的了解不断加深，情感联系越来越密切，心理距离越来越小，在心理上逐渐有了依恋和融合，这标志着人际关系性质已经发生了实质性的变化。此时，交往双方的安全感已经确立，自我呈现的广度和深度大大扩展，心理相容性也有进一步增加，对事物的看法、评价逐渐趋于一致，并引起情感上的高度共鸣，各种信息的输入输出不再“失真”，彼此已成为知己好友；一旦分离或产生冲突，会出现某种焦虑、牵挂和烦躁的情绪，仿佛“一日不见，如隔三秋”。当然，人际关系的融合阶段仍然有一个逐渐深化的过程，在其低水平的层次上，主要表现为交往双方的适应与合作，即求同存异；在其高水平上才是知交和融合，即心心相印、唇齿相依，恋人关系即属此例。

4. 稳定交往阶段

随着交往双方接触次数增多，情感联系不断加强，心理卷入程度不断扩大，人们心理上的共同领域会进一步增加，自我暴露也更加广泛深刻。此时，人们已经可以允许对方进入自己高度私密性的个人领域。但在实际生活中，很少有人能达到这一情感层次的友谊关系，许多人仅仅是停留在第三阶段的同一水平上。

（三）人际关系恶化的过程

如前所述，人际关系的发展过程同样包含着负向发展，即人际关系的恶化。朱迪. C. 皮尔逊在《如何交际》中提出了人际关系的恶化过程，一般说来，人际关系的恶化是由于人际冲突、人际内耗和人际侵犯的结果。根据这种冲突和内耗的性质和程度，可以把人际关系的恶化过程划分为冷漠、疏远和终止三个阶段。

1. 冷漠阶段

冷漠阶段即指交往的一方把交往视为一种负担，在心理上形成一种压力，并伴随交往活动而产生一种痛苦的情绪体验。人际关系的恶化始于冷漠，即对交往者持漠不关心的消极态度，严重者甚至表现为一种否定性的评价和行为。如对交往者注意力的转移，不断故意地扩大与其的心理距离，不愿意与对方进行交往、沟通，更谈不上情感联系了；在公共社交场合，千方百计避免与对方的接触，迫不得已时的交往也是出于纯粹的客套和应酬，或者心不在焉，一副与己无关、高高挂起的旁观者姿态。实际上，在其内心深处，已不再愿意交往了。

2. 疏远阶段

交往者在痛苦情绪体验的基础上，进而产生一种对交往双方人际关系的厌恶、反感情绪。人际关系的恶化是从冷漠开始，以疏远的形式具体表现出来，并渗透到彼此人际交往的各个角落。在这个阶段，双方又回到了原来的交往位置，形成了一种远离的状态或零接触状态。所不同的是，这时并不是双方互不认识，而是一方故意不理睬另一方。在双方均出现的交际场合，彼此避免接触，即使不得不寒暄，也是以嘲弄、讽刺、挖苦对方为能事，并在非言语行为上也有所表现，如表情的不自然，脸部肌肉的呆板，身体姿势的不自然，交际距离的扩大，以及举止的生硬，等等。出现这种现象，表明双方的人际关系已经很难再维持下去了。

3. 终止阶段

交往双方冷漠、疏远的必然产物和符合逻辑的推论便是结束这种人际关系，双方处于完全失去联系的状态。在这个阶段，交往者不仅把相互间的接触视为一种强加给自己的额外负担，感到烦恼、不安、焦虑、痛苦，而且把这种对交往的厌恶情绪用来指导自己的行动——终止人际关系。

人际关系的恶化，一般都是从冷漠开始，经过疏远阶段的恶性发展，进而出现终止这种人际关系的动机和行为。人际关系的终止，可能是自然地形成的，但更多的情形是人为造成的。

必须指出，某种人际关系的结束，并非都是有害的或不道德的，对此要做具体的分析。

第二节　人际吸引

一、人际吸引的概念

人际吸引，又称人际魅力，是指个体间在感情方面相互喜欢和亲和的现象，即一个人对其他人所持的积极态度。在心理学中，人际吸引属于人际知觉的一个新领域，它对于满足个体的人际需求，建立良好的人际关系具有很大的指导作用。

二、人际吸引的理论

对人际吸引，国内外心理学家进行了一系列实验，并提出了许多人际吸引的理论。

（一）强化理论

强化是心理学的一个专门术语，它是指行为与影响行为的环境（包括行为产生之前的前因和行为产生之后的后果）之间的关系，也就是通过不断地改变环境的刺激来达到增强、减弱或消除某种行为产生频率的过程。这个过程借助于奖励、惩罚等强化方式来实现。

强化理论以强化概念为核心，揭示情感强化和人际吸引之间的关系。这个关系可以用拜恩（D. Byrne）和克洛拉（G. L. Clore）的强化感情理论来说明。拜恩和克洛拉认为，人际吸引的大小和奖罚有相应的关系。如果交往行为带来的结果是奖励，如表扬、称赞、报答等，就会引起对方的喜爱，产生愉悦的情绪体验，与对方形成良好的人际关系，而他的这个行为在一定程度上得到了强化，就会形成稳固的心理特征而积淀下来，从而在人际关系中处处表现得得心应手，游刃有余。相反，如果交往行为带来的结果是惩罚，如批评、讽刺、嘲笑、谩骂等，则会产生对对方的厌恶与反感，减弱或失去与对方交往的热情。这种负强化使人们丧失了下一次交往的积极性和主动性，人际吸引因而变得无影无踪。实际上，我们一般都会喜欢给予我们奖励的人，而不喜欢给予我们惩罚的人。

（二）社会交换理论

社会交换理论是一组解释人际交往活动规律的理论。这个理论认为，人们如何看待他们的关系主要取决于人们对关系中回报与代价的评价与体验，人们总是希望以最小的代价来换取最大的报酬。当个体做出某种行为时，必定会引起交往者相应的行为，交往活动实际是一种直接的、随即发生的交换活动；进一步说，人们之间的交往关系可以当作一种简单的经济交易关系，包括物质上的交换和精神上的交换，认为通过这种交换，可以维持交往双方的一种“公平关系”。

在现实生活中，人们往往是以代价和报酬的相等来衡量自己周围的人际关系。人们希望在交往中自己的代价和报酬自始至终保持平衡，投入与所得相匹配，以此作为衡量人际吸引大小的尺度。一般来说，如果一个人在交往中给予别人的多，我们就越喜欢他，但是，如果我们得到的回报总是大大超过自己的付出，这种关系也是不会长久的。因为对方同样在进行回报与代价的评估，当他觉得付出的太多而报酬太少的时候，他就会终止这种不平衡的关系。在现实生活中，如果交往的代价与报酬是相等的，或者觉得有所收获，那么，交往的另一方对他来说就具有吸引力，就愿意继续交往下去；反之，就会失去交往的欲望和动机，人际吸引力也就不存在了。

人际吸引之间的交换是非常复杂的，人们的交往能否继续，主要取决于对回报进行比较的结果。当人们感到满意的时候，就会表现出对交往的积极态度。在交往过程中，期望的高低也会影响人们对交往得失的评价。有的人希望在他们的关系中付出较少代价而获得较多回报，当这种关系无法达到期待中的标准时，他们就会感到不快；相反，那些期望标准较低的人，在同样的关系中会很高兴。由此可见，人们对回报与代价的评估是非常主观的，受情感的因素影响很大，有时候心理上的满足更是我们所期待的。

（三）相互作用理论

相互作用理论强调的是交往双方之间的相互影响、相互制约对人际吸引的影响，这是西方社会心理学互动理论的一种，是一种“真相倚”的情形，就像中国人常说的“礼尚往来”“来而不往非礼也”。这种人际吸引之间的互动关系在生活中是非常普遍的。当一个人对对方表示友好、热情等积极的交往方式时，如果对方也给予相应的积极反馈，则他们之间就形成了良好的人际互动关系，双方都对对方具有吸引力。相互尊敬、相互喜爱、相互称赞、相互报答等这些都是积极的相互影响。与此相反的是，如果一方以冷漠、回避的方式对待另一方，原来的关系就会受到损害。这种消极性反馈就会影响两人之间的继续交往，从而导致关系的破裂，这样，双方要建立良好的人际关系就比较困难了。

（四）得失理论

得失理论又称为“得失效应”，是由美国心理学家阿伦森提出的。在人们的交往过程中，对方态度的变化特点会影响我们对此人的喜欢程度。当我们认为是“得”的时候，就会更加喜欢此人；当我们认为是“失”的时候，对此人的好感就会降低。心理学的研究表明，在人际关系中，我们最喜欢的是开始对我们讲坏话，然后再慢慢地变成讲好话的人，而自始至终都对我们讲好话的人并不是我们最喜欢的人。这种先贬后扬的吸引效应就是人际关系中存在的典型的“得”与“失”现象，和谐的人际关系就是要使这种“得”与“失”达到平衡。由于我们在交往中对他人的期望，与他人实际能够给予我们的东西往往并不时时、事事相吻合，于是就会产生“得”与“失”的矛盾。在“得”的情况下，我们乐意继续交往，在“失”的情况下，我们就要对交往进行重新考察，结果“得”与“失”的矛盾就在建立良好的人际过程中得到解决。实际上，这个过程是很多人所不曾意识到的，但是，我们确实在交往中注入了这种主观的东西。

得失理论认为，当交往中别人对自己的评价有所改变时，更能影响自己是否喜欢那个人的态度。因此，交往中的评价、判断等主观意识过程显得非常重要，在交往中我们每个人都在对对方进行评长论短的工作，这是进一步交往的准备条件，是建立良好人际关系所不可缺少的。梅特（D. Mett）在 1973 年认为，这种得失论是否得当，必须考虑两个因素：一是得失的评价应该是谈论到同样的人格特质或事物，明白地显示出批评者在基本态度上有了改变；二是态度的改变必须是逐渐的，而不是突然的，突然的改变容易引起疑心和困扰，进而影响人际吸引的增加。

三、影响人际吸引的因素

自心理学诞生以来，许多心理学家就对人际吸引进行了卓有成效的研究，并提出了影响人际吸引的因素群。1961 年，美国社会心理学家 G. W. 奥尔波特首先对一群素不相识的陌生人的首次集会进行了人际吸引的研究，发现人际吸引受多种因素的影响。

（一）情境因素

1. 邻近性吸引

俗话说“远亲不如近邻”，这说明空间的距离是影响人际吸引的重要因素。一般来说，人与人之间的地理位置越接近者，越容易激发人际交互关系的产生。在实际生活中，人们往往都会感到居住在同一地区，同在一个学校学习，同在一个单位工作的人，比较容易相互认识和了解，感情上也容易接近。这就是所谓的邻近性，也是同学、同事、邻居之间容易建立起良好的人际关系的原因之一。

美国心理学家费斯廷格等人在1950年曾对住在同一楼层里的、彼此成为亲密朋友的情况进行了研究，结果表明，人们交往的次数与距离的远近成反比关系，两人住得越近，越容易成为朋友，不住在同一层、同一楼的人减少了成为朋友的可能性。两家相距6.71米者容易成为朋友，而那些距离在6.71米以上者，很少能成为朋友。他同时还发现，41%的邻居表示他们是亲密朋友，22%隔间而居的人声称他们是亲密朋友，而相隔门厅而居的只有10%的人认为他们是亲密朋友。这是因为物理距离的加大，使得相互作用的距离也被拉大了。

空间距离的邻近性因素之所以对人际交往和人际关系产生重大影响，其原因是多方面的。第一，接近能够增加熟悉感，而相互熟悉、了解是建立密切关系的前提。第二，接近可以使彼此之间有更多时间来探讨某些常见的问题，从而寻找到共同的语言、兴趣和观念等。第三，物理距离上彼此比较接近的人，比那些离我们很远的人更可接近。也就是说，彼此距离上的接近，可以使人消除羞怯感。同时，从周围的人那里获得信息也比较容易和方便，更容易沟通。第四，邻近性容易在彼此之间达成认知上的一致。弗利兹·海德曾经提出这样一种观点，即在团体里有某种驱力，驱使我们去喜欢必须在一起的人，以及试图与喜欢的人接近。

然而，邻近性对人际吸引的作用是有条件的。距离相近也并不是越近越好，有时候由于众多因素的影响，距离相近也可能会产生消极的作用。比如，也许由于地域相近，朝夕相处，而利益各不相同，情绪各异，即使是邻居，也可能会发生摩擦和冲突。在当代社会，由于人们对精神生活的追求，在一些发达国家里，人们越来越喜欢待在家里，深居简出，这种情况也会造成邻里关系比较冷漠。当然，一般来说，在我们的人际交往和人际关系发展中，这种邻近性表现为一种规律，对于我们的人际关系发展具有促进作用。

2. 交往频率

交往频率是指人们互相接触次数的多少。一般来说，当人们的交往机会增多时，相互刺激的机会也会增多，重复呈现的次数越多，越容易形成较密切的人际关系。

美国心理学家扎琼克（R. S. Zajonc）在1968年曾经进行了交往频率与人际吸引的实验研究。他将被试不认识的12张照片，随机分成6组，每组2张，按以下的方式展示给被试：第一组2张只看1次，第二组2张看2次，第三组2张看5次，第四组2张看10次，第五组2张看25次，第六组2张被试从未看过。在被试看完全部照片后，实验者再出示全部照片，另加从未看过的第六组照片，要求所有被试按自己喜欢的程度将照片排成顺序。实验结果发现，照片被看到的次数越多，被被试选择排在最前面的机会就越多。由此可见，简单的呈现确实会导致吸引，彼此接近、常常见面，的确是建立良好人际关系的必要条件。在日常生活中，接触机会越多，空间距离越近，越容易建立良好的人际关系。

实际上，上面的实验仅仅是从对方出现的次数进行考察的，并没有进行真正意义上的相互交流。当我们彼此交往的机会增多时，自我暴露和相互了解的程度也会增加，误解和偏见可以得到消除，形成共同的见解和经验，相互间的吸引自然得到加强。在人际关系中，我们强调多沟通的必要性正在于此，特别对于素不相识的人来说，交往频率在人际关系建立的初期起着特别重要的作用。

3. 情感体验

交往的情感体验与人际吸引是相互影响、互为因果的。在相互喜爱、相互吸引的交往对象之间自然形成融洽的社交氛围，处在平等、自由且具有安全感的人际情境中，我们更愿意进行主动的交流与沟通，起到中介作用的是人们对交往的情感体验。因此，人与人之间的交往体验也是导致人际吸引的一个重要因素，这种体验着重表现在交往者对交往对象的态度上，我们喜欢那些能给我们带来愉快或惬意体验的人。如果一个人的存在让你感到担心、失望甚至气愤，你会想办法尽快离开这样的情境，更不用说交往和吸引了。

梅（May）和汉密尔顿（C. V. Hamilton，1977）的实验研究证明了不同的音乐背景对人际吸引力的影响。他们以女大学生为被试，首先测定她们最喜欢和最不喜欢的音乐，然后请她们评定男性陌生者的照片，在评定过程中播放不同的背景音乐作为衬托。结果发现，当碰到她们喜欢的音乐作为背景时，照片中的人物被评价为吸引人的；当用她们不喜欢的音乐作为评价背景时，照片中的人物往往被评定为最不吸引人的；而在没有音乐背景配合时，吸引力的大小介于上述两种情况之间。

个体的情感体验不仅受物理环境的影响，同时还受个人的知识、经验、个性等因素的影响，总之是带有强烈的个人主观色彩。在现实生活中，我们应当看到，个体的主观体验确实影响着我们对一个人的评价。当我们作为社交活动的组织者时，应当注意环境布置的细节问题，使客人们能在清洁舒适、平等友好的场合中畅所欲言。同时，在具体的交往场合中，我们自己又要发挥理智的、能动的调节作用，尽量客观地评价交往对象，不要受环境氛围的困扰和迷惑。

（二）个人特质因素

1. 容貌与外表

外表因素虽然只是一种外在因素，但在人际交往中却起着不可小视的作用。古希腊哲学家亚里士多德曾经说过："美丽比一封介绍信更具有推荐力。"容貌和外表对初次交往的人来说，是一个重要的吸引因素，特别在与异性交往时，表现尤为显著。外表美给人们以心理的愉悦感，人们都相信肤色、面貌、高矮、胖瘦、发型、服饰、风度等对人的吸引作用。两个人在进行交谈以前，往往根据交往者的外貌特征来评价他，形成肯定或否定的印象，从而影响或左右了以后相互关系的发展。

沃尔斯特（E. Walster，1966）等人让男女大学生各 332 人，每两人组成一对，进行两个半小时的舞会。舞会结束后，询问学生是否希望再次同对方进行约会，结果表明，希望与对方再次约会有关系的因素只有对方的容貌。

尽管人们懂得"人不可以貌相，海水不可以斗量"的道理，但在人际交往之初，人们易为对方的容貌、仪表所吸引，在其他条件大致相同的情况下，漂亮的人更易被人喜欢，更容易促进其人际关系的发展。我们知道以貌取人是一种偏见，也都认为人不可貌相，但实际上，在日常交往中却难以完全摆脱"以貌取人"的倾向。一个人，如果经常衣冠不整，蓬头垢面，不修边幅，萎靡不振，在人际交往中就很难引起他人视觉上的好感。开局不佳，必然有损于双方下一步的愉悦交往。相反，如果一个人长相俊美，衣着整洁，仪表出众，言行举止文明得体，在与人交往中一定能给对方以良好的第一印象，容易使对方接纳自己。

心理学家在研究中发现，不仅在成年人的交往与人际关系发展中会有这种受容貌和仪表所影响的现象，在儿童阶段，也同样存在着这种情况。所以，外表漂亮者在社交情境中占上风，容易引起异性的注意和喜爱，交际较广而容易成功。同时，容貌漂亮的人也比较容易说服和影响他人。研究表明，从表面上看，男性比女性更为重视对方的容貌，而实际上女性比男性对容貌更为看重。正是基于这个原因，女性比男性更注意自己的容貌。

但是，有关的研究也表明，绝不能夸大容貌与仪表的作用。一般说来，在人际交往之初，容貌的作用较大，但随着相互认识的加深，容貌的作用则不断降低。也就是说，在实际的人际交往和人际关系发展的过程中，容貌与仪表的作用是有限的。

2. 才华和能力

在其他条件相等的情况下，一个人越有能力，他就越受到人们的喜欢。即使从日常生活的角度来看，那些有才能、有智慧、有所成就的人，要比那些没有能力、不聪明、无成就的人更有吸引力。

因此，在交往中与具有非凡才华的人交往，我们可以学到许多知识和经验，我们可以少犯错误。但是，当一个人的才华与我们相差很大，让我们感到可望而不可即的时候，非常有才能的人也可能并不受周围人的欢迎，因为他们的魅力或许会被别人看作是一种威胁，从而遭到拒绝。

阿伦森等人在1970年进行了这方面的实验研究，给大学生被试呈现四种人的讲话录音，在实验中提供了四个条件：①才能出众而犯了错误的人；②才能出众而未犯错误的人；③才能平庸犯了错误的人；④才能平庸未犯错误的人。才能出众的表现是正确回答了难度很大的许多问题，犯错误的表现是不小心把咖啡洒到新衣服上。然后让被试评价哪一种人最有吸引力、喜欢的程度最高。结果表明，才能出众但有错误的人被评价为最有吸引力；才能平庸而犯同样错误的人被认为最缺乏吸引力；才能出众而没有犯错误的完美者吸引力在第二位；平庸但没有犯错误的人吸引力居第三位。由此可见，能力非凡的人富有吸引力，难免犯错误而又能力非凡的人更具有吸引力，这一现象被称为“犯错误效应”。

凯·杜克斯和阿伦森等人的实验研究表明，“犯错误效应”最适合于男性。大多数男性更喜欢犯了错误而能力非凡的男人，女性喜爱无错误而能力非凡的完人，而不考察其性别；有中等程度自尊的男性喜欢犯了错误而又能力非凡的人，自尊低的男性喜欢那些没有错误的完人；大部分人都不喜欢能力平平的庸人。

3. 个性品质

一个人的品质和品性将在其人际交往和人际关系的发展中起到非常重要的作用。一般来说，我们总是愿意与具有优良品质的人交往。一个人如果在能力、特长、气质、性格、涵养、品质等方面比较突出、优秀，往往能形成很强的吸引力。

诺尔曼·安德森（1968）曾进行研究，将用于描绘人的个性品质的555个形容词按照喜欢程度由高到低进行排序，其中，排在最前面的是高度受人喜欢的品质，位于序列中间的是中性品质，排在最后的是高度被人厌恶的品质。研究结果表明，得到人们评价最高的品质是真诚、诚实、理解、忠诚、真实等，而评价最低的品质是说谎、虚伪、作假、邪恶、冷酷、不诚实等。个性品质的吸引，实际上是个体人格美的具体表现，我们经常说外表美是一时的，而心灵美是经久不衰的，实际上，这里的心灵美有一部分内容就是指人们的个性品质。生活经验告诉我们，一个人只有美的心灵，才会真正受到欢迎和喜欢。

（三）相似、互补与人际吸引

人际吸引除了上面所述因素外，人际吸引的深度和广度还要受态度、信念、兴趣等的相似性和需要、气质的互补性的影响。

1. 相似性因素

人们常说“物以类聚，人以群分”，这则成语道出了相似性在人际交往中的作用。根据心理学的有关研究，交往双方如果有较多类似的地方，那么相互之间的吸引就容易产生，同时也会促进其人际关系的发展。相似性包括交往双方的年龄、性别、地位、职业、观点、态度、行为，以及民族、文化等方面是否具有共同的特点。

我们每个人都喜欢与自己相似的人交往的原因是多方面的，日本心理学家古锢和孝认为有三个因素：第一，一般情况下，人们都希望自己在态度上与大多数人保持一致，从而使内心获得一种稳定的感觉。第二，交往的相似性，是使我们的预期目的得以实现的关键。因为在一个与自己相似或类似的团体中活动，阻力就比较小，活动容易进行。第三，类似的东西常被作为一个同一体而感知，从而使自己与其他类似的人组成一个团体。

由此可知，人们试图通过建立相类似的团体，以增强对外界反应的能力，保证反应的正确性。

美国社会心理学家纽卡姆于1961年用现场实验法，对态度相似程度与吸引力的关系进行了研究。他以17个不相识的大学生为研究对象，向他们提供免费的住宿16周。在住进宿舍前，研究者先给这些彼此不认识的被试实施态度、价值观和个性特征等的测验，将态度、价值观和个性特征相似或不相似的大学生安排在同一间房子里，然后，定期测验他们对一些事情的态度、看法，以及他们对同房室友的喜欢评定。结果发现，住宿初期，空间距离是决定彼此交往较多的主要因素；但到了后期，彼此间的态度、价值观和个性特征的相似性超过了空间距离的重要性而成为密切人际关系的基础。在研究的最后阶段，他让这些大学生自由选择居住的房间时，结果表明，意见和态度相同者喜欢选择住入同一房间。为什么观点、态度、个性相似的人容易相互吸引呢？费斯廷格的研究比较理论解释为，人人都具有自我评价的倾向，而他人的认同是支持自己评价的有力依据，具有很高的酬偿和强化力量，因而产生很强的吸引力和凝聚力。

2. 互补行为

交往的互补性是指双方在交往的过程中获得相互满足的心理状态，它是构成人际关系的重要因素之一。有的时候，当交往双方的个性或需要及满足的途径正好成为互补时，也能产生强烈的吸引力，这些就是人们常说的“相反相成”的道理。但这种互补性不是无条件的，它必须建立在双方相同的信念、理想和价值观上，因为只有人们的世界观、价值观和人生观存在一致性，才会导致真正的吸引。

互补性的吸引在现实生活中常常可以观察到，脾气暴躁的人和脾气温和的人、主动型的人和被动型的人都可以成为好朋友。依赖性强的人会被喜欢照顾别人的人所吸引，害羞的人会喜欢外向而好交际的人，健谈的人会迷上相对安静的倾听者。苏联的一些心理学家对气质相同的人合作的效果和气质不同的人合作的效果进行了比较和研究，结果发现，两个强气质的学生组成的学习小组常常因为对一些问题各执己见，因争执不下而影响团结；两个弱气质的学生在一起，又常常缺乏主见，面面相觑，无可奈何。只有气质不同的学生组成的小组，团结搞得最好，学习效果也最显著。这表明人不仅有认同的倾向，而且也有从对方获得自己所缺乏的东西的需要，这就是互补性。具体来说，互补性就是指在需要、兴趣、气质、性格等方面存在差异的人，可以在活动中形成相互吸引的关系。它是以双方都得到满足为前提的，正是有了互补性，社会生活才更加丰富。

互补的作用在双方建立长久和深厚的关系中显得特别重要。曾有心理学家在对已建立恋爱关系的大学生的调查中发现，对短期的伴侣来说，推动吸引的动力主要是相似的价值观，而驱使长期伴侣发展的动力，则主要是需要的互补。因而在有关的心理学文献中，曾经提出这样的一些评论：在选择爱情对象时，会出现互为补充的对立气质的相互吸引；恬静的人缺乏积极性和主动性，因此活泼型的人会对他产生吸引力。与此相反，活泼型的人需要一些抑制，而恬静的人经常会给予他这种影响，从而达到心理上的平衡。暴躁型的激烈和爆发的气质，会被忧郁型的柔顺和犹疑所冲淡。这样，在爱情中能够产生一系列的有利组合。

然而，我们应注意，需求的互补性是导致活动双方在需要上的满足，如果不能实现这一要求，那么，某些相反的特性就不能够产生互补，如高雅与平庸、庄重与轻浮等。所以，互补性是有条件的，它不是绝对的。能否互补还需要看它们是由哪些人格特征构成的，因此互补性的实现将在一定程度上取决于一个人的人格特征。

四、提高人际吸引的方法

（1）精神饱满、充满自信的人容易激发别人的交往动机，博得别人的信任，产生使人乐意交往的魅力。

（2）一个人如果具有诚恳、坦率、幽默等性格，在同学中比较能够吸引大家的注意，也容易获得大家的赞赏。

（3）在个人兴趣、专业、特殊才能等方面，一般认为能力越高、成就越大，这样的人获得的评价自然也就越好。

（4）个人容貌、穿戴、风度等仪表因素也会影响人们彼此的吸引力。尤其是在第一次见面时，容貌因素有着重要作用。但事实上，容貌所产生的人际吸引力是比较有限的；人际交往的时间越长，容貌因素的作用越小，人际吸引力将从外貌转向内在品质。

（5）培养幽默风趣的言行，幽默而不失分寸，风趣而不显轻浮，给人以美的享受。与人交往要谦虚，待人要和气，尊重他人，否则事与愿违。

（6）不尊重他人的人格，对他人缺乏热情，不关心他人的处境，甚至把别人当作自己使唤的工具。有“自我中心主义”的人，只关心自己的利益和兴趣，忽视他人的处境和利益，只能与他人建立肤浅的关系，而不可能患难与共，达成深交，成为知己。在日常人际交往中，应该克服这些不良因素，充分应用人际吸引规律，一定会把众多的人团结到你的周围。

第三节　人际沟通

一、人际沟通的概念

人际沟通是指人们在社会活动过程中人与人之间的信息传递、情感沟通、思想交流与相互施加影响等心理联系的过程，是人类社会特有的现象，是人与人之间合作与竞争的基本形式。其过程就是人们采用言语、书信、表情、通讯等方式彼此进行的事实、思想、意见、情感等方面的交流，以达到人与人之间对信息的共同理解和认识，取得相互间的了解、信任，形成好的人际关系，从而实现对行为的调节。

人际沟通实际上是一种人类的基本机能，是人的一种本质性的存在形式。社会在人际交往中发展，个人在人际交往中成长，团体也是通过人际交往而形成，并且通过人际交往来影响个体的行为。作为最基本的分析，人际沟通是人类社会存在的方式，是人类实践活动的一个要素。从某种意义上来说，人际沟通直接影响与推进着社会的发展。在当代信息化的社会里，伴随着人际沟通形式的多样化，人际沟通的作用也越来越明显，越来越重要。同时，人际沟通也表现出了新的特点和新的作用。如借助QQ、微信、电子邮件等网络工具，人与人之间的相互了解，尤其是远距离的沟通变得更为容易也更为迅速。以现代科学技术为手段的人际沟通，正在改变着社会，也改变着每一个人的思想和观念。即使从日常生活的角度来考虑，我们也都能够说出自己对于人际沟通功能或作用的理解。孔子曰，“有朋自远方来，不亦乐乎”，以及我们所知道的“人生得一知己足矣”的说法，实际上也是在反映人际沟通的功能。

二、人际沟通的作用

（一）人际沟通是人们能够适应环境、适应社会的必要条件

沟通是人与人之间发生相互联系的最主要的形式。据心理学家估计，人们清醒时，大约有70%的时间都是花在这样那样的沟通过程中的。我们与别人交谈、读书、看报、上课、听广播、看电视、上网等都是在进行沟通；通过信息沟通，我们知道周围的许多情况，哪些是有利的，哪些是不利的，从而及时地调节我们的行动，使我们的目标能够顺利实现。同时，通过与别人进行比较以及了解他人对自己的态度和评价，可以使我们更正确地了解和认识自己，提高自我意识水平。实际上，如果人们缺少必要的

各种外界刺激，正常生命活动的维持都很困难。心理学家赫伦（W. Heron）等人曾做过的“感觉剥夺”实验就能说明这个问题：将自愿参加的被试关在一个没有光线和声音的实验室里，身体的各个部位也被包裹起来，以尽可能减少触觉。实验期间，除了给被试必要的食物外，不允许获得任何其他刺激。虽然每天可以得到20美元的报酬，被试还是难以坚持这种实验3天以上。“感觉剥夺”造成的信息不足将使人无法忍受由此产生的不安和痛苦。

（二）人际沟通有助于增强人们的心理健康，促进良好个性的形成

人们发现，沟通的缺乏对人们语言能力及其他认识能力都有损害。沟通机会缺乏的孤儿与保持正常沟通的儿童相比，不仅在智力、语言发展水平上明显低于同龄的正常儿童，而且社交能力更差。心理学家经过研究也发现，退休之后所以衰老加快，关键在于退休后失去了许多退休前的沟通机会，社会生活的范围和内容都变得狭窄、单调、贫乏。这种变化的直接结果，是使人的机体得不到足够的社会刺激，久而久之就会感到孤独、惆怅和空虚，最后导致智力急剧下降，影响整个身心的健康。实际上，人际沟通的时间越长，空间范围越大，往往精神生活就越丰富、越愉快，而缺乏沟通机会的人则往往有更多的烦恼和难以排除的苦闷。

（三）人际沟通有利于满足个体的心理需要，消除孤独感

人不是孤独的生物体，而是“社会性的动物”，人最怕孤独，却最容易变得孤独，对孤独有一种本能的恐惧感。心理学研究表明，人都有强烈的交往需要，都畏惧孤独，害怕离群索居。于是，为了避免孤独，人们想出了种种方法和对策，其中，人际沟通就成为最基本、最有效的消除孤独感的方法和途径。在社会心理学家的研究中，一般认为，孤独是在人与人的往来体验中产生出来的。也就是说，孤独实际上是我们在日常生活和人际关系中所感受到的东西。当人们认为自己孤独时，那就是表明他处在想和他人接触和交往的状态之中。若是进行具体的分析，可将孤独分为两种：一种是想方设法去逃避的孤独，一种是自己所需要的孤独。然而，不管是哪一种孤独，它都会给我们的生活带来困惑。解决这一问题有许多方法，其中开放自我和积极活动是两种主要方式，而它们都和人际交往有着极为密切的关系。它可以使人获得友谊，从而摆脱孤独。需要指出的是，生活中既有积极的沟通，也有消极的沟通。良好的、积极的沟通有助于一个人的心理健康和更好地适应社会、适应环境；不良的、消极的沟通会破坏一个人的心理平衡，造成心理冲突，给人的生活、工作带来不利的影响。因此，我们对沟通的内容和方式应该进行主动的选择，提高自己的沟通质量，尽量避免消极的人际沟通。

三、人际沟通的过程

人际沟通过程主要由七个要素组成，包括信息源、信息、通道、信息接受者、反馈、障碍和背景等（图9－1）。

（一）信息源

信息源是掌握信息并试图进行沟通的人。他们是沟通过程的发起者，其对沟通对象的了解程度，对沟通目的的明确程度，以及是否采用了接受者所能接受的沟通方式

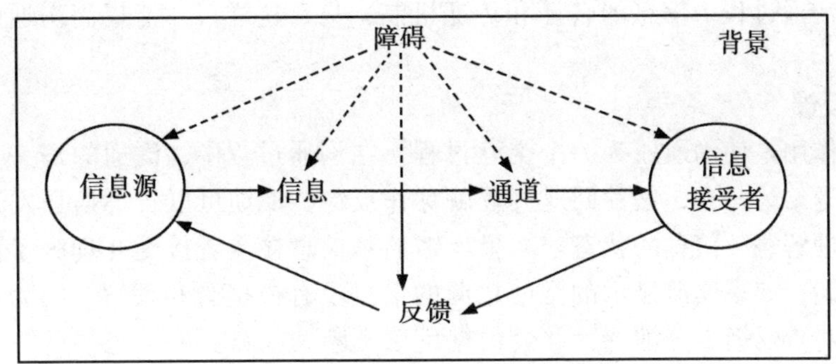

图 9－1　沟通过程及其组成要素

等，都对沟通的结果有直接的影响。因此，作为信息源的沟通者在进行沟通前，首先就要在自己丰富的记忆里选择试图沟通的信息。然后，为这些信息准备合适的载体，如文字、语言或表情等。在沟通过程中还要根据反馈信息不断地进行调整。

（二）信息

从沟通意向的角度说，信息是沟通者试图传达给别人的观念和情感。但是，个人的感受不能直接为信息接受者所接受，因而它们必须转化为各种不同的、可为别人识别的信号。在各种符号系统中，最重要的是语词。语词可以是声音信号，也可以是形象（文字）符号，因而它们是可被识别、可实现沟通的符号系统。更为重要的是，语词具有抽象功能，它们可以代表事物、人、观念和情感等自然存在的一切。因此，它们也为沟通在广度和深度上提供了最大的可能性。

（三）通道

通道是指沟通信息传达的方式。我们的五种感觉器官都可以接受信息，但最大量的信息是通过视听途径获得的，日常生活中所发生的沟通也主要是视听沟通。通常的沟通方式不仅有面对面的沟通，还有以不同媒体为中介的沟通。电视、广播、报纸、电话、网络等，都可用做沟通的媒体。但是，心理学家的研究发现，在各种方式的沟通中影响力最大的，仍是面对面的原始沟通方式。面对面沟通时，除了语词本身的信息外，还有沟通者整体心理状态的信息。这些信息使得沟通者与信息接受者可以发生情绪的相互感染。此外，在面对面的沟通过程中，沟通者还可以根据信息接受者的反馈，及时调整自己的沟通方式，使其变得更适合接受者。

（四）信息接受者

信息接受者是指接受来自信息源信息的人。信息接受者在接受携带信息的各种特定音形符号之后，必须根据自己已有的经验，将其转译成信息源试图传达的知觉、理念或情感。这是一个复杂的过程，包括一系列注意、知觉、转译和储存的心理动作。由于信息源和信息接受者拥有两个不同但又有相当共同经验的心理世界，因此，信息接受者转译后的沟通内容与信息源原有的内容之间的对应性是有限的。不过，这种有限的对应在更多的情况下都能使沟通的目的得以实现。在面对面的沟通过程中，信息源与信息接受者的角色是不断转换的，前一个时相的信息接受者，可成为下一个时相的信息源。在日常生活中，每一个人都必须很好地了解如何有效地理解别人和让别人理解，了解沟通过程中信息的转译和传递机制，只有这样，才能提高沟通的有效性和准确性。

（五）反馈

反馈的作用是使沟通成为一个交互过程。在沟通过程中，沟通的每一方都在不断地将信息回送给另一方，这种回返过程就称作反馈。反馈可以告诉信息发送者信息接受者接受和理解每一信息的状态。如果反馈显示信息接受者接受并理解了信息，这种反馈为正反馈；如果反馈显示的是信息源的信息没有被接受和理解，则为负反馈。成功的沟通者对于反馈十分敏感，并会根据反馈不断调整自己的信息。反馈不一定来自对方，我们也可以从自己发送信息的过程或已发出的信息获得反馈。当我们发现所说的话不够明确或写出的句子难以理解时，我们自己就可以做出调整。对应于外来反馈，心理学家称这种反馈为自我反馈。

（六）障碍

人类的沟通经常发生障碍，因此，分析沟通过程不能不分析障碍问题。信息源的信息不充分或不明确，信息没有被有效或正确地转换成可以沟通的信号，误用沟通方式，信息接受者误解信息等，都可以对沟通造成障碍。此外，沟通者之间缺乏共同的经验，彼此也难以建立沟通。来自两种完全不同文化背景的沟通者是很难有效地交流信息的。即使在同一个国家，不同地区、不同民族也有其独特的文化，足够的共同经验是沟通得以实现的必要前提。

（七）背景

沟通过程的最后一个要素是背景。背景是指沟通发生的情境，它影响沟通的每一个因素，同时，也是影响整个沟通过程的关键因素。在沟通过程中，许多意义是由背景提供的，甚至语词的意义也会随背景而改变。

四、人际沟通的模式

巴维拉斯和莱维特为了探讨人际关系中个体的相互作用的交往模式，于 1951 年对正式群体中各个成员的沟通网络进行了实验研究。实验中，用有若干小洞的隔板把被试一一隔开，他们之间不许讲话，只能通过纸条跟自己相连接的人交换信息。根据实验，他们提出了五种有代表性的沟通网络模式（图 9－2）。

（一）环式传递

在这个模式中没有核心成员，每个成员之间只构成有限的横向联系，而且每人只能与邻近的成员联系（图 9－2A）。它的优点是信息传递过程中群体成员之间地位平等，个体的积极性容易调动起来，使群体各个成员都能产生满意感，群策群力解决面临的复杂问题。但是，以这种方式来解决问题，速度比较慢，正确性低，不能发挥关键人物的作用。

（二）轮式传递

这种沟通模式以一个成员或信息为中心，向四个方向传递，但下级成员之间没有横向联系（图 9－2B）。它的优点是信息传递的速度快，可以发挥领导者的作用，沟通过程中成员判断的正确性高。但是由于成员之间没有直接的联系，很难发挥他们的积

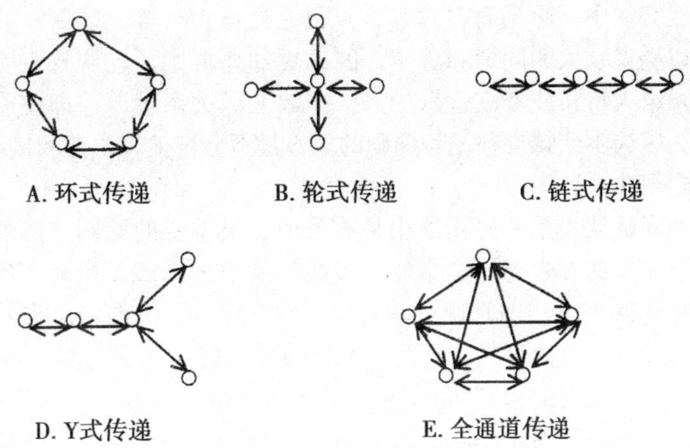

图9－2　沟通网络模式

极性，主观能动性受到限制，因此，整个群体的士气比较低落。

（三）链式传递

在这个模式中，信息只能一个接一个地进行上下传递，如上级单线向下级逐级下达命令，或下级单线向上级逐级汇报情况（图9－2C）。它的优点是信息传递的速度快，领导者效能显著，正确性高。缺点是成员之间缺乏相互的交流，群体积极性差。

（四）Y式传递

在这个沟通网络中，先是成员之间进行一对一的联系，然后有的成员有多个的双向联系（图9－2D）。它的特征与链式传递相似，传播的速度快，工作效率高。缺点是抑制了个体成员的主动性和创造性。

（五）全通道传递

这种模式是每个成员之间都有相互联系，彼此之间平等交往，没有中心人物（图9－2E）。它的优点是成员之间可以进行充分的交流，容易调动大家的积极性，成员的满意度高。缺点是不能发挥领导者的作用，信息传递容易受到干扰，效率不高。

在现实生活中，采用哪一种沟通模式效果最好？应该根据任务的不同而采取不同的模式。如果希望上级的命令能够迅速、正确地传递，采用轮式沟通比较好；如果任务不紧急，又想提高群体内部成员的积极性，采用环式沟通或全通道式沟通比较好；如果是分层比较多的管理部门，采用链式沟通模式比较有效。一言以蔽之，各种交往模式对人际沟通的影响有利有弊，在现实生活中应综合运用，扬长避短。

五、人际沟通遵循的原则

（一）平等原则

平等待人是建立良好人际关系的前提，平等原则是最基本的交往原则。因为人在交往时，心理上都存在着一种平等的要求，追求平等以达到心理平衡，是人类生活的美好愿望。社会中的人年龄悬殊，分工不同，经历各异，他们交往的原则和方式相对复杂，但每个人都渴望得到别人的尊重和理解。如果在交往中高高在上，傲视群体，盛气凌人，就会因缺乏对人起码的尊重，最终成为脱离集体的孤家寡人，造成心理上的孤独感。但在交往中一味地盲目自卑，觉得处处低人一等，缺乏交往勇气和信心的人，同样也难以赢得别人的同情和尊重，因而更加离群索居。调查表明，那些优越感很强，喜欢显示个人特长或家庭背景的人，多数人缘关系较差，即使能力很强，也无法很好地发挥，因为不坚持交往平等原则的人，是不会被他人欢迎和接纳的。

（二）真诚原则

真诚待人通常被认为是人际沟通中最有价值、最重要的原则。诺尔曼·安德森对大学生人际吸引品质调查表明，学生评价最高的品质是真诚。在8个评价最高的形容词中，有6个和真诚有关，即真诚、诚实、忠诚、真实、信赖和可靠。而评价最低的品质中，虚伪居首位。由此可见，真诚在人际沟通中的意义和分量。古人云："诚者，天下之道；思诚者，人之道也。"以诚相待，是做人的重要品德，是取得成功的关键。"精诚所至，金石为开。"怀有真诚，才能感化、打动人心，别人才会信任你，才会乐于与你合作。

（三）宽容原则

每个人因出生地、性别、年龄、职业、语言、民族、文化、教育、个性的不同，在对人对事的态度、价值观念、行为方式上便会表现出一定的差异，我们不应因他人的态度、观念和行为方式与我们不同而鄙视、否定、排挤、消灭他们。人际交往中难免会遇到一些不愉快的人和事，总不能孤注一掷或因噎废食，从此不与人交往了。从长远来看，还是要学会宽容，学会克制和忍耐。苏轼说得好："匹夫见辱，拔剑而起，挺身而斗，此不足为勇也。天下有大勇者，猝然临之而不惊，无故加之而不怒，此其所挟持者甚大，而其志甚远也。"我们在人际交往中，心胸一定要宽，姿态要高，气量要大，遇事要权衡利弊，切不可斤斤计较，苛求他人，固执己见，要尽量团结那些与自己有歧见的人，营造宽松的交际环境。

（四）理解原则

理解原则主要是指体察和了解他人的需要，明了他人言行的动机和意义，并帮助和促成他人合理需要的满足，对他人生活和言行有价值的部分给予鼓励、支持、认可。人们常说"金玉易得，知己难寻"。所谓知己，即是能够理解和关心自己的人。相互了解是人际沟通、促进交往的条件。就人际交往而言，你不仅要细心了解他人的处境、心情、特性、好恶、需求等，还要根据彼此的情况，主动调整或约束自己的行为，尽量给他人以关心、帮助和方便，多为他人着想，处处体恤别人。古人说："己欲立而立人，己欲达而达人，己所不欲，勿施于人。"在交往中，一定要耳聪目明，善解人意，处处理解和关心他人，深信别人也不会亏待你。

（五）角色互换原则

我们每个人在生活中都要充当不同的社会角色，在同具体对象交往时，又总是以特定的角色出现。由于我们习惯于从自己的角色出发来看待自己和别人的行为，因此有可能带上片面性。这样，自己的看法与他人的看法会因为角度不同而发生冲突，达不到相互间的沟通和反馈，彼此都不能谅解对方，这样就会造成交往障碍。角色互换的作用正在于克服这种角色自我中心的缺陷。人际交往中的角色互换，可包括两个方面：一方面站在别人的角度，从别人的心理需要来考虑问题，即"设身处地"地替别人着想，“将心比心”。这样，就能通情达理地理解或原谅别人的行为和态度。另一方面，通过角色互换，以对待“客观的我”的方式来对待他人。这样就能在人际交往中，采取较为适当的行为，即所谓的“己所不欲，勿施于人”。在人际交往中，角色互换能使人体验到对方在“此情此景”的感受，从而能够为对方提供最需要的帮助，并收回可能伤害对方感情的举动，使人际交往良性发展。人际交往是心理上的互动过程，“将心比心”“以心换心”是建立互相理解、彼此融洽的人际关系的重要原则。

六、提高沟通能力的方法

与他人沟通既是个体的内心需要，也是社会技能的重要组成部分，可以说，社会生活时时都离不开沟通。因此，学习和掌握一些沟通的方法，提高个人的沟通能力是非常必要的。

（一）沟通能力的自我提高

所谓提高沟通能力，无非是两方面，一是提高理解别人的能力，二是增加别人理解自己的可能性。那么，究竟怎样才能提高自己的沟通能力呢？心理学家经过研究，提出了一个提高沟通能力的一般程序。

1. 正确评价自己的沟通状况

（1）开列沟通情境和沟通对象清单。这一步非常简单。闭上眼睛想一想，你都在哪些情境中与人沟通，比如学校、家庭、工作单位、聚会以及日常的各种与人打交道的情境。再想一想，你都需要与哪些人沟通，比如朋友、父母、同学、配偶、亲戚、领导、邻居、陌生人等。开列清单的目的是使自己清楚自己的沟通范围和对象，以便全面地提高自己的沟通能力。

（2）评价自己的沟通状况。在这一步里，问自己如下问题：

· 对哪些情境的沟通感到愉快？
· 对哪些情境的沟通感到有心理压力？
· 最愿意与谁沟通？
· 最不喜欢与谁沟通？
· 是否经常与多数人保持愉快的沟通？
· 是否常感到自己的意思没有说清楚？
· 是否常误解别人，事后才发觉自己错了？
· 是否与朋友保持经常性联系？
· 是否经常懒得给人写信或打电话？

客观、认真地回答上述问题，有助于了解自己在哪些情境中、与哪些人的沟通状况较为理想，在哪些情境中、与哪些人的沟通需要尽力改善。

（3）评价自己的沟通方式。在这一步中，主要问自己如下三个问题：通常情况下，自己是主动与别人沟通还是被动沟通？在与别人沟通时，自己的注意力是否集中？在表达自己的意图时，信息是否充分？主动沟通者与被动沟通者的沟通状况往往有明显差异。研究表明，主动沟通者更容易与别人建立并维持广泛的人际关系，更可能在人际交往中获得成功。沟通时保持高度的注意力，有助于了解对方的心理状态，并能够较好地根据反馈来调节自己的沟通过程。没有人喜欢自己的谈话对象总是左顾右盼、心不在焉。在表达自己的意图时，一定要注意使自己被人充分理解。沟通时的言语、动作等信息如果不充分，就不能明确地表达自己的意思；如果信息过多，出现冗余，也会引起信息接受方的不适感。因此，信息充分而又无冗余是最佳的沟通方式。

（4）制订、执行沟通计划。通过前几个步骤，你一定能够发现自己在哪些方面需要存在不足，从而确定在哪些方面重点改进。比如，沟通范围狭窄，则需要扩大沟通范围；忽略了与友人的联系，则需要经常写信、打电话；沟通的主动性不够，则需要积极主动地与人沟通；等等。把这些制成一个循序渐进的沟通计划，然后把自己的计划付诸行动，体现在具体的生活小事中。比如，觉得自己的沟通范围狭窄，主动性不够，你可以规定自己每周与两个素不相识的人打招呼，具体如问路、说说天气等。不必害羞，没有人会取笑你的主动，相反，对方可能还会欣赏你的勇气呢！在制订和执行计划时，要注意小步子的原则，即不要对自己提出太高的要求，以免实现不了，反而挫伤自己的积极性。小要求实现并巩固确认后，再对自己提出更高的要求。

（5）对计划进行监督。这一步至关重要。一旦监督不力，就可能会功亏一篑。最好是自己对自己进行监督，比如用日记、图表记载自己的发展状况，并评价与分析自己的感受。当你完成了某一个计划，如跟一直不敢说话的异性打了招呼，你可以奖励自己一顿美餐，或是看场电影。这样有助于巩固阶段性成果。如果没有完成计划，就要采取一些惩罚措施，比如做俯卧撑或是做一些懒得做的体力活。总之，计划的执行需要信心，要坚信自己能够成功。记住，一个人能够做的，比他已经做的和相信自己能够做的要多得多。

2. 提高沟通的准确性

准确是沟通成功的前提，沟通最大的破坏性就是误解。提高沟通的准确性，其前提是要提高自己准确表述事物的能力。只有很好地将自己的意思用明确通畅的语言表达出来，别人才能准确地理解和把握。如果在沟通中出现文句不通、错字连篇或者含义模糊、模棱两可的表述，肯定会造成双方沟通的障碍。要提高自己的表述能力，从语言到思维都要进行多方面的实践训练。同时，在提供信息时，经常站在对方的角度来考虑问题是有效的方法之一。由于人们的经验背景不同，对于同一种符号甚至词语，不同的人在理解上可能存在差异。只有当我们站在别人的角度、体会别人的理解所依赖的情绪和经验的背景时，才可能选择最能使别人准确理解我们的词语或其他符号。除此之外，我们对对方的各种反馈信息应给予注意，并据此及时调整自己的沟通方式和沟通内容。

3. 注意沟通情境的同一性

俗话说："看菜吃饭""到什么山唱什么歌"。根据不同的沟通情境及时地调整自己的角色行为是非常必要的。对应于每一种社会情境，人们都有与自己身份相符合的行为模式。如果我们的角色行为符合当时的特定情境，我们就会得到周围人的接纳和认同，我们的沟通才会有效果。社会心理学称这种现象为情境同一性，其实质就是社会角色与情境对行为的限制问题。一个人在特定情境中的行为，如果与自己的社会身份或社会角色相符合，则有恰当的情境同一性，反之，则被认为是情境同一性混乱。

情境同一性所包含的内容是非常广泛的，从用词的选择到语音语调、从身体姿势到交谈的距离，无不需要与情境协调一致。其中包含了丰富的文化内涵，一个人只有多阅读、多实践，才能掌握其中的精髓。

4. 进行适当的自我暴露

人们在进行沟通的时候，总免不了谈到自己的一些情况，也就是把自己的信息、内心观念和情感等暴露给对方。良好的人际关系是在交往双方的自我暴露逐渐增加的过程中发展起来的。一个从不自我暴露的人很难与别人建立密切的关系，但是不能说一个人在沟通的时候自我暴露越多越好。有时候过度的自我暴露会引起对方的焦虑和警惕甚至怀疑，导致采取心理上的自我防卫，从而加大了双方的心理距离。对于不同的沟通对象，在不同的关系发展阶段，自我暴露的深度和广度都是不同的，在实际交往中要注意好分寸。心理学研究表明，理想的模式是对少数的亲密朋友可做较多的自我暴露，对于普通朋友做中等程度的自我暴露。当我们主动而适当地提高自我暴露的程度时，对方也会给予回报或模仿，从而使双方的关系更为密切。

5. 通过一些技术性训练来提高沟通技能

心理学上经常运用一些综合性训练方法，如敏感性训练和角色扮演等来改善人们的自我意识水平、移情能力和社交能力，从而提高人们的沟通效果。

（1）敏感性训练。敏感性训练主要是以非指导性的方式为参与者提供真实体验的情境。通过组织者的精心安排，使参与者有机会表达和体验自己在众人面前的感受，同时学会准确把握、理解和评价别人的情绪状态和行为的意义，并在别人真实的反馈调节中做出积极的反应。这种过程是循序渐进的，开始时人们可以先谈论参加这种活动的意图以及自己的一些兴趣等。随着沟通的深入，人们会逐渐了解别人对自己的问题或当时的表现怎样反应。当团体成员之间的信任感和真诚的气氛建立起来以后，参加者才敢表露自我的本来面目，并在其他成员的支持下理解并接纳真正的自我。敏感性训练有各种形式，开展最普遍的是训练团体或称T－小组。它的活动方式主要是语言交流，这类团体通常由5～15人组成，包括一名心理学家。训练期限可以是1～4周。

（2）角色扮演。角色扮演主要是让参与者充当或扮演某种角色，使其站在一个新的角度去体验、了解和领会别人的内心世界，理解自己反应的适当性，以此来增加扮演者的自我意识水平、移情能力，并改变其过去的行为方式。这样，在今后的社会交往活动中，我们会比较容易地"将心比心"，多从对方的角度考虑问题，有利于问题的解决和达到沟通的目的。

（二）人际沟通的工具

人际沟通必须借助于一定的手段才能进行。人际沟通的工具多种多样，其中符号系统是人际沟通的主要工具。在心理学的文献中，一般将符号系统分为语言符号系统和非语言符号系统。

1. 语言符号系统与语言交往

语言是一种以社会文化为背景的约定俗成的符号系统，语言是人类最重要的交往工具，是信息传递最强有力的手段。语言的社会功能主要表现在两个方面：一是思维的功能，二是交际的功能。语言的交际功能既体现在人们凭借语言交流思想，同时也体现在凭借言语交流感情。语言符号系统是人际交往的最重要的工具，是其他交往工具所无法代替的。

语言沟通又可以分为口头语言和书面语言，即语音符号系统和文字符号系统。

（1）口头语言。口头语言是日常生活中最经常发生的沟通形式，也是保持整体性信息最好的沟通方式，在日常生活中应用最广，收效最快。比如，聊天、讨论、演讲及见面对话都可以直接地、及时地交流信息、沟通意见。但是，沟通时沟通者对说出的话没有反复斟酌的机会，因而容易失误。

还有一些被称作副语言的信息，比如重音、声调变化、停顿等，新近的心理学研究表明，这些副语言在沟通过程中起着十分重要的作用。比如，心理学家迪保罗研究发现，鉴别他人是否撒谎的最可靠的外在线索是声调。老练的说谎者可以有意识地控制低头或躲避别人视线等慌乱的行为，还能有意识地以安详的表情迎接别人的目光。但是，说谎时声调提高却是不自觉的，可以有效地透露说谎者言不由衷的心态。

（2）书面语言。书面语言是借助于书面文字材料实现的信息交流，比如书信。书面语言不受时空条件的限制，能更为详尽地、丰富地表达叙述者的意见和情感，并可广泛地流传。通知书、信函、公文一般都采取书面语言形式。书面语言不仅能使个人获得他人的知识经验，而且扩大了人们认识世界的范围。书面语言的准确性和持久性较高，但是常常达不到面对面沟通的效果。

不论是书面上的语言，还是口头上的语言，只要它是委婉动听、富有人情味的，都是有利于人际交往的。俗话说得好，“良言一句三冬暖，恶语伤人六月寒”。因此，在人际交往中应该注意语言上的沟通，即使自己的每一句话不都是字字珠玑的“良言”，也必须保证自己的语言不是“恶语”。

2. 人际交往的非语言符号系统

非语言交往一般指个体运用动作、表情、体态等方式进行的交往活动。在一定的条件下，非语言符号系统可以独立地完成一些交往活动。而在某些特殊的情况下，也只有借助于非语言符号系统才能更好地完成交往活动。

（1）视—动符号系统。尽管语言在人际沟通中发挥着重要的作用，心理学研究发现，在两个人面对面的沟通中，55%以上的信息交流是通过无声的身体语言来实现的。身体语言在人际沟通中有着口头语言所无法替代的作用。很多时候，身体语言就足以表达所有的信息，语言反倒是多余的。所谓身体语言，是指那些包括目光、表情、身体运动、触摸、体态等在内的非言语性的身体信号。研究发现，人们每天讲话的时间只占与人交往时间的10%，与人交往的其他时间都是有意无意地进行着的身体沟通。只要人们彼此在对方的感觉范围内，就总存在身体语言途径的沟通。

1）面部表情。人的面部表情是人体语言的稠密区。根据伯德慧斯·戴尔估计，人的脸部大约可以做出250 000种不同的表情，一般心理学家都认为，人的面部表情变化在20 000种以上。狄德罗在其《绘画论》一书中写道：“一个人……他心灵的每一个活动，都表现在他的脸上，刻画得很清晰、很明显。”在实际的生活中，我们会见到许多陌生的面孔，都反映出了人们的心理状态，而且随着年龄的增长，反映得越来越清楚。眼部肌肉、口部肌肉和颜面肌肉是面部表情最丰富的部位。人的眼睛可以表达各种不同的表情。口部肌肉的变化也是表现情绪的主要线索。

人的脸部表情是一个人内心状态的“晴雨表”，是一个人情绪、态度和人的外在表现，善于利用自己丰富多彩的表情，可以在人际沟通的过程中给人留下良好的印象。表情不仅可以展示自己的良好人格，还可以掩盖自己的一些缺点，如真诚的微笑会使你成为交往中的常胜将军。近几年很多服务行业注意到了微笑的作用，竞相推出了“微笑服务”，为他们取得了很好的经济效益。

2）目光语言。“眼睛是心灵的窗户”，大量心理学研究表明，眼睛是透露人的内心世界的最有效的途径，人的一切情绪、情感和态度的变化，都可以从眼睛中显示出来。人可以对自己的某些外在行为做到随意控制，可以在某些情境中做到口是心非，却无法对自己的目光做到有效的控制。因此，有敏锐观察力的人可以从一个人的目光中看出其内心的真实状态。

在汉语中，表达“看”这一含义的词汇异常丰富，如看、望、扫、盼、顾、睃、瞟、瞪、盯、瞄、窥等，目光语言可谓千姿百态。生理学和心理学的研究证实，人的情绪变化会不自觉地从瞳孔的变化中反映出来。当一个人的情绪变得兴奋、愉快时，瞳孔会不自觉地放大。当你遇到高兴的事时，无论你怎么极力掩饰内心的喜悦，你都无法使你的眼睛不出卖你。相反，当人心情从愉快转变为不愉快或是突然遇到令人恐惧的事情时，瞳孔会不自觉地缩小，而且可能伴有不同程度的眯眼和皱眉。一般来说，炯炯有神的目光，是对事业热烈追求的表现；麻木呆滞的目光，是对生活失去信心、心灰意冷的表现；明澈坦荡的眼神是为人正直、胸怀博大的反映……坦诚者目光如一泓清泉，清澈见底；英武者目光似电掣雷奔，波澜惊绝……目光，犹如一面聚焦镜，凝聚着每一个人的神韵气质。

但是，并不是说与人目光接触的时间越长越好。实际上，目光相接触的时间取决于两个人的亲密程度。比如，恋人之间总是喜欢保持长时间的目光接触；如果你面对的是一个陌生的异性，那么，长时间的目光接触可能会使对方觉得你在侵犯他。当然，如果对方对你有好感，那又是另一回事了。如果对方对你报以长时间的目光接触，那么，很有可能会发生被称作“一见钟情”的浪漫故事。

3）身体姿势与动作。身体姿势和动作也是非言语沟通的主要领域之一。姿势是指静态的身势，动作是指动态的身势。人们的身体运动和姿势很容易引起别人的注意，而且不同的运动和姿势也能反映不同的心理状态。在与别人谈话或听别人讲话的时候，如果我们对对方比较尊重，或者对方的话比较吸引人的时候，我们的坐姿一般都比较规范，而且身体稍稍前倾；如果我们对对方的谈话表示不耐烦、听不进去的时候，坐姿就会后仰，全身肌肉紧张的程度会降低。因此，在与对方谈话的过程中，要善于观察别人的姿势，以判断自己的话是否吸引别人。

（2）时—空组织系统。爱德华·霍尔（E. Hall）有一句名言：“空间也会说话。”爱德华·霍尔研究发现，每个人都有自己独有的空间需求。我们在同他人交往时，相距的空间距离尽管是在无意中确定的，但却反映了一个人同他人已有的或者希望形成的关系。爱德华·霍尔在《无声的语言》一书中，将日常生活中人与人之间的距离分为四类：亲密距离、个人距离、社会距离和公共距离。

1）亲密距离（intimate distance）（0～46 厘米）。为人际间最亲密的空间距离，亲密距离仅限于情感联络高度密切的人之间，比如亲人之间。在这种距离内，可闻到和感觉到对方的体温、呼吸等，其近距离者（close phase）很容易有进一步的生理接触，其远距离者（far phase）（15～46 厘米），对多数人而言，仍觉得太近而不舒服。如果情境迫使互不相识的人介入他人的亲密距离，比如在拥挤不堪的公共汽车上，那么常常会导致心理上的烦躁，争端也常常容易发生。不过，大多数人在这种情境下总是以躲避他人视线、背朝他人等方式来显示彼此的心理距离。

2）个人距离（personal distance）（46～122 厘米）。也分为近距离（46～76 厘米）与远距离（76～122 厘米）。在此距离，可将对方的容貌看得一清二楚，是朋友之间进行沟通的适当距离，但对陌生者则不宜；后者表示与对方保持臂长的适当距离，方便交谈，而如果陌生人进入这个距离，就构成了对他人的侵犯。因此，在与陌生人讲话时，千万不要闯进这个距离；否则，你会发现，在你说话时，他会慢慢地往后退。

3）社会距离（social distance）。为 122～365 厘米，其近距离为 122～213 厘米，适于一般性的社会接触；其远距离为 213～365 厘米，适于较不重要的社会接触，只进行社会互动时之目光接触，说话须大声些，大家可在此距离情况下一起工作，并没有特别亲密的感觉。

4）公共距离（public distance）。365 厘米以上，其近距离为 365～760 厘米，相互间除语言接触外，有少量回馈，适用于上课、演讲及不同地位者的互动等情况；其远距离为 760 厘米以上，可悬挂重要公众人物的肖像等。

（三）学会共处的艺术

1. 增加交往频率

熟悉能够增进人际吸引，这已被心理学的研究所证实。如果两个人见面的次数多，彼此熟悉，自然就会增加相互理解的机会，也增加了产生好感的可能性。对于那些不容易给人留下一个强烈、鲜明的第一印象的人，增加交往频率是解决问题的最好途径。在现实生活中，我们常常看到，很多其貌不扬的人往往具有那些容易吸引人的人所不具备的优点。这些优点只有经过长时间的接触才能感觉到。如果说其他因素决定了别人是否会对你产生好感，那么，熟悉决定了人们是否会更深入地发展人际关系。现实生活中，那种“一见钟情”的恋人、“相见恨晚”的朋友毕竟是少数，大多数的人际关系都是建立在熟悉的基础之上的。

2. 主动交往

有一个丰富多彩的人际关系世界是每一个正常人的需要。可是，很多人的这个需要都没有得到满足。他们总是慨叹世界上缺少真情，缺少帮助，缺少爱，那种强烈的孤独感困扰着他们，折磨着他们。其实，很多人之所以缺少朋友，仅仅是因为他们在人际交往中总是采取消极的、被动的退缩方式，总是期待友谊和爱情从天而降。他们虽然生活在一个人来人往的世界里，却仍然无法摆脱心灵上的孤寂。这些人只做交往的响应者，不做交往的始动者。

我们知道，根据人际互动的原理，别人是没有理由无缘无故对我们感兴趣的。因此，如果想赢得别人的喜欢，与别人建立良好的人际关系，摆脱孤独的折磨，就必须主动交往。

心理学家研究发现，有两点原因影响人们不能主动交往，而采取被动退缩的交往方式。

一方面，缺乏自信。因为缺乏人际交往的自信心，所以生怕自己的主动交往不会引起别人的积极响应，从而使自己陷入窘迫、尴尬的境地，进而伤及自己脆弱的自尊心。而实际上，在现实生活中，每一个人都有交往的需要，因此，我们主动而别人不采取响应的情况是极其少见的。试想，如果别人主动对你打招呼，你会采取拒绝的态度吗？我发现一个非常有趣的现象，在硬座火车上，坐在一个“隔间”里面有六个人，如果这六个人里面至少有一个是主动交往的人，那么，他们总是谈得热火朝天，一路上充满欢声笑语；如果这六个人没有一个人主动和别人交往，那么，从起点坐到终点，他们会始终处在无聊的气氛中，看书也没劲，对望又很尴尬，所以，干脆闭目养神。与其尴尬地面面相觑，还不如主动打招呼，换得一路不寂寞，不是吗？当你尝试着主动和别人打招呼、攀谈时，你会发现，人际交往是如此容易。

另一方面，人们心里对主动交往有很多误解。比如，有的人会认为“先同别人打招呼，显得自己低贱”，“我这样麻烦别人，人家肯定会烦的”，“他又不认识我，怎么会帮我的忙呢？”等等。其实，这些都是害人不浅的误解，没有任何可靠的证据能证明其正确性。但是，这些观念却实实在在地起着作用，阻碍了人们在交往中采取主动的方式，从而失去了很多结识别人、发展友谊的机会。

3. 移情

人际关系从本质上说是人与人在情感上的联系。这种情感联系越密切，双方所共有的心理世界的范围也就越宽，人际关系也就越亲密。而移情恰恰是沟通人们内心世界的情感纽带。所谓移情，就是站在别人的立场上，设身处地为别人着想，用别人的眼睛来看这个世界，用别人的心来理解这个世界。积极地参与他人的思想感情，意识到“我也会有这样的时候”，“我遇到这样的事情会怎么样？”这样才能实现与别人的情感交流。这种积极地参与别人思想、情感的能力是一个深刻的交际心态的转变，是一种真正的交际本领，他会把自己和他人拉得很近，并能化解很多矛盾和冲突。如果一个人不能很好地理解别人，体验别人内心的真实情感，他就不可能与别人发展深入的人际关系。

4. 学会倾听

善于听别人说话有时比注意自己讲话更重要。在交往过程中，擅长听的人，在别人的心目中都会留下良好的第一印象。要做到“会听”，首先要有正确的“听”的态度，专心地听对方谈话，态度谦虚，始终用目光注视对方。其次，在听的过程中，要善于通过身体和语言给对方以必要的反馈，做一个积极的“听众”。例如，听话时适当地点头或说“噢”“是吗？”“真的吗？”等表示自己确实在听并鼓励对方继续说下去；思考对方所说的话以填补停顿时间；重新说一遍自己听对方提到的内容等。最后，还要能够巧妙地表达自己的意见，不要坚持与对方明显不合的意见。因为几乎所有的说话者都希望别人听他说话，或者希望听的人能够设身处地为他着想，而决不是给他提意见。同时，还要注意，不要轻易打断或试图打断别人的谈话。

总之，我们在与别人说话时要注意积极倾听，在初次交往的很短时间内就能加入对方的谈话中，并且察言观色、随机应变，给对方留下良好的第一印象。

5. 帮助别人

帮助别人也是增进人际吸引的有效途径。在生活中，个人的力量总是很单薄的，当面对生活中的种种问题时，每一个人都需要别人的帮助。因此，一位哲人说过，人生的旅程是在别人的扶持下走完的。当一个人对生活中的某一问题无力解决时，我们如果能够伸出一只热情的手，无疑会给对方以极大的力量与信心。特别是当一个人遇到挫折、处于逆境之中时，如果我们能够热情地帮助别人，别人定会"受人滴水之恩，当以涌泉相报"，定会对我们产生强烈的好感。同时，当帮助别人之后，人人都会产生一种觉得自己很高大的感觉，而当别人又对我们报以微笑时，我们会觉得这个世界是那么的美好。这对人的自信心的建立是极其有益的。

然而，很多人都忽略了帮助别人这一最简单的增进吸引力的方法。他们在抱怨人们缺少友情的同时，自己却不愿意对别人付出一点点的友情，即使是举手之劳也不肯付出，正是这种心理将他们自己拒于友情的大门之外。正如戴尔·卡内基所言："你要别人怎么待你，就得先怎样待别人。"

6. 给人以良好的第一印象

在人生的大舞台上，每一个人都在努力扮演好自己的角色，都希望自己在别人心目中留下一个良好的印象，尤其是第一印象。与之对应的，便是发展起来了第一印象心理学这一领域。尽管不同的人有不同的做法，但总的来说，给人留下一个良好的第一印象并不困难。很多专门研究人际关系的人都提出了一些有效的增加自己良好印象的技术。比如，有人在调查研究的基础上，提出了在最初的交往中有效地表现自己的"SOLER 技术"。SOLER 是五个英文单词的首字母，分别代表五个技巧：Sit：坐要面对别人；Open：姿势自然开放；Lean：身体微微前倾；Eye：目光接触；Relax：放松。

事实证明，如果我们在人际交往的过程中，有意识地在适当场合运用 SOLER 技术，改变其他一些不适当的自我表现，可以有效地增加别人对我们的好感，增加别人对我们的接纳，形成良好的印象。

第四节　人际关系的典型行为

一、人际冲突与合作

（一）人际冲突

1. 人际冲突的概念

人际冲突是指在两个或更多社会成员之间，由于反应或希望的互不相容性，而产生的紧张、不和谐、敌视，甚至争斗的关系。一般是个人与个人之间的冲突。个人之间的冲突之所以发生，主要是由于生活背景、教育、年龄和文化等的差异，而导致对价值观、知识及沟通等方面的影响，因而增加了彼此相互合作的难度。对于人际关系来说，冲突可以带来挑战，也可以带来机遇。人际冲突有不同的层次和类型。布瑞克（H. B. Braiker）和凯利区分了三个层次的冲突。第一层次是特定行为上的冲突，即双方对于某个具体问题存在不同意见。第二层次是关系规则或角色上的冲突，在双方关系中各自对权利义务有不同的理解。第三层次是个人性格和态度上的冲突，往往牵涉双方人格和价值观的差异，是深层次的冲突。

冲突可能产生于客观存在的分歧，也可能根源于主观想象的矛盾。根据冲突基础的不同，研究冲突的著名学者多伊奇（Deutsch）区分了五种类型的冲突，包括平行的冲突、错位的冲突、错误归因的冲突、潜在的冲突、虚假的冲突。根据冲突的性质，可以区分工作性冲突与情绪性冲突。前者是因为对工作本身有不同的理解、思路和做事方法，后者则是因为情绪上的对立或敌意。一般来说，前者比较容易解决，后者比较难解决。

2. 冲突的过程

冲突是一个动态的过程，在这个过程中，冲突双方的认知、情绪和关系都可能发生变化。美国学者潘迪（L. R. Pondy）曾经提出五个阶段模式：冲突潜伏阶段、冲突知觉阶段、冲突感受阶段、冲突外显阶段和结果阶段。在冲突潜伏阶段，可能导致双方冲突的客观条件已经基本具备，双方还没有明确意识到彼此的某些不相容。当双方认识到他们的差异且认为不能相容时，就进入了冲突知觉阶段。当双方开始分析冲突性质，思考应对策略，而且还出现一些情绪上的反应（如不舒服、愤怒等），就进入了冲突感受阶段。在这个阶段，双方都需要做出选择：是回避冲突，还是公开面对冲突？只要一方将冲突公开化，就会进入冲突外显阶段。这时双方可能发生情绪上的对立、言语上的争执，甚至行为上的对抗。这个阶段，容易出现冲突升级、矛盾扩大化、情绪化。经过一段时间的互动，双方关系一般会达成一个新的平衡，这就进入冲突的结果阶段。冲突的后果可能是两败俱伤，可能是一胜一负，也可能是双赢，这取决于冲突的性质与双方管理冲突的水平。

3. 冲突的管理

冲突的管理指的是人们采取一定的行为来应对、处理冲突。研究发现，在处理冲突时，存在明显的个体差异，不同的人会有不同的“冲突风格”，即对于冲突的习惯性反应。

一些学者认为，人们处理冲突的方法可以从两个维度上来分析：一个是合作性，即关注他人需求、愿意满足他人需求的程度。另一个是自持性，即关注自己的需求、坚持满足自己的需求的程度。根据人们在这两个维度上的表现，可以区分五种比较典型的冲突处理方式。

（1）竞争模式。当一方比较关心自己的需求，对对方的需求并不在意时，他采用的就是竞争模式。竞争行为表现比较强的权力意识和支配性，其结果往往是一胜一负。

（2）回避模式。对自己的需求与他人的需求都漠不关心，即用逃避的方式来处理冲突。采用这种模式的人希望尽量不使冲突公开化。

（3）顺应模式。这是一方向对方让步的做法，它调试关注对方的需求，忽视自己的需求。

（4）妥协模式。双方都许诺部分利益，以便在一定程度上满足部分需求，即双方都有所退让，没有绝对的赢家，也没有绝对的输家。

（5）合作模式。将冲突作为需要双方来共同处理的问题，通力合作，努力寻求双赢的结果。

一般来说，前三种处理冲突的方式效果不佳，它们可能进一步加强冲突，使人感到不舒服，或者使问题搁置起来得不到解决。后两种处理冲突的方法就比较有效，但是并不见得适用于所有情境。

一些研究发现，冲突处理的模式存在文化差异。例如，美国文化更注重竞争，在冲突管理中更倾向于采用竞争的方式。中国文化比较强调“和为贵”，推崇合作。在个人主义的文化中，像美国和一些欧洲国家，人们通常以一种相对直接的方式来处理冲突，他们比较关心自己的自尊与利益，并主动将自己与对方分离开来；而在集体主义的文化中，人们处理冲突的方式往往比较间接，所关注的是保全对方的面子并尽可能维持一团和气的关系。

（二）人际合作

如上所述，合作是解决冲突的有效方式。如何增进人们之间的合作，是学术界非常关注的一个问题。政治学家、社会学家、心理学家、管理学家都对此进行了大量研究。

美国密歇根大学政治学教授艾克斯罗德（R. Axelrod）长期从事人类合作行为研究，他认为合作的必要条件有两个：其一是关系持续，人们的交往不是一次性的；其二是相互回报。为了提高合作性，可以从以下几个方面去努力：第一，建立持久的关系；第二，增加识别对方行为的能力；第三，要维护自己的声誉，保证相互信任；第四，要保证对关系的控制力，分步合作，对对方的行为要赏罚分明。

一些管理学者探讨了组织中的人际合作问题。例如，阿尔盖等人的研究表明，在企业同事之间，有许多共同的规范促成他们之间的合作行为，如：承担公平的工作任务，保持自信，需要时愿意提供帮助，必要时寻求建议与帮助，当同事缺勤时承担他们的工作，不要诋毁上级，尊重他人权利，不要公开批评同事。

二、利他行为

与利他行为关系密切的有两个概念：助人行为与亲社会行为。亲社会行为是指任何对他人、对社会有利的行为，例如帮助他人、自觉保护环境等。助人行为是指以个人为对象的亲社会行为。利他行为则是指不期待任何回报的亲社会行为。

（一）利他行为概述

利他行为具有四个特征：第一，利他行为的目的是有益于他人，而不是为了自己的私利；第二，利他行为是一种自觉自愿的行为，不是迫于外界的压力而做出的；第三，利他行为不求任何回报，是一种真正的无私奉献；第四，利他行为具有自我性，它需要个人付出一定的代价，但是个人并不会计较。利他者往往不仅勇于奉献，而且乐于奉献，帮助他人可以使自己获得心理上的满足感。

（二）利他行为的理论

利他者为什么会不求回报地帮助他人呢？巴特森（Batson）提出了一个“同情心

—利他主义假说”来解释这个现象。他认为，当我们看到某人需要帮助时，影响我们决策的首先是：我们对这个人是否感受到了同情心？当这个人显得很苦恼、很无助时，我们是否感同身受？如果产生了同情心，我们就会不计得失去帮助他（她）。如果我们并不同情他（她），交换心态就会主导一切，我们就可能权衡提供帮助的利弊。当帮助他（她）能够获得好处时，例如并不费力就可以得到赞美，那么就会伸出援手；如果得不偿失，就可能袖手旁观。总之，按照这种假说，当人们对需要帮助的人产生强烈的同情心时，就会提供无私的帮助。

对于助人的动机，社会生物学和社会交换理论的观点与巴特森的假说不同。在社会生物学看来，助人是一种直觉反应，是基因进化的结果，是为了保护和促进那些在遗传上和我们相似的物种的利益。在社会交换论看来，助人是理性算计的结果，人们是为了利己而利人。对于这些观点，学术界讨论得相当热烈，但是还没有达成共识。

（三）利他行为的影响因素

除了上述的动机因素之外，影响利他行为的还有情境因素和个人因素。个人因素包括可能提供帮助者的人格、性别、心情等，情境因素包括旁观者的人数、其他人的示范、需要帮助者的特点等。

研究发现，个人的价值观和个性特点是影响其是否愿意做出利他行为的重要因素。例如，在一些西方国家，信教的学生比不信教的学生更乐意从事公益活动。另外，一般来说，富有同情心而且自我效能感高的人帮助别人的可能性比较大。

在性别差异方面，有一些研究表明，男性在短期的需要冒险救助他人的场合表现比较突出，而女性在一些危险性比较小，但是承诺性比较大的长期扶助行为中出力更多。例如，在美国，冒着生命危险抢救陌生人而获得“卡内基英雄基金会”颁发的勋章的人员中，有91%是男性，而志愿帮助残疾人、照顾孤寡老人的，以女性居多。

心情也是影响助人行为的一个因素。研究表明，当人们心情比较好时，做好事的积极性比较高。对此，一些学者认为有三个原因：第一，愉快的心情使人们更加注意人生的光明面，更加注意别人的优点，把人往好的方面想，因此帮助他人的动机更强。第二，做好事可以延长好心情，形成一个良性循环。第三，好心情可以增加人的自我注意，使人们更有可能按照自己的理想形象来表现自己。

一些研究发现，在需要助人的情境中，存在所谓的“旁观者效应”：在有人需要紧急救助时，在场目睹此情境的人数越多，一个人出面相助的可能性就越小。拉塔内（Latane）与达里（Darley）对此现象提出了一个解释。他们认为，旁观者是否伸手相救，有一个由五个步骤组成的认知决策过程。在每一步上，旁观者都可能停顿下来。

步骤一：是否注意到该紧急事件。如果没有注意到，助人行为无从谈起。

步骤二：如何解释该事件。例如，当人们看到一个人躺在地上时，可能以为他喝醉了，可能以为他病倒了。如果将事件解释为无关紧要（有人喝醉了），就可能不放在心上。如果认识到是一个紧急情况（有人病倒了），就可能考虑是否相救。

步骤三：对个人责任的评估，即个人对于解决该紧急问题有多少责任。如果认为责任重大，就可能采取行动；如果觉得自己没有什么责任，就可能无动于衷。此时，旁观者人数的多寡影响很大。当只有一个旁观者，他（她）可能意识到危险者命运掌握在自己的手中，自己责无旁贷，如果不相救，难免很内疚；当旁观者较多时，责任就分散了，没有人觉得自己有特别的责任，即使发生不幸，个人的内疚感也可能比较小。

步骤四：是否知道如何相救。如果对于遇到的紧急情境没有任何经验和相关知识，也没有必需的能力，那么，即使想真心相救，也可能是束手无策，心有余而力不足。

步骤五：决定是否采取行动。当人们经过了上述所有步骤，觉得有责任相助而且知道该如何帮忙时，他们就进入了最后阶段。这时，还可能考虑一些问题，包括对代价的衡量。

由于旁观者的助人行为决策需要经历如此复杂的过程，所以，存在“旁观者效应”也就不难理解了。

在需要救助的情境中，如果有人挺身而出，可能会起到很好的带头作用，为他人提供榜样，增加其他人助人的可能性。另外，一些研究还发现，如果遇到危险的人与我们相似，我们帮助他（她）的可能性更大。

社会风气也是影响助人行为的一个重要因素。近些年，这一点在中国社会表现比较明显。当社会风气不好，正义难以伸张，人与人之间充满不信任时，人际冷漠现象就比较普遍。当见义勇为行为得到推崇和表彰，人们对法律法规的公正性和执法者的廉洁程度比较有信心，人与人之间信任度比较高时，乐于助人的行为就更容易出现。

（四）利他行为的促进方法

1. 培养移情能力

移情是指个体能设身处地考虑别人的感情，并做出相应的情感反应。尽管移情是一种情感反应，但它包括认知和情感两个方面，移情是建立在一定认知技能基础上的情感反应。移情中的主要认知成分被称为“角色采择”，即理解并推知他人情绪情感反应、思想、观点、动机和意图的能力。

2. 强化利他行为

利他行为和其他行为一样，可以通过强化而得以保持和增加。例如，儿童表现出利他行为后，及时给予表扬和鼓励，会有助于这一行为的保持。当人们受到外在的表扬和奖励后，他们就会逐渐产生一种相应的内在自我奖励倾向，表现为内在的自我满足。如果能从外在强化过渡到内在强化，利他行为就会得到更有效的巩固。

3. 提供榜样示范

让儿童接触利他榜样可以增加利他行为。在榜样学习过程中，要注意促使儿童把榜样所代表的道德原则和规范加以内化，而不局限于简单的模仿。榜样示范对成人同样有效，成人的利他行为同样具有可塑性。因此，社会要重视对榜样人物的宣传，加大对榜样行为的奖励，同时注意呈现榜样的具体情境和具体事迹，让人们感到榜样值得效仿、能够效仿。

4. 学习助人技能

在现实生活中，许多人本来有助人的愿望，但由于缺乏有效的助人技能，而没有表现出实际的助人行为。例如病人突然发病却不知如何救治，有人失足落水旁观者却不会游泳。因此，我们需要加强助人技能的教育，特别是在紧急情况下的助人技能。

如果人们掌握了必要的助人技能，就会增加人们实际的助人行为。

三、侵犯行为

侵犯行为涉及人的本能或人性的善恶。单纯从人的天性本身寻找攻击的原因，没有多少实际意义，我们需要了解导致侵犯行为的社会因素与人格因素，由此探索控制和减少侵犯行为的方法。针对这个问题，社会心理学家对侵犯行为进行了大量的研究。

（一）侵犯行为的概念

侵犯行为又称为攻击行为，是一种有意伤害他人，引起他人生理上或心理上的痛苦的行为。

（二）侵犯行为理论

1. 本能论

心理学家大卫、布斯等人发现，侵犯行为对人类祖先就具有重要的适应意义。侵犯行为在获得资源，抵抗攻击、威胁甚至消灭竞争者等方面都是一种有效的策略。这是在原始社会中，在人类社会长期演化过程中，骁勇善战的英雄会得到更高的社会地位和更多的繁衍机会。布斯等人相信，侵犯是男人从他们成功祖先处继承的一种心理机制，侵犯提高基因在下一代中得到传递和保留的概率。在社会心理学领域，本能论倾向的经典理论主要有弗洛伊德的精神分析观点和洛伦茨的习性论。

2. 挫折—侵犯理论

（1）多拉德在研究侵犯行为时提出挫折—侵犯理论。他认为人的侵犯行为是因为个体遭受挫折而引起的，侵犯是挫折的一种后果，侵犯行为的发生以挫折的存在为先决条件。

（2）修正的挫折—侵犯理论：心理学家米勒认为挫折不一定引起侵犯，挫折也可以产生侵犯之外的其他后果。并且，侵犯与挫折的关系可以是先天的，也可以是后天习得的。

3. 社会学习理论

1963 年，班杜拉根据社会学习理论对侵犯行为进行了全面的分析。他认为儿童的侵犯行为并非生来就有，而是后天习得的。侵犯是直接经验和观察学习的结果。通过强化习得侵犯行为，导致攻击行为出现的可能性增大。根据社会学习理论，对侵犯行为不关注或忽视，可减少侵犯行为。在这种条件下既没有提供可以仿效的侵犯榜样，也没有提供额外关注的强化。

（三）侵犯行为的影响因素

1. 情绪唤起水平

个人的总体情绪唤起水平会直接影响到他的侵犯行为。研究证明：一般化非特异性的情绪唤起水平的提高会直接导致个体的侵犯行为的增加。而特异性情绪的唤起水平（如身体运动、性唤起），也可能增加人们侵犯的可能性（侵犯性）。另外，暴力色情的宣传会通过增加人们的性唤起水平的途径，增加人们的侵犯性。

2. 道德发展水平

个体的道德发展水平越高，可以造成他人痛苦的侵犯行为就越难以发生。道德的实质，是强调个人与他人的关系，考虑他人的利益。研究表明，道德水平越高，个人也就越容易从他人利益的立场感受和思考问题，行为也越趋近于与侵犯行为相反的亲社会方向。

3. 自我控制能力

个体的自我意识和自我控制水平下降时，侵犯行为就比较容易发生。而当个人的责任行为意识增强时，个人侵犯行为的强度就会明显下降。

4. 社会角色与群体的影响

如果社会对一种社会角色较为容忍，那么拥有这种社会角色的个体的侵犯性就会明显增加。在群体活动时，群体的相互模仿和激发，以及群体的极化和去个性化作用，也可使个体的侵犯性倾向于增加。

5. 大众媒介的影响

电影、电视、网络、报纸、杂志等大众传媒的暴力色情内容，会增加公众尤其是儿童的侵犯性。去个性化是一种自我意识下降，自我评价和自我控制能力降低的状态。个体在去个性化的状态下行为的责任意识明显丧失，会做出一些通常不会做的行为。群体活动是去个性化最常见的情境。“看客”们是去个性化的，每个人都不再是自己，而是一个“匿名”的、和他人无差别的人。在去个性化的情境中，人们往往表现得精力充沛，不断重复一些不可思议的行为而不能停止。在去个性化状态下，人群不分青红皂白地攻击目标，并且攻击的强度远超寻常而不能停止。去个性化状态使人最大限度地降低了自我观察和自我评价的意识，降低了对社会评价的关注，通常的内疚、羞愧、恐惧和承诺等行为控制力量也都被削弱，从而使人表现出通常社会不允许的行为，使人的侵犯行为增加。

（四）侵犯行为的控制

1. 侵犯行为的社会制约

按照自我价值定向理论，在人们自我意识正常的情况下，侵犯行为是在行为本身对个人有价值的情况下做出的。如果行为的预期代价超过行为能够带来的满足，则行为就会被抑制。因此，社会增加对侵犯行为处罚的强度，可以实现对侵犯行为的外部控制。

动物学家艾泽林（N. Azrin）1967 年曾经进行过一项著名的疼痛攻击实验。方法是让獾捕食位于笼子另一端的老鼠。在獾必须通过的格网上，通以电流，而且越接近老鼠的地方电压越高，由其产生的电击痛苦也越来越大。研究者以电压的高低来考察饥饿的獾攻击老鼠时所能忍受的疼痛。很显然，当电压高到一定数值，造成的痛苦过大时，獾就宁愿挨饿而不愿攻击。因为此时捕食所要付出的代价超出了捕食可能带来的满足。

习惯上，心理学家将获取需要满足所要付出的代价称作反向动因。利用反向动因来减少侵犯的发生是很有效的。当将人们行为的预期代价增大，使人们对一个对象的趋近力量转化为逃避力量时，侵犯就会得到阻止。1985 年秋，有关部门所做的研究表明，严厉打击刑事犯罪之后的 26 个月中，北京的刑事犯罪下降了 46.6%，性侵犯案件发案率也明显下降。

必须指出的是，依靠社会的外部制约来减少侵犯的发生，并没有使存在于个人身上的侵犯性消失。因此，社会控制不是减少侵犯的根本方法，而仅仅是变通的措施。侵犯问题的最终解决，需要使个人的侵犯性得到改造。

2. 去个性化的避免

去个性化（deindividuation）的概念最初是由费斯廷杰等人于1952年最先提出的。所谓去个性化，指个人自身同一性意识下降，自我评价和控制水平降低的现象。个人在去个性化状态下行为的责任意识会明显丧失，从而做出通常不会做的行为。

社会心理学家最初用匿名的方法，使群体成员感觉不到自己与其他人的区别，成功地造成了人们的去个性化状态。在群体中，一旦去个性化状态出现，个人的行为会较少受自己的个性支配，而倾向于跟随整个群体的状态。群体的规模越大，气氛越强烈，越易于引发人的去个性化状态。社会心理学家认为，投入群体暴乱活动的个人，往往处于去个性化状态。暴乱所以多在夜晚和大规模人群中发生，也正是这个道理。

除匿名（个人在大规模群体中无法被确认亦为匿名状态）外，极端自我卷入后暂时的心理活动高度集中于外界事物，以及药物、酒精或催眠等影响，也可造成人的自我意识和控制水平极度降低，使人处于去个性化状态。

社会心理学家津巴多认为，去个性化状态使人最大限度地降低了自我观察和评价的意识；降低了对社会评价的关注，因而通常的内疚、羞愧、恐惧和承诺等行为控制力量都被削弱，从而使压抑行为外露的阈值降低，使人表现出通常社会不允许的行为，也使人的侵犯行为增加。

有关去个性化的研究表明，适度的自我评价和自我控制，是个人维持正常的社会角色和社会责任意识所必需的。如果一个人极度丧失自我意识，则其正常的行为调节力量就会失去作用，从而使人倾向于成为一个缺乏应有自我调节能力的有机体，使人的行为具有不可预测的破坏性。实际上，精神分裂患者之所以行为有难以预计的破坏性，原因正在于他们丧失了自我调节和自我控制的能力。在这个意义上，去个性化状态下人们的行为可能被理解成是精神病行为。

侵犯是一种给别人带来伤害性后果的行为。个人只有在保持一定自我意识的情况下，才能觉察和评价自己行为的后果，有意识地避免伤害别人。因此，社会心理学家认为，在日常生活中，个人需要认识到去个性化状态的危险，并有意识地避免这种状态，保持行为的自我控制。特别是在被大规模群体的激愤所裹挟时，保持对自己行为的理性判断和控制就更为重要。不然，个人就可能卷入带来严重后果的暴乱或破坏性、毁灭性的侵犯行动中。

3. 道德发展水平的提高

国内外有关犯罪的研究都表明，绝大多数情况下对别人的侵犯是直接与道德水平的低下相关联的，个人的道德发展水平越低，就越倾向于忽视他人的痛苦、利益和幸福。心理学家斯普林撒尔（R. C. Sprinthall）等人在其1981年出版的《教育心理学》一书中，引用了非常说明问题的研究。该研究用心理学家柯尔伯格（L. Köhlberg）的道德发展阶段作为被试道德水平的衡量，然后考察不同道德水平的被试在米尔格莱姆式权威—服从实验上实施侵犯行为的差异。研究的结果证明，道德发展水平处于第一至第四阶段上的被试，拒绝服从权威而对别人施以伤害性电击的比例仅有13%。也就是说，道德水平停留在：①惩罚与服从定向阶段；②工具性相对主义定向阶段；③人际协调定向阶段；④维护权威或秩序定向阶段的被试，在明知自己的行为将对别人造成伤害的情况下，抵抗外在权威力量影响的能力还是很小。

与前四个阶段形成鲜明对照的是，道德发展水平达到第五和第六阶段的被试，拒绝服从权威而对别人实施伤害性电击的比例高达73%。道德发展的第五阶段为社会契约定向阶段，第六阶段为普遍道德原则定向阶段。道德发展水平达到这两个阶段后，人们开始以一般的道德原则来指导自己的行为，而外在的影响则退居次要的位置。因此，在米尔格莱姆式的实验中，虽然有权威的指示，但大多数被试仍拒绝对别人实施伤害性的侵犯。

去个性化和道德发展水平同侵犯行为关系性质的研究表明，侵犯行为的真正控制，依赖于个人自己。从全社会乃至全人类的角度说，只有当整个人群的个性发展达到了对侵犯行为的有效控制时，社会的侵犯行为才可能有实质性的减少。而任何依靠外在力量所造成的侵犯行为的暂时制约，都不可能从根本上减少侵犯的发生。

（五）侵犯行为的应对

一些学者指出，在人际交往中，无论是为了有效地应对别人的侵犯行为，还是为了减少自己的侵犯行为，我们都需要学会采取自持行为。自持行为是指在侵犯别人权利的情况下维护自己的权利。一方面，它不同于放弃自己权利的过分顺从行为，敢于坚持自己的正当权利；另一方面，它又不同于在追求自己的权利或利益时侵犯别人的权利的攻击行为。

需要自持行为的情境很多，例如：在“禁止吸烟”区要求某人熄灭烟头，买到不满意的商品后去商店退换，要求共用一个办公室的一位同事到别处聊私事，与和你争吵过的人重新开始讨论工作等。以下是一些学者总结的采取自持行为的几种技巧：

（1）基本的自持是对维护你的权利的简单表达。例如，当别人总是打断你的话时，你可以语气平和地告诉他：“对不起，我要说完我的话。”

（2）当别人批评你的想法，却没有充分的理由时，可以采用模糊化的方法。即不对批评提出挑战，只是说：“你也许是对的，但是……”然后进一步说明你的主张。

（3）如果你发现和对方在某件事上以前达成的约定被他忽略了，你可以用自持的陈述或通过提问提醒对方。

（4）使用坚决而稳定的语音和以事实为基础的语气。

（5）不要谴责或指责对方，也不要威胁对方。

思考题

1. 影响人际吸引的因素有哪些？
2. 人际沟通受哪些条件的制约？
3. 试分析人际沟通模式的利弊。

4. 如何培养人际沟通的能力？
5. 回忆和分析你是如何一步步与某人成为好朋友的。
6. 思考、分析中国人的人际关系是否有自己的特征。

第十章　群体心理

群体在社会关系体系和结构中占有特殊的地位，所以，社会心理学不仅要研究个体的心理与行为，还要研究群体的心理与行为。在本章中，我们将讨论群体的分类、功能及形成，群体凝聚力及影响因素，合作与竞争等内容。

第一节　群体心理概述

群体生活是人类最基本的生活方式，群体是由个体组成的，但群体绝非个体的简单相加，它是个体的有机组合，具有独特的结构、功能与特点，也有自己形成和发展的规律。

一、群体的概念

群体（group）又叫团体，是指两个或两个以上相互影响、相互依赖的个体为了一定的共同目标，按照一定的方式结合在一起的集合体。

要成为群体，必须具备下面几个条件：

（1）要有一定数量的成员。群体必须由两个或两个以上的个体组成。社会心理学讨论较多的群体，通常为规模不超过 50 人的较小群体，许多研究集中在 3 ~ 20 个人的小群体之中。关于小群体的最低限度是 2 人还是 3 人，在社会学家和社会心理学家中曾有过分歧。

（2）群体成员具有共同的目标。在任何一个群体中，该群体的成员都具有某种共同的目标和共同的社会行为。群体目标是群体进行活动的方向和目的，是使群体成员产生共同兴趣和愿望，从而建立群体和维持群体的基本条件。

（3）群体内有一定的组织结构。群体是按一定的规范建立起来的有机组织系统。它不仅有一定的组织结构，并且每个成员都被按照一定的要求组织起来。在群体中，成员扮演不同的角色，承担着一定的责任，享有一定的权力。

（4）群体成员之间有一定的心理联系，互相影响。群体成员之间的相容与接受程度较高，在心理上彼此意识到对方，互相认同。成员之间不仅能够在生活、学习、工作等方面相互关心、相互帮助、相互尊重，而且在思想、感情和观点、信念上都趋向于一致，并建立起“我们同属一群”的相互依存的关系和情感，对群体都富有责任感、荣誉感、自豪感、依恋感等肯定的情感体验。

（5）群体内存在着共同的价值观和规范。成员在活动和认识上必须遵守这些规则，这是保证群体成员行为一致、实现群体目标的重要条件。群体的组织纪律、作风、传统、守则、活动目标、操作规程等，都是群体规范的表现。

群体是由个体组成的，但群体不同于偶然聚合体。商店中的顾客、剧院里的观众、同在一处海滨浴场的游泳者，虽然因为时空的某些因素临时聚集在一起，但不能称为群体。偶然聚合的人群没有共同的目标和归属感，没有结构和社会角色分化，相互之间也没有意识和行为上的联系。当然，偶然聚合体可转化为群体，在某些既定的条件下，聚集成群的人，他们的感情和思想全都转到同一方向，他们自觉的个性消失了，形成了一种集体心理。法国心理学家古斯塔夫·勒庞（Gustave Le Bon）把这一群体称为“心理意义上的群体”。例如，在餐馆里一起用餐的一群人，本来互不认识，也没有互动，突然一人发病需要急救，这群人为了抢救病人，分工合作，相互依赖，就形成了一个群体。

二、群体的分类

群体是各种各样的，每一种群体的性质、结构、作用和活动方式各不相同。为了研究的方便和进一步认识群体的现象及规律，就需要根据一定的标准，把群体分成若干种类。目前较有影响的分类有：

（一）正式群体与非正式群体

这种划分方法最早是由美国心理学家梅耶（E. Mayo）在霍桑实验中提出的。所谓正式群体是指具有正式社会结构，成员有明确地位与社会角色，有相应成员的权利与义务，并有固定编制的群体。如学校的班级、工厂的车间与生产班组、部队的组织等，都是正式群体。正式群体中人们的相互关系，即使在同一个工作细则的指导下也不可能完全相同，因为人们交往时带有各自的性格、气质、能力及风格的特点。公务关系必然会受到私人关系的补充，心理上的接近（同情、友谊、尊敬）使正式群体结为一体，共同解决面临的问题。在正式群体和公务来往的范围内，也可能存在着否定的情绪态度，如反感、不尊重、蔑视和仇视等。

非正式群体是指那些自发产生的，没有明确社会角色和相应权利与义务规定的群体，往往以共同的利益、观点为基础，以情感联系为纽带，有较强的凝聚力和较高的行为一致性。非正式群体，是在心理动机上的方向一致——同情、观点接近、信念一致、承认权威、个别人威望的基础上产生的。这种团体没有定员编制，没有条文规定，因此，不必有固定的形式。例如，钓鱼、打猎的爱好者等彼此由于交流体会或志同道合就形成非正式群体，活动一结束，人们一分散，群体势必瓦解。非正式群体有这样一些特征：以某种共同利益、观点和兴趣为基础，以感情为纽带；有较强的凝聚力和行为的一致性；自然形成的领袖对其他成员拥有支配力；有一套颇为有效的不成文的奖励和惩罚制度；成员间有一条比较灵敏的信息传递渠道；有较强的自卫性和排他性。

社会心理学研究与生活实践表明，在正式群体中总会存在着各种非正式群体，非正式群体在一定程度上会影响正式群体，其影响可能是积极的，也可能是消极的。梅耶的霍桑实验证明，在大规模生产条件下，非正式群体的自发产生是不可避免的，而且非正式群体中形成的目标在很大程度上决定着群体成员对劳动、对管理部门的态度，从而影响了成员的劳动生产率。

苏联心理学研究指出，在自由和创造性的劳动条件下，正式群体内部的非正式群体会促进正式群体的巩固及任务的完成，不仅不会涣散劳动组织，而且会使之更加团结。若非正式群体具有集体主义倾向，就更能促进正式群体的巩固，因为在非正式群体中成员之间互相谅解，亲密接触和友好合作，具有情绪上的一致性并相互依恋，乃是正式群体的价值观念、思想观点和行为动机产生的基本条件。

非正式群体有时也会与正式群体发生矛盾。在正式群体的目标和规范与其成员的个人需要不一致的情况下，在非正式群体具有反社会倾向的情况下，非正式群体会破坏正式群体的目的，成为正式群体发挥作用的障碍。苏联社会心理学家 E. C. 库兹明研究生产班组中的非正式群体时指出，非正式群体有时会降低生产率。他认为，不要破坏正式群体中的非正式群体，而要加以引导，利用非正式群体以巩固正式群体。

（二）初级群体和次级群体

初级群体（primary group）又叫首属群体，这一概念由美国早期的社会学家库利（C. H. Cooley，1909）提出，是指个人直接生活在其中，又面对面互动形成的、具有亲密人际关系的群体。家庭、邻居、同伴群体等，都属于初级群体。初级群体不仅能满足人们的情感需要，而且对于个体的社会化起着重要的作用。

初级群体的特点主要是：初级群体的形成一般是一个自然的过程，不是基于某种社会需求；初级群体通常没有严格的群体规范；成员之间的互动是经常的、直接的、面对面的，彼此之间是情感联系，而不是规定性的角色关系；有强烈的情感联系，成员之间一般是不可代替的。

次级群体（secondary group）又称次属群体。这是指有目的、有组织、有明确社会结构的、按照一定规范建立起来的群体。最常见的次级群体是社会组织，如学校、工厂、政府机关等。

次级群体的特点主要是：其形成源于一定的社会需要；有严格的组织结构、规章制度和行为规范；成员之间的联系以社会分工为基础，主要是社会角色关系；具有较大的规模，人数较多，因此，不能完全直接接触。

（三）隶属群体和参照群体

所谓隶属群体，又称成员群体，是个体实际参加的群体，如个人所在的班级、球队等。但是，隶属群体并不一定被该个体所认同，这时发生了所谓的“身在曹营心在汉”的现象。也就是说，该个体虽然处在当前的群体中，但是，他放弃了对当前所在群体的观念，在心理上采取了其他群体的观念和规范。

所谓参照群体，是指个人自觉接受其规范和准则并以此来指导自己行为的群体。参照群体是人们心目中所向往的群体，个人把群体的价值、规范、目标作为自己行动的指南，努力按照群体的规范约束自己。参照群体在个体的内心得到确定以后，就会对个体的心理和行为产生明显的导向作用。参照群体的概念最早是由美国心理学家海曼（H. H. Hyman）于 1942 年提出的，后来，纽卡姆、谢里夫等人都使用这个概念。

研究参照群体很重要，要树立先进集体，这些先进集体能不能发挥榜样作用，关键是能不能成为参照群体。如果个人所属的家庭、班级、班组都未能成为个体心目中向往的群体，那么，带有反集体主义倾向的或反社会性质的群体就有可能成为个人的参照群体。社会心理学研究表明，在社会上常有些青少年表现出越轨行为，原因就是他们把犯罪团伙当作自己的参照群体，将其规范和准则当作自己的行为标准。所以，我们要注重对参照群体的研究。

三、群体心理效应

在现实生活中，我们常常可以看到一个人单独表现的行为与在群体中表现的行为是不一样的。这是群体心理存在的结果。概括起来，群体心理对个体的作用，主要表现在三个方面：

（一）群体归属感

群体归属感是指个体自觉地归属于所参加群体的一种情感。有了这种情感，个体就会以这个群体的规范为准则，进行自己的活动、认知和评价，自觉地维护这个群体的利益，并与群体内的其他成员在情感上发生共鸣，表现出相同的情感、一致的行为以及所属群体的特点和准则。例如，一个大学生在社会上表明自己的身份时，总是说我是某个学校的，到了学校，则强调是某个系的和某个班级的。这种表现学校、系、班级身份的意识，就是归属感的一种具体表现。群体的归属感，由于群体凝聚力的高低不同，其表现的程度也就不同。群体凝聚力越高，取得的成绩越大，其成员的归属感也就越强烈，并以自己是这个群体的成员而自豪。所以，先进群体成员的归属感比落后群体成员的归属感要强烈。另外，一个人在一生中可以同时或先后参加几个不同的群体，他对这些群体都产生归属感，而最强烈的归属感是对他生活、工作和其他方面影响最大的那个群体。一般来讲，人们对家庭的归属感要比对工作群体的归属感强烈得多。

（二）群体认同感

群体认同感是指群体中的成员在认知和评价上保持一致的情感。由于群体中的各个成员有着共同的兴趣和目标，有着共同的利益，同属于一个群体，于是，在对群体外部的一些重大事件和原则上，都自觉保持一致的看法和情感；自觉地使群体成员的意见统一起来，即使这种看法和评价是错误的，不符合客观事实，群体成员也会保持一致。正如古斯塔夫・勒庞指出的，在群体情况下，个体放弃独立批判的思考能力，而让群体的精神代替自己的精神，进而放弃了责任意识乃至各种约束，最有理性的人也会像动物一样行动。例如，某个成员与群体外的他人发生意见冲突，那么，群体内的其他成员就会与本群体的这个成员的意见保持一致，认为他说的对而批驳对方。

一般来讲，群体中会发生两种情况的认同，一是由于群体内人际关系密切，群体对个人的吸引力大，在群体中能实现个体的价值，使各种需要得到满足，于是，成员主动地与群体发生认同，这种认同是自觉的。另一种认同是被动性的，是在群体压力下，为避免被群体抛弃或受到冷遇而产生的从众行为。后一种认同是模仿他人，受到他人的暗示影响而产生的，尤其是在外界情况不明、是非标准模糊不清，又缺乏必要的信息时，个人对群体更容易产生认同。

（三）群体的促进和干扰作用

在现实生活中，我们常常可以看到，个人单独不敢表现的行为，在群体中则敢于表现。这是由于归属感和认同感使个体把群体看作是强大的后盾，在群体中无形地得到了一种支持力量，从而鼓舞了个人的信心和勇气，唤醒了个人的内在潜力，做出了独处时不敢做的事情，并且当群体成员表现出与群体规范的一致行为，做出符合群体期待的事情时，就会受到群体的赞扬，从而使个体感到其行为受到群体的支持。这种赞扬和支持，主要体现在个人心理的感受上，一个动作，一个眼神，一种表情，甚至仅仅是同伴在场，都可以成为促进作用而被个体体会到，从而强化其行为。然而，群体的这种鼓励作用，并不是等同地发生在每个成员身上，有的受到的支持力量较大，有的则较小，还有的则感受不到支持，甚至还会产生干扰作用。因此，一个群体能否对其成员产生促进作用，要受成员个人条件的制约。

四、网络群体及其极化现象

在互联网时代，涌现出新的群体现象，如在博客、微博、微信、QQ 或人人网等网络社区中，上网者经常与网上的他人互动交往，并自然地形成网上人群集合，比如娱乐类、聊天类、论坛类网民等。他们之间经常持续交往，共同参与讨论感兴趣的话题或网上活动，这些都是网上构成的社会群体。网络社会群体与现实社会群体不同，他们在虚拟的网络中自由性和自主性比较强，交往空间大，成员自由度大，这种“集合”容易形成“局部民意”“网络民意”，极易使网民们做出错误判断和极端行为。网络民意群体极化导致的严重后果不容轻视。群体虽然由个体组成，但不会因为一个个体的改变而改变，相反，一旦个体融入到群体之中，个体反而会被群体同化。

群体极化（group polarization）是由詹姆斯·斯通（James Stoner）于 1961 年提出的，指在群体进行决策时，人们往往会比个人决策时更倾向于冒险或保守，向某一个极端偏斜，从而背离最佳决策。美国哲学家凯斯·桑斯坦（Cass R. Sunstein）最早把群体极化与互联网联系在一起，提出“网络群体极化”的概念。他同时指出：团体成员最初就存在某些偏向，并引起偏向性而组成团体；在讨论后，因为缺乏对立的意见和争论，人们更强化了原有的偏向，甚至形成了极端的观点。

一般而言，网络上的群体极化现象可以分为两个层面。第一个层面是网络言词的极化，即网民的意见偏向一个观点，向一个极端偏斜。另一个层面是现实行为的极化，即网络上的群体行为作用到现实社会中，严重影响了正常的社会公共秩序。

群体极化发生的原因，是信息的影响和群体的感染。网络中的群体极化现象可能会出现单方向极化现象，即指一种观点或态度，甚至排斥其他观点的出现，以强势的姿态突出在话语体系中。这是一种共识的单方向极化现象。另一个网络中的特殊群体极化现象是多元群体极化，形成多个“群体思维”式的多方向群体极化。比如在非政府组织的论坛或志愿者组织的论坛中常见这样的态势。网络群体极化的特定走势，常常是一个极端倾向。开始可能是多元的，后来形成两极，到最后可能就会趋向一个极端了。网络中的极化现象也会出现“拐点”，这种极化现象的“拐点”多半是因为论据充分的帖子让极化行为发生了转折。

群体心理的存在对于个体有着重要的意义。个体的社会化，个体自我的形成，都是在这种群体心理的影响下进行的。个体心理也是在群体心理的制约下获得的。因为社会是一个宏观环境，对个体而言，是一种抽象的关系。而群体是一种微观环境，对个体而言，是一种具体的关系。社会要把每个生物人塑造成为社会人，就要通过群体这种微观环境发生作用。因此，群体心理自然会对个性的发展产生影响，并部分地成为个体心理特征。在现实生活中，群体是多样的，个体要生活在许多群体之中，这样就造就了个体心理的丰富性，并使个体得到全面的发展。

第二节 群体凝聚力

群体是社会生活的基础，在诸多的群体中，有的群体对成员具有强烈的吸引力，成员愿意参加群体的各种活动，为实现群体目标而共同努力；而有的群体人心涣散，成员对群体缺乏认同，导致群体功能不能有效发挥。导致这种现象出现的主要因素就是群体的凝聚力。群体的凝聚力是群体存在的必要条件之一。

一、群体凝聚力的含义

群体凝聚力（group cohesiveness）是指多数群体成员凝聚为一体，整体作用于群体或组织目标活动的心理结合力。它包括两个方面：一是群体对成员的吸引力，二是成员彼此之间的吸引力。群体凝聚力不仅包括群体成员之间的人际吸引所决定的正性力量，而且包括群体成员与整个群体的吸引程度，即由于离开团体要付出高的代价所决定的负性力量。

（1）正性力量包括三个含义：①成员间的人际吸引，如成员之间彼此喜欢。②使成员留在群体中的动机，如成员想通过群体达到自己的某种目的，如获得文凭、挣钱糊口等。③群体的有效性与和谐性，如群体能够有效地实现自己的目标。

（2）负性力量包括两个含义：①成员离开群体必须付出更高的代价，这时，成员就不能简单地决定是否离开。如一位员工想离开原单位，但合同未满，必须赔偿单位的损失，这位员工觉得不合算，只好暂时留在原单位。②成员没有更多其他的选择，而不得不坚持留在原群体中。

群体凝聚力对群体具有重要的作用。首先，它是群体发展水平的重要标志。凝聚力越高，群体对成员的吸引力和影响力越大，群体就越稳定，群体的发展水平也就越高。其次，群体凝聚力也是群体功能发挥的重要因素。一个高凝聚力的群体，能充分调动成员的积极性，成员能自觉遵守群体规范和群体目标，从而使群体活动效率得到提高，群体功能得到很好的发挥。再次，群体凝聚力对个体也具有重要意义。在凝聚力高的群体中，个体具有更多的安全感、归属感，有更高的自尊心，表现出更低的焦虑。同时，由于成员之间关系融洽，沟通频繁，个体能从群体和其他成员那里得到更多的社会支持。

二、影响群体凝聚力的因素

（一）群体领导者及领导方式

群体领导者的个人品德、素质、作风和领导方式，都会影响群体的凝聚力。如果领导者素质高、能力强，领导班子团结协作，作风正派，对群体成员关心体贴，那么，群体对成员就会具有较强的吸引力。5 对群体的吸引力有着重要的影响，一些经典的社会心理学研究都已经揭示了其中的道理。民主型的领导方式能提高群体凝聚力，而专制型或放任型的领导方式则会降低凝聚力。

（二）群体目标与个体目标的一致性

当成员的个体目标与群体目标一致时，个体在为实现群体目标而工作时，容易看到个体目标的实现，群体对个体的吸引力就大。反之，如果个体目标和群体目标差距很大或毫无联系，群体对个体的吸引力也就降低。群体目标与个体目标的一致性是保证群体凝聚力的根本因素。如果群体目标与个体目标发生矛盾，个体应以群体利益为重，修正目标，使之符合、适应群体目标。

（三）群体成员的心理相容

群体成员要完成群体目标，必须合作，在合作中群体成员的心理相容很重要，就是说群体中成员之间、成员和群体、领导和成员、领导人之间要和谐相处，相互尊重，相互交流，相互协作。群体内的心理相容使每一个成员都有既要帮助别人，又需要别人帮助的意识，都有共同合作取得成功的需求，这有利于培养较强的团队意识。心理相容又为群体成员提供了积极乐观的心理气氛，使人人保持良好的心境，从而有利于发挥人的主观能动作用，加强群体的凝聚力。

（四）群体成员的相似性

相似性是指在民族、地域、教育、年龄、职业、性格、爱好、态度、价值观等各方面的相似，对人们的交往、友谊和吸引有着重要的影响。在某个方面的相似，容易使人感到彼此接近，获得支持，从而产生好感，发生认同，正所谓“物以类聚，人以群分”。因此，群体成员之间的相似性越高，彼此之间的吸引力就越大，群体凝聚力也就越强。

（五）群体规模

群体规模即群体内成员的数量，它与群体凝聚力也有密切联系。随着群体规模的扩大，凝聚力有降低的趋势。这是因为：①群体规模影响成员的参与程度，群体越大，成员平均参与群体活动就越少；②群体规模影响机会分配的公平性，规模越大，就越容易出现机会分配上的不均衡；③群体规模影响群体功能的发挥，规模越大，成员之间的差异越大，人际关系越难协调，群体规范和目标也越难发挥作用；④群体规模影响成员的沟通与交往，规模越大，成员之间彼此沟通和交往的机会越少，从而导致熟悉感和亲密感下降，也就直接导致群体凝聚力降低。

（六）群体活动的目标结构

目标结构（goal structure）是多伊奇（H. Deutsch，1949）提出的概念，是指以目标为导向的人际相互作用方式。主要有三种：合作目标结构、竞争目标结构和个体化目标结构。合作目标结构是指在群体中，不同个体之间有着共同的目标，只有当群体中所有的人都能实现目标时，个体才能实现目标，获得成功。竞争目标结构是指在群体中，不同个体、不同的目标存在着对抗性，只有当其他人不能实现目标时，个体才有可能实现自己的目标。个体化目标结构是指在群体中，个体能否实现目标与其他人无关，个体注意的是自己对任务的完成情况和进步程度，个体之间形成相互独立、互不干扰的关系。多伊奇的实验证明了这一点。他让一个班级的同学讨论问题，对其中的一半说，每个学生与成员合作得越好，成绩就会越高；对另一半说，按每个学生竞争的能力分等级打分，越突出则分数越高。结果表明，强调合作的一半学生比强调竞争的一半学生能更好地解决问题，群体更加协调，关系更加融洽，群体凝聚力也更高。

（七）群体间的竞争

群体与群体之间处于竞争状态时，各个群体内部就会产生压力与被威胁感，群体成员就会自觉减少分歧，统一意见，一致对外，以避免所属群体受到损失。因此，群体内部的凝聚力往往能得到提升。美国心理学家迈顾斯组织了许多三人一组的步枪射击小组，有的以射击比赛进行竞争，有的不搞竞争。试验结果表明，搞竞争的小组比不搞竞争的小组结合得更紧密。当不搞竞争的小组中某个成员缺席时，不管这个成员友好还是不友好，能力是强还是弱，同组的其他成员对他始终持肯定的态度，即使由于他的缺席使得小组在竞争中处于不利地位。

除了上述因素外，加入一个群体的难度、群体成员的性别构成等都会影响群体凝聚力。加入一个群体越困难，这个群体的凝聚力就可能越强。另外，有研究发现，女性的凝聚力量高于男性，全是女性的群体和男女混合的群体比全是男性的群体凝聚力强。

三、群体凝聚力与工作效率

心理学家早在20世纪30年代就认识到群体凝聚力与工作效率的关系，要提高生产效益，就必须重视改善群体成员之间的关系。研究表明，高凝聚力的群体中，成员的士气和满意感都比较高，凝聚力将有益于群体任务的完成。

社会心理学家沙赫特的实验对于我们理解和分析凝聚力与工作效率的关系具有启发意义。他在严格控制条件下，检验了群体凝聚力对群体成员的诱导及对工作效率的影响。实验的自变量是凝聚力和诱导，因变量是工作效率。除了设立对照组进行对比以外，沙赫特把实验组设置为四种条件，即高、低凝聚力和积极、消极诱导。

凝聚力的高低由指导语控制，诱导则主要是指以团体其他成员的名义写积极和消极的字条给被试，积极的诱导要求增加生产，消极的诱导则要求减慢完成任务的速度，实验的工作任务是制作棋盘。实验分两个阶段，前16分钟没有进行诱导，被试只收到中性的字条；后16分钟每组都收到6次诱导的字条，实验的结果如图10－1所示。在后16分钟，两种诱导产生明显不同的效应，极大地影响了凝聚力与工作效率的关系。无论凝聚力高低，积极诱导都提高了工作效率，而且高凝聚力组工作效率更高；而消极诱导则明显降低了工作效率，高凝聚力组的工作效率更低。

这个实验的结果说明高凝聚力条件比低凝聚力条件更受诱导因素的影响，在积极

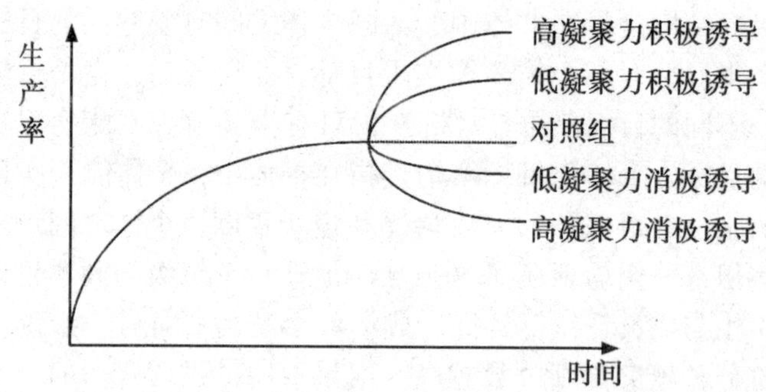

图 10－1　沙赫特实验：凝聚力与工作效率关系的结果

诱导的条件下，高凝聚力组工作效率更高。

四、群体凝聚力的测量

要了解和分析一个群体凝聚力的高低，可以进行心理学测量。社会测量法（sociometry）是测量群体凝聚力的基本方法，又称团体成员关系测量法，由美国社会心理学家莫雷诺（J. Moreno，1934）所创。运用这种方法，一方面，可以了解个体在群体中的地位、适应性及成员彼此之间的心理关系；另一方面，可以了解群体的特性，如群体结构、群体气氛、群体凝聚力等。

社会测量法认为，人与人之间的相互选择，反映了他们之间心理上的联系，肯定的选择意味着接纳，否定的选择意味着排斥。这样，我们就可以通过考察群体成员之间在不同方面进行选择的情况，定量地测量出每一个人在某个特定群体中的人际关系状况，也可以测量整个群体的人际关系状况。

莫雷诺（1959）后来提出了一种更有针对性的测量群体凝聚力的方法。先让某一群体的成员提出愿意一起完成某项任务的其他人的姓名，这些人当中只有一部分是该团体的成员。凝聚力的指标是选择群体内部成员在总选择中所占的比例，如果一个群体中大部分成员选择了外人，该群体的凝聚力就低。

关于群体凝聚力的计算，心理学家多伊奇曾提出如下公式：

$$\text{群体凝聚力}=\frac{\text{成员之间相互选择的数目}}{\text{群体中可能相互选择的总数目}}$$

五、群体凝聚力的维持与提高

如何维持和提高群体凝聚力？通过上述分析，我们认为以下几个方面是非常重要的。

（一）提高领导者素质，实行民主管理

领导者是群体的核心，其素质和形象如何，直接影响成员的思想情绪，影响群体凝聚力的大小。因此，领导者必须提高自身素质。在领导方式上，要实行民主管理。

（二）强化群体目标与群体规范

群体领导者要针对群体的具体情况，提出切实可行的群体目标。群体在确立目标时，必须考虑与绝大多数成员目标一致。只有这样的目标，才能为成员所赞同、拥护

和支持，才能使成员产生认同，从而把群体的发展同个人的发展结合起来，把个人的目标融合于群体的目标之中，形成强大的凝聚力。同时，群体应建立和健全各种规章制度，明确每个成员的权利和义务，为群体成员提供明确的行为参照标准。

（三）了解并满足群体成员的需要

一个群体越能满足成员的需要，它对成员的吸引力就越大，凝聚力就越强。因此，群体的管理者要通过各种方式了解和满足员工的各种需要。员工的需要多种多样，有一些共同的需要，也有不同的需要；有合理的，也有不合理的；有长期的，也有眼前的。领导者应该在调查研究的基础上，对员工的需要进行认真分析，对于合理的需要提出解决的途径，对于不合理或不现实的需要给予教育引导。

（四）适当组织合作与竞争

首先，应在群体中确立合作化的目标结构，培养群体成员的合作意识，开展各种有利于合作的活动。其次，适当开展群体内的竞争。尽管从总体上看合作的目标结构更有利于凝聚力的提高，但这并不完全排斥竞争。通过群体中的竞争，能激发成员的活力与创造力，使成员更好地认识自己，确立自己在群体中的位置，满足成员的某些心理需要，从而增强群体对成员的吸引力。当然，竞争的组织要适时、适度，不可陷入恶性竞争。再次，积极开展群体间的竞争，利用外部压力，提高成员之间的心理相融程度，提高群体内部的一致性。如参加上级组织的各种比赛、评优等活动。

（五）组织群体活动

活动是群体存在的基本条件，也是增强群体凝聚力的重要途径。群体的活动，可以促进成员之间的交往和合作，有利于成员之间形成一致的看法和态度，增进成员之间的相互了解，从而增强彼此的吸引力。活动的内容要丰富，活动的形式要多样，如参观、竞赛、讨论、表演、运动、旅游等，尽量使每个成员都有机会参与到不同的活动中去。

第三节 群体的合作与竞争

合作与竞争是群体内两种主要的互动方式，是社会生活中最为常见的现象之一，也一直是社会心理学家热衷讨论的问题。围绕合作与竞争，社会心理学家进行了大量的实验研究，并进行了深入的分析和思考。

一、合作与竞争的概念

合作（cooperation）是指不同的个体为了共同的目标而协同活动。这些目标通常是无法通过个人努力而实现的。在合作中，目标的实现既有利于自己，又有利于他人。合作可分为无分工合作和有分工合作。无分工合作是一种简单的合作，是合作者在同一时间和地点、以同一种方式做同一件事情，如几个人一起抬东西；有分工合作是合作者以不同的方式做互不相同而又相互联系的事情，如学生分工打扫教室，有的扫地，有的抹窗，有的搬桌子。又如在企业中有的开发，有的生产，有的销售，这些都是有分工合作。合作还可分为直接合作与间接合作、结构性合作与非结构性合作等。

竞争（competition）是指不同的个体为了同一目标而展开争夺。在竞争中，因为争夺同一目标，一方的成功必然会导致另一方的失败。竞争广泛地存在于我们的社会生活之中，如学习成绩排名、体育运动竞赛、产品的市场竞争、各种评优评奖等。任何竞争都存在一个根本法则，即优胜劣汰，人们想要在竞争中获胜就必须打破均势，使自己处于优势而让对方处于劣势。

合作与竞争尽管按其性质是相互对立的，但是两者并不是互不相容、截然分开的。事实上，人们的许多活动是既有合作成分又有竞争成分。竞争是以双方的共同活动来实现的，可见竞争中有合作的成分。而合作的同时也可能有竞争。从一个球队的内部来看，为了战胜对手，需要成员之间分工互助，密切配合，这是合作。但是，在战胜对手的过程中，每个成员贡献的大小是不同的，成员之间相互比较贡献的大小，这是竞争。可见，即使密切合作里也有竞争，合作与竞争在很多情况下是密切结合在一起的。

二、合作与竞争的原因

合作是人类生存和发展的必要方式。为什么人类需要合作呢？首先，在自然面前，个人的力量是渺小的。人类要想保护自己，保证自己的生存与发展，就必须通过个体间的合作来抵御敌害和征服自然。其次，在社会生活中，人们具有很多共同的利益，很多目标无法单靠个人的努力就能实现，必须与他人合作。在一个发展越来越快、分工越来越精细的现代社会更是如此。很多时候，合作是实现自我目标、获得个人利益的必经之路。再次，合作也能满足人们的很多心理需求，如获得安全感、归属感、支持感等，减少恐惧、焦虑、孤独和寂寞。合作能促进人际关系，提高工作效率。

竞争同样是人类生存和发展的必要方式。首先，资源的有限使人们经常陷入利益冲突之中，从而直接导致竞争。人有各种各样的物质和精神需要，但社会无法完全满足每个人的需要，因此只有通过竞争才能分配有限的资源。其次，竞争是确定自我价值的必要途径。人们都试图在社会比较中来确定自我价值，超越别人是一个人获得自我价值肯定的重要途径。因此，人们在很多社会情境中都有超越他人，同时又担心被他人超越的倾向。这种超越意识直接转化成了竞争意识。竞争有利于提高个人的工作效率。

正因为合作与竞争都是人类生存和发展的必要方式，所以它们都具有重要的社会功能，两者不可偏废，片面强调合作与片面强调竞争都是不恰当的。合作能使人克服个体的局限性，完成复杂的任务，实现长远的目标，促进个人和社会的发展；竞争使人不满足于现状，能激发个体的动机，发挥潜能，不断超越和创造，同样有利于个人和社会的进步。只有竞争，没有合作，竞争缺乏潜力；只有合作，没有竞争，合作缺乏动力。因此，在一个群体中，我们既要鼓励成员之间开展有效的合作，又要引导成员之间进行积极的竞争。只有这样，才能更好地发挥群体的功能，提高个体的核心竞争力。

三、合作与竞争的实验研究

在社会心理学中，关于合作与竞争的实验研究非常多，其中最经典的实验有：

（一）多伊奇的“卡车运输实验”

美国社会心理学家莫顿·多伊奇（Morton Deutsch）在1960年设计的“卡车运输实验”中（图10－2），要求被试两人一组，分别充当甲、乙两运输公司的经理。两人的任务是使自己的车辆以最快的速度从起点到达终点，速度越快赚钱越多，并要求他们尽可能多地赚钱。每人都有两条路线可以选择，一条是个人专用备用路线，但路程较远；一条是近道，为两人公用，但路很窄，每次只能通过一辆车。使用这段单行道的唯一方法，就是双方交替使用。任何时候，只要有车驶入单行道，对方就只有等待；如双方都使用，必须有一方倒回去。实验者为双方在接近起点的地方设计了控制单行道的电门，如果被试不想让对方通过，可以关上大门。在这种情况下，双方就只能启用自己的备用路线。实验者明确告诉被试，虽然交替使用单行道需要一点等待的时间，但远比走备用路线经济、有效。

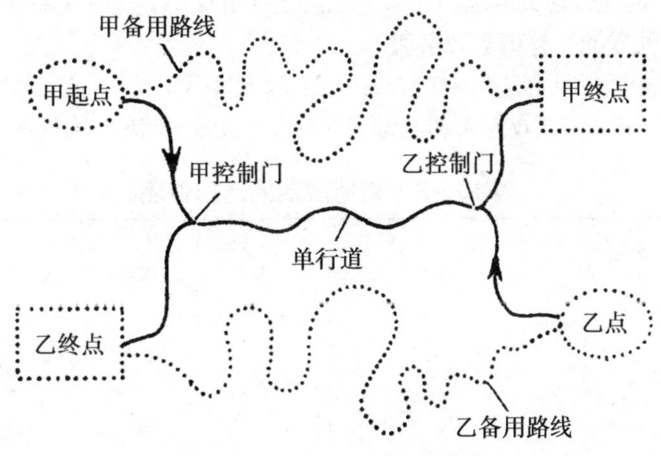

图10－2　卡车运输实验示意图

十分明显，为了多赚钱双方应该合作，轮流走近路。然而实验结果表明，双方都试图抢先通过，结果中途相遇，互不相让。最后，其中一人会先倒回车子，关闭自己控制的大门，迫使对方也倒退回去，然后双方都使用备用路线。

（二）鲁斯的“囚犯困境实验”

在合作与竞争的研究中，有一项得到广泛关注并被普遍采用的技术是两难问题的使用，这一技术最早来自鲁斯（R. Luce，1957）的“囚犯困境实验”。这个实验探讨的是相互作用的双方既有利害冲突，又有共同利益的混合动机情况中，人们究竟是采取合作还是竞争行为的策略问题。

在“囚犯困境”实验时，A、B两人被分别监禁，并面临招与不招两种选择。如果两人都不招，就都被释放；如果一人招而另一个不招，则招供的人获得自由，不招供的人则将被严惩；如果两人都招，就都被定罪，但是可从轻处罚（表10－1）。

表 10 -1　囚犯困境实验的选择情境

		A	
		不招	招供
B	不招	释放 释放	释放 严惩
	招供	释放 严惩	定罪 定罪

在这种情况下，两人应该怎样，是合作还是竞争？对于两个囚犯来说，显然两人都不招是最佳选择，这就是合作。但自己招供了，而对方不招，则有被释放的可能，这就是竞争；倘若两人都做“损人利己”的盘算，都招供，结果就都会被判刑。真正的囚犯将会怎样选择我们不得而知，这也不重要，“囚犯困境”的研究意义在于，它们提供了一种可能性，使我们得以系统地研究和深入地理解日常生活中既有竞争因素又有合作因素的所谓混合动机的互动关系。尤其是在群体中，这种关系会更经常地出现。

（三）弗里德曼的“赌博游戏实验”

J. 弗里德曼把囚犯困境改为赌博游戏，也由两人进行，互不讲话，只把结果由释放或判刑变为得分或金钱。游戏双方 A 和 B 都面临着合作或竞争两种行为选择（表 10 -2）。

表 10 -2　赌博游戏的选择情境

		A	
		合作 X	竞争 Y
B	合作 X	+10 +10	+15 -15
	竞争 Y	-15 +15	-5 -5

游戏双方 A 和 B 都面临着合作性选择 X 和竞争性选择 Y 两种选择，显然两人都选择 X 最有利于双方目的的实现，但实验结果表明，双方都有强烈的竞争倾向。在全部被试中，只有 1/3 的人选择合作，2/3 的人即使他们知道合作能得高分，对双方都有利，但还是选择带有冒险性的竞争，表现出强烈的竞争倾向。

（四）米纳斯的“鼓励合作实验”

米纳斯（J. S. Minas et al，1960）提供的是没有合理的理由作为支持竞争策略的实验模式（表 10 -3）。在米纳斯的实验中，选择 X 即选择合作的策略总是较好的，是能得高分的。如果 A 选 X，B 选 X，则 A 得 4 分，即使 B 选 Y，A 得 1 分也比选 Y 好，若 A 选 Y 则不是 0 分就是 3 分。对于 B 来说，选 X 不是得 4 分就是得 1 分，选 Y 则是 3 分或 0 分。然而，即使合作可以稳得高分，大多数被试还是宁取竞争而不取合作。因为对大多数人来说，他们不是为了多得分，而是要战胜其他人。

表 10－3　鼓励合作实验的选择情境

		A	
		合作 X	竞争 Y
B	合作 X	+4 +4	+3 +1
	竞争 Y	+1 +3	0 0

四、影响合作与竞争的因素

群体的合作与竞争受到多种因素的影响，包括任务结构、群体规模、群体成员投入程度、成员之间的沟通、对他人行为的期望、道德标准、个体价值取向、任务目标等。下面我们来分析几种主要的影响因素。

（一）目标结构

群体活动的目标结构是影响群体凝聚力的因素，它同时也是影响合作与竞争的因素。多伊奇（1960）在“类囚犯难题”的实验中，通过不同的指导语控制，考察了 3 种不同的目标指向对合作与竞争的影响。第一种是合作指向，选择必须关心另一参与者的利益；第二种是个人利益指向，尽可能为自己赢得利益，不顾他人；第三种是竞争指向，尽量赢得比对手更多的钱。结果发现，在合作指向下，被试选择合作策略的比例远远高于竞争指向和个人利益指向。

（二）奖励

盖洛（P. S. Gallo，1966）在卡车实验中，使用两种不同的奖励来考察是否会引发被试的不同行为倾向。结果发现，当奖励从得分变为现金时，被试进行合作行为的人数明显增加。弗瑞兰德等人（N. Frieland et al，1974）的研究发现，奖励对合作与竞争的影响是极为复杂的，在一定情况下，增加报酬对合作影响不大，但减少报酬则使人们倾向于竞争。弗里德曼等人（1981）在对数十年合作与竞争的研究进行回顾后发现，有时即使报酬比较高，人们也有强烈的竞争倾向。

（三）沟通

许多实验研究的结果表明，沟通可以明显提高合作的比例。沟通水平越高，合作比例也越高。多伊奇（1960）等人在卡车运输实验的研究中，也设计了三种不同的情境：不许沟通、可以沟通和必须沟通，结果与解决类囚犯难题的结果相似，沟通导致了合作行为的明显增多，必须沟通的情况更是如此。威克曼（H. Wichman，1970）在类囚犯难题的实验中，设置了四种情境：①看不见同伴；②可以看见，但不能谈话；③看不见，但可以谈话；④看得见又可以谈话。结果发现，后两种情境中的合作率明显高于前两种情境。可见，沟通越充分，合作倾向也越强。

为什么沟通有助于合作？首先，它提供了相互了解对方行为动机的可能性。人们往往错误地判断对手的意图，通常假设对手是要与自己竞争的，所以也采用竞争的手段对待对手。沟通使双方能解释自己的动机，从而使双方减少了判断错误。其次，沟通也有助于双方增进友好感情，增加相互信任，从而促进合作。

（四）人格特征

一个人的人格特征，对于他采取合作行为还是竞争行为的影响很大。在人格特征中，性格和能力的影响作用最为明显。富有自制力的人、顺从的人较易与人合作，好胜的人、多疑的人难于与人合作。凯利等人（Kelley & Stahelski，1970）认为存在两种稳定的个体类型，可以被描述为合作人格与竞争人格，也就是说，在合作和竞争的维度上存在稳定的人格差异。两种人格类型的人对外部世界会有不同的看法，例如，他们对他人是合作性的还是竞争性的观点不同，合作人格的人认为他人是异质性的，即有些人是合作性的，有些人是竞争性的；竞争人格的人认为他人是同质性的，即都是竞争性的。这种观点的不同直接影响了他们的合作行为。

（五）社会文化因素

在合作与竞争的影响因素中，文化背景也是一个不容忽视的重要因素，在不同文化背景下，个体在合作与竞争行为上存在一定的差异。

马德森与沙皮拉（Madsen & Shapira，1970）的比较研究发现，美国黑人和英裔美国人最富于攻击性，墨西哥的城市儿童的竞争性相对较弱，墨西哥的乡村儿童则无竞争行为。马德森与沙皮拉（1974）的研究发现，以色列集体农庄里的儿童比城市儿童更具合作性。

韦菲尔德（Weifeld 等人）（1982）研究了两种文化背景下儿童的竞争行为。一种是以父亲为中心的文化背景，一种是以母亲为中心的文化背景。结果发现，在同男孩一起玩竞争性游戏时，来自两种文化背景下的高技能的女孩的竞争行为都明显处于低水平，而低技能的男孩则表现出竞争的趋势。

其他一些比较研究发现，中国孩子比加拿大孩子更富有合作性，肯尼亚乡村的儿童比美国城市儿童更倾向于合作（Orlick & Partington，1990）。这可能是因为中国自古就更为重视对儿童进行友好、谦让、协商、合作等的教育。而与城市相比，乡村人的合作性更为密切一些，而且在他们的文化中，对竞争的要求也相对低一些。

思考题

1. 要成为群体需要满足哪些条件？
2. 影响群体凝聚力的因素有哪些？结合这些因素谈谈如何提高群体凝聚力。
3. 影响合作与竞争的因素有哪些？
4. 在团队中，如何正确对待竞争与合作？

第十一章　群体决策

群体作为整个社会的一个单位，要不断应付社会的各种事变和解决各种问题，通过群体解决问题是群体功能的重要体现。因此，群体决策实际上就是群体的成员对群体所面临的问题，共同寻找解决问题的策略的过程。

第一节　群体决策概述

随着社会、经济环境的日益复杂以及管理、决策任务的愈发困难，现代经济、管理组织中的活动大多是通过群体的协作来完成的，而决策是群体协作过程中不可缺少的一环，因而群体决策作为近20多年来决策理论研究中的一个新兴领域，引起了学者们广泛的研究兴趣，并成为现阶段决策理论研究的热点和前沿。

一、群体决策的概念

群体决策（group decision making）是为了充分发挥集体的智慧，由多人共同参与决策讨论并制定决策的整体过程。

对群体决策的研究，较早的文献可以追溯到法国数学家博尔达（Borda）于1784年发表的关于选择选举制的论文以及孔多塞（Condorcet）于1875年发表的陪审团定理（condorcet jury theorem），但群体决策作为一个明确的概念则是在1948年由Black首次提出，而其得到广泛研究是在20世纪80年代以后。其研究内容包括理论（公共利益、分配）、方法（选择的方式、偏好集结）、规则以及技术（GDSS）等层面。鲁斯（Luce）和雷法（Raiffa）认为群体决策问题是定义一个“公平”的方法集结个体的选择来达成一项社会决策。正如ARROW所解释的那样，这个问题变成了集结个体偏好类型以至于产生由这些个体组成的社会唯一的偏好类型。因为能够产生这种唯一偏好的方法有很多，但并不都是“公平”的。群体决策研究者的目的是找出这种“公平”的集结方法。

目前群体决策还没有形成一个统一而严密的体系。自群体决策的相关理论提出之后，大量的学者对此进行了深入的探讨和研究，取得了很多阶段性的成果。

在有关的研究资料中，人们一般将群体决策的过程分为问题识别、问题诊断、做出决定等步骤。

（1）问题识别：分析问题的性质和产生问题的原因，提出解决问题的方案。

（2）问题诊断：由群体成员提出各种可以解决问题的设想，通过讨论、分析，归纳出几种可供选择的行动方案。

（3）做出决定：通过群体的讨论或辩论，分析与比较各种方案的利弊，然后决定群体的最终行动方案。

三个阶段的区分只是相对的。在实际的决策过程中，诊断问题的阶段往往会渗透着选择解决的方法，以及讨论与协调，而在讨论与协调的过程中，还要反复分析问题的性质和产生的原因。

在群体决策过程中，每个成员都是决策的参与者，都可以畅所欲言，充分发表自己的意见和见解，通过讨论来达到统一的认识。这不仅有利于提出最好的意见和做出决策，而且还可以使参加讨论的人认识到选择决策的原因，因而能提高执行的自觉性。同时，由于决策由大家讨论产生，因此，所做的决策实际上是一种大家通过的群体规范，对群体成员的行为有导向和约束作用，从而保证了方案的实施。

二、群体决策的类型

（一）权威决策

权威决策（authority decision）是指具有决策权和否决权的最高掌权者单方面做出的决策。

权威决策的优点表现为迅速高效，在急需行动的情况下最实用，在权力界限明显的地方最有效。比如在团队发展的初期，采取权威决策很有效。尽管权威决策可迅速做出决策，但成员可能没有表态或赞成，实际支持和执行建议也不易，当复杂性增高时，权威决策的质量会由于考虑面不宽而受到影响。

（二）投票决策

投票决策（making decision by vote），即少数服从多数决策，出现于多数成员同意提案时，它以民主原则为基础。当时间有限，而决策结果不会对反对者造成消极影响时，可以采取投票决策的方式。

投票决策的优点是允许多数人对问题发表自己的意见，保证大多数人获胜，形成决议相对迅速高效；但要注意投票容易导致输赢之争，输方将难以尽职尽责和全力投入，在小集团范围内使用投票决策会促成人们分派，这样的竞争会影响决议的质量和执行。

（三）共识决策

共识决策（consensus mapping）是指一种决策过程，不仅追求参与者多数的同意，而且还解决和减轻少数人的反对以达成最多同意的决策。

该方法试图减弱派别或党派的作用，提升个人意见的表达。通过并列不同的意见，该方法也增加了不可预测或者创新方案出现的可能性。该方法寻求最小的反对意见，因此该方法在志愿者组织中非常流行。在志愿者组织中，决策只有取得最广泛的认可，才更有希望被贯彻执行。当决策的强制执行难以实施时，就希望采用共识决策，这样每一个参与者将被要求对决策施加影响。

相对于那些多数派采取行动、执行决策而没有更多地与少数投票人进行磋商的情况，少数派的意见必须更大程度地被考虑。这种方法通常被认为共识需要更多的时间和努力去达成。因此，一些团体可能保留共识决策用于特别复杂、有风险和重要的决策。共识决策提供一种反映所有成员想法的全面解决办法，能够提高成员实施决策的积极性，体现平等之风。但要注意，如果决策时间有限，或团队成员不具备决策的足够技巧，决策就难以形成。

（四）无异议决策

无异议决策产生于所有成员对某项决策完全赞同，当提案非常重要，要求所有成员达成完全一致时，团队应做出无异议决策。

无异议决策可以确保团队每个人都认为所达成的决议是最佳的，确保团队成员公开支持决议，将意见不合和冲突降到最低。但无论团队具备什么样的经验，无异议决策都很难达成，需要花费很长的时间。只有当一项决策的结果对每个成员都至关重要时才有可能做出无异议决策。

三、群体决策的特征

根据群体决策实践中积累的经验，有效的群体决策应至少包括以下几个特征：

（一）决策的有效性

群体决策的有效性即能够迅速地做出决策。这与决策者所期望的急迫程度、正确程度以及创新程度有关，并由群体决策成员的知识、能力、参与的程度以及发挥影响的程度所决定的。

（二）决策的开放性

决策的开放性即决策群体不受个人特定见解（有时可能是偏见）的支配。这是由决策群体成员的价值观的差异和思想的开放程度所决定的。

（三）决策的合理性

决策的合理性即采用合理的决策程序，做出合理的选择。这是由决策步骤的合理性和科学性所决定的。

四、群体决策的利弊

（一）群体决策的优点

1. 信息的广泛性

通过综合多个个体的资源，可以就某一问题进行多方面的信息收集，使决策能够建立在更多信息的基础之上，为正确决策创造有利条件。斯丹塞、吉根、拉森等社会心理学家的研究（G. Stasser et al，1989；D. Gigone et al，1993；J. Larson et al.，1994）都证明了群体决策中信息交换和分享的重要性。群体具有考虑更丰富信息和从不同来源获得信息的能力，这是群体决策优于个体决策的基本因素。群体成员携带不同来源的信息，从不同角度做出决策，使群体决策具有更高的质量，这是受不完全信息和有限决策能力限制的任何个人所无法比拟的。

2. 观点的多样性

群体决策能利用集体的智慧，对所获得的信息进行多方面的分析，能形成多种不同的方法和方案，以供群体择优选取。由于综合了多种观点和意见，相对而言，群体做出的决策准确性比较高。

3. 提高了决策的可接受性

许多决策在做出之后，因为不为人们所接受而失败或是无法贯彻，但是如果那些将要执行决策的人能够参与决策过程，他们就更愿意接受决策，并鼓励别人也接受决策。这样，决策就能获得更多的支持，有利于决策的顺利实施。

4. 增加合法性

群体决策体现了更多的民主性，因此，往往被认为比个人决策更具有合法性。如果个人决策者在进行决策之前没有征求其他人的意见，哪怕这一决策是正确的，也有可能会被看成是独断专行。

（二）群体决策的缺点

1. 浪费时间

组织一个群体需要时间，群体产生以后，成员之间的相互作用往往也是低效率的。再加上由于成员之间意见分歧而导致的争论不休或议而不决，都使群体决策远比个人决策费时，从而限制了管理者在必要时做出快速反应的能力。

2. 从众压力

在群体里制定决策时，每个成员在表态时往往有一定的压力，群体成员希望被群体接受的愿望和对偏离群体的恐惧，可能会导致他们放弃自己的不同意见，而与大家保持一致。在这种表面一致的情况下，群体就很有可能形成不恰当的或错误的决策。

3. 少数人控制

在某些群体中，如群体被一个有才干的人所掌控，这个人由于他的坚强个性和能言善辩，以及在组织中的地位、声望和身份，就可以左右群体的决策。如果控制者是低水平的，群体的决策就会受到不利影响，起到抑制群体讨论，降低其他成员的创造力，妨碍其他成员做出积极贡献的作用。

4. 责任不清

群体成员对于决策结果共同承担责任，但谁对最后的结果负责呢？对于个人决策，责任者是很明确的；对于群体决策，任何一个成员的责任都会降低。

五、群体决策应遵循的原则

由于群体决策成员的价值观和目标的多样化，加之各自的影响力及拥有的信息存在差异，群体决策具有许多个人决策过程中所不曾遭遇的特殊问题。为了妥善解决这些问题，激发群体决策的创造力，决策群体应坚持以下几个原则：①努力形成一个以能够促进创造性思考过程的决策者为领导、由与问题相关的不同种类的人才广泛参与的群体结构，以使群体组织能够获得所有相关领域的知识。有时，还可以邀请那些不受组织制约的外部专家参与。②促使群体中的每个成员承担起和大家一起探索的群体责任。

六、群体决策的阻力

我们很多决定在做出之前，常常会感受到阻力的存在。一般来说，决策过程中遇到的阻力包括三个方面：

（一）来自个人的阻力

（1）知识和信息缺乏。个体缺少决策经验和决策知识因素、缺乏决策程序和决策技巧的相关知识、对于行业信息缺乏了解等，都会阻碍个人决策的制定。

（2）个性特征方面的因素。比如意志薄弱、依赖他人、缺乏自信心、非理性信念的影响、动机冲突、能力等。个人的选择容易受到外界的影响和干扰，比如自己喜欢做研究，家人、朋友以及社会的声音却说男生做销售好，赚钱多、工作又好找。如果这时对自己缺乏信心、喜欢依赖别人，就容易影响自己的决策。

这里要着重讲一下非理性信念对决策的影响。非理性信念在每个人的身上都存在，因为人类群体仅仅是有限理性的。如果自己心里真的有这些非理性信念，个体往往很难认识到，因为个体认为这是非常合理的。因此，在非理性信念影响下的决策困难，大多需要借助专业咨询人员的帮助才能顺利做出决策。

（二）来自他人的阻力

人是社会的人，是在人际关系中存在的人，一个人往往与周围很多人有着千丝万缕的联系，这些联系往往影响你做出的每一个决定。当自己还是个孩子，喜欢什么、想做什么往往受到父母的影响；长大后，又会经常受到同辈群体的影响；成家以后，你的决定又会考虑到爱人、孩子、老人等。

研究家庭系统和决策的学者们已经观察到，那些与家庭其他成员融和得极其密切的人，也就是在家庭中个人界限不是很明确的人，往往在决策中很难保持自己情绪和心理上的独立。此外，如果家庭中的成员之间没有办法在义务、经济、责任、价值观等方面达成一致，也会阻碍个体的决策。

这个时候，需要个体明确自己的界限，才能做出自己的决策。什么时候需要自己做决定，什么时候考虑到其他家庭成员的因素，有些事情是你有能力有义务去做的，有些事情是你能力范围之外的。当然，当阻碍产生了，和家人之间的沟通是非常必要的，这样才能让自己的决策得到家人的理解和支持。

（三）来自社会的阻力

我们做决策的时候要考虑到家庭因素，更要考虑到社会因素。在一个社会大环境中，经济、历史、文化的力量都在干扰着有效决策的做出。

经济衰退、政局动荡不安，都是影响个人决策的重大阻力；性别或种族歧视等同样也存在于社会这个大环境中，对于女性的性别刻板印象也严重阻碍着女性的规划，因为在很多领域中，女性是遭到排斥的；年龄歧视也可能使你在工作几年后辞职读完研究生，毕业时却没有单位愿意接受你，因为你已经超过 35 岁。这些困难的确在社会中存在，需要在许多决策过程中慎重考虑。有效的决策者应该逐渐发展出一套策略，通过调整、修正、扬长避短，克服来自社会的干扰决策因素的影响。

第二节　群体决策理论

群体决策理论既是决策理论的前沿，也是决策理论最为薄弱的部分。目前群体决策理论的研究还很落后，尚未形成一定的框架体系。国内对群体决策理论的研究是从20世纪80年代开始的，许多学者从不同的角度对群体决策理论进行了研究，主要是对群体决策数学模型方法的研究、群体决策支持系统GDSS的研究以及社会选择理论的研究等。

（一）群体决策的基本假设

群体决策的理论建立在个体决策理论的基础上，因此个体决策理论假设也是群体决策假设，如对决策者理性的假设、偏好的传递性要求等。群体决策由多个决策者共同对问题做出决策，不同的研究者由于研究的目的不同，对群体决策研究的假设也不同。我们认为群体决策一般存在以下基本假设：

假设1：任何个体决策者难以做出完美决策，都可能会犯错误。

假设1说明个体决策者在做出决策时，存在着犯错误的可能性，因此决策充满着风险和不确定性。

假设2：至少有两名决策者需要共同负责决策。

假设2是群体决策区别于个体决策的根本所在，由于决策者需要共同对决策负责，决策者的个数和决策者之间的本质关系直接影响到群体决策的过程、机制以及结果的质量。委员会决策、组织决策以及团队决策都是由于决策者之间的关系不同而导出的群体决策形式。

假设3：群体决策一般来说是非结构化的复杂决策问题。

假设3则指出群体决策需要解决的问题往往庞大而复杂，单个决策者的知识和精力都极为有限，难以做出令人满意的决策，需要集中群体决策者集体的智慧才能创造性地解决问题。

假设4：群体决策的结果应该是个体决策者的偏好形成一致或妥协之后得出的，即Pareto原则。

由假设1可知，决策是有风险和不确定性的。正是通过对个体偏好的一致集结，得到来自不同来源的信息，才大大减少了决策带来的风险和不确定性。

假设5：群体决策质量受到所采用决策规则影响。

给定群体决策的其他因素不变，所采用的决策规则不同，会得出不同的决策结果。当采用不同的决策规则时，每个备选方案都有机会成为最终的方案，深刻地说明了决策规则对群体决策质量的影响。

假设6：群体决策质量受个体和群体关系的影响。

假设6说明决策个体对群体的忠诚度对群体决策具有影响。

（二）群体决策偏好集结模型

群体决策理论的研究涉及集结多个人的偏好为单个偏好的问题，而其中最重要的是对个体偏好集结模型的研究。群体决策偏好集结模型研究主要是两个问题，一个是决策者个体偏好以什么方式显现；另一个是对决策者的偏好如何集结。

根据群体决策中集结对象的不同，群体决策的集结模型主要有以下三种类型：决策个体偏好序集结、决策个体概率偏好集结以及决策个体模糊偏好集结。

1. 决策个体偏好序集结

个体偏好序集结是建立在二元序关系的基础上的。从决策个体对方案集的偏好集结到一致或妥协的群体单一偏好，也称为群体决策的一致化（Consesnus）。对个体偏好序进行群体偏好一致化，在过去乃至现在，一直是社会选择理论研究的一个主题。在个体偏好序的集结研究中，主要是通过在二元比较偏好中建立传递性、连通性、自反性以及对称性等关系，建立任意两个方案的次序关系来显现出决策者对方案的偏好。

2. 决策个体概率偏好集结

对方案的概率意义上的解释开始于斯瓦阿格（Svaage，1954）、菲什伯恩（Fishbum，1964）、菲恩（Fien，1973）和代费内蒂（DeiFnetti，1978）。就像效用可以采用公理化建立偏好关系，主观概率也可以通过公理化表示一个更可能关系。

传统的决策分析依据主观概率、效用函数和决策树结构，由一个决策者完成。现实中，大量的决策是由决策群体来完成的，由不同决策个体给出意见、评估和预测等概率信息，群体期望效用取决于群体对自然状态的概率估计。

3. 决策个体模糊偏好集结

在决策分析中，准确地获取决策者真实的偏好信息是非常重要的。由于决策者的偏好信息往往是不精确的，因此把模糊理论引入决策分析中来是非常合理的。20 世纪 80 年代以来，模糊决策理论受到极大的关注并得到了迅速的发展，模糊集合理论在决策理论方法研究的各个方面、各个阶段都有应用。

第三节　群体决策方法

决策无处不在，我们每天都要做出无数个决策，其中大部分是凭直觉、不假思索做出来的，以机敏审慎的态度做出的理性决策并不多。心理学家研究发现，人们在做一些简单决定的时候，60% 依靠理性，40% 依靠感性；而在做一些复杂决定时，60% 要依靠感性，40% 依靠理性。一个决策越是重要，决策的难度就越大，但无论大事还是小事，要做出正确的决策没有科学的方法是不行的。如果不是基于科学严谨的选择与决策程序，再小的事情都会出现决策失误。

一、群体决策的要素

任何一个合理决策的做出，都需要考虑和分析决策的目标、选择、结果、评价，这也被称为决策的四大要素。

目标是指所要达到的目的，这也是决策这一行为存在的根本；选择是指在达成目标的过程中有多种途径，采取哪一种途径就是做出选择；结果是指每一种选择所衍生出来的附加物；而评价是指对各个选择后的结果进行合理的评估。

可以做什么：分析环境中的挑战与机遇。

能够做什么：分析自己的优势与限制因素。

想要做什么：个人的价值取向、兴趣爱好等。

应该做什么：是否符合社会价值、家庭期望、个人期望等。

这几个问题是决策之前必须要考虑的问题，它们会指引着我们的决策向更加务实的方向发展。

理性的决策必须经历以下几个步骤：①尽可能多地发现问题，并将其罗列出来，应用一定的技术和方法，根据其重要程度排列出顺序；②探索不同的可行方案，对采用不同方案后的得失进行充分的论证；③做出选择；④接受现实的考验和反馈信息，对选择做出修订；⑤做出决策。

二、群体决策的方法

群体决策往往发生在面对面的互动群体中，这样就非常容易造成互动群体给成员以压力，迫使他们达成从众的意见。脑力激荡法、名义群体法、德尔斐法和电子会议法是减少传统互动群体压力的有效方法。

（一）脑力激荡法（brain storming）

脑力激荡法又称头脑风暴法，是由美国创造学家奥斯本（A. F. Osborn）于1939年首次提出、1953年正式发表的一种激发性思维方法，目的是通过找到新的和异想天开的解决问题的方法来解决问题。

1. 头脑风暴法的概念

头脑风暴法是快速、大量寻求解决问题构想的集体思考方法。头脑风暴法又可分为直接头脑风暴法（通常简称为头脑风暴法）和质疑头脑风暴法（也称反头脑风暴法）。前者是在专家群体决策时尽可能激发创造性，产生尽可能多设想的方法；后者则是对前者提出的设想、方案逐一质疑，分析其现实可行性的方法。

头脑风暴法的基本原理是只专心提出构想而不加以评价，不局限思考的空间，鼓励天马行空地思考，想出越多主意越好。

2. 头脑风暴法的原则

（1）自由奔放去思考。即要求与会者尽可能地解放思想，无拘无束地思考问题并畅所欲言，不必顾虑自己的想法或说法是否“离经叛道”或“荒唐可笑”；欢迎自由奔放、异想天开的意见，必须毫无拘束，广泛地想，观念愈奇愈好。如1901年，一位火车上的清洁工，看到风吹着灰尘到处跑，然后设想反转此过程，后来发明了吸尘器。通常，我们上下楼梯的时候，是人在动、楼梯不动，反过来，使楼梯动，人不动，就出现了电梯。一般的汽车公司都是从人体工程学的角度出发，让工程师发明更好的零件。日本汽车公司的技术人员则一天到晚跑到大超市，观看普通消费者如何使用汽车。他们注意到，很多人在购物后往往拎着大包小包，开车门时很不方便，于是发明了汽车遥控钥匙。

（2）会后评判。禁止与会者在会上对他人的设想评头论足，排除评论性的判断。至于对设想的评判，留在会后进行，也不允许自谦。

（3）以量求质。鼓励与会者尽可能多地提出设想，以大量的设想来保证质量较高设想的存在，设想多多益善，不必顾虑构思内容的好坏。

（4）“搭便车”，构思（思路）无专利。鼓励盗用别人的构思，借题发挥，根据别人的构思联想另一个构思，即利用一个灵感引发另外一个灵感，或者把别人的构思加以修改。如电脑显示器的屏幕保护/幻灯播放功能，激发了“电子相框”的发明；根据飞机尾翼的设计概念，设计出了跑车的尾翼。娃哈哈在德国考察饮料市场时，发现当地有一款去除发酵环节的啤酒，主要消费者是妇女和儿童，回国后立即发明了适合学生族、上班族和开车族的啤儿茶爽。

3. 运用头脑风暴法的要求

（1）运用头脑风暴法，首先应有主题。

（2）不能同时有两个以上的主题混在一起，主题应单一。

（3）问题太大时，要细分成几个小问题。

（4）创造力强，分析力也要强，要有幽默感。

（5）头脑风暴要在 45～60 分钟内完成。

（6）主持人要把构思写在白板上，字体清晰，以启发其他人的联想。

（7）在头脑风暴后，对创意进行评价（会后评价）。

（8）评价创意时，做分类处理：可以立即实施的构思；须较长时间，加以研究或调查的构思；缺少实用性的构思。

4. 头脑风暴法的实施流程

头脑风暴法在实施过程中，分为准备阶段、头脑风暴阶段和评价选择阶段。如图 11－1 所示。

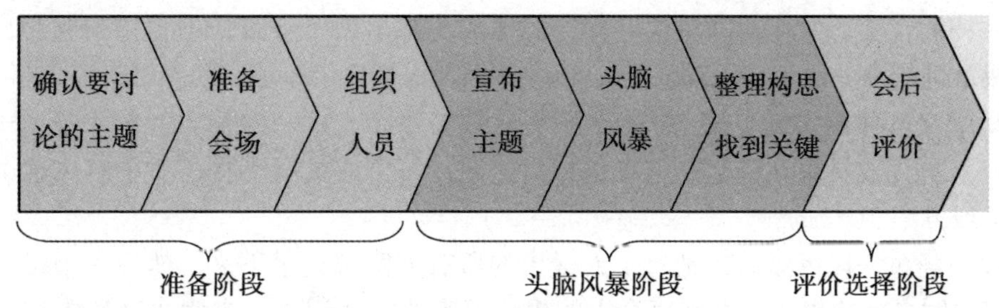

图 11－1　头脑风暴法流程图

实施过程如下：6～12 人围坐在桌子旁，主持人提出一个需要解决的问题，让每个人都了解。然后，在给定的时间内，让大家自由发言，尽可能地想出各种解决问题的方案。在此过程中，任何人都不得对他人的观点加以评价。所有想法和方案都记录在案，最后才允许群体成员来分析这些方案。头脑风暴法有利于创造观念，但可能不容易获得最后方案。

第一阶段：准备阶段：①选定讨论的主题；②选定参加者（一般不超过 10 名），其中记录员 1 名；③确定会议时间和场所；④准备好海报纸（大白纸）、记录笔等记录工具；⑤布置场所，将海报纸贴于白板上；座位的安排以“凹”字形为佳；⑥会议主持人应掌握头脑风暴法的一切细节问题，彻底了解头脑风暴法的基本原理、四大原则、八点要求等 。

第二阶段：头脑风暴阶段。介绍基本原理、四大原则、八点要求等；介绍主题，如组员感到困惑，可做一简单练习；主持人引导组员提出各种构思，记录人在看板记录所有构思，鼓励组员自由提出构思；到各个组员都无法再提出构思时，立即结束会议。

第三阶段：选择评价阶段。①会后以鉴别的眼光讨论所有列出的构思；②也可以让另一组人来评价；③将会议记录整理分类后展示给参加者；④从效果和可行性两个方面评价与构思；⑤选择最合适的构思，尽可能采用会议中激发出来的构思。

5. 头脑风暴法的注意事项

（1）关于议题的选择。主题的选择要从平时悬而未决的问题着手，必须合乎参与者的能力层次和关心程度，以参与者一直期待解决的问题为最佳。事先公开主题的做法也是可行的，但与会者是否会围绕主题尽力去思考，组织者要考虑清楚。主题必须单一并且明确，不能模棱两可、似是而非，大的主题必须细化，从接近参与者关心的主题开始。会议开始后，主持人应仔细阐述主题，以便参与者理解。

（2）尽量利用相互激发产生灵感。为了让参加者的灵感相互激励，引发灵感的连锁反应，应督促参加者在规定时间（5 分钟）内将自己的灵感写下来，并要求他们在各自发言前将内容整理清晰明了，以便记录员记录在海报纸（白板）上，进而让他人看后产生更多联想，激发更多的灵感。

（二）名义群体法（nominal group technique，NGT）

1. 名义群体法的概念

名义群体是指在决策过程中对群体成员的讨论或人际沟通加以限制，这就是“名义”一词的含义。像互动群体法一样，群体成员都出席了会议，但提出问题后，先由群体成员进行个人决策。

2. 名义群体法实施步骤

（1）群体成员聚在一起，但在进行讨论前，每个成员写下自己对于解决这个问题的看法或方案。

（2）经过一段沉默后，把每个人提出的所有方案都记录下来，然后一个接一个地向大家说明自己的想法，直到每个人的想法都表达完并记录下来为止（通常记在一张活动挂图或黑板上），所有的想法都被记录下来之前不进行讨论。

不允许讨论，甚至包括对问题的解释。小组成员说出的想法不一定来自他们写下的列表。实际上，随着时间的推移，将有很多新的想法产生。当轮到某位成员阐述时，如果他当时没有想法，可以说“过”。当然他也可以在下一轮中增加想法。过程一直持续到所有成员说“过”或者达到规定的时间。

（3）群体讨论每个方案，把每个方案阐释清楚，并做出评价。只有当想法的提出者同意时才可以修改它，只有一致同意才可以把想法从列表中删除。讨论可以解释意义，阐明逻辑或者分析过程，提出并回答问题，或者表示同意与否。

（4）对方案进行表决，每个成员独自对这些方案进行选择和排序，最终决策结果是累计得分最高的方案。名义群体法的优点是允许群体成员正式聚在一起，但又不像互动群体那样限制个体的思维。

3. 名义群体法实施注意事项

（1）NGT 方法通常包括优先顺序的排列过程，但是单独使用“头脑风暴法”很有价值，所以本书将这两个过程分离开。

（2）所有想法的讨论应该是平等的，辅导者不应让讨论变成争论。讨论的初衷是阐明想法，而不是解决观点间的差异。

（3）使所有的想法可见。当想法超出了附加的活动挂纸页，把先前的页面贴在房间的周围，使得每个人都能看到所有的想法。

（三）德尔菲法（Delphi method）

德尔菲法是20世纪40年代由O. 赫尔默（Helmer）和N. 达尔克首创，经过T. J. 戈尔登和兰德公司进一步发展而成的一种方法。德尔菲这一名称起源于古希腊有关太阳神阿波罗的神话。传说中，阿波罗具有预见未来的能力，因此，这种预测方法被命名为德尔菲法。1946年，兰德公司首次将这种方法用来进行预测，后来该方法被迅速广泛采用。

1. 德尔菲法的概念

德尔菲法，又称专家规定程序调查法，是采用背对背的通信方式征询专家小组成员的预测意见，经过几轮征询，使专家小组的预测意见趋于集中，最后做出符合市场发展趋势的预测结论。

这是一种背靠背的决策技术，不需要群体成员面对面聚集在一起讨论，因此，可以避免人际冲突与群体压力，但这一方法比较费时，无法快速做出决策。

2. 德尔菲法的特点

德尔菲法是一种利用函询形式进行的集体匿名思想交流过程。它有三个明显的特点，即匿名性、反馈性、统计性。

（1）匿名性。采用这种方法时所有专家组成员不直接见面，只是通过函件交流，这样就可以消除权威的影响。这是该方法的主要特征。匿名是德尔菲法极其重要的特点，从事预测的专家彼此不知道有哪些其他人参加预测，他们是在完全匿名的情况下交流思想的。后来改进的德尔菲法允许专家开会进行专题讨论。

（2）反馈性。该方法需要经过3～4轮的信息反馈，在每次反馈中使调查组和专家组都可以进行深入研究，使得最终结果基本能够反映专家的基本想法和对信息的认识，所以结果较为客观、可信。小组成员的交流是通过回答组织者的问题来实现的，一般要经过若干轮反馈才能完成预测。

（3）统计性。最典型的小组预测结果反映了多数人的观点，少数派的观点至多概括地提及一下，但是这并没有表示出小组不同意见的状况。而统计回答却不是这样，它报告1个中位数和2个四分点，其中一半落在2个四分点之内，一半落在2个四分点之外。这样，每种观点都包括在这样的统计中，避免了专家会议法只反映多数人观点的缺点。

3. 德尔菲法应遵循的原则

（1）挑选的专家应有一定的代表性、权威性。

（2）在进行预测之前，首先应取得参加者的支持，确保他们能认真地进行每一次预测，以提高预测的有效性。同时也要向组织高层说明预测的意义和作用，取得决策层和其他高级管理人员的支持。

（3）问题表设计应该措辞准确，不能引起歧义，征询的问题一次不宜太多，不要问那些与预测目的无关的问题，列入征询的问题不应相互包含；所提的问题应是所有专家都能答复的问题，而且应尽可能保证所有专家都能从同一角度去理解。

（4）进行统计分析时，应该区别对待不同的问题，对于不同专家的权威性应给予不同权数而不是一概而论。

（5）提供给专家的信息应该尽可能的充分，以便其做出判断。

（6）只要求专家做出粗略的数字估计，而不要求十分精确。

（7）问题要集中，要有针对性，不要分散，以便使各个事件构成一个有机整体，问题要按等级排队，先简单后复杂，先综合后局部。这样易引起专家回答问题的兴趣。

（8）调查单位或领导小组意见不应强加于调查意见之中，要防止出现诱导现象，避免专家意见向领导小组靠拢，以致出现专家迎合领导小组观点的预测结果。

（9）避免组合事件。如果一个事件包括专家同意的和专家不同意的两个方面，专家将难以做出回答。

4. 德尔菲法的实施流程

（1）组成专家小组。按照课题所需要的知识范围，确定专家。专家人数的多少，可根据预测课题的大小和涉及面的宽窄而定，一般不超过20人。

（2）向所有专家提出所要预测的问题及有关要求，并附上有关这个问题的所有背景材料，同时请专家提出还需要什么材料。然后，由专家做书面答复。

（3）各个专家根据他们所收到的材料，提出自己的预测意见，并说明自己是怎样利用这些材料提出预测值的。

（4）将各位专家第一次判断意见汇总，列成图表，进行对比，再分发给各位专家，让专家比较自己同他人的不同意见，修改自己的意见和判断。也可以把各位专家的意见加以整理，或请身份更高的专家加以评论，然后把这些意见再分送给各位专家，以便他们参考后修改自己的意见。

（5）将所有专家的修改意见收集起来，汇总，再次分发给各位专家，以便做第二次修改。逐轮收集意见并为专家反馈信息是德尔菲法的主要环节。收集意见和信息反馈一般要经过三四轮。在向专家进行反馈的时候，只给出各种意见，但并不说明发表意见专家的姓名。这一过程重复进行，直到每一个专家不再改变自己的意见为止。

（6）对专家的意见进行综合处理。

（四）电子会议法（electronic meetings）

1. 电子会议法的概念

电子会议法是一种名义群体法与计算机技术结合的群体决策方法。在使用这种方法时，先将群体成员集中起来，每人面前有一个与中心计算机相连接的终端，群体成员将自己有关解决政策问题的方案输入计算机终端，然后再将它投影在大型屏幕上，每个人的意见和投票都会显示在大屏幕上，但都是匿名的。

2. 电子会议法的特点

（1）匿名。参与公共政策决策咨询的专家采取匿名的方式将自己的政策方案提出来，参与者只需把个人的想法输入键盘就行了。每个成员可以真实地表达自己的意见，而不会有任何压力。

（2）可靠。每个人做出的有关解决公共问题的政策建议都能如实地、不会被改动地反映在大屏幕上。

(3) 快速。在使用计算机进行政策咨询时，不仅没有闲聊，而且人们可以在同一时间中互不干扰地交换见解，它要比传统的面对面的决策咨询的效率高出许多。专家们认为，电子会议法比传统的面对面的会议快55%。例如，菲尔普斯·道奇采矿公司(Phelps Dodge Mining) 运用这种方法，使它们的年度计划会议从几天缩短到12小时。

但这种方法也有缺点。那些打字速度快的人，与口才好但打字速度慢的人相比，能够更好地表达自己的观点；想出最好建议的人也得不到应有的奖励；而且这样做得到的信息也不如面对面的沟通所能得到的信息丰富。虽然这种方法现在正处于幼年阶段，但未来的群体决策很可能会广泛地采用电子会议法。

随着计算机、通信技术和互联网技术的迅速发展，计算机在群体决策中的应用越来越广泛，已经不仅仅局限于电子会议法了。目前，已经开发出许多提高群体会议或群体决策的计算机产品和软件，例如，群体问题解决支持系统、计算机多媒体会议系统、群体决策支持系统等。王辉等人（2003）的实验证明了群体决策支持系统能提高群体决策的正确性。这一系统通过计算机技术，允许远程的群体成员通过交换信息来分享各自的观点，计算机从个人和群体的反应中记录、分析和提取数据，并改变讨论过程中信息交流的性质，从而影响群体决策的结果。

（五）阶梯技术（stepladder technique）

这是一种群体成员依次加入，使讨论更为充分的方法，由罗吉伯格(S. G. Rogeberg，1992) 提出。在使用这种方法时，群体成员是一个一个加入的，比如，一个由5个人组成的群体在决策时，先由两个成员讨论，等他们达成一致后，第三个成员加入。加入后先由他向前两个人讲述自己的观点，然后听取前两个人已经达成的一致意见，最后3个人一起讨论，直到达成共识。第四、第五个成员也以同样的方式依次加入，最后整个群体达成共识。这种方法使每个人都有充分发表自己意见的机会，但比较费时。

罗吉伯格在对德尔菲法、名义群体法和阶梯技术做了对比之后指出，阶梯技术在实际方案选择，以及在心理感受上均优于另外两种方法。该方法也比较费时，所以主要用于重大决策问题上。

上述各种方法都各有优势和劣势，具体选择哪种方法，要根据实际需要综合考虑。

思考题

1. 群体决策的类型有哪些？
2. 与个人决策相比，群体决策有何利弊？
3. 群体决策的阻力有哪些？
4. 群体决策的方法有哪些？各有怎样的局限性？

第十二章　心理健康

心理健康是现代社会进步与人类自身发展的客观要求，心理健康问题已在世界范围内得到重视和发展。因为没有人的健康，就没有现代化的健康发展，而且，人的健康和发展应该是现代化发展所致力的根本目标。

第一节　心理健康概述

一、健康是心身健康的统一体

健康对于人类的重要性是不言而喻的，然而，对于健康的认识，是随着社会的发展以及人类对自身认识的深化而不断丰富的。

《辞海》对健康的描述是："人体各器官系统发育良好，功能正常，体质健壮，精力充沛并具有良好活动效能状态。通常用人体测量、体格检查和各种生理指标来衡量。"这只是一种作为生物的人的健康衡量概念。

随着现代社会的发展和科学技术的进步，以及人们对自身的进一步认识，人们的健康观念产生了革命性的变化，不再局限于生理机能的正常、衰弱与疾病的减少，而是从人是生理—心理—社会统一体的角度进行健康判断，开始注重和强调心理健康在人体健康中的地位和作用。

1948 年，世界卫生组织（WHO）在其《世界卫生组织宪章》中明确指出："健康不仅是没有疾病和衰弱现象，而且是一种个体在身体上、精神上和社会上的完满（well - being）状态。"

人的生理活动和心理活动是密切相关、互为依存的。不存在无生理活动的心理活动，也不存在无心理活动的生理活动。因此，人的生理健康与心理健康是辩证统一的。首先，当生理或心理某一方面产生疾病时，另一方面也会受到影响。人们都有这样的经历，当生理上有病时，就会情绪低落，烦躁不安，容易发怒；当面临重要考试而紧张焦虑时，则会食而无味，胃口大减，出现失眠、头痛、易疲劳等症状。许多研究表明，情绪主宰健康，强烈或持久的负性情绪，如烦恼、忧愁、焦虑、恐惧、失望等，最终会导致生理疾病。其次，生理健康是心理健康的基础，而心理健康反过来又能促进生理健康。有许多专家指出，人体内有一种最有助于保持身心健康的力量，即良好情绪的力量，若能善于调节情绪，经常保持心情愉快，可以起到未病先防、有病早除的效果。

二、心理健康的概念

一个人的身体不健康，可以在这个世界上生活得很愉快；如果一个人的心理不健康，即使他的身体非常健康，他也可能生活得非常痛苦。那么，心理健康究竟是怎么回事呢？

精神病学家 K. 孟尼格尔认为："心理健康是指人们对于环境及相互之间具有最高效率以及快乐的适应情况。"

心理学家 H. B. 英格里斯认为："心理健康是指一种持续的心理情况，当事者在那种情况下能进行良好的适应，具生命力，并能充分发挥其身心的潜能；这才是一种积极的、丰富的情况，而不仅仅是免于心理疾病。"

1946 年，第三届国际心理卫生大会给心理健康定义为："心理健康是指在身体、智能以及情感上能保持同他人的心理不相矛盾，并将个人心境发展成为最佳的状态。"

从生理上看，健康的身体特别是健全的大脑是健康心理的基础。心理健康的人，其身体状况尤其是中枢神经系统应该是没有疾病的，其功能应该在正常的范围之内，没有不健康的体质遗传。脑是心理的器官，心理是脑的机能。只有具备健康的身体，个人的情感、意识、认知和行为才能正常运行。身体不健康的人，尤其是大脑有问题，就会直接影响到心理的健康。

从心理上看，心理健康是健康的延伸。心理健康的人能够悦纳自己，对自己抱肯定的态度，认识自己的潜能、优点和缺点，并能够发展自我；其认知系统和环境适应系统能保持正常、有效的运作；在发展自我的同时具有良好的人际关系；在现实生活中既能顾及生理需求也能顾及社会的道德规范，同时还能面对现实问题，积极调适，具有良好的心理适应能力。

从社会行为上看，只有心理健康的人才能成为全面发展的人。心理健康的人能很好地适应社会环境，以积极的人生态度参与社会竞争，具有良好的抗挫折能力，能正确处理人际关系，其行为习惯符合生活环境、文化习俗，其扮演的角色符合社会的要求，与社会保持良好的接触，并能为社会做贡献。

虽然人们所站的角度不同，对心理健康的理解有一定的差异，然而都存在着一些共同之处，那就是，心理健康是指在正常发展的智能基础上所形成的一种表现出良好个性、良好处世能力和良好人际关系的心理特质结构。

三、心理健康的标准

尽管心理健康与生理健康一样，都是健康不可分割的部分，但是心理健康的标准并不像生理健康那样具体、明确。关于心理健康的标准，当前在心理学界众说纷纭，中外学者都提出许多见解。

（一）世界心理卫生联合会的标准

（1）身体、智力、情绪十分协调。

（2）适应环境，人际关系中彼此能谦让。

(3) 有幸福感。

(4) 在工作和职业中，能充分发挥自己的能力，过有效率的生活。

(二) 美国人格心理学家 G.W. 奥尔波特的观点

(1) 自我意识广延。

(2) 良好的人际关系。

(3) 情绪上的安全感。

(4) 知觉客观。

(5) 具备各种技能，并专注于工作。

(6) 现实的自我形象。

(7) 内在统一的人生观。

(三) 马斯洛和米特尔曼的标准

(1) 有充分的自我安全感。

(2) 充分了解自己，并能对自己的能力做出适度的评价。

(3) 生活理想切合实际。

(4) 不脱离周围现实环境。

(5) 能保持人格的完整与和谐。

(6) 具有从经验中学习的能力。

(7) 能保持良好的人际关系。

(8) 能适度地宣泄情绪和控制情绪。

(9) 在不违背社会规范的前提下，对个人的基本需要做恰当的满足。

(10) 在符合团体要求的前提下，能做有限度的个性发挥。

(四) 我国学者一般认同的心理健康标准

从发展的观点来看，在不同的社会历史时期，心理健康的内容和要求有所不同；同时，由于社会、文化、风俗等方面的差异，在不同的国家和地区，心理健康的标准也存在着差异。因此，我们在借鉴国外学者研究的基础上，结合我国的国情和民情，提出适合我国人民特点的心理健康标准。

(1) 了解自我，悦纳自我。俗话说"人贵有自知之明"，即人要有正确的自我意识。心理健康者既能正确地了解自我、评价自我，又能接受自我。他们对自己的能力、性格和优缺点都能做出恰当的、客观的评价；在努力发掘自我潜能的同时，对于自己无法补救的缺陷能泰然处之；生活目标和理想切合实际，从不产生非分的期望，也从不苛刻地要求自己。因而，他们不会同自己过不去，不会因为理想和现实的差距过大而产生自责、自怨和自卑等不健康心态，也不会产生心理危机。

(2) 接受他人，善与人处。人际交往活动不仅是维持心理健康的一个必不可少的条件，也是获得心理健康的重要途径。心理健康的人乐于与人交往，他们不仅能接受自己，也能接受他人，悦纳他人，并为他人和集体所理解和接受，能与他人相互沟通和交往，人际关系协调和谐。善于和别人交往，注意加强相互了解和沟通，能客观评价别人，取人之长，补己之短，宽以待人，严以律己，友好相处，乐于助人；在与人相处时，积极的态度（如同情、关心、友善、尊敬、信任等）总是多于消极的态度

（如嫉妒、猜疑、畏惧、敌视等）。因而在社会生活中有较强的适应能力和较充足的安全感。

（3）正视现实，接受现实。心理健康的人能够面对现实，接受现实，并能积极主动地去适应现实和改造现实，而不是逃避现实。他们能客观地看待周围的事物和环境，并能与现实环境保持良好的接触；他们既有高于现实的理想，又不会沉溺于不切实际的幻想和奢望之中；同时，他们对自己的力量充满信心，对生活、学习和工作中的各种困难和挑战都能妥善处理。

（4）热爱生活，乐于工作。心理健康的人能珍惜和热爱生活，积极投身于生活，并在生活中尽情享受人生的乐趣。他们还在学习和工作中尽可能地发挥自己的个性和聪明才智，并从工作的成果中获得激励和满足。他们能积极储备知识和经验，以便应对工作中出现的难题或障碍。凭借知识、经验的积累，加之刻苦奋斗、乐此不疲的精神，他们使自己的行为更加有效，工作更加出色。

（5）能适当地表现情绪。心理健康的人愉快、乐观、开朗等积极的情绪体验始终占据优势状态，虽然有时也有悲伤、忧愁、焦虑和愤怒等消极情绪，但一般不会持久。他们能够保持情绪稳定，心情总是开朗乐观，同时能够适度地表达和调控自己的情绪。

（6）人格完整和谐。心理健康的人，其人格结构中的气质、能力、性格特征和理想、信念、动机、兴趣、人生观等各方面能平衡发展。人格作为人整体的精神面貌能够完整、协调、和谐地表现出来，人格的各个结构要素都不存在明显的缺陷和偏差；思考问题的方式是适中和合理的，待人接物能采取恰当灵活的态度，对外界刺激不会有偏颇的情绪和行为反应；能够与社会的步调合拍，也能和集体融为一体。具有完善人格的人，心胸开阔，真诚待人，言行一致，表里如一，热爱生活，善于生活；面对困难，能发挥自己的潜能和调整自己的行为；遇到挫折，能够采用自己所特有的方法及心理防御机制，战胜困难，慢慢消除抑郁、沮丧等消极情绪，能忍受一时的打击而保持自身人格的完整，维持心理平衡。

（7）心理行为符合年龄与性别特征。人的心理和行为是随着年龄的增长而不断发展、变化的，在个体成长的不同时期，人们会具有相对应的特征表现。如儿童天真活泼，青年朝气蓬勃，老年人沉着老练，都是符合他们各自年龄阶段的心理特点。一个人的心理特点如果严重地偏离了自己所属的年龄阶段，往往是心理不健康的表现。如儿童表现为老成持重，青年表现为老气横秋，老年表现为天真烂漫，都是不符合他们各自年龄阶段的心理特点的，因而是心理不健康的表现。

人的心理行为也应与其性别特征相符，如果女子过分地男性化，男子过分女子气，则易造成社会性别角色的反差和冲突，难于适应社会和群体，造成心理的失衡和痛苦。

（8）智力发展正常。智力是指一个人认识能力与活动能力所达到的水平，是人的观察力、注意力、记忆力、想象力、思维力、创造力和实践活动能力等的综合，包括在经验中学习或理解的能力，获得和保持知识的能力，迅速而又成功地对新情境做出反应的能力，运用推理有效地解决问题的能力。智力正常是人们进行正常学习、生活的最基本的心理条件，是胜任学习、适应环境、达到心理平衡的心理基础和保证。

四、影响心理健康的因素

影响心理健康、造成心理障碍的因素是复杂多样的，从生物遗传因子的作用到个体自我心理冲突、不良人格特征、早期教育与家庭环境问题以及应激性生活事件的影响等。当然，概括起来还是生物、心理、社会这三方面因素综合起作用的结果。

（一）生物学因素的影响

1. 遗传因素的影响

一般说来，人的心理活动是不能遗传的，主要是在后天的社会环境影响下形成和发展起来的。但是，一个人作为整体（包括其身心两个方面）与遗传因素的关系却是十分密切的，尤其是一个人的体形、气质、神经结构的活动特点、能力与性格的某些成分等都受遗传因素的明显影响。统计调查数据及临床观察经验表明，在精神病患者的家族中，确有一定的成员患有精神病或出现某些异常的心理行为表现，如抽风、精神发育不全、脑神经萎缩、性情乖僻、狂躁抑郁等。

2. 躯体疾病

某些严重的躯体疾病，尤其是慢性疾病，常常使人出现烦躁不安、敏感多疑、情绪稳定性降低、行为控制力减弱、兴趣缺乏、人际关系紧张等心理异常表现，严重的还可能导致心理障碍与精神失常。

3. 神经系统的先天素质不健全

专家认为，神经系统的先天素质不健全，如大脑皮层和皮层下神经组织之间相互协调作用有某种障碍，大脑皮层的兴奋和抑制过程的协调作用有某种障碍等，会导致病态人格等心理异常，神经类型属弱型的人更容易受到不良因素的影响而引起不健康的心理行为。

4. 大脑器质性病变和外伤的影响

根据临床观察和专家的研究分析，脑器质性病变如脑肿瘤、脑萎缩、脑炎、脑血管疾病等，会直接导致各种心理异常表现。此外，当颅脑受外伤造成脑震荡、脑挫伤、脑血肿等时，可引起短暂的或持续的精神障碍，出现意识障碍、言语障碍、智力障碍、严重遗忘症、人格异常等。

（二）心理因素的影响

1. 心理冲突

心理冲突是指个体在有目的的行为活动中存在着两个或两个以上相反或相互排斥的动机时所产生的一种矛盾心理状态。心理冲突常常会造成动机部分地或全部地得到不满足，同时也就使动机所指向的目标的实现受到阻碍（即挫折）。所以，动机和挫折是相联系的，它是造成挫折和心理应激的一个重要原因。在日常生活中，心理冲突的现象无时不发生在每个人的身上。例如，一个人对某人不满，但又不想得罪对方，不能表达自己的情绪；想换个工作，又怕失去目前的稳定等，都是心理冲突的体现。

当个体处于心理冲突时，很多情况下都能很快解决，但当个体的选择对自己的影响非常大，而且自己又缺乏主见时，要做出选择就比较困难，甚至会因此产生各种各样不良的身体和心理反应，从而对心理健康产生有害的影响。

2. 挫折承受能力不足

人们在生活的道路上，随时都会遇到难以克服的困难。一方面，由整个社会的紧张性刺激增多而带来的应激在广度和深度上都在增加；而另一方面，不少人心理素质的培养和熏陶却远远没有跟上，致使相当一部分人心理素质脆弱，遇到一点不顺利、不如意，就容易有挫折感。一般说来，挫折的压力若未超过个体的承受力，则在某种程度上具有积极作用，可以引导个体的认知进行创造性的发挥，提高解决问题的能力，以更好的方法和途径实现动机，达到目标。然而，若挫折过于强烈，超过了个体的耐受能力，而个体在承受不了的情况下又不能正确对待，则可能引起情绪紊乱，心理失去平衡，以致行为偏离，发生身体及心理疾病。

3. 特殊的人格特征

每个人都有自己独特的人格特征，它是影响心理健康的一个不容忽视的重要因素，人格特征对于心理疾病的发生发展和病程的转归都有明显的影响。如性格内向孤僻、沉郁、压抑、过于自卑或过分自尊、急躁、冲动、固执、多疑、易偏激、有太强的个人欲望和过高的个人期望、不善人际交往、唯我独尊、爱慕虚荣、娇生惯养、感情脆弱等个性特征都是不利于心理健康的，而其中有些本身就是心理障碍的表现。因此，培养和锻炼健全的人格已成为保持心理卫生，预防心理障碍的一项重要任务。

（三）社会因素的影响

1. 社会紧张性刺激因素

随着我国进一步的对外开放和科学技术的不断进步，经济全球化时代的到来，人们的生活节奏不断加快。这些也同时深刻地影响到人们的思想、观念、心理和行为。人们面临传统观念的变革、价值体系坐标的选择、新的生活方式的适应等。这对人们来说是一种心理上的考验。比起人的生理疲劳，现代人需要承受更多的心理疲劳。著名社会学家费孝通教授曾经指出：“我国当前正处在一个大变革时期，这个变革包括几千年沿袭下来的文化、观念的变革，因此，人群中不可避免地会出现因适应不良而产生的各种心理障碍。”

美国精神分析家哈内认为：“许多心理变态是由于对环境的不良适应而引起的。”当个体原有的心理行为不能随着外界的改变而改变时，那么，个体就会承受较大的心理压力；或者社会中的某些部门、社会中的某些人没能做出相一致的调整，那么，个体就会与社会、与他人发生矛盾和冲突。并且，由于社会还未完全形成可以宣泄解脱这种压力和焦虑的机制，缺乏缓冲的方式，因而容易使人产生混乱、空虚、压抑、紧张或无所适从。

现代社会中，个体面临的挑战很多，心理上存在着多方面的压力源：一是来自社会责任的压力；二是来自生活本身的压力；三是来自竞争的压力；四是来自整个社会不断加快的节奏所带来的压力。它们迫使个体要加快步伐。越是敏感、进取心强的个体，这种压力感也就越明显。如果这种压力感过于沉重，就会出现心理障碍。

可以预测，随着社会的发展，个体所需要承受的心理负荷也会相应增加，人们能感觉到的矛盾和冲突及由此引起的心理障碍也会增多，因而迫切需要社会调节机制和个体心理调节机制逐步完善起来。现代化的进程需要有现代化的心理素质和现代化的社会保障机制作为基础。

2. 社会文化因素

民族文化、社会风俗、宗教信仰、生活方式等文化因素都与心理问题的发生有着密切的关系。不同的文化和环境背景下所产生的心理障碍的病种、症状、内容和频率大相径庭。文化偏低的农村居民或民族中，反应性精神障碍以及与迷信巫术相连的精神障碍和民间健身术等引起的精神障碍较为常见。文化较高地域的居民或民族，则偏执性精神障碍、妄想性精神分裂症、强迫症、神经衰弱等心理障碍比较多见。

在某些特定的民族、文化和地域中，可出现一些与文化相关的特殊精神障碍。例如气功偏差，在我国有许多人热衷于气功治病健身，别有用心者把气功吹嘘到无所不能的地步，因练功引起的精神障碍成了常见病。

3. 早期教育与家庭环境

社会文化因素往往是通过个体所处的群体而发生作用的。在个体的早期发展中，家庭的影响又是起主要作用的。因此，早期教育与家庭环境也是心理健康很重要的影响因素之一。

对个体早期发展的研究表明，那些在单调、贫乏环境中成长的婴儿，其心理发展将会遇到阻碍，并且会抑制他们潜能的发展。例如，对婴儿和动物的研究结果表明，那些接受丰富的刺激、受到良好照顾的个体在许多的测验中都有成为佼佼者的优势。相反，一个人如果在刺激贫乏的环境中成长，则往往会对其发展产生消极影响，很多在成人期表现为能力不足的个体往往来自于这样的早期环境。

另外，儿童早期与父母的关系以及父母对儿童的态度也是影响个体心理健康的重要因素。这种早期母婴关系乃至稍后的儿童与父母的关系对个体以后的人际关系和社会适应有着很大的影响。儿童如果能够在早期与父母建立和保持良好的关系，对其以后的社会适应和人际关系有着积极的促进作用；相反，如果儿童在早期不能建立这种与父母的亲密关系，或者早期与父母的分离等都会对他们以后的成长产生消极的影响。

父母对儿童的态度和教养方式也会对个体以后的心理健康产生影响。例如，国外很多学者通过个体早期家庭关系的调查，对恐怖症、强迫症、焦虑症和抑郁症等四种神经症进行研究表明，病人的父母与正常个体的父母相比，表现了较少的情感温暖、较多的拒绝态度，或者较多的过度保护。中国医科大学医学心理教研室岳冬梅对我国神经症患者早期家庭关系的研究也得出了相同的结果，即“中国神经症患者的父母较正常人的父母有较少的关心和情感温暖，较多的拒绝、否认和过度惩罚”。

这些研究结果表明，在个体的早期发展中，父母的爱、支持和鼓励容易使个体建立起对初始接触者的信任感和安全感。而这种信任感和安全感的建立保证了子女成年后与他人的顺利交往。而儿童早期的这种信任感和安全感的缺乏，会随着儿童的发展逐渐产生一种孤独、无助的性格，难于与人相处，因而容易产生心理异常，特别是人际交往方面的障碍。

4. 生活事件与环境变迁

生活事件指的是人们在日常生活中遇到的各种各样的社会生活的变动，如升学、结婚、亲人亡故等。生活事件不仅是测量应激的一种方法，也是一项预测身体和心理健康的重要指标。例如，大量的研究结果表明，即使是中等水平的应激事件，如果连续发生，它们对个体抵抗力的影响就可以累加，从而影响个体的心理健康。这就说明，当个体遇到很多生活事件时，他所遭遇的心理应激就会增加。生活事件的增加都会在一定程度上使个体遭受到更多的心理应激。而心理应激的增加，则会影响到个体的生理反应和心理平衡，从而对个体的身体和心理健康产生不良的影响。这一点目前已被广泛地接受。

在对生活事件与心理健康之间的关系进行解释时，一般都认为，由于生活事件的产生增加了个体适应环境的压力。换句话说，个体每经历一次生活事件，他都要付出精力去调整由于这一事件的发生所带来的生活变化。如果生活事件增加，那么个体的生活变化也会增加，个体要适应变化了的生活所付出的努力也需要相应地增加。因此，如果在一段时间内发生太多的生活事件，个体的身体和心理健康状况就很容易受到影响。

除生活事件的影响外，个体所处环境的巨大变迁也会使个体产生心理应激。虽然环境变迁也可以算作是生活事件的一部分，但这种变化对个体适应的影响将更加突出。例如，移民研究的结果表明，新到一地的移民与当地居民以及他们原来所在地的居民相比，更容易产生各种各样的身体或精神的异常。很多刚入学的大学生，由于入学前后生活和学习环境的巨大变化（尤其是来自农村和边远地区的学生），在适应新的环境时容易出现各种困难。

五、心理健康的维护

（一）坚持健康的生活方式

生活方式是指人们在日常生活中所遵循的行为规范，即习惯化了的生活活动形式。人们在日常生活中总是按照一定的方式去生活，这种方式是每个人在自己的生活过程中，为适应社会生活环境的要求自然而然地形成的。不健康的生活方式和不良的卫生习惯（如起居无常、饮食无序、运动过少、吸烟、嗜酒、吸毒和不良性行为等）会对人体健康带来严重的危害，许多常见病、多发病，如高血压、糖尿病、溃疡病、冠心病，甚至癌症、艾滋病等都与人们不健康的生活方式和不良的行为习惯密切相关，所以，这些病也被称为“生活方式病”。相反，健康的生活方式和良好的卫生习惯则有利于促进人的身体健康水平。一般认为，健康生活方式应包括：首先，起居有常，早睡早起，保持充足的睡眠（每晚 8 小时左右）；其次，一日三餐，平衡膳食，每天坚持吃早餐；再次，控制体重，保持在正常水平；最后，适量运动，每周至少有 2 ~ 3 次体育锻炼；不吸烟、少饮酒。坚持健康的生活方式不仅能使人身体健康，少患疾病，而且可以避免罹患上述种种严重的疾病。有了健康的身体，就能给心理健康提供良好的物质基础。“健康的精神寓于健康的身体”，这是一句有名的西方谚语。疾病丛生，神不守舍，精神健康自然无从谈起。

（二）讲究心理卫生

人们要维护和保持心理健康、提高心理健康水平必须讲究心理卫生。所谓心理卫生，指的是人们应如何维护和保持心理健康，提高心理健康水平，避免和减少发生心理失调和精神疾患的原则、方法和措施。首先，注意用脑卫生。因为大脑是心理活动的最重要的物质基础，而心理活动是大脑的功能，如果大脑作为器官受到了损害，它的心理功能也必然要受到危害，这时，心理健康自然就难以维护和保持。用脑卫生除了避免物理、化学和生物的有害影响外，主要是指在使用大脑的时候要讲究科学用脑，要劳逸结合、有张有弛，避免大脑的过度疲劳以至功能衰弱，特别要保持充足的睡眠，以便使劳累一天的大脑有一个及时而有效的修复过程。其次，避免或减少心理失调或精神疾患的发生。心理不健康的突出表现就是各种各样的心理失调或精神疾患的存在，而造成心理失调和精神疾患的因素则十分复杂。在我国，人们对心理失调或精神疾患的认识及态度存在着许多误区，因而对一些本来很平常或难以避免的心理失调与精神疾患表现得难以接受，讳莫如深。本人一旦发生相关的失调或疾患，常常讳疾忌医；对于别人，则避而远之或报以歧视的态度。这对于预防和消除心理失调与精神疾患、维护心理健康都是非常不利的，也是违反心理卫生的基本原则与方法的。讲究心理卫生的一项重要任务就是在心理失调或精神疾患现象一旦发生或有可疑迹象时，要及时寻求心理咨询与治疗专家或精神科医生的帮助，以便尽快消除可能发生的心理失调或精神疾患。

（三）增强情绪的自我调控能力

首先，学会合理宣泄。找到能充分表达自己情绪的方法，既不要压抑自己，也不要放纵自己。每个个体都应意识到，任何一种情绪，都是由一定的原因引起的。正视这种原因，接受这种情绪，并让它适度地表达出来，才会有益于健康。在生活中，人们难免会遇到不良刺激而出现负性的情绪反应，如愤怒等。然而，强烈的情绪会降低人的理智水平和正常的判断及自控能力，一旦失去了控制，会带来许多不良后果。所以，一个人应在自己情绪剧烈变化的过程中，及时给予控制，以避免愤怒情绪的最终爆发。其次，学会自我疏导。对于消极情绪，要学会几种自我疏导、自我排遣的方式。当遇到什么忧愁、不平和烦恼时，应该把它发泄出来。长期压抑情绪是于心理健康有害的。在忧郁的时候，找知心朋友或亲人倾诉，使不良情绪得到发泄，压抑的心境就可能得到缓解，甚至大哭一场也不失为一种调整机体平衡的方式。并且在倾诉郁闷的过程中，还可能获得更多的情感支持和理解，获得认识和解决问题的新思路，增强克服困难的信心。也可以用转移的方式。对一件令人沮丧的事，总去注意它，就会限制自己的思维，使自己越发低沉。这时，不妨将自己的注意中心转移到别的事物上去，暂时离开这件不愉快的事，去看看电影，听听音乐，这样便可使忧闷排遣出来。还有一种很好的调节方式就是幽默。幽默能使紧张的精神放松，摆脱窘困的场面，消除身心的痛苦，保持心理健康。

（四）培养和完善健全的人格

人总是按照自己既有的人格来观察外界事物、思考问题、产生相应的态度和情绪体验，同时对外界环境刺激采取一定的应对策略，并做出一定的行为反应。这样，具备了健全的人格，就能帮助人们正确地评价客观事物，采取恰当的态度，体验正常的情感情绪，做出正确合理的行为反应，因而有助于人们顺利地进行社会交往和正确地处理人际关系，更能有助于人们有效地去适应变化着的社会生活环境，从而不断提高心理健康水平。所以，培养和完善健全的人格，对于心理健康的维护有着极为重要的意义。

（五）建立良好的人际关系，学会去爱

建立良好而真诚的人际关系，是非常重要的心理保健途径。和谐的人际关系，可以增加自信和理解，减少心理上的不适感，实现心理平衡。健康的心理是需要丰富的营养的，最重要的营养就是爱。爱不是抽象的，它有着十分丰富的内涵。除了大家通常意义上的男女爱情之外，诸如眷恋、关怀、惦念、安慰、鼓励、帮助、支持、理解等，都可归为爱的范畴。而这些都可以从良好的人际关系中得到，反过来，又可以使人际关系更为和谐。这种友谊往往是深刻而持久的，它可以成为感情的寄托，可以增加归属感。而且，去关心他人，理解他人，又能促使自己拥有博大的胸怀，从而大大增加生活、学习、工作的信心和力量，最大限度地减少心理应激和心理危机感。这是人们维护和保持心理健康的最基本、最重要的因素之一。

（六）学会自娱

一个人如果能够培养和发展自己的业余爱好，进行多方面的自我娱乐活动，就可以在寂寞孤独、烦闷忧郁时，通过自我娱乐来缓解心境的压抑，这对心理健康是极有好处的。人不可能总是学习和工作，在业余时间，积极开展愉快的娱乐活动，做到积极的放松和休整，才能使自己得到真正的身心保健，并使自己更有效地从事工作和学习。每个人都有必要依据自己的性格特点和条件，注意培养和发展一些兴趣和爱好，学会自我娱乐，这对维护自身的心理健康是十分有益的。

第二节　心理咨询与心理治疗概述

心理咨询在英文中被称为“咨询”（counseling），心理治疗在英文中有时被称为“心理治疗”（psychological therapy），有时被称为“治疗”（therapy）。心理咨询与心理治疗的发展均有近百年的历史。但多年以来，给心理咨询与心理治疗下一个明确的定义，始终是一件困难的事情。

一、心理咨询与心理治疗的概念

（一）心理咨询的概念

心理咨询是指通过人际关系，运用心理学方法，通过解除来访者的心理问题，来维护和增进其心理健康、促进其个性发展和潜能开发、帮助来访者自强自立的过程。

1. 心理咨询体现着对来访者进行帮助的人际关系

心理咨询过程是建立在咨询者与来访者良好的人际关系基础之上的。经过专业训练的咨询者利用其专业技能及所创造的良好咨询氛围，来帮助人们学会以更为有效的方式对待自己、对待他人和生活中的难题。他们认为，咨询中最根本的核心条件就是共情、理解和尊重来访者。他们所关注的不仅是咨询者的技能，同样也注意咨询者对来访者的基本的态度或对他人关心的能力。

2. 心理咨询是一系列心理活动的过程

从咨询者的角度看，帮助来访者更好地理解自己，更有效地生活，其中包含有一系列的心理活动在内。从来访者的角度看，来访者在咨询过程中需要接收新的信息，学习新的行为，学会解决问题的技能及做出某种决定，这也涉及一系列的心理活动。

3. 心理咨询属于一个特殊的服务领域

在心理咨询过程中，咨询者可以帮助来访者认识自己，确定目标，做出决定，解决难题。特殊的咨询，还可提供有关职业、学业、疾病的康复、心理卫生、婚姻家庭、性问题、宗教和价值观的选择、事业的发展以及其他一些有关问题的咨询服务。在一些发达国家中，咨询心理学家活跃在中小学、大学、医院、诊所、康复中心、工矿企业、社会服务机构以及各个社区之中，帮助人们在个人、社会、教育、职业等方面达到更有效的发展及取得更大的成就。

4. 心理咨询是基于来访者心理需要的自愿行为

来访者由于心理困扰，自愿寻求咨询，咨询才有意义。有些人迫于别人的驱使前来咨询，这种咨询就较难交流，难以达到心理咨询的目的。

心理咨询有障碍性咨询和发展性咨询。前者偏重于心理门诊，是对有一定程度的心理障碍、心理疾病以及身心疾病患者的咨询；后者偏重于心理保健、情绪调节、潜能开发，即对来访者在学习、工作、生活等方面遇到的心理问题提供帮助，指导来访者更好地认识自己、发展自己，提高社会适应能力和生活质量。

（二）心理治疗的概念

《美国精神病学词汇表》将心理治疗定义为“在这一过程中，一个人希望消除症状，或解决生活中出现的问题，或因寻求个人发展而进入一种含蓄的或明确的契约关系，以一种规定的方式与心理治疗家相互作用”。

北京大学陈仲庚教授认为，心理治疗是治疗者与来访者之间的一种合作努力的行为，是一种伙伴关系；治疗是关于人格和行为的改变过程。

我们认为，心理治疗是指在良好的治疗关系的基础上，由经过专业训练的治疗者运用心理学的原理和技巧，通过语言、文字、表情、姿势、行为以及周围环境的作用，对来访者启发、教育、劝告和暗示，提高来访者的感受和认识，改善其情绪，从而达到改善心理障碍者的心理状态、行为方式以及由此引起的各种身体症状的方法与过程。

二、心理咨询和心理治疗的关系

（一）服务对象

心理咨询的服务对象主要是正常人，他们的主要困难是现实生活中的适应和发展问题，其中解决发展性的问题又是咨询的特色。心理治疗的服务对象是精神病人、神经症病人、有精神创伤的人、越轨者、人格障碍者、情绪障碍者等。这些障碍很多时候在精神疾病的分类上属于一个病种，这些人也可以称作患者或病人（但许多治疗者都拒绝这样称呼）。二者的服务对象有相似点，但前者涉及的问题广泛些，后者涉及的问题严重些。

（二）工作对象

从事心理咨询的工作者，都接受过专业的心理学训练，通常称为咨询者或咨询心理学家（counseling psychologist）；从事心理治疗的工作者主要是临床心理学家，通常称为心理医生（psychotherapist）。在国外，心理医生的学位比咨询者要高一些。另外，还有一部分接受过心理学训练的精神病学医生（psychiatrist）也从事心理治疗。

（三）障碍性质

心理咨询所遇到的障碍性质，是正常人的适应和发展方面的问题，如人际关系、学业、就业、婚姻家庭和变态行为方面的问题。心理治疗所遇到的障碍性质，是神经症、人格障碍、行为障碍、身心疾病、性变态和缓解期的精神病等方面的问题。

（四）干预特点

心理咨询干预的特点，是强调教育原则和发展原则，重视对象的理性作用，提供信息和帮助决策，以提高来访者的适应水平，强调发掘和利用其潜在的积极因素，自己解决困难问题，费时间较少，多采用支持、领悟、指导、再教育的方法，在意识层次进行。心理治疗干预的特点，是强调人格的改造和行为的矫正，重视症状的消除，较费时间，多采用矫正、领悟、训练、重建等方法，可在无意识层次进行。二者都强调人的成长、改变和良好人际关系的作用，理论方法上有共同之处。

三、心理咨询的常见形式

心理咨询，常因时间、地点和对象的不同而采用不同的形式。从咨询人数上分，有团体咨询和个别咨询；从途径上分，可有门诊咨询、电话咨询、书信咨询、专栏咨询、现场咨询。各种方式各有利弊，应因人因时而异，灵活运用。

（一）门诊咨询

这是心理咨询中最常见、最主要的形式。门诊咨询的好处在于针对性强，咨询员能就来访者的具体问题提供针对性的服务；了解信息全面，咨询员不仅可以听到来访者叙述的内容，还可观察其表情动作、情绪反应等，从而做出更准确的判断；亲切、自如、保密性好，由于门诊咨询多为个别进行，因而可消除来访者的顾虑，来访者可尽情地倾诉。咨询员在倾听的同时，与来访者保持心与心的沟通，有助于咨询的深入。此外，咨询员和来访者都可随时提出问题，并根据对方的反馈信息，随时调整对策。但门诊咨询比较费时，局限于咨询员与来访者一对一的接触，同时对咨询员素质和经验的要求较高。

（二）电话咨询

电话心理咨询是咨询员通过电话给来访者提供劝慰、帮助的一种较方便、迅速的咨询形式。尤其是对于处在危急状态（如自杀）或不愿暴露自己的当事人，电话咨询是一种较好的形式。心理咨询人员日夜守候在电话机旁，随时为处于心理危机状况的人提供帮助，在阻止自杀、犯罪方面起到了积极作用，因此，咨询电话常被称为“希望线”“生命线”。目前，国内不少城市已开设了类似的热线电话，一些电视台、广播电台、报纸杂志社也设立了热线电话，服务范围从心理危机干预扩展到为有心理困扰者排忧解难。

（三）书信咨询

书信咨询的好处在于可以打破空间限制，同时，为那些不愿暴露身份或与咨询员交谈时感到不自然、意思表达不清或有难以启齿的问题的人提供了一种途径。有些求助者可以反复阅读咨询员的信，从中得到鼓励和支持。

书信咨询的缺点在于书信提供的信息往往不全面、不准确。另外，由于书信难以真实地展现一个人的个性，故咨询员只能提供一般性的意见，而难以有很强的针对性；同时，书信咨询往往呈单向传递，双方难以充分交流。

（四）专栏咨询

专栏咨询通过广播、电视、报刊、黑板报等形式解答人们提出的某些心理问题。专栏咨询的好处在于宣传面广，和人们的生活实际联系密切，缺点是缺乏双向交流。

（五）现场咨询

现场咨询是指心理咨询员深入到社会的有关部门去帮助解决有关人员的心理问题。

（六）团体咨询

团体咨询亦称集体咨询、小组咨询，是同时对多个求助者（组员）展开咨询的一种方式。团体咨询往往借助团体成员的相互作用来达到咨询的目的，它具有个别咨询所没有的优越性，在解决那些与人际交往有关的心理问题方面，团体咨询是一种很好的形式。

团体咨询发挥作用的机制在于：感受氛围，获得接纳；满怀希望，促进改变；宣泄自我，平衡身心；了解共性，互相慰藉；增进沟通，丰富技能；借助指导，明了事理；以人为镜，模仿学习；学会助人，获得自信。

团体咨询亦有不足，表现在针对性较个别咨询差些。由于人数较多，咨询员难以顾及每一个组员的特殊问题。此外，保密性差，有些组员不愿公开暴露自己，有些组员可能会受到其他组员的伤害等。但团体咨询是一种很有特色、很有发展前途的咨询方式，关键在于咨询员的组织能力和咨询技巧。

四、心理咨询和心理治疗的理论与方法

（一）精神分析治疗

精神分析是奥地利著名的精神病学家西格蒙德·弗洛伊德于19世纪下半叶所建立的一种心理治疗理论和技术。其治疗更多是对神经症的治疗。弗洛伊德认为，心理障碍产生的根源在于幼年时期性心理发育中未能解决的心理矛盾冲突。这种具有强烈情感色彩的欲望或动机被压抑在人的无意识领域中，虽然自我并不能察觉它并认识它，但它并没有消失，而是潜伏着并继续起作用，给人的心理、意识施加影响，通过心理转换性机制以及神经症症状或器官语言、梦及失误等形式表现出来。精神分析治疗要把压抑在无意识中的心理矛盾冲突挖掘出来，使其上升到意识中来，并让患者对其有所领悟，在现实原则指导下得以纠正或消除，从而使病情得以治愈。

1. 自由联想

自由联想是精神分析治疗的基本技术。他让患者躺在很舒适的躺椅上，然后鼓励患者自由自在、无拘无束地诉说想要说的话，把积郁在心头的一切想法都说出来，不论这些想法多么微不足道、荒唐可笑、伤风败俗，甚至令人感到羞愧、愚蠢、自罪等。治疗者不要随意打断患者的话，只是在必要时给予适当的引导，直到治疗者和患者都

认为已经找到了病的根源为止。只要把潜抑在无意识中的、患者自己觉察不到的心理矛盾冲突呈现到意识中来，使患者有所领悟，并进行重新认识、批判和调整，疾病自然就痊愈了。

2. 梦的分析

梦的分析是接触无意识、挖掘被压抑的心理冲突或创伤的一种有效手段。弗洛伊德认为梦包含着两种不同含义或层次的内容，即所谓“显梦”和“隐梦”。显梦是指这些梦境具体内容所代表的无意识的象征性含义。因此，显梦内容不过是可以觉察出来的“谜面”，而隐梦内容才是虽觉察不到但具有真正意义的“谜底”。治疗者的任务就是从做梦者的表面内容深入到隐含内容，去解释梦中符号，找出它的象征含义，把经过化装变形的梦复原，从而发掘出做梦者潜抑在无意识里的心理矛盾，以便帮助患者正确解决其致病情结。

3. 移情分析

在精神分析治疗的过程中，治疗者和患者建立起和谐亲密的关系能大大促进治疗的效果，但由于疗程很长，医患之间的关系超出理智的沟通或对话，而具有强烈的情感。患者把过去与父母的病态关系转移到与治疗者的关系上来，即患者对自己疾病的关注明显降低，而对治疗者的兴趣渐渐突出。弗洛伊德把患者的这种表现称为“移情”。如果患者在儿童期对父母是信任的，就会很容易以同样的信任而把自己托付给治疗者，表现为对治疗者的钦佩、友好、爱慕或带有性爱的成分，此为正移情；如果患者的双亲是冷漠、不可信赖的，也会影响患者，以致对治疗者表示怨恨与敌意，此为负移情。治疗者可以透过患者移情的表现，弄清患者幼年期对双亲关系的性质及其对患者的意义。如果治疗者对移情处理得巧妙和成功，可以变成治疗的动力。

4. 解释

解释是心理分析中最常使用的技术。要揭示症状背后的无意识动机，消除阻抗和移情的干扰，使患者对其症状的真正含义达到领悟，解释是必不可少的。解释的目的是让患者正视他所回避的东西或尚未意识到的东西，使无意识之中的内容变成意识的。

解释要在患者有接受的思想准备时进行，此外，单个的解释往往不可能明显奏效。较有效的方法是在一段时间内渐渐地接近问题，从对问题的澄清逐步过渡到解释。因此，解释是一个缓慢而又复杂的过程。通过解释，治疗者可以在一段时间内，不断向患者指出其行为、思想或感情背后潜藏着的本质意义。

（二）行为治疗

行为治疗又称为行为矫正疗法或学习疗法，是现代心理治疗的一种重要形式。它是在巴甫洛夫经典条件反射原理和美国心理学家斯金纳（B. F. Skinner）操作条件反射原理的基础上发展起来的一整套行为矫正治疗技术。而英国著名心理学家艾森克（H. J. Eysenck）关于学习过程的新理论，即把各种心理病态和躯体症状都看作是异常行为，人们可以通过学习来改造它们，也可以建立新的健康行为来代替它们。这一理论有力地推动了行为治疗作为一种方法的发展。

目前，行为治疗的种类和应用范围正在日益增多和扩大，治疗的对象已不局限于患者本身，而扩大到其配偶及家庭。在临床上用于治疗各种神经症，如强迫性神经症、恐怖性神经症、焦虑性神经症等；还用于治疗各种身心疾病，如高血压、冠心病、偏头痛、神经性厌食症等；也用于治疗各种不良行为问题，如口吃、吸烟、吸毒、酗酒、赌博以及各种反社会行为等。以下介绍几种行为治疗方法：

1. 系统脱敏法

系统脱敏法，又称交互抑制法，包括系统脱敏法和冲击疗法，最早由沃尔朴（J. Wolpe）创立。

沃尔朴认为，如果一个刺激能自动地引发焦虑反应，那么治疗就是教给个体对这一刺激形成一种抑制焦虑的反应。这样，后来的反应就取代了原来的焦虑反应，因为人类的神经系统不能同时处理互相冲突的两种状态。人的肌肉放松是与焦虑对抗的状态，两者不能相容。一种状态出现，必然会对另一种状态产生抑制作用，即交互抑制。放松就是对焦虑的抑制反应。例如，当全身肌肉呈松弛状态时，心率、呼吸、血压、皮肤电等生理反应指标，均能表现出与焦虑状态时完全相反的变化。当然，能与焦虑有交互抑制作用反应的，并不仅仅是肌肉放松，进食、性满足等活动同样也能抑制焦虑状态。系统脱敏法就是教给个体某种放松程序，然后由弱到强向个体呈现他感到威胁的客体，同时指导个体放松，从而使引起恐惧的客体逐渐丧失引发焦虑反应的能力，这样，个体就被“脱敏”了。换言之，通过肌肉放松达到生理上的放松和心理上的放松，从而抑制焦虑情绪。

2. 厌恶疗法

厌恶疗法，又称对抗性条件反射疗法，是将某些负性刺激与来访者的不适应行为联系起来，从而使来访者因感到厌恶而放弃这种行为。这种方法适用于性变态、酗酒、吸毒、遗尿等心理问题。

（1）电击厌恶法。电击厌恶法是最常用的物理刺激疗法，目前广泛应用于动物实验和临床治疗。电击厌恶技术十分简单，也容易控制产生厌恶反应的时间和程度。国内现已成批生产“厌恶刺激仪”，其治疗机制是对患者的不良行为习惯反复进行短暂电刺激，这种刺激能引起与患者不良行为习惯相对抗的反应，如厌恶、反感，从而使这些不良行为迅速消除。换言之，就是利用瞬间痛苦的条件刺激来替代异常行为引发的快感，达到矫正不良行为习惯、消除异常行为的目的。

（2）药物厌恶法。药物厌恶法多用于酗酒、吸毒、饮食过度等行为障碍，也可用于恋物癖等性心理障碍。如对酗酒者，先让当事人服用催吐药（吐根碱）或注射催吐剂（去水吗啡）。然后，让患者饮酒。多次重复就可以形成对酒的对抗性条件反射，使当事人一闻到含酒精的饮料就想呕吐。

（3）想象厌恶法。想象厌恶法也称为内在敏感训练。由治疗者口述某些厌恶情境，与想象中的刺激联系在一起。这项技术成功地应用于许多行为障碍，如肥胖症、同性恋、酗酒和动物恐怖等。比如，可对肥胖症病人实施想象厌恶治疗。首先，治疗者让病人做放松练习，并告诉病人厌恶治疗的理论和进行想象厌恶治疗的程序。接着，让病人对一系列进食行为进行想象。在想到快要进食时，让病人想象自己越来越感到恶心，要呕吐。然后，让病人想象自己离开当时的情境，立刻就感觉舒服多了。一次治疗要进行 10 ~ 20 次这种想象，同时，要鼓励病人在家里练习。

3. 角色扮演或行为排演

角色扮演多用于改变来访者的不良行为和进行社会技能训练。角色扮演在个别治疗和小组治疗中都比较常用。角色扮演可以说是对现实生活的一种重复，又是一种预演。在角色扮演过程中，来访者可学习改变自己旧有的行为或学习新的行为，进而改变自己对某一事物的看法。

角色扮演亦可结合角色替换（role reversal）进行。在进行过一遍角色扮演之后，由治疗者或小组其他成员扮演有问题的主角，而由原来扮演自己的来访者扮演事件中的另一个人，由其他人扮演的主角可以先模仿有问题的来访者原先的行为方式，以使对方更深切地感受到自己行为的不适宜之处。再做一遍角色替换练习，由治疗者示范新的适宜的行为方式，最后可再进行一次角色扮演，以使有问题的来访者有机会主动模仿学习新的行为方式。

在扮演结束时，治疗者要对来访者在扮演中表现出新的适宜的行为进行强化，并鼓励来访者尝试把这种新的行为方式运用到现实生活中去。治疗者也可以以作业的方式要求来访者对新学习的行为进行练习。

4. 强化疗法

强化疗法又称操作条件疗法，它是指系统地应用强化手段去增进某些适应行为，以减弱或消除某些不适应行为的心理治疗方法。教师和家长对儿童、少年好的学习成绩的鼓励表扬，使儿童、少年学习的积极性更高了；儿童因撒谎而遭家长训斥或殴打，使他不敢再撒谎了，均是强化的结果。

强化疗法是建立在操作性条件作用的原理之上的。例如，某一行为若得到奖赏，那么，以后这个行为重复出现的频率就会增加；反之，得不到奖赏的行为出现的次数就可能减少。

通过强化手段，矫正人的行为，使之逐步接近某种适应性行为模式的强化治疗技术。在行为塑造过程中，多采用正强化手段，一旦所需行为出现，就立即给予强化。这是行为治疗中最常用的技术之一。

（三）合理情绪疗法

合理情绪疗法（Rational - Emotive Therapy）简称 RET，是美国临床心理学家阿尔伯特·艾利斯（A. Ellis）在 20 世纪 50 年代创立的一种心理治疗的理论和方法。该疗法旨在通过纯理性分析和逻辑思辨的途径，改变患者的非理性观念，以帮助解决情绪和行为上的问题。

ABC 理论是 RET 的核心，这是艾利斯关于非理性思维导致情绪障碍和神经症的主要理论。这一理论的要点就是情绪或不良行为并非由某一外部诱发事件本身引起，而是由于个体对该事件的解释认知的评价所引起的。

ABC 来自三个英文词的字首。在 ABC 理论中，A 指诱发性事件（Activating - events），是当事人所遭遇的当前事件，或与这件事相关的当事人自己的思想、感受或行为，也可能是当事人对过去经验有意识或无意识的记忆。B 指个体在遇到诱发事件之后，对该事件的看法、解释和评价，即信念（Beliefs）。C 指这一事件后，个体的情绪及行为的结果（Consequences）。人们通常会认为人的情绪及行为反应直接由诱发性事件A引起的，即A引起了C，但RET认为诱发性事件A只是引起情绪及行为反应的间接原因，而B人们对诱发性事件所持的信念、看法、解释才是引起人的情绪及行为反应的更直接的起因。

RET是以改变认知为主的治疗方式，其基本步骤如下：

第一步，直接或间接地向来访者（或患者）介绍ABC理论的基本原理。根据来访者提供影响其情绪困扰的事实，向来访者指出其思维方式、信念的不合理性，讲清楚其不合理信念与他们情绪困扰之间的关系。

第二步，向来访者指出他们的情绪困扰延续至今的原因，不是由于早年生活的影响，而是由于目前他们自身所存在的不合理信念所致。对于这一点，他们自己应当负责任。

第三步，通过与不合理信念辩论（disputing irrational beliefs）等治疗技术，帮助来访者认清其信念的不合理，进而放弃这些不合理的信念，帮助来访者产生某种认知方面的改变。这是治疗中最重要的一步。

第四步，不仅帮助来访者认清放弃某些特定的不合理信念的必要性，而且要从改变他们常见的不合理的信念入手，帮助他们学会以合理的思维方式代替不合理的思维方式，以避免重新产生不合理的信念。

（四）人本主义心理疗法

人本主义心理疗法是美国著名人本主义心理学家马斯洛和罗杰斯（C. Rogers）于20世纪40年代创立的。人本主义治疗强调人的本性自身是一切心理治疗的出发点。它反对把人看成和动物一样的生物体或自然物，而特别强调人的价值和意义，认为任何人在正常情况下都有积极的、奋发向上的、独立自主的和自我肯定的无限的成长潜能，而且每一个人都有可能实现自己的潜能而成为一个具有真实力量和能够自我实现的人。

人本主义心理治疗最有影响的治疗方法是罗杰斯创立的求治者中心疗法。罗杰斯认为，如果一个人的自我成长潜能不能自由地发展，人的自我体验受到阻碍或其一致性被压抑，使成长受到削弱或阻碍，就会发生心理病态。在人的成长过程中，不利的环境条件使人的自我成长倾向受到歪曲和阻碍，形成了心理矛盾冲突，此时，人就会感到适应困难、烦恼和焦虑。因此，他主张由治疗者主动地创造一个良好的环境，在人与人之间建立起无条件的相互关心、相互谅解的关系，并形成真诚相待、设身处地的理解和相互尊重的气氛。这样，就可以使患者觉察并充分解放自己的潜能，使其内心世界发生变化。例如，由僵化变为灵活，由静态变为动态，由依赖变为主动，由异常转化为正常，并使其潜能得以逐步发挥，从而达到自我实现的目标，起到治疗的作用。

在求治者中心治疗中起主导作用的是患者自己，患者可以自由自在、无拘无束地表达自己的意见、想法、观点和感受。治疗者不必加以解释和劝导，更不予以干涉或控制，只要表示理解、同情和乐于倾听就够了。这样，患者就会感到自己是自由的、安全的，再不会有恐惧和顾虑，从而增强自己的信心和责任感；并能够发现自己的问题，进行自我指导、自我克服和自我改善，从而达到治愈的目的。

（五）森田疗法

森田疗法是日本学者森田正马教授于1920年创立的心理疗法。森田疗法的治疗原则可以概括为一句话："顺其自然，为所当为。"这是一种与佛教和禅宗中的义理有相通之处的、具有东方哲学色彩的治疗原则。这一原则乍一听来似乎很简单，但是需要治疗者和患者有一定的"悟性"，去认真、透彻地理解和觉悟。

森田疗法是一种以顺应自然为指导思想的治疗方法，因其与老庄哲学及佛禅思想密切相关，易于为我国患者所接受。目前我国不少心理咨询与治疗工作者已开始在自己的咨询与治疗实践中尝试森田疗法，取得了较好的效果。

思考题

1. 如何理解心理健康在人整体健康中的地位？
2. 心理健康的主要标准有哪些？
3. 影响心理健康的主要因素有哪些？
4. 如何维护自我的心理健康？
5. 谈谈你对心理咨询与心理治疗的认识和所持的态度。
6. 心理治疗有哪些主要理论和方法？

参考文献

[1] 沙莲香．社会心理学．2 版．北京：中国人民大学出版社，2015.
[2] 周晓虹．现代社会心理学．上海：上海人民出版社，1997.
[3] 申荷永．社会心理学原理与应用．广州：暨南大学出版社，1999.
[4] 章志光，金盛华．社会心理学．2 版．北京：人民教育出版社，2008.
[5] 孙时进．社会心理学．上海：复旦大学出版社，2003.
[6] 乐国安．社会心理学．北京：中国人民大学出版社，2014.
[7] 时蓉华．新编社会心理学概论．东方出版中心，1998.
[8] 彭耽龄．普通心理学．北京：北京师范大学出版社，1988.
[9] 黄希庭．心理学导论．北京：人民教育出版社，1991.
[10] 郑全全，俞国良．人际关系心理学．北京：人民教育出版社，1999.
[11] 吴江霖．社会心理学．广州：广东高等教育出版社，2010.
[12] 蔡秀玲，杨智馨．情绪管理．合肥：安徽人民出版社，2001.
[13] 沙莲香．中国社会文化心理．北京：中国社会出版社，1998.
[14] 孟昭兰．情绪心理学．北京：北京大学出版社，2005.
[15] 曹鸣岐．应用心理学．北京：经济科学出版社，2002.
[16] 曹鸣岐．健康心理学．郑州：河南人民出版社，2004.
[17] 汪凤炎，郑红．中国文化心理学．广州：暨南大学出版社，2004.
[18] 朱智贤．心理学大辞典．北京：北京师范大学出版社，1989.
[19] 王重鸣．心理学研究方法．北京：人民教育出版社，1991.
[20] 沈德灿．西方心理学史简编．北京：光明日报出版社，1990.
[21] 张岱年，方克立．中国文化概论．修订版．北京：北京师范大学出版社，2004.
[22] 叶奕乾，孔克勤．个性心理学．上海：华东师范大学出版社，1993.
[23] 钱铭怡．心理咨询与心理治疗．北京：北京大学出版社，1994.
[24] 郑日昌，蔡永红，周益群．心理测量学．北京：人民教育出版社，1999.
[25] 凌文辁，方俐洛．心理与行为测量．北京：机械工业出版社，2003.
[26] 威廉．S. 萨哈金．社会心理学的历史与体系．周晓虹，译．贵阳：贵州人民出版社，1991.
[27] 奥斯坎普，应用社会心理学．乐国安，译．北京：知识出版社，1991.
[28] 朱莉娅・贝里曼．心理学与你．武跃国，译．北京：北京大学出版社，2000.
[29] 理查德・格里格，菲利普・津巴多．心理学与生活．王垒，王甦，译．北京：人民邮电出版社．2003.